U0933800

珍藏本
纪念版

汉译世界学术名著丛书

哲学史教程

——特别关于哲学问题和哲学概念的形成和发展

上卷

〔德〕文德尔班 著

罗达仁 译

2017年·北京

Wilhelm Windelband

LEHRBUCH DER GESCHICHTE DER PHILOSOPHIE

14. Ausg. ,revidiert von Heinz Heimsoeth,

Tübingen,1950.

（据 1950 年蒂宾根德文第十四版译出）

汉译世界学术名著丛书
（120 年纪念版·珍藏本）
出 版 说 明

2017 年 2 月 11 日，商务印书馆迎来 120 岁的生日。120 年前，商务印书馆前贤怀揣文化救国的理想，抱持“昌明教育，开启民智”的使命，立足本土，放眼寰宇，以出版为津梁，沟通中西，为中国、为世界提供最富智慧的思想文化成果。无论世事白云苍狗，潮流左右激荡，甚至战火硝烟弥漫，始终践行学术报国之志，无改初心。

迻译世界各国学术名著，即其一端。早在 20 世纪初年便出版《原富》《天演论》等影响至今的代表性著作，1950 年代后更致力于外国哲学和社会科学经典的译介，及至 1980 年代，辑为“汉译世界学术名著丛书”，汇涓为流，蔚为大观。丛书自 1981 年开始出版，历时三十余年，迄今已推出七百种，是我国现代出版史上规模最大、最为重要的学术翻译工程。

丛书所选之书，立场观点不囿于一派，学科领域不限于一门，皆为文明开启以来，各时代、各国家、各民族的思想与文化精粹，代表着人类已经到达过的精神境界。丛书系统译介世界学术经典，引领时代思想，为本土原创学术的发展提供丰富的文化滋养，为推动中国现代学术和现代化进程做出了突出的贡献。

为纪念商务印书馆成立120周年，我们整体推出“汉译世界学术名著丛书”120年纪念版的珍藏本，寄望既利于文化积累，又便于研读查考，同时向长期支持丛书出版的译者、编者和读者致以敬意。

两甲子后的今天，商务印书馆又站在了一个新的历史时间节点上。我们不仅要铭记先辈的身影和足迹，更须让我们的步伐充满新的时代精神。这是商务人代代相传的事业，更是与国家和民族的命运始终紧密相连的事业。我们责无旁贷，必须做好我们这代人的传承与创造，让我们的努力和成果不仅凝聚成民族文化的记忆，还能成为后来人可以接续的事业。唯此，才能不负前贤，无愧来者。

商务印书馆编辑部

2017年10月

出 版 说 明

本书作者威廉·文德尔班(Wilhelm Windelband,1848—1915)是德国著名新康德主义哲学家,1848 年生于波茨坦,曾于耶拿、柏林和戈丁根等大学学习,受教于费希尔和洛采,后历任苏黎世、弗赖堡、施特拉斯堡和海德尔堡大学教授,是新康德主义弗赖堡学派的创始人。除本书外,其主要著作还有:《序曲》(1884)、《哲学概论》(1914)等。

《哲学史教程》是文德尔班的一部颇有影响的哲学史著作。这部著作用新康德主义观点系统地阐述了以往的哲学体系及其发展史,特别是哲学问题和哲学概念的形成和发展史,对于研究西方哲学史以及文德尔班本人的哲学思想,很有参考价值。

此书 1892 年初版,原版为德文;1948 年由海因茨·海姆塞特修订,出第十四版。1893 年由詹姆斯·H. 塔夫茨译成英文;英译本于 1901 年出第二版。中译本据德文第十四版译出,并据英文第二版作了校订,分上、下两卷出版。

目　　录

第一篇　希腊哲学

第二篇　希腊化-罗马哲学

第三篇　中世纪哲学

作　者　序

这本书的开头篇章在两年前就发表了。经过多次令人不快的延误和干扰之后，此书终于完成，与读者见面了。

读者不可将此书和纲要之类混淆起来。纲要之类的书有时很可能就是从一般哲学史的讲稿中整理出来的。我现在献给读者的是一部严肃的**教科书**。在这本书里，我打算全面而精练地描述欧洲哲学种种观念的演变，其目的在于表明：我们现在对宇宙和人生作科学的理解和判断所依据的原理原则，在历史发展过程中，由于什么动机，为人们所领悟并发展起来。

这个目的决定了这本书的整个形式。据此，我们研究的文史依据和传记、文献资料都必然地限制在最小范围，选材也只限于能为进一步钻研的读者获得最丰富的原始资料而开辟道路。哲学家本人的论述，也只有在那些论述能提供在思想上有持久价值的论证或基本原理时，才扼要地加以引证。除此之外，作者为了支持某一种与众不同的见解，也偶尔引用了原著一些段落。选材总着眼于个别思想家所提出的既新颖而又富有成果的东西；而对于那些纯属于个人的思想倾向，虽然作为学术研究确有可取之处，但不能引起哲学兴味者，最多也不过略略提及而已。

正如甚至连这种阐述的外部形式也表明的那样，着重点就放在从哲学的观点看最有分量的东西的发展上，即放在**问题和概念的历史**上。我的主要目的就是将这发展理解为连贯的、相互关联的整体。我们关于宇宙和人生的理论产生于各种思想路线，而这些思想路线在历史上的相互交织便是我研究的特定的对象。我确信这个问题要得到解决不能靠**先天的**逻辑结构，而只能靠对事实作全面的、毫无偏见的调查研究。如果说，在此书的阐述中，看起来古代部分占去了全书相当大的篇幅，这是基于这种信念：如对人类理智的现实作历史性的了解，那么，用希腊精神从自然界和人生的具体现实中所获得的种种概念来陶冶锻炼，就要比自此以后所有人们思考过的东西更为重要——康德哲学除外。

任务这样确定了，就必须割爱；关于这点，没有人比我更为难过了。对哲学的历史发展作纯粹主题的处理，就不容许对哲学家的品格作同他们的真实价值相称的深刻描述。这只有当在概念的结合和转化过程中他们的品格可以作为原因因素而起积极作用时才可能触及。为了有利于更好地深入洞察心灵发展过程内在联系的必然性，在此不得不牺牲推动哲学发展的伟大人物的个人风格中的艺术魅力，不得不牺牲赋予学术讲演以及赋予哲学史更广泛的阐述的特殊技巧的艺术魅力。

最后，我想在此向我的同事，汉森博士，表达我由衷的感激；他不仅为我提供了部分论据，而且还编了主题索引，因而从本质上提高了本书的效用。

威廉·文德尔班

于斯特拉斯堡，1891 年 11 月

作者第二版序

我的《哲学史教程》一书发行数量很大，但在两年多前就已销售完了，与此同时，还出了英文、俄文译本，进一步扩大了这版本的利用。这不禁使我认为我对这个学科的新的处理填补了实际存在的空白，还认为我所引荐的纲领式的批判方法原则上得到了赞许。因此，在准备出此书的新版本时，我就让此书的主要轮廓原封不动，同时更加审慎地修改明显需要修改的地方和满足某些特殊的要求。

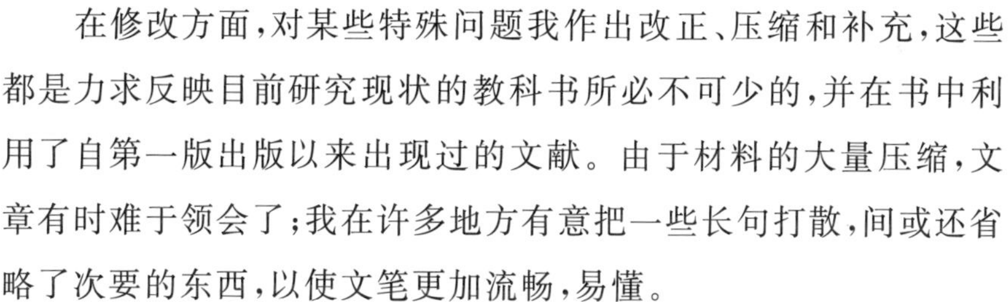

在修改方面，对某些特殊问题我作出改正、压缩和补充，这些都是力求反映目前研究现状的教科书所必不可少的，并在书中利用了自第一版出版以来出现过的文献。由于材料的大量压缩，文章有时难于领会了；我在许多地方有意把一些长句打散，间或还省略了次要的东西，以使文笔更加流畅，易懂。

此书的读者曾表示希望我更加广泛地注意哲学家的品格和私人关系。在第一版的序言中我已认识到这种要求是正确的，但由于我这本书的特殊计划和必要的范围的限制，因而没能满足这种要求。这次，在我工作的可能范围内，我尽量满足了这种要求，简明扼要地刻画了最主要的思想家。

此外，还认真考虑了对十九世纪哲学家作更详尽的处理的愿望。原来这个课题只占很少篇幅，现在扩大到原来的三倍。我希望，虽然难免不挂一漏万，但仍有可能对哲学的发展作从古到今相当全面的鸟瞰，这也是对一部思想史不得不提出的要求。

最后，我重订了主题索引；我希望，我这个联系正文而扩大了的主题索引可以起到一本哲学史词典的作用；这是我这部书的第二个显著特点，一部系统的、批判的类型的参考书的特点。

由于所有这些扩充，这部书的篇幅大大地增加了。在此，我向我尊敬的出版家，希伯克博士，表示我最衷心的感激，感激他为使这些重要的修改成为可能而作出的热忱的响应。

威廉·文德尔班

于斯特拉斯堡　1900年9月

绪　论 1

第一节　哲学名称和哲学概念

R. 赫姆论文《哲学》(*Philosophie*)，载于埃尔希和格雨伯尔主编《百科全书》第 24 卷第三部(Ersch und Grüber's *Encyclopädie*,III. Abth.,Bd. 24)。
W. 文德尔班《序曲》(*Praeludien*,1884 年，弗赖堡因布赖斯高，德文版)，第 1 页起。
〔A. 瑟斯论文《哲学》，载于《大英百科全书》(*Philosophy* in *Enc. Brit.*)。〕
〔G. T. 莱德《哲学入门》(*Introduction to Philosophy*)，1891 年，纽约英文版。〕

所谓哲学，按照现在习惯的理解，是对宇宙观和人生观一般问题的科学论述。个别哲学家，根据他们开始工作时所依据的前提以及在工作中所取得的结论，力求把这种共有的不明确的观念改变为较确切的定义①；但有些定义分歧太大，以至没有统一意见，甚至在这门科学的概念里的共同因素也似乎看不见了。而且即使上述较普遍的含义本身也是将希腊人有关哲学一词的原始意义作了某种限制和改造的，——这种限制和改造是在西方人的理智生活和精神

---

① 在雨伯威格-海因策《哲学史大纲》第一章第一节(Ueberweg-Heinze,*Grundrisse der Geschichte der Philosophie*,I. §1.)中有详细的引证。〔雨伯威格《哲学史》英译本，G. S. 摩利士译，1871 年纽约版。〕

生活的整个发展过程中形成的，并将以同样方式继续发展下去。

1. 现在我们仍可认出，φιλοσοφεῖν 和 φιλοσοφία 两词在文献中[1]初次出现时，它们简单而不确切的含义是“追求智慧”，而在苏格拉底以后的文献中，特别是在柏拉图和亚里士多德学派中，“哲学”一词获得了明确的意义，根据这个意义，“哲学”指的恰恰是德语“Wissenschaft”〔科学〕[2]。按照这个含义，一般哲学[3]指的是我们认识“现存”事物的井井有条的思想工作，而个别“哲学”指的是特殊科学，在这些特殊科学里我们要研究和认识的是现存事物的个别领域[4]。

同“哲学”一词的上述第一种**理论意义**很早就结合在一起的是
2 第二种**理论意义**。希腊哲学发展到一定阶段，原始的宗教意识和伦理意识便进入分崩离析的过程中。这不仅使有关人的天职和使命问题变得愈来愈有必要作科学的调查研究（参阅后面第一篇第二章），而且使有关正当的生活行为的教导成为首要目标，最终成

① 希罗多德，I. 30 和 50（Herodotus，希腊历史学家，纪元前约 484 至前 425 年。——译者）；修昔的底斯，II. 40（Thucydides，雅典历史学家，纪元前约 471 至前 400 年。——译者）；甚至也经常出现在柏拉图作品中，如《申辩篇》29；《李西斯篇》218A；《筵话篇》202Eff.。

② 这个众所周知的概念比英语、法语的“science”，范围广泛得多。〔在英译本中，“science”（科学）与“scientific”（科学的）两词用于这种更广泛的意义上。“natural science”（自然科学）一词则用于通常单独用“science”（科学）一词时所指的更狭窄的意义。如能提醒初学者，哲学和科学思想是一个东西，而自然科学不是科学的全体，可能是有好处的。〕

③ 见柏拉图《理想国》480 B；和亚里士多德《形而上学》VI. 1，1026 a 18。

④ 见柏拉图《泰阿泰德篇》143 D。亚里士多德将有关“存在本身”的理念（即以后所谓的形而上学）当作“第一哲学”，以别于其他哲学，并进而区分理论“哲学”与实践“哲学”。在一段文章（《形而上学》I. b，987 a 29）中，他将复数形式 φιλοσοφίαι 也用在历史上先后连续的各种不同科学体系，正如我们谈到康德、费希特、黑格尔等的种种哲学一样。

为哲学或科学的主要内容。因此，希腊化时期的哲学便获得了**基于科学原则的生活艺术的实践意义**[①]——智者派和苏格拉底早已为这种含义开辟了道路。

这种变化的结果，纯理论的兴趣就过渡到特殊的“哲学”，有些特殊“哲学”就取得了它们所研究的特殊对象的名称（或者是历史的，或者是自然科学的），而数学和医学更加顽强地保持着它们从一开始就具有的对于一般科学的独立性[②]。然而哲学的名称总依附于那些科学的企图——企图从人类知识最普遍的结论中获得指导生活的信念，此种企图最后在（新柏拉图主义所作出的）努力中达到高峰，他们企图从这样的哲学中去创造新的宗教以代替已经过时的旧的宗教[③]。

最初，当古代科学遗产作为欧洲各国民族理智生活的决定力量而进入欧洲文化时，这些关系很少变化。中世纪所称的哲学的内容和任务与近古所持的概念完全一致[④]。然而，由于发现宗教在某种意义上已完成了哲学的任务，哲学的含义就经受着本质的变化。因为，宗教也一样，不仅提供了作为指导个人生活规律的确定信念，而且与此相联，还提供了对整个现实总的理论观点；由于

① 参阅在塞克斯都·恩披里珂《反对数学家》XI. 169中伊壁鸠鲁的定义；另方面参阅在塞涅卡《书信集》89中的定义。

② 参阅下面第一篇。

③ 比如普罗克洛喜欢把哲学称为神学。

④ 比如，参阅 Augustine，*Solil.*〔《独白》〕I. 7；conf.〔《忏悔录》〕V. 7；Scotus Erigena，*De Div. Prædest.*〔《论神的预定说》〕I. 1（Migne，358）；Anselm，*Proslog.*〔《前论》〕，cap. 1（Migne，I. 227）；Abelard，*Introd. in Theol.*〔《神学概论》〕II. 3；Raymundus Lullus，*De Quinque Sap.* 8。

基督教教义完全是在古代哲学的影响下创立的，因此那种理论观点就更具有哲学性质。在这种形势下，在基督教教义绵亘不断的统治时期，留给哲学的最多不过是一个婢女的地位，一个**科学地奠定、发展和捍卫教义**的婢女的地位。但是哲学也因此与神学在方法上对立起来；因为神学依靠神灵的启示去宣教的东西而哲学却利用人类知识去获取、去阐述①。

但是这种关系不可避免的结局是，思想越不受教会的束缚，哲
3 学就越更独立地着手解决哲学和宗教共有的问题。哲学从阐述、捍卫教义过渡到对教义进行批判，最后完全摆脱宗教的影响，力图从它认为它自己所具有的人类理性和人类经验的“自然之光”的源泉里推论出自己的学说②。就这样，哲学与神学在方法上的对立，逐渐发展到在本质上的对立；而作为“世俗哲学”③的近代哲学把自己摆在与基督教教义完全对立的立场④。这种关系虽然外貌上

① Thomas Aquinas，*Summa Theol*.〔《神学大全》〕I. 32，1；*Contr. Gent*.〔《反异教大全》〕I. 8 f.，II. 1 ff.；Duns Scotus，*Op. Ox*.〔《牛津论著》〕I. 3，qu. 4；Durand de Pourçain，*In Sent*，*Prol*，qu. 8；Raymundus of Sabunde，*Theol. Natur. Prooem*.〔《自然神学导言》〕

② Laur. Valla，*Dialect. Disp*.〔《反亚里士多德的辩证法》〕III. 9；B. Telesio，*De Nat. Rer. Prooem*〔《论物性》导言〕；Fr. Bacon，*De Augm*〔《增进科学论》〕，III. 1(Works，Spedding，I. 539＝III. 336)；Taurellus，*Philos. Triumph*.〔《哲学的胜利》〕I. 1；Paracelsus，*Paragr*.(ed. Huser)II. 23f.；G. Bruno，*Della Causa*〔《论原因、本原和一》〕，etc. IV. 107(Lagarde，I. 272)；Hobbes，*De Corpor*.〔《论形体》〕I.(Works，Molesworth，I. 2 and 6f.).

③ 德文原文为“Weltweisheit”，或译现世哲学。指不带宗教色彩的哲理。——译者

④ 对此有独特的释义：一方面，见哥德希德《全部世俗哲学的基本原理》(1756 年莱比锡版，第 97 页起)；另方面，见《百科全书》中“哲学”条(第 25 卷，第 632 页起)。

斑驳陆离，从缠绵的依附变化到激烈的冲突，但是"哲学"的职责总仍然是古代所规定的，即从科学的洞见中提供宇宙观和人生观的理论基础；关于这点，宗教已不能满足这种需求，至少不能单独满足这种需求。十八世纪的哲学像希腊哲学一样，确信它能胜任这项任务，并认为它的权利和义务是向人们阐明事物真相，并从这种认识的高度去处理个人生活和社会生活。

处在这种自信状态中的哲学被**康德**震撼了。康德论证了：要在个别科学之外或在个别科学之上对宇宙作哲学的（即形而上学的）理解是不可能的；从而又一次限制了哲学的概念和任务；因为在这次弃权之后，**哲学作为一门特殊科学**，其领域便缩小到只限于**理性对其自身的批判活动**了。**康德**就是从这种理性的自我批判中获得了他的果断的灼见；这理性的自我批判必然系统地扩展到认识以外的其他活动中去。与此相联的是**康德**①所谓的哲学的宇宙的概念——哲学在生活实践方面的使命。

的确，这种新的显然也是最后的哲学概念绝不是立刻就得到了普遍承认的。情况倒是这样：十九世纪庞杂众多的哲学运动没有不重复早期的哲学形式的，而且"形而上学需要"②的蓬勃发展，在一个时期，甚至带回了一种倾向，把人类一切知识都放进哲学之中，又将哲学当作包罗万象的科学。

2. 鉴于"哲学"一词的含义在时间的进程中变化多端，从**历史的比较中要想获得哲学的普遍概念**似乎是不现实的。根据这种目

① *Kr. der reinen Vernunft*〔《纯粹理性批判》〕，Ak. III，542f.

② A. Schopenhauer，*Welt als Wille und Vorslellung*〔《世界之为意志和表象》〕，Bd. II，cap. 17.

4 的提出来的概念，没有一个适用于所有自称为哲学的思维活动的结构①。有些类型的学说，片面强调理论的实践意义；在这样情况下，即使将哲学置于有更普遍意义的“科学”概念之下，也是成问题的②。我们更不可以规定被认作特殊科学的哲学的对象和形式为普遍有效的。因为除开早期的，或者后来又流行的，关于哲学是普遍的科学③这种观点以外，企图限制哲学概念的途径也是多种多样的。开始，自然科学问题几乎是引起哲学兴趣的唯一对象，后来很长一段时间，自然科学问题又包括在哲学范围之内，直到现代才同哲学分离。另方面，大多数哲学体系一直不把历史当作对象，只在较晚一些时期，在个别情况下，历史才作为哲学研究的对象。并且，人们通常总在形而上学理论④中去探索哲学的核心，但我们发现，形而上学理论在历史的转折点不是被推在一边，就是被宣布为完全不可能⑤；并且如果有时强调了哲学对个人和社会的实践意义是哲学真正的本质，那么相反地，一种纯理论的观点高傲地扬弃

① 我们在此不必批判种种特殊概念，只要举出一些人们在企图作这种不可能之事时所表现出的分歧很大的程式就行了。比如，只要比较一下，厄尔德曼(Erdmann)、雨伯威格(Überweg)、库诺·费希尔(Kuno Fischer)、策勒(Zeller)等人的作品的导言。这些概念规定只有在哲学史利用这些概念就可产生它们所表现的**效果**时，才适用；然而并不适用于哲学家本人表现出的**意图**。

② 近古多数哲学家就是如此。

③ 关于沃尔夫，参阅他的《逻辑学》(第 29 节起)。

④ 在马克思以前的哲学中，所谓形而上学指的是解释经验以外的问题的学说。——译者

⑤ 当哲学单独作为“认识科学”时尤其如此。例如，参阅 W. 汉密尔顿在里德著作里的注释(II. 808)。在法国人中，十八世纪末、本世纪(十九世纪)初，哲学＝人类悟性分析(*analyse de l'entendement humain*)。

了这样一种〔卑微的〕公益活动①。

再从另一方面看，有人曾宣称，哲学同其他科学处理同一对象，但意义不同，处理的方法也不同。可是，这种特定的形式特征也没有历史的普遍性。如果说，只有追求历史方法是所有哲学不变的特征，那么人们不会反对这种说法：这样公认的历史方法并不存在。然而，这绝不是这样一种情况，即：许多哲学家把其他学科的方法，比如数学的方法或者研究自然的方法运用于他们的科学②，而另外一些哲学家则在处理他们的问题时又毫不利用科学的方法，把哲学活动看作类似于天才的艺术创作。

3．从这些情况出发也说明了这样一种事实：**哲学对于其他科学之间没有一种亘古不变的固定关系**。在哲学表现为总体科学(Gesamtwissenschaft)的地方，其他科学便只表现为彼此界限大 5
致分明的哲学组成部分③。另一方面，如果哲学的任务被指定为从普遍意义来理解各门特殊科学的成果，并将它们协调融合成为综合的宇宙知识，那么其结果就会发生特别复杂的关系：首先，哲学依赖于在特殊科学中所获得的知识现状——这种依赖性主要表现在各个科学的卓越成就促进了哲学的发展④；其次，如果哲学参与特殊科学的活动，就会产生相反的作用。这种互相作用是一种促进或者还是一种妨碍，这就取决于下面这种情况：有时哲学处理包括在特殊科学中的问题时，哲学运用它更广阔的远见和趋于统

① 例如，普罗提诺。

② 笛卡儿和培根就如此。

③ 如在黑格尔体系中就如此。

④ 如天文学影响早期的希腊哲学，力学影响早期的近代哲学。

一的倾向性，为解决问题贡献出有价值的因素①；但在另一些时候，哲学表现为因循抄袭，在此时，如哲学得到的是与科学相同的结论，哲学就显得无用，如哲学还希图提供与科学不同的结论，哲学就显得危险了②。

从上所述，进一步明确了，**哲学对于其他文化活动的关系**并不比哲学对各门科学的关系更不密切。因为从宗教、伦理、艺术各种生活而来的概念，从政治生活和社会生活而来的概念，与从科学研究中得出的结论一道，一股脑儿地拥进带有形而上学倾向的哲学所欲形成的宇宙观念中来，而理性的价值规定（Wertbestimmungen）和判断标准还更强烈地要求在那种观念中取得地位，那种观念愈益成为哲学实践意义的基础，这种要求就愈益强烈。除人类理智的真知灼见以外，人类的信念和理想就以这种方式也在哲学中得到表现。如果认为这些信念和理想就因而取得科学知识的形式（这种看法往往是错误的），那么那些信念和理想就可能从中在某些情况下受到有价值的阐明和改造。因此，哲学对一般文化的关系不但是"受"的关系，而且还是"给"的关系。

在此，考虑一下哲学所经历的**外部形势**和**社会关系**的变化，不无趣味。可以认为，从一开始，也许除了少数例外（苏格拉底），人们都在关着门的学院里钻研科学③。这些学院即使在晚一点时期，也具有宗教的清规戒律的社团

---

① 十九世纪的新教神学与德国哲学就处在这种关系中。

② 比如自然科学与谢林的自然哲学的对立。

③ 迪耳斯《论希腊泰古哲学流派》（*Über die ältesten Philosophenschulen der Griechen*，载于纪念策勒哲学论文集，莱比锡，1887年德文版），第241页起。

形式①;这个事实由于所有希腊司法机关都带有宗教性质,还不可能只凭这点就证实了这些学院的宗教根源。但是希腊科学直接从宗教观念中制订出 6
自己的内容,在好些哲学流派中宗教偶像崇拜的某些迹象准确无误地表现出来②,这些情况说明:很可能科学社团起源于宗教结社(秘密宗教仪式),并继续与之保持某种联系。但科学活动已经发展到完全独立时,这些联系就消逝了,纯科学学派作为人们自由联合的组织建立起来了,在这些组织中,在有影响的人物的指导下,人们共同分担研究、阐述、捍卫和论战等工作③,同时在生活行为的共同理想中他们保持着道德的联系。

在希腊化和罗马时期,随着更广阔的生活关系的出现,这些社团就自然而然地解体了。我们经常碰见一些作家,特别是在罗马人中,他们以纯个人的方式活跃于哲学界;他们既不是学派成员,也不是职业教师,如像西塞罗、塞涅卡、马尔库斯·奥勒留。只是到了古代的末期,学派之间的联系才又更加紧密起来,比如新毕达哥拉斯主义和新柏拉图主义。

在罗马民族和日耳曼民族中,事情的发展同古代也没有什么不同之处。中世纪的科学也随着基督教文明而出现。科学在修道院附属学校里占有席位,而最早促使科学走向独立发展道路的还是带有宗教色彩的问题。在科学中也曾一度出现过各种宗教派别的对立,如天主教多米尼克教派与弗兰西斯教派之间的对立;甚至那些后来逐渐发展为大学的更自由的科学团体里,最初也有宗教背景和教会的烙印④。因此,大学里的这种行会哲学(*Zünftige*

① v. Wilamowitz-Möllendorf, *Antigonos von Karystos*〔《卡里斯脱斯的安提贡诺》〕(Philol. Stud. IV. Berlin, 1881. pp. 263ff.).

② 众所周知,毕达哥拉斯学派提供了这方面的显著的范例;在柏拉图学园中也足够明显地表现出对阿波罗神的崇拜的赞赏。普福来德雷(Edwund Pfleiderer)最近还力求把明显孤立的赫拉克利特拉来同秘密的宗教仪式联系起来(E. 普福来德雷《爱非斯的赫拉克利特》,1886 年,柏林德文版)。

③ 参阅 H. Usener, *Ueber die Organisationder wissenschaftlichen Arbeit im Alterthum*〔《论古代科学工作组织》〕(Preuss. Jahrb. , Jahrg. LIII. , 1884. pp. 1 ff.), and E. Heitz, *Die Philosophenschulen Athens*〔《雅典哲学学派》〕(Deutsche Revue, 1884. pp. 326ff.)。

④ 参阅 G. Kaufmann, *Geschichte der deutschen Universitäten*〔《德国大学史》〕, I. pp. 98ff. (Stuttg, 1888)。

Philosophie）很少摆脱基督教教义的影响，这种情况一直延续到十八世纪的新教大学，在这些新教大学的创建和发展中，教会利益和宗教利益占有首要的地位。

另一方面，在近代时期开始时取得独立的“世俗哲学”，其特点是，创立和拥护它的完全不是学派中人物，而是世俗生活中人物。游方和尚，国家大臣，贵族，剥夺了公民权的犹太人，有学问的外交家，独立的文学家，新闻工作者——所有这些便是近代哲学的奠基人。因此他们的作品的外部形式不是采取教科书或学术辩论的形式，而是采取自由的文学创作——小品文的形式。

直到十八世纪后半叶，哲学才又变成集体活动，回到大学里来定居了。此事首先发生在德国。德国大学逐渐发展起来的独立性提供了最有利的条件，师生间相互交换富有成果的意见也对哲学发展有益①。这种情况从德国蔓延到苏格兰、英格兰、法国和意大利。总之，可以说，在十九世纪，哲学的活动中心基本上只有在大学里才可找到②。

7 最后，值得简略地谈一谈的是**各民族**在哲学发展中的**作用**。哲学同所有欧洲文化的发展一样——希腊人创造了它。哲学的原始结构，由于希腊人的创造性活动，直到今天仍然是科学的基础的基础。使用希腊语的各混杂民族和罗马民族后来所补进古代的东西，一般说来，并没有超过希腊哲学的特殊形式和希腊哲学在实践中的应用。只有在这实践活动转变为宗教性质时（参阅下面第二篇第二章），我们才找到本质上崭新的东西，这本质上崭新的东西是从调和罗马帝国各民族间的分歧而得来的。中世纪的科学文化，由于普遍使用了拉丁语，也是国际性的。就是因为有了近代哲学，各特殊民族的特性才开始表现出决定性的影响。当中世纪的经院哲学在西班牙和葡萄牙顽固地独立地维护其传统的时候，意大利人、德国人、英国人和法国人就发动了首次的新科学运动；这次新科学运动在德国古典哲学时期达到了高峰。同这四民族比较，其他民族几乎全处在被动的地位，只在更近的时期，在瑞典人中才

---

① 谢林在他的著作《论大学学习方法讲座》（*Vorlesungen über die Methode des akademischen Studiums*，全集第五卷，第 223 页起）第 2、3 讲中，树立了科学在德国大学活动中的理想概念的光辉范例。

② 提供这段论述的最好证据莫过于叔本华对于哲学与大学之间的关系的猛烈攻击。

能看出某些独立性。

第二节 哲学史

在时间的进程中，哲学问题和哲学内容所呈现的性质愈复杂，就愈会产生这样的一个问题：既然思维的产物既复杂，种类又繁多，其间除了名称相同以外，归根结蒂似无共同之处，那么，把思维产物与历史性的研究和阐述结合起来，还有什么意义呢？

对这种不同事物的不同意见的纷纭交错，感觉到类似奇闻轶事的兴趣，同时又被许多这类意见的奇谈怪论所激励，这也许就是从前推动“哲学史”的主要动力，但却不可能当作真正科学的持久核心。

1. 然而，无论如何，清楚的是，哲学史的情况不同于其他任何科学。因为对其他任何科学说来，在历史的进程中，研究领域的大小，研究领域同更广泛的领域的区分，同邻近领域的界限，都在不断变化，但不管这些变化怎样多样化，总的说来，研究领域至少是固定的；在这种情况下，在这样确定了的领域里去探寻知识发展的线索，从而把这些变化当作知识发展的自然结果，把它们弄得明白易懂，是不会有困难的。

但是对哲学说来，情况就大不相同。哲学没有这种各时期都共有的对象；因此，哲学的“历史”就表现不出朝着这有关对象的知识不断前进和逐渐接近。相反，突出的事实是，其他科学，在狂热 8
的开始之后，一经得到有规律的可靠的基础之后便照例不声不响地建立起自己的知识体系来——这种惯例只有时被意外的新的开端所打断，——而对哲学说来，事实刚刚相反。在这里，后来人可喜地发展了前人所取得的成就，这只是例外；哲学的每一伟大体系一开始着手解决的都是新提出的问题，好像其他哲学体系几乎未曾存在过一样。

2. 虽然如此，如果我们仍然要谈“哲学史”，那么，统一的关联(der einheitliche Zusammenhang)既不能在哲学家们所从事研究的对象中找到，也不能在他们提出的问题中找到，只能在**他们共同的成就中**(*in der gemeinsamen Leistung*)找到，——这种成就，虽然他们工作的内容不同、目的不同，还是适当地取得了。

但是构成哲学史的意义的这种共同成果正依赖于哲学家们的工作在历史进程中所遭到的不断变化的关系——不仅是对一般科学和特殊科学最成熟的成果的关系，而且还是对欧洲文化其他活动的关系。无论哲学考虑的是对宇宙的一般科学知识的蓝图，此蓝图或在一般科学的任务中获得，或在概括特殊科学的成果中获得；无论哲学寻求的是人生的观点，此观点充分表现意志和感情的最高价值；最后，无论是，哲学用明确的定义限制自己的范围，以此限制将理性的自我认识当作自己的目标，——其结果总是，哲学力图把人类理性呈现其活动的必需形式和原则自觉地表现出来，力图把这些形式和原则从原始的知觉、感情和冲动的形式转化为**概念**的形式。每一种哲学，向着某一方向，以某一种方式，在或大或小的广阔的领域里，力图将世界上和生活中直接表现出的材料用概念明确地表达出来；就这样，在这些艰苦尝试的历史过程中，理智生活和精神生活的结构也就逐步地显露出来了。**哲学史是一个发展过程，在这过程中欧洲人用科学的概念具体表现了他们对宇宙的观点和对人生的判断。**

正是这些表现为“哲学”的所有理性创造物的共同成果，给予作为真正科学的哲学史以内容、问题、理由和根据。这也是为什么哲学史知识是必需的，不仅是对于所有的学术教育是必需的，而且对于无论何种文化也是必需的原因。因为哲学史告诉我们，概念和形式是怎样创造出来的；我们大家在日常生活中以及在各特殊科学中，都用这些概念和形式去思维、去判断我们的经验世界。

哲学史的起源，必须在古代伟大学派的历史作品（大多数已遗失）中，特
别是在逍遥学派的历史作品中寻找。正如我们在亚里士多德提供的例证中 9
所能看见的①，这些作品抱有一种批判的目的，它们辩证地检验前人所提出的观点，从而为它们自己的观点的发展开辟道路。这种历史资料丛书计划搜集的范围包括科学各个不同领域；除特殊科学如数学、天文学、物理学等等的历史以外，哲学汇编②也产生了。由于对独立的哲学思维的爱好和进行这种思维的能力后来削减了，这种文献就蜕化为学术上的剪贴簿，其中混杂着哲学家生活的轶事、个人的警句，以及有关他们的学说的杂记。

根据古代传统遗产而写成的近代时期的文章还具有上述这种搜集古玩珍品的性质。如**史坦利**③所著狄奥根尼·拉尔修斯的复制品，还有**布鲁克尔**的作品④。只在以后，我们才在利用原始资料方面发现有批判性的判别能力（**布勒**⑤，**费勒波**⑥），发现对各别学说的历史意义不偏不倚的理

---

① 例如，在《形而上学》一书的开头。

② 下面有更详尽的论述。

③ Th. Stanley, *The History of Philosophy*〔《哲学史》〕, London, 1685.

④ J. J. Brucker, *Historia Critica Philosophiæ*〔《批评的哲学史》〕, 5 vols. Leips. 1742 ff. *Institutiones Hisoriæ Philosophiæ*〔《哲学史概要》〕, Leips. 1747.

⑤ J. G. Buhle, *Lehrbuch der Geschichte der Philosophie*〔《哲学史教程》〕. 8 vols. Göttingen, 1796 ff.

⑥ G. G. Fülleborn, *Beiträge zur Geschichte der Philosophie*〔《哲学史文集》〕. 12 Studien. Züllichau, 1791 ff.

解(**梯特曼**①,**底吉让多**②),还发现根据新的观点对这些理论作系统的批判(**邓尼曼**③,**弗里斯**④和**施莱尔马歇**⑤)。

然而,只有通过**黑格尔**⑥,哲学史才第一次成为独立的科学,因为他发现了这个本质问题:哲学史既不能阐述各位博学君子的庞杂的见解,也不能阐述对同一对象的不断扩大、不断完善的精心杰作,它只能阐述理性"范畴"连续不断地获得明确的意识并进而达到概念形式的那种有限发展过程。

可是,这有价值的真知灼见被黑格尔外加的一种假说弄得模糊、破损了;因为他相信,上述"范畴"出现在历史上的哲学体系中的年代次序,必然地要与这些同一范畴作为"真理因素"出现在最后的哲学体系(即:按照黑格尔的意见,是他自己的体系)的逻辑结构中的逻辑体系次序相适应。这样,本来是正确的基本思想,在某种哲学体系的控制下,导致了哲学史的结构错误,从而经常违背历史事实。这种错误起源于这样一种错误观念(这种观念与黑格尔的哲学原则有逻辑的一致性)——哲学思想的历史发展只是由于,至少基本

① D. Tiedemann, *Geist det Speculativen Philosophie*〔《思辨哲学的精神》〕. 7 vols. Marburg, 1791 ff.

② De Gérando, *Histoire Comparée des Systèmes de Philosophie*〔《哲学体系比较史》〕. 2d ed. in 4 vols. Paris, 1822 f.

③ W. G. Tennemann, *Geschichte der Philosophie*〔《哲学史》〕. 11 vols. Leips. 1798 ff. *Grundriss der Geschichte der Philosophie für den akadernischen Unterricht*〔《大学课程哲学史纲要》〕. Leips. 1812.〔Eng. trans. 1833 and 1852〕.

④ J. Fr. Fries, *Geschichte der Philosophie*〔《哲学史》〕. 2 vols. Halle, 1837 ff.

⑤ Fr. Schleiermacher, *Geschichte der Philosophie*〔《哲学史》〕. 此书被搜集在他的《全集》中遗著部分,即第四卷第一篇第三部分,1839 年,柏林德文版。

⑥ 参阅《精神现象学》绪论和有关历史哲学和哲学史的讲义。全集第二卷第 62 页起,第九卷 11 页起,第十三卷 11—134 页。米希勒(Michelet)将黑格尔的讲义编纂成《哲学史》,载入《黑格尔全集》卷十三到卷十五,1833—1836 年柏林德文版。〔E. S. 哈尔登将黑格尔《哲学史讲演录》译成英文,三卷集,第一卷 1892 年在伦敦出版。〕站在这个立场上的有 G. O. 马尔巴哈《哲学史教程》(莱比锡德文版第二部分,1838 页起),O. 赫尔曼《实用哲学史》(1867 年莱比锡德文版);此外,J. 布朗里斯出版的《康德以后的哲学史》(布雷斯劳,1842 年德文版)一书的第一卷,概述了整个哲学史,也有些地方站在这个立场上。在法国这条路线的代表是 V. 库辛的《哲学史入门》(1828 年巴黎法文版;1872 年第七版)和《哲学通史》(1884 年巴黎法文第十二版)。

上是由于,一种想象的必然性,由于这种必然性,一种“范畴”辩证地推动另一种“范畴”;这种错误,在十九世纪,为了有利于历史的精确性和准确性,科学 10
的哲学史的发展将它排除了。事实上,哲学的历史发展是一幅与此完全不同的图案。它不是单独依靠“人类”或者甚至“宇宙精神”(Weltgeist)的思维,而同样也依靠从事哲学思维的个人的思考、理智和感情的需要、未来先知的灵感,以及倏忽的机智的闪光。

3. 哲学史,作为体现人类对宇宙的观点和对人生的判断的基本概念的总和,是种种不同的单个的思维活动的产物。各种不同因素,作为这些活动的实际动机,无论在提出问题时或在谋求获得这些问题的逻辑结论时,都必须分辨明白。

逻辑的、**内在联系的因素**无疑是非常重要的。因为,主要的哲学问题是已经提出来了,这表现在这样一种事实——这些问题作为“存在物的原始之谜”在思维的历史运动中重复出现,而且总是迫切要求重新获得从未获得完满解决的答案。这些问题之被提出是由于意识为了哲学思考而提供的概念材料本身的缺陷和内部矛盾[①]。但是就是因为这个理由,这种材料包含着客观的前提,包含着每一次对这材料作理性思考时的逻辑强制力。因为,从这事的性质看来,这些逻辑强制力总以同样方式一再表现自己,因此在哲

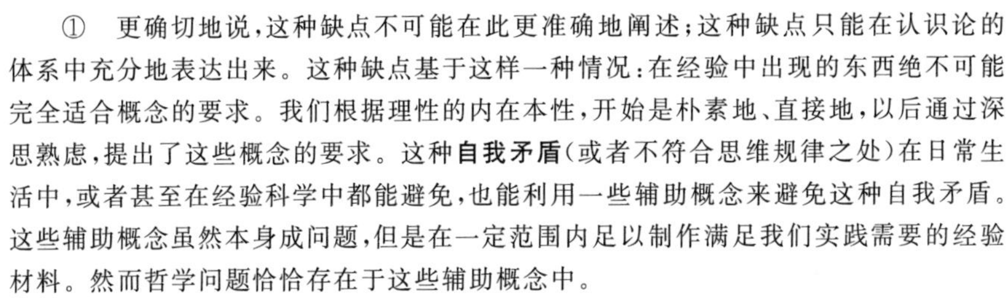

① 更确切地说,这种缺点不可能在此更准确地阐述;这种缺点只能在认识论的体系中充分地表达出来。这种缺点基于这样一种情况:在经验中出现的东西绝不可能完全适合概念的要求。我们根据理性的内在本性,开始是朴素地、直接地,以后通过深思熟虑,提出了这些概念的要求。这种**自我矛盾**(或者不符合思维规律之处)在日常生活中,或者甚至在经验科学中都能避免,也能利用一些辅助概念来避免这种自我矛盾。这些辅助概念虽然本身成问题,但是在一定范围内足以制作满足我们实践需要的经验材料。然而哲学问题恰恰存在于这些辅助概念中。

学史上反复出现的不仅是哲学的主要问题，而且还有谋求解决问题的主要路线。在所有变化中的这种不变性，从外表来看，造成这样一种印象——哲学总是徒劳无益地兜着重复的圈子去探索永远达不到的目的，但是正是这种在所有变化中的不变性证明了：哲学问题是人的头脑不能逃避的问题[①]。从这里，我们懂得了：在重复的事例中，同一逻辑必然性怎样引起一种理论产生另一种理论。因此，哲学史的发展，在某一些时期内，只能完全由内在联系去理解，也就是说，只能通过思想内在的必然性和“事物的逻辑”去理解。

11 上述黑格尔的错误只在于，他把在某种范围内才有效的因素当作唯一的，至少是主要的因素。但是，如果绝对否认“历史中的理性”，而在连续的哲学学说中只看见个人混乱的偶然性的思想，就会犯相反的错误。正确的倒是，哲学史总的内容只有通过这样的事实来解释——存在于事物本质中的必然性一再表现在个人的思维中，无论这种个人思维的特殊条件有多么偶然。就在这些关系上存在着企图把所有哲学学说按某些类型分类的尝试，存在着企图在历史发展中建立一种有节奏的反复的尝试。在这基础上，维·库辛提出了他的四种体系的理论——理念论、感觉论、怀疑论和神秘论。同样，A.孔德提出他的三阶段论——神学的，形而上学的，实证的。A.雷诺维叶在他的《哲学学说体系分类草案》(*Esquisse d'une Classification Systématique des Doctrines Philosophiques*，巴黎法文版，两卷集)一书中，对于特殊的主要问题作过一次有趣的、但从各方面说来都是有教育意义的哲学学说的分类。保尔·热奈和塞勒士出版了一本学校教本《哲学史：问题和学派》(*Histoire de*

---

① 这样，康德对于“纯粹理性的二律背反”(《纯粹理性批判》，先验辩证论，第二段)的研究结论就有可能历史地、系统地扩展。参阅 W. 文德尔班《近代哲学史》II. 第100页起。

la Philosophie; *les problèmes et les écoles*, 1887年巴黎法文版),它按照问题和学派排列哲学学说。

4. 但是内在联系的线在哲学史上经常被打断。特别是问题本身出现的历史次序,差不多完全缺乏这样一种内在的逻辑必然性。相反,在此,另一种因素突出来了,这种因素最好称为**来自文明史的因素**。因为哲学,从时代的一般意识的观念和从社会需要获得问题,也获得解决问题的资料。各特殊科学的重大战果和新产生的问题,宗教意识的发展,艺术的直观,社会生活和政治生活中的革命,——所有这些都不定期地给予哲学以新的动力,并限制哲学兴趣的方向;此兴趣时而突出这些问题,时而突出那些问题,并暂时把另一些问题排斥在一边;所有这些也同样限制着问题和答案在历史进程中所经受的种种变化。在这种依赖性表现得特别明显的地方,在某种条件下,我们就发现有某种哲学体系出现,它准确地代表着特定时代对自我的正确认识(Selbsterkenntnis);或者我们可能发现,存在于时代的一般文化中的种种矛盾明显地在哲学体系斗争中显露出来。因此在哲学史中,除开对于对象的基本特性有经常性的依赖性(内在联系因素)以外,起作用的还有从文化史中或从当代的文化现状中产生的一种必然性,此必然性说明了:为什么思维结构本身的历史存在权利不是持久不变的。 12

这种关系,又是首先由**黑格尔**比以往更明显地揭露了出来;虽然他把"相对真理"归之于个别体系,但根据他的辩证的基本思想,此"相对真理"在他那里同时也具有体系意义。另一方面,来自文明史的因素,在他的继承人中,**库**

诺·费希尔①阐述得最好不过。费希尔在阐述这个课题时使这因素发挥了最出色的效用。他认为在历史发展中的哲学是人类精神逐步的自我认识，而且他认为哲学的发展不断受制于达到自我认识的对象的发展。虽然这适用于许多最重要的体系，但它只不过是有关的诸因素之一。

来自文化史的影响限制着对哲学问题的提出和解决，并在多数情况下解释了对于理解历史发展非常重要的极端有趣的现象，即**问题的复杂性或问题的相互交织**。因为当兴趣主要集中在某些思想路线上时，按照心理学的规律，不可避免的，联想就会在不同思想体系间产生——而这些联想又并不是以客观事实为根据——，这样一来，原来彼此无关的问题就会互相交融起来，使得在解决这些问题时互相依赖。与此有关的一个异常重要而又经常重复的例证是，在处理理论问题时，伦理的影响和美学的影响交织在一起。人们的观点取决于他们的愿望、希望、恐惧和爱好；人们的理论判断受制于他们的伦理判断和美学判断(*Urteile durch ihre Beurteilungen*)，这是日常生活中众所周知的事实——这个事实在人们的关于宇宙的观点中更广泛地反复地表现出来，这个事实在哲学中甚至曾经提高到如此高度，以至从前人们只不自觉地实践的东西被(康德)宣称为认识论上的先决条件。

5. 同时，哲学历史进程之所以形形色色，多种多样，是由于这样一种情况：观念的发展以及一般信仰成为抽象的概念，都只有通过个别**人物**的思维才能完成；而这些个别人物，虽然他们的思想深深地扎在该历史时期的逻辑联系和流行观念之中，然而他们总用他们自己的个性和生活行为添上某种特殊因素。在哲学史发展中的这种**个人因素**之所以值得如此重视是因为那些在发展中起着主导作用的人物表现出他们是些显著的、独立的人物，他们的特性起着决定性的作用，不仅对于问题的选择和综合起着决定性的作用，

---

① Kuno Fischer, *Geschichte der neueren Philosophie*〔《近代哲学史》〕I. 1, Einleitung, I.-V.〔J. P. 戈尔德译成英文《笛卡儿和他的学派》，1887 年纽约版〕.

而且既在他们自己的学说中，也在他们的继承人的学说中，对于创制概念以提供问题的解答，也起着决定性的作用。历史是有个人特征的人物的王国，是本身有价值而又不可能重演的个别事件(Einzelheiten)的王国；这个事实也同样表现在哲学史中：在这里，伟大的人物起着深远的作用——但也不是独一无二的促进作用。就这一点而论，亚里士多德堪称典范。

很清楚，上述**问题的复杂性**之所以产生，在更大程度上，是由于各别哲学家所处的主观状态，而不是由于表现于一个时代、一个民族以及诸如此类的一般意识中的种种原因(Anlässe)。没有一种哲学体系脱离得了它的创始人的这种品格方面的影响。因此，所有的哲学体系都是个性的创造物；在这方面哲学与艺术作品有某种相似之处，而且也必须从创始人的品格的观点来作如是的理解。每个哲学家的世界观的要素产生于永远不变的现实问题，也产生于旨在解决这些问题的理性；但除此之外，还产生于他的人民、他的时代的 13
观点和理想。然而，体系中的结构、布局、关联和评价都受限于哲学家的出身、教育、活动、生活命运、品格和经验。因此，在这里，其他两种因素的普遍有效性往往不见了。在这些纯属个人的创作中，美感必然代替了永恒知识的价值，而哲学史上许多杰出人物使人印象深刻事实上完全出于他们的“理念诗”(Begriffsdichtung)的魅力。

因此，除开问题的复杂性，除开被幻想和感觉所确定足以使一般意识误入歧途的观念以外，就各个人说来，还有类似的，但纯属个人的活动，这给形成问题和解决问题带来更多的人为的虚假性质。我们不难认识到，哲学家经常争辩毫无现实根据的问题，因而耗费精力徒劳无益；另一方面不难认识到，即使关系到解决真正问题时，还不知不觉掺进了于事无益的、想用〔先天的〕概念结构解决问题的企图，这对问题的解决，非但无益，反而有碍。

哲学史奇妙的特点正在于：从这样一大堆个别和一般的混杂物中，仍然大体上确立了普遍有效的观察宇宙和判断人生的这样一些概念的轮廓，这轮廓显示出这种发展的科学意义。

6. **因此哲学史研究要完成下列任务**：(1)**准确地证实**从各个哲学家的生活环境、智力发展和学说的可靠资料中可以推导出什么东西来；(2)从这些事实，重建出**创始**的发展过程，以便就每个哲学家来说，我们可能了解他的学说哪些来自前人的学说，哪些来自时代的一般观念，哪些来自他自己的性格和所受教育；(3)从考虑全局出发来**估计**，这样创立的、根据根源来阐述的这些理论对于哲学史总的成果说来，具有多大价值。

关于前两点，哲学史是**语文–历史的科学**，关于第三个因素，哲学史是**批判–哲学的科学**。

(a)为了证实事实，哲学史必须进而对**原始资料**作细致而全面的检验。这些原始资料因时代的不同在透彻性和完整性(Vollständigkeit)方面也大相径庭。

研究哲学史的主要原始资料当然是**哲学家本人的著作**。对于**近代时期**说来，我们站在相当可靠的基础上。自从发明印刷术以来，历代文献已经搞得很好很清楚，一般说来，没有出现任何困难。自文艺复兴以来，哲学家出版的著作完全可以为今天的研究所利用。像真实性、创作的时代等等问题引起争论的情况是很少很少的；在这里，语文方面的争议只有很少活动的余地，而且即使有争议之处(如关于一部分康德著作的不同版本就是这种情况)，涉及的也只是次要的、归根结蒂是无关紧要的问题。在这里，我们也相当确信资料的完整性。抓不住重点，或者期待在下次版本中去找重点，这几乎是难以设想的。
14 如果说，过去数十年强烈的语文兴趣给我们带来了斯宾诺莎、莱布尼茨、康德、梅因·得·比朗等人的新的资料，那么其哲学效果，比起我们已经知道的价值来说，是微不足道的。最多涉及的不过是对我们知识的补充而已，而且今后它的范围也不过如此。在此我们特别感觉到的是信件中出现的偶尔词句的重要性，因为它们适合于更好地说明哲学历史发展中的个人因素。

关于**中世纪**哲学的原始资料的情况就没有那样有利了。有一部分(当然是一小部分)，还只是手稿。**维·库辛**和他的学派在出版原著方面作出了可贵的贡献。一般说来，我们可以相信，对于这个时期我们也掌握了资料，虽有脱节之处，但总的说来还能满足我们的要求。另方面，我们关于中世纪阿拉伯和犹太哲学的知识，以及这些哲学体系对于西方思想的发展的影响，在细节方面，仍然是很成问题的；这也许就是我们在研究哲学史原始资料时最感苦恼的脱节之处。

情况更糟的是关于**古代哲学**的直接原始资料。当然，我们还保存有最重要的原始著作：柏拉图和亚里士多德最主要的著作，虽然连这一部分在形式上也往往值得怀疑。除此之外，我们只有后期作品，如西塞罗、塞涅卡、布鲁塔克以及古代基督教教父们和新柏拉图主义者的作品。绝大部分古代哲学著作已经遗失了。我们得不到那些著作，而只得到那些著作的片段也感到满足了，这些片段是在现存作家的作品中随意叙述时偶然地为我们保留下来的；在这里，在形式上也往往是成问题的①。

如果说，我们在获取古代哲学发展的观念上还是取得了成就，比中世纪哲学的观念更加明确，表现出的图案连细节也是准确的，而且得到了科学的保证，那么，这不仅是由于语文学家和哲学家在处理他们的资料时付出了不屈不挠的辛勤劳动，而且也由于这样一种情况：除哲学家原始作品的遗稿外，作为**第二手资料**，还保存着古代历史记载的遗稿。当然，其中最好的也已丧失：即逍遥学派和斯多葛学派在纪元前第四世纪末和第三世纪所搜集的学术性文集中的那些历史著作。这些遗稿，尔后经过许多人的手始保留在罗马时期搜集的残存的汇编中，如在以布鲁塔克之名出版的《哲学箴言集》②中，在塞克斯都·恩披里珂③的著作中，在阿塔纳斯的《宴会谈客》④中，在狄奥根

① 在个别哲学家的关照下，特殊作家的残简集被人提到了。希望这些集子能像乌森勒的《伊壁鸠鲁》(Usener's *Epicurea*)那样优秀，就好了。关于前苏格拉底的残篇，W. F. A. 姆拉赫出版了一部详尽的集子，但这个集子已不适用于目前的研究情况了(*Fragmenta Philosophorum Græcorum*)。

② 布鲁塔克《道德学》，杜布勒尔编订，巴黎 1841 年版(*Moralia*, ed. Dübner, Paris 1841)；迪耳斯《希腊哲人拾遗》第 272 页起〔布鲁塔克《道德学、杂记、论文》(Plutarch's *Morals, Miscellanies, and Essays*)，古德温编辑，1870 年波士顿英文版；博恩文库中也有英译本〕。

③ 贝克编辑，柏林，1847 年。

④ G. 凯伯尔编辑，莱比锡，1888—1890 年。该书描写一次宴会的长篇议论。——译者

尼·拉尔修斯的著作《名哲言行录》(十卷)①中,在古代基督教著作家文集中,还有晚期的评注者的注释中,如亚历山大·阿弗诺底莎斯、特米斯修和西姆普里西斯。赫·迪耳斯在《希腊哲人拾遗》(*Doxographi Græci*,1879 年柏林版)一书中对这些古代哲学的第二手材料作出了卓越的、透彻的处理。

在原始资料像整个古代哲学领域这样令人怀疑的地方,就必须作批判的审查,并结合着检验内在关联和创始根源。因为对资料传递本身有怀疑之处,我们只有联系理性,联系与心理经验相符合之处来考虑,才能得出结论。在这
15 种情况下,哲学史和所有历史一样,在奠定了有原始资料保证的活动基地之后,其任务就是进而在那些与传统不再有直接明确联系的领域里确定其地位。十九世纪的哲学史研究可以自豪地说,它已完成了这种任务。促成此事的有施莱尔马歇和 H. 里特的辛勤劳动——里特的《哲学史》(*Geschichte der Philosophie*,十二卷集,1829—1853 年,汉堡德文版)现在确已陈旧了,——对古代哲学而言,有布兰迪斯和策勒,对现代哲学而言有厄尔德曼和库诺·费希尔。在众多完整的哲学史著述中,在这些方面最可靠的莫过于 J. E. 厄尔德曼的《哲学史纲》(*Grundriss der Geschichte der Philosophie*,两卷集,1878 年柏林德文第三版)〔英文版厄尔德曼《哲学史》,霍夫译,1890 年伦敦、纽约版〕。

一份详尽完整、排列整齐的整个哲学史最好的文献目录,可在下书中找到,即:雨伯威格的《哲学史概论》(*Grundriss der Geschichte der Philosophie* 四卷集,1894—1898 年柏林第八版,由海因茨编辑)。〔英译本由 G. S. 莫里斯根据第四版译出,题为雨伯威格《哲学史》,1871 年纽约版,增加了一些内容,但当然没有提出最近作品的文献目录。〕在一般文献中还可提到的有 R. 奥伊肯的《伟大思想家的人生观》(*Die Lebensanschauungen der grossen Denker*,1890 年莱比锡德文版)。

(b) 与我们上面提出的作为决定思想运动的三个因素相对应,我们阐述哲学史中的事实时,或用内在联系(逻辑),或根据文化史,或用心理学。应用在具体事例上,这三种阐述的方式,必须应用哪一种,这全凭有关资料传递的情况而定。只把其中之一当作唯一处理原则,是不正确的。对于在整个哲学史中,只注意为某一特定的哲学体系而作准备的那些哲学家来说,内在联系的阐述方法占绝对

① 科贝特编辑,巴黎,1850 年。

优势;黑格尔和他的门徒就是如此(见上);从赫尔巴特的观点看来,Chr. A. 梯诺的《简明哲学内在发展史》(*Kurze pragmatische Geschichte der Philosophie*,两部分;1876—1880 年科登德文版)也是如此。库诺·费希尔和 W. 文德尔班,在他们阐述近代哲学时,强调了考虑文化史和个别科学问题的重要性。

只对连续性的历史人物作**传记式**的处理是很不适宜于科学地阐述哲学史的。这种处理方式在最近时期表现在 G. H. 路易士的《从泰勒斯到现代的哲学史》(*The History of Philosophy from Thales to the Present Day*,两卷集,1871 16
年伦敦英文版)一书中,这是一本缺乏历史修养的书,同时又是一篇只有孔德**实证主义**精神的派性著作。法国历史学家(达米让,费拉茨)的著作倾向于采用独立的小品文的方式处理个别哲学家,但也还看得出整个历史发展过程①。

(c) 最困难的任务是建立一些原则,据此对个别学说作出批判性的哲学评价。哲学史,像所有历史一样,是一门批判的科学。它的职责不只是记录和阐述,而且还是,当我们认识和理解历史发展过程时,我们要估计什么可算作历史发展中的进步和成果。没有这种批判观点,就没有历史。一个历史学家是否成熟,其根据就在于他是否明确这种批判观点;因为如果不是这样,在选材和描述细节时他就只能按本能从事而无明确的标准②。

当然,大家了解,批判的标准不应是历史学家个人的理论,甚至也不是他的哲学信念;如若应用了个人的这样一种标准,至少就会使据此标准而应用的批判失去科学普遍性的价值。有这么一种人,他执迷不悟坚信自己掌握了唯一的哲学真理,或者他来到哲学领域却早沾染了特殊科学的习气,在他那特殊科学领域里,在得到一种可靠的结论之后,要来评价导致这种结论的种种试验,无疑是一件很简单的事③,——对这样一种人,就可能很容易将他所

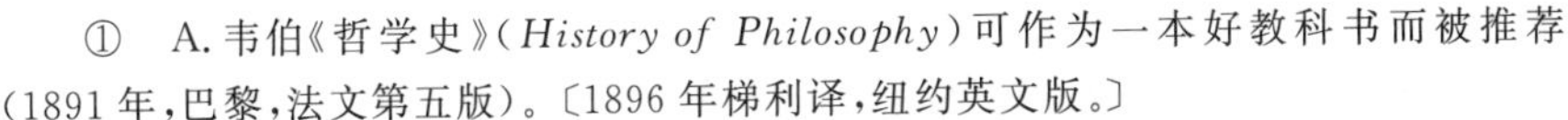

① A. 韦伯《哲学史》(*History of Philosophy*)可作为一本好教科书而被推荐(1891 年,巴黎,法文第五版)。〔1896 年梯利译,纽约英文版。〕

② 这适用于历史的每个领域,适用于政治史、文学史,也适用于哲学史。

③ 作为例证,我们可以指出,一部优秀作品《力学原理史》(*Geschichte der Prinzipien der Mechanik*)的有功绩的作者欧根·杜林在他的《哲学批判史》(*Kritische Geschichte der Philosophie*,1894 年柏林德文第四版)一书中发挥了纯属空想的片面见解。有类似情况的是,A. 施提克的《哲学史教科书》(*Lehrbuch der Geschichte der Philosophie*,两卷集,1889 年美因茨德文第三版)用典型的方式提出的坦率的批评。

碰到的一切形式放在他自己体系的框框里。但是还有另外一种人，他用一种开明的历史远见静观历史上的思想著作，由于尊敬别人而克制自己，不去责怪哲学界杰出之士对于“后起之秀”的才智茫然无知①。

同这种宣判式的肤浅方法相反，科学的哲学史一定要立足于**内在批判**的观点上，其原则有两个：**形式逻辑的一贯性和理智的丰硕成果**。

每个哲学家都习惯于自己一整套观念；他的思维总脱离不了这些观念，而且在发展的过程中总受到心理必然性的限制。批判的研究必须确定：他有多大可能让他思维的各不相同要素相互协调。实际上，矛盾差不多绝不可能出现在同一事物明显地被肯定又明显地被否定的这样直接的形式之中，而总出现在这样的情况下：提出的各种主张，只有凭借逻辑的推论，才会导致直接的矛盾和真正的不可调和的结论。揭示这些差异就是形式批判；它往往与着眼于历史关系的阐述相符合，因为这种形式批判是在历史本身中由有关哲学家的继承人完成的，从而这种形式批判确定了继承人所要研究的问题。

但是只有这种观点是不够的。这种纯形式的观点，毫无例外地可以应用于一个哲学家所有经过检验的观点，但它不能提供一个准则来判断一种学说的哲学意义真正地基于什么。因为情况往往是这样：哲学恰好就是用这些概
17 念去进行活动，而这些概念本身绝不可认为是完美无缺或者毫无矛盾的；同时还有一大堆毋庸反对的个别信念，在我们作历史性的考察时留在角落里，无人注意。在哲学史中，大错误比小真理更有分量。

首先，决定性的问题是：什么东西对人类宇宙概念的发展和人生判断的概念的发展作出了贡献？在哲学史中，我们研究的对象是这样一些思想结构：这些思想结构作为认识形式和判断规范坚持不变、充满活力，并在这些思想结构中人类理性永恒的内部结构就清楚地被认识出来了。

因此，这就是标准。只有根据这个标准我们才能决定在哲学家的学说中（通常涉及许多不同事物）哪些须得认为是真正的哲学，而哪些又该排除于哲学史之外。研究原始资料当然就有责任仔细地、完整地搜集所有哲学家的学

① 在一段时期，在德国有一种风气，从“当前的成就”出发，嘲弄、侮辱、鄙视希腊和德国的伟大人物；对这种幼稚的骄矜，我们无论怎样反对都不会过分。这主要是一种无知的骄傲，此种无知丝毫没有觉察到：它最后只靠咒骂和鄙视人的思想过活，但幸亏这种胡作非为的时代已经过去了。

说，有责任提供解释学说起源的所有资料：无论从逻辑内容方面说，或者从文化史方面说，或者从心理基础方面说。其所以如此辛勤工作，其目的只是：与哲学无关的东西最终可能如实地被识别出来，犹如沉重的压舱物被抛之船外。

无可否认，写一本**教科书**一定要从根本上利用上述观点选择题材，处理题材；教科书不是提出研究本身，而是把研究的成果集中起来。

第三节　哲学和哲学史的划分

在此提出一种系统的哲学分类不可能是我们的目的，因为这绝不可能在历史上获得普遍的有效性。在历史发展过程中，在确定哲学的概念、任务、对象时，流行着的分歧，也牵连到分类的改变，这种牵连是非常必需、非常明显的，无须特别解释。最古老的哲学根本没有分类。在近古流行的分类是将哲学分成逻辑学、物理学和伦理学。在中世纪，更多的在近代，头两门学科通常合称理论哲学，以别于实践哲学。自康德以来，一种新的三分法，将哲学分为逻辑、伦理和美学，开始风行起来了。但是这些不同的分类法过分地依赖于哲学本身的实际发展情况，不值得我们在此详细叙述。

另方面，值得引荐的是，在作历史的阐述前，便对形成哲学对象的那些问题的整个范围至少作一次简略的全面检阅，不管研究那些问题的广度如何不同，也不管那些问题具有多大价值，——这样一种全面检阅，从系统的观点看，不能要求完全正确，确定这种全面检阅只是为了明确初步的方向。

1. **理论问题**。是指那些一部分属于对现实世界的认识问题，一部分属于对认知过程本身的研究问题。处理第一类时要区别现实世界整体的一般问题与现实世界所属各个领域的问题。前者，即解释宇宙的最高原则和根据这些原则对宇宙的总的观察，便形
18 成**形而上学**问题，亚里士多德称为第一科学即基础科学，现在通称形而上学（metaphysics）是因为在亚里士多德的古代文集中，它的位置放在“物理学之后”（“after physics”）。由于亚里士多德的关于宇宙的一神论观点，他也称这知识分支为神学。后来的作家也把**理性神学**或**自然神学**当作形而上学的分支。

现实世界的特殊领域是自然界和历史。在自然界领域里，必须区分外部自然界和内部自然界。由外部自然界所呈现的知识问题称为**宇宙论**的问题，或者特称**自然哲学**问题，或者叫作**物理学**问题。对内部自然界，即对意识，意识状态和意识活动的研究是**心理学**的任务。对历史作哲学的思考，如只限于研究那些主宰各民族的历史生活的规律，则仍属于理论哲学的范围；然而，因为历史是人类有目的的活动领域，所以，如果**历史哲学**处理的是被作为整体看待的历史的发展目的以及如何实现这种目的，那么历史哲学问题就属于实践问题的范畴了。

对知识本身的研究称作逻辑（就此词的广义而言），有时也称作**认识论**（*noëtic*）。如果我们研究的是知识如何产生的问题，这种**心理-发生学**的思考就属于**心理学**的范围。另一方面，如果，我们建立据以估价我们的观念关于真理价值的规范或标准，我们便称这些规范和标准为**逻辑**律，并将对此等逻辑律的研究命名为狭义的**逻辑**。对逻辑律的应用便产生**方法论**，此方法论又发展了按照知识的不同目的而系统地安排科学活动的法规。最后，产生有关

人类认知能力的范围和极限的问题，以及产生有关认知能力对被认知的现实的关系问题，便形成了**认识论**的对象。

西伯克《心理学史》(*Geschichte der Psychologie*，第一卷共两部分，1880—1884年哥达德文版)，此书不完全，只叙及经院哲学时期。

普朗特《西方逻辑史》(*Geschichte der Logik im Abendlande*，四卷集，1855—1870年，莱比锡德文版)，仅至文艺复兴时期。 19

哈姆斯《哲学史中的哲学》(*Die Philosophie in ihrer Geschichte*)：I."心理学"；II."逻辑学"(1877年和1881年柏林德文版)。

〔R.亚当森《心理学史》(*The History of Psychology*，准备出版)。〕

2. **实践**问题一般是指在研究被目的所决定的人类活动时所产生的问题。在这里，也可能是处理心理-发生学问题，这就属于心理学的部门。另一方面，从伦理规范和伦理标准的观点来考虑人类活动的科学便是**伦理学**或**道德哲学**。所谓狭义的**道德**，通常理解为对道德戒律的提出和奠定。然而，因为所有道德行为都与社会有关，因此附属于道德学或伦理学的，还有狭义的**社会哲学**(**社会学**，这个不贴切的名词，可能永久代表了它)与**法律哲学或权利哲学**。就人类社会的理想构成历史的基本意义这一点而论，**历史哲学**，正如上述，也属这个范畴。

从最广泛的意义来说，与艺术、宗教有关的问题也属于实践问题。自上世纪末以来，引进了**美学**这一名称，指的是对美和艺术的性质作哲学的研究。如果说，哲学把宗教生活作为对象，其用意不是打算提供一种神性的科学，而是研究关于人类的宗教活动，那么我们称这种学科为**宗教哲学**。

施莱尔马歇的《伦理学批判纲要》(*Grundlinien einer Kritik der bisherigen Sittenlehre*,全集 III,卷一, 1834 年柏林德文版)。L. v. 亨宁《伦理学历史发展原理》(*Die Principien der Ethik in historischer Entwicklung*,1825 年柏林德文版)。Fr. v. 劳麦,《关于国家、法律、政治的概念的历史发展》(*Die geschichtliche Entwicklung der Begriffe Von Staat,Recht und Politik*,1861 年莱比锡德文第三版)。E. 福伊莱因的《伦理学主要历史发展形式》(*Die Philos. Sittenlehre in ihren geschichtlichen Hauptformen*,两卷集, 1857—1859 年蒂宾根德文版)。P. 热奈《伦理哲学和政治哲学史》(*Histoire de la Philosophie morale et Politique*,1858 年巴黎法文版)。W. 惠韦尔《道德科学史》(*History of Moral Science*,1863 年爱丁堡英文版)。H. 西奇威克《伦理学方法论》第 4 版(*The Methods of Ethics*, 1890 年伦敦、纽约英文版)。〔西奇威克《伦理学史纲》(*Outlines of the History of Ethics*, 1892 年伦敦、纽约英文版)。J. 马蒂诺《伦理理论类型》(*Types of Ethical Theory*,1886 年牛津、纽约英文第二版)。〕Th. 齐格勒,《伦理学史》(*Geschichte der Ethik*,两卷集,第三卷未出版, 1881—1886 年斯特拉斯堡德文版)。K. 昆斯特林《伦理学史》(*Geschichte der Ethik*,只有开头第一卷, 1887 年蒂宾根德文版)。〔J. 博纳《哲学与经济学的历史关系》(*Philosophy and Economics in Their Historical Relations*, 1893 年伦敦、纽约英文版)。D. G. 利奇《政治哲学史》(*The History of Political Philosophy*,待出版)。〕

R. 齐默尔曼《美学史》(*Geschichte der Aesthetik*, 1858 年维也纳德文版)。M. 沙斯莱《美学批判史》(*Kritische Geschichte des Aesthetik*, 1871 年柏林德文版)。〔 B. 博赞克特《美学史》(*The History of Aesthetics*, 1892 年伦敦、纽约英文版)。W. 奈特《美的哲学》(*The Philosophy of the Beautiful*, 一部史纲, 1891 年爱丁堡、纽约英文版)。盖勒和斯科特合著《美学文献手册》(*A Guide to the Literatune of Aesthetics*,加利福尼亚大学)和《文学评论资料与方法引论》(*Introd. to the Methods and Materials of Literary Criticism*, 1899 年波士顿版)有书目提要。〕

J. 伯杰《宗教哲学史》(*Geschichte der Religionsphilosophie*,1800 年柏林德文版)。〔皮吉尔《基督宗教哲学史》(*History of the Christian Philosophy of Religion*,卷一,1887 年爱丁堡、纽约英文版)。O. 普福来德雷《宗教哲学》

(*The Philosophy of Religion*,门哲生译,1887 年伦敦英文版)。马蒂诺《宗教研究》(*A Study of Religion*,两卷集,1888 年)和《宗教中权威的所在》(*Seat of Authority in Religion*,1890 年)。J. 凯尔德《宗教哲学概论》(*Introd. to the Philos. of Religion*,1880 年)。E. 凯尔德《宗教的进化》(*Evolution of Religion*,两卷集,伦敦、纽约 1893 年英文版)。〕

哲学史的划分通常总和流行的政治史的划分连在一起,因此区分为三个重要时期——**古代哲学**、**中世纪哲学**和**近代哲学**。但是哲学史这样分段也许不如政治史那样有利。一方面按照发展的 20
性质一定还可以找到其他一样重要的分段法;另一方面,中世纪和近代时期之间的过渡时期需要移动两头的分点。

其结果,整个哲学史就要按照下述划分方案处理;用这种方法阐述,就会解释得更准确,证明得更详尽:

(1) **希腊哲学**:从开始有科学思想起到亚里士多德之死,——纪元前约 600 年到纪元前 322 年。

(2) **希腊化-罗马哲学**:从亚里士多德之死到新柏拉图主义的消亡,——从纪元前 322 年到纪元后 500 年。

(3) **中世纪哲学**:从奥古斯丁到库萨的尼古拉,——从第五世纪到第十五世纪。

(4) **文艺复兴时期哲学**:从第十五世纪到十七世纪。

(5) **启蒙时期哲学**:从洛克到莱辛之死,——1689—1781 年。

(6) **德国哲学**:从康德到黑格尔和赫尔巴特,——1781—1820 年。

(7) **十九世纪哲学**。

第　一　篇 21

希　腊　哲　学

布兰迪斯《希腊罗马哲学史手册》(*Handbuch der Geschichte der griechisch-römischen Philosophie*,六卷集,三部分,1835—1866 年柏林德文版)。

布兰迪斯《古希腊哲学发展史及其对罗马帝国的影响》(*Geschichte der Entwickelungen der griechischen Philosophie und ihrer Nachwirkungen im römischen Reiche*. 两部分,1862—1866 年,柏林德文版)。

策勒《古希腊哲学》(*Die Philosophie der Griechen*,五卷集,三部分,第一卷第五版,二卷第四版,三至五卷第三版,1879—1893 年莱比锡德文版)。〔除宗教结束时期那部分外,阿勒尼和莱切尔主译,伦敦、纽约朗曼公司英文版,共六册:《前苏格拉底哲学》(两卷),《苏格拉底和苏格拉底学派》(两卷),《柏拉图及早期学园》,《亚里士多德及早期逍遥学派》(两卷),《斯多葛派、伊壁鸠鲁学派与怀疑派》,《折衷主义史》。〕

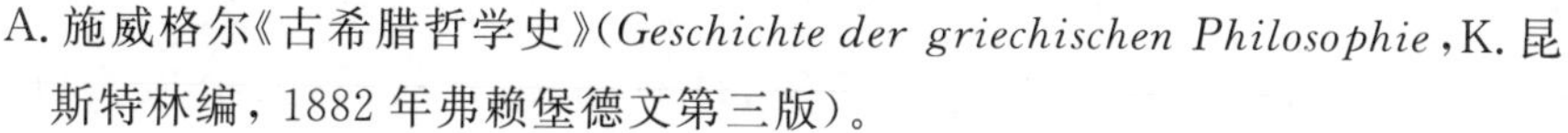

A. 施威格尔《古希腊哲学史》(*Geschichte der griechischen Philosophie*,K. 昆斯特林编,1882 年弗赖堡德文第三版)。

L. 施特来模柏尔《古希腊哲学史》(*Die Geschichte der griechischen Philosophie*,两部分,1854—1861 年莱比锡德文版)。

W. 文德尔班《古代哲学史》(*Geschichte der alten Philosophie*,1894 年,慕尼黑德文第二版)。〔库什曼译,1899 年,纽约英文版。〕

里特和普勒尔合著《古希腊罗马哲学史》(*Historia philosophiæ græco-romanæ*(*Græcæ*),魏尔曼编订,1898 年哥达第八版)。一部优秀的最重要的原始资料集。

〔A. W. 本《希腊哲学家》(*The Greek Philosophers*,两卷集,1883 年伦敦英文版)。《希腊哲学》(*The Philosophy of Greece*,1898 年伦敦英文版)。〕 22

冈佩茨《希腊思想家》(*Griechische Denker*,1892 年维也纳德文版)。〔马格鲁

斯译，1900 年，伦敦、纽约英文版。〕

如果我们把科学理解为理智为其自身而系统地追求的那种独立的、自觉的认识活动，那么就在希腊人中，就在纪元前第六世纪的希腊人中，我们第一次找到了这样的科学，——除了在东方民族中，特别是在中国人和印度人①中最近才揭露出来的某些迹象以外。在上古伟大的各文明民族中，实际上，既不缺乏对各门学科的丰富知识，也不缺乏关于宇宙的一般观点；但是由于前者的获得与实际需要有关，后者又产生于神话式的幻想，因此它们总是一部分受日常需要的限制，一部分受宗教诗的控制；并且对于它们丰富的、独立的发展说来，由于受到东方精神的特殊束缚，其结果自然缺乏个人创造性的活动。

在希腊人中也存在同样情况，直至上述时间（纪元前六世纪左右），情况才发生了变化。到那时，国民生活的蓬勃发展解放了这个在各民族中最富有天才的民族的精神力量。其结果，民主政治制度的发展，经过激烈的党派斗争，往往带来个人意见、个人判断的独立性，往往发挥着个性的作用。民主政治制度的发展事实上比起日益增长的商业财富所带来的生活上的讲究和精神上的享受更得人心。个人主义的恣意发展愈益解开公共意识、信仰、道德的旧的枷锁，愈益以无政府状态的危机威胁着早期的希腊文明；那些

① 即使退一步承认，在中国人中，早期的道德哲学就超出了道德说教，特别是在印度，早期逻辑就不只是偶尔考虑科学地形成概念（关于这点我们在此不作评定），但是这些都远离了自成完整体系的欧洲哲学的路线，因而一本教科书无须着手讨论。文献集中于雨伯威格（I. 第六节）。

以社会地位、以知识、以品德而显耀的人们，也就愈益迫切地发现他们义不容辞的职责是在他们自己的思想中恢复行将丧失的准绳。这种伦理的思想在抒情诗人和格言诗人中找到了代表，特别 23
是在所谓“**七贤**”①诸人中。并且不可避免地发生这样的事：个人意见闹独立性的这种同样潮流竟自侵入了早已变化多端的宗教生活；在宗教生活里，古老的迷信崇拜与艺术的民族神话之间的对立促进了许多特殊典型的形成②。在宇宙起源的诗歌里，诗人已经敢于凭依自己的个人幻想描写充满神话的天堂。从“七贤”时代开始在荷马诗中的诸神身上看得出伦理的理想；在毕达哥拉斯所尝试的伦理-宗教改革中，由于外表上又回到旧式的严峻生活，生活所获得的新的内容更加清楚地显露出来了③。

就在这种酝酿动荡的状态中被取名为哲学的希腊科学诞生了。为宗教幻想摇摆不定所助长的个人独立思考，从实践生活问题扩展到对自然界的认识；在认识自然界时这种独立思考首先获得摆脱外在目的的自由，首先获得知识的自我限制，这就构成了科学的本质。

然而所有这些变化过程，主要发生在希腊文明的外国地带，发生在殖民地；在那里，精神方面的发展与物质方面的发展一样，走

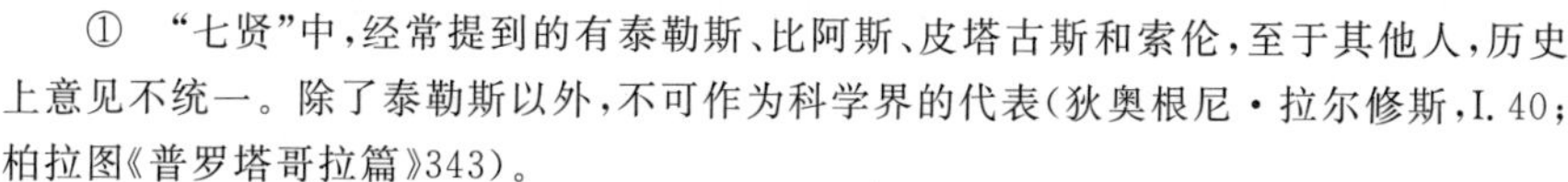

① “七贤”中，经常提到的有泰勒斯、比阿斯、皮塔古斯和索伦，至于其他人，历史上意见不统一。除了泰勒斯以外，不可作为科学界的代表(狄奥根尼·拉尔修斯，I.40；柏拉图《普罗塔哥拉篇》343)。

② 参阅E.罗德(《灵魂》，第二版，1897年)关于宗教观念的影响。

③ 叙鲁士的**费内塞底斯**(*Pherecydes* of Syrus)应当被认为是这些宇宙起源诗人中最重要的诗人。在第一哲学时期他用散文写作，但他的思想方式仍然是彻底神话式的，不是科学的。他的著作的残篇由斯杜尔兹(Sturz)编纂(1834年，莱比锡)。

在所谓希腊文明的“祖国”前面。科学的摇篮是在伊奥尼亚①、大希腊②、色雷斯③。雅典在波斯战争中取得了政治霸权，也取得了文化霸权；它掌握文化霸权比掌握政治霸权的时间还要长久得多；只在此以后，雅典土地上才供上了所有艺术之神，也吸引着科学。其繁荣之期起于智者派时期，完成于亚里士多德学派及其学说。

正是这种对自然界作客观的思考才使思维初步升华到科学的概念结构的水平。其结果是，希腊科学将它整个青春的欢乐和旺盛的知识首先贡献给了自然界问题。在这工作中，为了了解外部世界，形成了基本概念或者思想模式。为了使哲学的视线转而向内，使人类行为作为哲学的研究对象，首先，一方面有必要考虑一下在研究自然界中完成了一些什么，还有什么没有完成；另方面有必要考虑一下，社会生活对于已经发展成为社会因素的科学提出些什么迫切要求。这一转变的影响似乎暂时阻碍了最初表现出来的纯洁的研究热情，但是在关于人类本性的知识领域里取得积极成果之后，这同一热情就更加蓬蓬勃勃地发展起来，直至形成纯粹希腊哲学借以达到顶峰的那些伟大的思想体系。

因此，古希腊哲学分为**三个时期：宇宙论时期**，大约从纪元前
24 600 年到前 450 年左右；**人类学**（*praktische*，**实践的**）**时期**，大约占去纪元前第五世纪的后半部（前 450—前 400 年）；**体系化时期**，包括希腊科学的三大体系，即德谟克利特体系、柏拉图体系和亚里士多德体系的发展（前 400—前 322 年）。

---

① Ionia，在小亚西亚西岸。——译者

② Magna Græcia 或 Gracie Magna，在南意大利。——译者

③ Thrace 或 Thracia，在巴尔干半岛的东部，分属希腊和土耳其。——译者

从理论观点看，古希腊哲学是整个哲学史最富有启发性的部分，这不仅因为在古希腊哲学中所创建的基本概念已成为所有思想进一步发展的持久基础，过去一直如此，将来也可望如此，而且还因为在古希腊哲学里，包含在思维理性本身的法则里的形式假定，与知识素材对比起来，已经达到明显的公式化，而知识素材特别在开始时，数量还是相当小的。在此，古希腊哲学有其典型价值和教育意义。

这些优势已经明显地、朴素地表现在整个发展过程中，这有助于我们认清：探索真理的理性，始而向外，继而回向本身，并从这观点出发，对整个现实作更深刻的理解。

因此关于希腊哲学总的发展过程几乎没有什么争论，虽然在时期分段上不同的阐述划定不同的分点。是否将苏格拉底当作新时期的开端，或者把他和智者派哲学家一起放在希腊启蒙时期，这归根结蒂要看是将哲学推理的结果（消极的和积极的）当作决定性的因素，还是将哲学推理的对象当作决定性的因素。德谟克利特在任何情况下都必须和“苏格拉底以前的哲学”分开，而归入伟大的希腊哲学的体系化时期。这件事，作者在探讨《古代哲学史》（第五章）时已经证明了，由此创见而引起的不同意见全不足以使他认为他有任何错误。

第一章　宇宙论时期

S. A. 拜克《前苏格拉底希腊哲学的组织结构》(*Die vorsokratische Philosophie der Griechen in ihrer organischen Gliederung*，两部分，1875—1877 年莱比锡德文版)。

〔J. 伯内特《早期希腊哲学》(*Early Greek Philosophy*)1892 年伦敦英文版。〕

希腊哲学起源的直接背景是宇宙起源诗。宇宙起源诗以神话的外衣叙述客观世界史前的故事，从而利用流行的有关万物恒变的观念叙述宇宙创始的形成。在这过程中，个人的观点发挥得愈自由，神话里的时间因素便愈消逝得快，这就有利于突出这些永恒的关系；最后出现了这样的问题："超越时间变化的万物始基是什么？万物始基如何变成特殊事物，特殊事物又如何变成万物始基？"

对这个问题，首先试图解答的是纪元前第六世纪的**米利都自然哲学学派**。泰勒斯、阿那克西曼德和阿那克西米尼是我们知道的这派的三个主要代表人物。他们掌握了以航海为业的伊奥尼亚人在实践经验中长期积累起来的许多知识，还有许多真实的、往往敏锐的观测。毋庸置疑，他们同东方民族的经验保持联系，特别是

同埃及人的关系非常密切[①]。这些来自不同渠道的知识以青春的 25
热情集中起来了。主要的兴趣集中在物理问题上，特别集中在重大的基本现象上；为了解释这些现象，许多假说设想出来了。除此之外，兴趣主要转向地理问题和天文学问题，如地球的形成，地球同恒星天体的关系，太阳、月亮和行星的性质，它们运动的状态和原因。在另方面，很少迹象表现出对有机世界和人类知识的热情。

这些便是第一"哲学"所研究的经验对象。第一"哲学"同医学还相隔很远。医学的确还只限于技术知识和专业技巧。医学被当作教士保护的秘方在教派中、学派中（如在罗得岛、昔勒尼、克罗托纳、科斯和克奈达斯等地）流传下来。古代**医学**的目标显然是一种技艺，而不是一种科学（如赫波克拉底）。只是后来当哲学变成包罗万象的科学的时候，医学才同哲学发生关系，而且也只是短暂的关系。参阅黑塞尔《医学史教科书》（*Lehrbuch der Geschichte der Medicin*，I. 1875 年，耶拿德文第二版）。

数学的起源和古代哲学的起源一样独立发展，并行不悖。米利都学派提出的（数学）命题给人的印象是各别知识的拼凑，而不是真正钻研的结果；这与他们在自然科学和哲学中的理论很不相称。在毕达哥拉斯学派的圈子里，也是一样，在开始时，很明显，他们为数学研究而进行数学研究，但到以后，却更加起劲地用数学来阐述一般问题。参阅 G. 坎托《数学史》（*Geschichte der Mathematik*，I. 1880 年，莱比锡德文版）。

米利都学派要想确定统一的世界本原的性质的辛勤努力却被

① 格拉比希在《世界史发展中的宗教与哲学》（*Die Religion und die Philosophie in ihrer weltgeschichtlichen Entwicklung*，布雷斯劳，1852 年德文版）和洛斯在《西方哲学史》（*Geschichte unserer abendländischen Philosophie*，两卷集，曼海姆德文版，1858 ff.）中过高地评价了东方世界对于古希腊哲学的影响。关于特殊领域的知识，这种影响的确必须承认；但科学的概念始终是希腊思想独立的成果。

阿那克西曼德引导到了经验之外，他设想出一种形而上学的解释概念，即“ἄπειρον”（“无限”）[①]，并借此使科学脱离对事实的研究而走向概念的思考。当**爱利亚学派的奠基人色诺芬尼**从世界统一的哲学概念出发得出有利于宗教意识的结论时，**赫拉克利特**则在与晦涩的、带有宗教色彩的观念作艰苦的斗争中，毁灭性地剖析了永恒实体的假定，只承认流变规律为知识的基本内容。在另方面，更加显著的是，爱利亚学派通过其伟大的代表人物**巴门尼德**创制出*存在*的概念，他们在坚持此概念时甚至达到不顾一切的强硬程度（zu der rücksichtslosen Schroffheit）。到了这学派的下一代，芝诺捍卫了这种态度，只有米利所士（Melissus）才使这种态度稍微缓和下来。

最初的形而上学矛盾的这种发展排斥了阐述自然科学的兴趣，然而很快又出现了一系列的探讨，重新突出这种兴趣。更加全面的探讨代表这种兴趣向丰富知识的宝藏迈进。这次，比起以往的观测来，考虑得更多的是有机物领域和生理学领域里的问题和假说，并力图用阐述的理论调和赫拉克利特与巴门尼德之间的敌对概念。

26 从这种需要出发，大约在纪元前第五世纪中叶，由于相互间种种互利关系和敌对关系，同时出现了**恩培多克勒**、**阿那克萨哥拉**以及阿布德拉**原子论学派**的创始人**留基伯**的学说。这些学说种类之繁多以及众所周知的他们之间的相互依存证明了：各别人物和各别学派虽然分居各地，但在思想交流和文学活动中已经非常活跃。

---

① 或译“无定形”。——译者

如果我们想到，历史传给我们的经过时间淘汰保存下来的资料显然只不过是最重要的回忆；如果我们想到，留给我们的每一个人的名字事实上已表现出科学活动的全貌，那么，当时的生活图画就会在我们的面前呈现出丰富得多的情景。

在这同一时期，**毕达哥拉斯学派**在一旁占有一种特殊地位。他们也考虑了由于赫拉克利特与爱利亚学派之间的对立而引起的形而上学的问题，但他们希望借助于数学去寻求解答，并利用他们的**数论**为思想进一步发展提供了许多最重要的因素。众所周知，第一个用文学形式写出**数论**的代表是**费洛劳斯**。在他们的学说中可以觉察到他们社团的原始目的和倾向；他们在确立他们的学说时，着重考虑了伦理的价值和美学的价值。诚然，正如那个时期的整个哲学一样，他们很少企图科学地阐述伦理学问题，但是建立在凭借他们的数学而大大地发展起来的天文学观念之上的宇宙论却同时渗透着美学和伦理学的动机。

米利都学派传下来的只有三个人的名字：泰勒斯、阿那克西曼德和阿那克西米尼。从这里可以看出，整个第六世纪这个学派繁荣兴旺于当时伊奥尼亚的首都。在纪元前 494 年，拉德(Lade)战役之后，波斯人将米利都夷为废墟，这个学派便随之而灭亡了。

泰勒斯，出身于一个古老的商人家庭。据说，他预言过纪元前 585 年的日食。他经历过第六世纪中叶的波斯人的入侵。也许他到过埃及，并不缺乏数学和物理学的知识。像亚里士多德这样早的作家也不知道他的著作。

阿那克西曼德似乎年轻不了多少。关于他的论文《论自然》只有难懂的片段保留下来了。参阅诺伊何塞尔(波恩，1883 年)。——比士根《论阿那克西曼德的“无限”》(*Über das* ἄπειρον *des A.*，威斯巴登，1867 年德文版)。

很难决定**阿那克西米尼**的年代。也许大约在纪元前 560—前 500 年。

关于他的著作《论自然》，差不多完全没有留下来。

除开亚里士多德提到的以外（在《形而上学》一书开头），我们关于米利都学派理论仅有的少量知识的来源主要的是西姆普里西斯的《评注》。参阅 H. 里特《伊奥尼亚哲学史》（*Geschichte der jonischen Philosophie*，1821 年柏林德文版）；R. 西德尔《古代伊奥尼亚哲学形而上学的发展》（*Der Fortschritt der Metaphysik unter den ältesten jonischen Phiosophen*，1861 年，莱比锡德文版）。

习惯上人们都把**色诺芬尼**放在**爱利亚学派**的首位。他无论如何是参与了这学派的建立的。纪元前 570 年他出生于科洛封。前 546 年由于波斯人征服了伊奥尼亚，他逃亡了。最后他在逃入大希腊的伊奥尼亚人所建立的爱利亚城定居了。他死于纪元前 480 年以后。他的半格言半哲学的诗句的断简残篇由卡尔斯登（阿姆斯特丹，1835 年）编集成册。关于他的情况见 Fr. 克恩（瑙姆堡，1864 年；奥尔登堡，1867 年；但泽，1871 年；什切青，1874 年和 1877 年）和 J. 弗洛伊登达尔（布雷斯劳，1866 年）。

27 **巴门尼德**，一个出身于名门的爱利亚人，毕达哥拉斯社团的熟客。他大约在纪元前 470 年写作。他的教育诗的残篇由比伦（莱比锡，1810 年）和 H. 斯坦（莱比锡，1864 年）编辑。〔英译载于《特殊哲学》杂志第四期。〕**芝诺**（大约纪元前 490—前 430 年）的遗失了的论文也许是第一部被分成章节并且辩证地编排的书。他也是爱利亚人。

米利所士是一位萨摩斯将军，他在纪元前 442 年征服了雅典人。关于他同爱利亚学派的私人关系，什么也不知道。A. 帕布斯特《米利所士残篇集》（*De M. Fragmentis*，波恩，1889 年）。

爱利亚学派不重要的残篇由亚里士多德、西姆普里西斯等人的记载补充了一些。亚里士多德的伪著《色诺芬尼、芝诺、高尔吉亚》一书（《亚里士多德》，柏林版，第 974 页起）必须审慎使用。此书在第一章里也许载有米利所士的材料；在第二章里，载有芝诺的材料，资料来源混杂不清；第三章里载有高尔吉亚的材料。

爱非斯的**赫拉克利特**（“晦涩哲人”），大约在纪元前 536—前 470 年，十分厌恶日益高涨的民主权力，抛弃了他世袭的高位，在忧郁的闲暇中消磨了他最后的十年。他写了一篇论文，连古代人也很难看懂。我们现在掌握的这篇论文的片段是非常模糊不清的。由 P. 舒士特尔（莱比锡，1873 年）和 J. 拜沃特（牛津，1877 年）编集。参阅 Fr. 施莱尔马歇（《全集》，第二卷第三部分，第 1—146 页）；J. 贝尔纳斯（《论文集》，第一卷，1885 年）；F. 拉萨勒（两卷，1858 年，柏林版）；E. 普福莱德雷（1886 年，柏林版）；G. 谢费尔《赫拉克利特哲学和近代对赫拉克利特的研究》（*Die Philosophie H. S. und die moderne H.-Forschung*，1902 年，莱比锡、维也纳德文版）。

哲学史中第一个多利安人是阿格利琴托的**恩培多克勒**，大约在纪元前 490—前 430 年，一个教士人物，预言家；他作为政治家、医生和奇迹的创造者，很受人们的尊敬。他与西西里的演说家学派有关系；其中，科拉克斯和蒂西阿士的名字是大家熟悉的。除了他的 καθαρμοί（《净化之歌》）以外，留下了一首教育诗；这首诗的片段由斯杜尔茨（莱比锡，1805 年），卡尔斯登（阿姆斯特丹，1838 年）和斯坦（波恩，1852 年）出版。

克拉佐美尼的**阿那克萨哥拉**（纪元前 500—前 430 年以后）在接近纪元前第五世纪中叶定居于雅典；在那里他结识了伯里克利。在前 434 年，他被控犯了亵渎神明罪，被迫离开雅典，在拉姆萨古（Lampsacus）创建了一个学派。肖巴哈（莱比锡，1827 年）和肖恩（波恩，1829 年）编辑了他的论文《论自然》的片段。参阅：布赖尔（柏林，1840 年）；泽沃特（巴黎，1843 年）。

关于**留基伯**个人的事知道得太少，甚至在古代，他这人是否存在也有人怀疑。原子论通过德谟克利特（见第三章）的巨大发展完全湮没了这个理论的创始人。但是在巴门尼德之后的整个思想结构中原子论的踪迹还是明确地被认识出来了。留基伯，如果不是出生于阿布德拉，也至少作为这个学派的头头在阿布德拉积极活动过；普罗塔哥拉和德谟克利特后来便出自这个学派。他与恩培多克勒和阿那克萨哥拉一定是同时代人，也许甚至年纪还大一点。他是否写过什么东西，还说不定。参阅：迪耳斯，*Verh. der Stett. Philol. Vers.*（1886 年）。——A. 布里格尔《原子的原初运动》（*Die Urbewegung der Atome*，1884 年，哈雷德文版）；H. 李普曼《留基伯和德谟克利特的原子力学》（*Die Mechanik der leucipp-demokritischen Atome*，1885 年莱比锡德文版）。

毕达哥拉斯社团在接近纪元前第六世纪的末尾时以宗教-政治结社形式第一次出现在大希腊诸城邦。它的创始人是萨摩斯的**毕达哥拉斯**。他大约在纪元前 580 年出生；也许到过埃及；在多次远途旅行之后，把贵族城市克罗顿

28 当作改革运动的发源地。他的改革运动把道德和宗教的净化作为自己的目标。通过后来的记载(杨布利柯《毕达哥拉斯一生》,和由克斯林出版的波菲莉《毕达哥拉斯一生》;这些书的可靠性值得怀疑),我们获悉这社团的内幕。但似乎可以断定,这古老的社团把一定的义务强加在它的成员头上,连私人生活也在内;并且提倡集体从事智力活动,特别是音乐和数学。由于这社团的政治地位(关于这点,可参阅克利希的文章,1830 年,哥廷根版),这社团的客观条件开始时对他们是非常有利的;这是因为,在纪元前 509 年民主城市西巴瑞斯(Sybaris)惨遭浩劫之后,克罗顿取得了在大希腊的霸权。然而,最后,毕达哥拉斯学派在城邦的残酷的党派斗争中沦为失败者,经常遭受残酷的迫害,这社团终于在纪元前第四世纪被摧毁了。

毕达哥拉斯大约死于纪元前 500 年;我们追溯不到他本人的任何哲学著作,虽然后来在创造神话的过程中人们竭力把他捧为整个希腊智慧之神(E. 策勒《演讲论文集》,*Vortr. u. Abhandl.*, I. 1865 年,莱比锡德文版)。柏拉图和亚里士多德只听说过毕达哥拉斯学派的哲学。**费洛劳斯**似乎比恩培多克勒和阿那克萨哥拉年轻一些。他好像是这派哲学最卓越的代表人物。关于他的生活环境几乎无人知晓,而他的论文残篇(由波伊克编辑,1819 年,柏林德文版;参阅沙尔施密特,1864 年,波恩版)也非常值得怀疑。

关于这社团的其他信徒,只知道他们的名字。最晚期的代表们同柏拉图学园发生非常密切的关系,就他们的哲学而言,我们几乎可以说,他们已经属于柏拉图学园了。其中必须提到的是塔伦图姆的**阿尔基塔斯**;他是个著名的**学者**和政治家。关于他的十分引人怀疑的残篇可参阅:G. 哈登斯坦(莱比锡,1883 年),Fr. 佩德森(《古物学杂志》1836 年),O. 格鲁帕(柏林,1840 年),Fr. 贝克曼(柏林,1844 年)。

关于毕达哥拉斯学派学说的报道,特别是在晚期记载中的报道,被外来资料弄得模糊不清;外来资料非常之多,要想判断当时情况的真相,也许在古代哲学中,没有一个地方有这里这样困难;即使我们精选的来源是最可靠的,即亚里士多德和他的最有教养的注释者——最著名的是西姆普里西斯,但许多可疑点和自相矛盾的命题依然存在,特别是在细节上。其所以如此,也许基于这样的事实:有一段时期,这学派有很大发展,各种思潮并行不悖;并且在各种思潮中,对于最初也许由费洛劳斯提出的总的基本思想的发挥方式又各有不同。如果能探索着〔对这些思潮〕作出区分,定会有很大功绩。

H. 里特《毕达哥拉斯哲学史》(*Geschichte der pythagoreischen Philosophie*,1826 年,汉堡德文版);洛特比谢尔《亚里士多德所理解的毕达哥拉斯体系》(*Das System der Pythagoreer nach Aristoteles*,1867 年,柏林版);E. 谢涅《毕达哥拉斯与毕达哥拉斯学派哲学》(*Pythagore et la philosophie pythagoricienne*,二卷集,1873 年,巴黎法文版)。

第四节 存在的概念

经验中事物互相转化——这个事实激起了最早的哲学思考。最初,在一个像伊奥尼亚人那样迁徙不定、富有非常丰富多彩的自然界经验的民族中确实产生了对此事实的惊赞[①]。这个事实提供了哲学思考的基本动力。关于这个事实,伊奥尼亚哲学最生动地 29
表现在赫拉克利特身上。赫拉克利特似乎一直孜孜不倦[②]地为万物的这种无处不在的流变,特别为矛盾双方相互的突然转化而探索着最中肯的明确的说明。但当神话给这种观点披上用寓言解释世界形成的外衣时,科学则追求万变之中不变的本原,并将此问题规定在**宇宙物质**或"世界本原"(*Weltstoff*)这个概念中。宇宙物质经历万变,万物产生于它而又复归于它(ἀρχή,始基)。在这概念中[③]隐含着**世界统一的假定**。米利都学派[④]是否曾经力图证实

① 参阅论 θαυμάζειν〔惊赞〕的哲学价值,亚里士多德《形而上学》I. 2,982 b 12.

② *Fragm.* (Diels)〔迪耳斯《苏格拉底以前的残篇》〕12B,49a,88,90,91 etc.

③ 亚里士多德在《形而上学》(I. 3,983 b 8)中已下了定义,但不是没有掺杂着他自己的范畴。

④ ἀρχή(始基)这词本身凝聚着历代宇宙论者的幻想,据西姆普里西斯说,第一次用这词的是阿那克西曼德。

这点，我们不得而知。第一个利用万物互相转化、利用万物毫无例外的内部联系，企图证实这个**一元论**的却是一个后来的折衷主义的落伍者①。

1. 单一的宇宙物质或世界本原是整个自然界变化过程的基础；这一点，根据古代传说，似乎是伊奥尼亚学派自明的假定。唯一的问题只是确定这基本的物质是什么。最捷近的途径是在经验里呈现的事物中去寻找。这样，**泰勒斯**宣告这基本的物质是**水**，**阿那克西米尼**宣布为**空气**。他们之所以作此选择，也许是由于水和空气的流动性、可变性和明显的内在活力②。事情很清楚，米利都学派很少想到关于空气和水的化学特性，只想到有关聚集的状态③。固体本身看来是死的，运动只有靠外力，而液体和挥发物表现出独立的流动性和活力。这种最早的哲学思考，其一元论的先入为主的观念是如此强烈，以至使米利都学派的学者们从来一次也没有想到要去探索这宇宙物质永不停息的变化的原因或根源，反而假定这是一种自明的事实（当然之事），正如他们认为万变与生成是自明之理一样。他们最多只描述宇宙物质的具体形态。在他们那里，宇宙物质被认为是某种自身活着的东西：他们认为它生

---

① Diogenes of Apollonia〔阿波洛尼亚的狄奥根尼〕. 参阅：Simpl. *Phys*.〔《物理学》〕(D.)32r 151,30 和 Arist. *Gen. et Corr*.〔《论生灭》〕I. 6,322 b 13。

② *Schol*. in Arist. 514 a 33.

③ ὑγρόν（湿）经常用来代替 ὕδωρ（水）。关于阿那克西米尼的 ἀήρ（气），有这样的记载，即人们曾试图区分他的形而上学的“空气”和经验的“空气”：里特（Ritter），I. 217；布兰迪斯（Brandis），I. 144。

气勃勃，正如特殊的有机体一样[①]。因此，在以后概念的分类中他们的学说往往被描绘为**物活论**（*Hylozoismus*）。

2. 但是，如果我们要问：为什么阿那克西米尼（他的学说与泰勒斯一样，似乎老禁锢在经验范围之内）要用空气代替水，那么我们就会知道[②]，他相信空气具备一种水没有具备的特性——这个 30
特性，他的前辈阿那克西曼德也曾规定为原初物质的概念，即**无限性**这个概念不可缺少的。关于**阿那克西曼德**提出的这个规定的动力，就牵涉到一场辩论：有限的宇宙物质在永无休止连续不断的生成变化中定会消磨殆尽[③]。阿那克西曼德也曾看到，ἀρχή这个概念所提出的要求不可能被我们所能看见的任何物质和实体所满足，因此，他就将宇宙物质置于经验之外了。他大胆地坚持，如果我们要从本身永恒、超越变化的某物获得经验世界中的种种变化，就必须假定万物始基的现实性，这万物始基具有一切必需的特性——即使这样的始基在经验中也是不可能找到的。他从 ἀρχή这个概念，得出这样的结论：虽然在经验中没有一个对象与这个概念相对应，为了解释经验，我们还是必须在经验的后面假定这样一个概念是真实的，假定这样一个概念限制着经验。他因此称这种宇宙物质为“**无限**”（τὸ ἄπειρον），并将规定 ἀρχή这个概念应有的一切性质赋予“无限”。那就是：不生，不灭，不竭，不可摧毁。

① 普鲁塔克《哲学箴言集》I. 3（《希腊哲人拾遗》，D. 278）。也许这正符合亚里士多德的意图。《形而上学》I. 3，983 b 22。

② Simpl. *Phys.*〔《物理学》〕（D.）6^r 24，26.

③ Plut. *Plac.*〔《哲学箴言集》〕I. 3（*Doxogr.* D.〔迪耳斯《希腊哲人拾遗》〕277）；Arist. *Phys.*〔《物理学》〕III. 8，208 a 8.

然而由阿那克西曼德这样规定的**物质**概念只在这一点上是明确的：在这概念内空间上的无限与时间上的无始无终结合起来了，从而这概念标志着包罗一切，决定一切①。但在另方面，关于质的规定，这个哲学家的意图是什么就弄不清楚了。后来的记载使我们了解到，他明白地主张，原初物质在质方面是未定的或不明确的（ἀόριστς）②，而在亚里士多德的陈述中③则更多地谈到一种关于在经验中所认识的各种物质的混合物——这种混合物是经过完全调整和平衡的，因而就整体说，不偏不倚，保持中立。在这里，可能性最大的意见是，阿那克西曼德用抽象概念的形式复制出一种虚构的混沌的、不清楚的概念，它既是“一”又是“全”。他这样做，使用的方法是：把一个无定形的物质的东西假定为宇宙物质；在其中，各种不同的经验实体混合起来，使之就整体说来，不可能赋予它任何固定的性质。但是，为此之故，从这受自身推动的物质分裂出来的个别性质就不可能再认为是属于此原物质的质的变化了。从这观点出发，关于质的世界统一的概念就一定会被抛弃了，并从根本上为以后的发展准备了条件。

3. 阿那克西曼德赋予无限的还有另一个属性——神性（τὸ θεῖον）。科学思考起源于宗教，他的这个神性，是对科学思维的宗教老家的最后留恋，它第一次表现了在历史上经常反复出现的

① Arist. *Phys.*〔《物理学》〕III. 4,203 b 7.

② Schol. in Arist. 514 a 33; Herbart, *Einleitung. in die Philosophie*〔《哲学概论》〕(Ges. W. ,I. 196).

③ 《形而上学》XII. ,2,1069 特别是《物理学》I. 4,187 a 20。也可参阅西姆普里西斯《物理学》(D.)33r 154,14(根据提奥夫拉斯塔的观点)。这个论述得很多的争论在下面(第六节)还要更详细地谈到。

哲学家们的倾向：将理论引导他们用以解释世界的最高概念当作 31
“神”，并从而同时赋予此最高概念以宗教意识的神力（eine Weihe）。阿那克西曼德的物质是上帝的第一个哲学概念，一个仍然完全停留在物质界的概念，也是第一次企图剥掉上帝这个观念的一切神话外衣的尝试。

但是当**宗教需要**仍然保存在形而上学概念规定中时，科学结论越有可能对宗教生活发生影响，这些科学结论也就越更迎合和适应迄今为止在宗教生活中只隐晦不定地起支配作用的内在动力（*Trieb*）。希腊神话不仅在宇宙起源的幻想的含义中而且在伦理解释的含义中所曾经经受的转变无处不趋向于一神论的顶峰（费勒塞底斯，索伦）；而现在科学则将它最后的成果，直言不讳的一元论，献给了这个运动。

这种关系由**色诺芬尼**表达出来了。色诺芬尼不是一个思想家和研究者，而是一个富于幻想的科学信徒，一个有坚强信念的人。他把新的学说从东方带到西方，并给它抹上彻底的宗教色彩。他坚持**一神论**，他把一神论的主张表现为热情的直观，他说[①]，无论他往哪里看，据他看来，一切都不停地向着一个自然界（μίαν εἰς φύσιν）流去。他的这个主张立刻呈现出一种特色——即尖锐地攻击当时流行的信仰；在文献中这种特色被人们刻画为他的主要特点。他才华横溢，讥讽神话中的人神同形论[②]；他怒愤满腔，谴责那些诗人们不过是用人性的一切弱点和罪恶描绘神明[③]；这讥讽

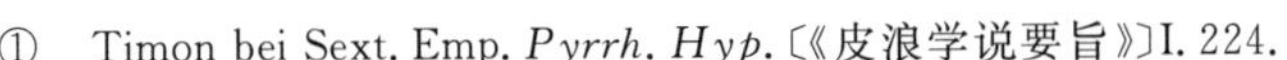

① Timon bei Sext. Emp. *Pyrrh. Hyp.*〔《皮浪学说要旨》〕I. 224.

② Clem. Alex. *Strom.*〔亚历山大里亚的克雷门的《文集》〕V. 601.

③ Sext. Emp. *Adv. Math.*〔塞克斯都・恩披里珂《反对数学家》〕IX. 193.

和愤怒都基于对上帝的理想，此理想认为上帝（最高的存在）无论在身体上或在智力上都具有与人类无可伦比的特质。但当他进而阐述神的积极属性时，色诺芬尼就变得较为晦涩了。一方面神既是个体又是全体（ἓν καὶ πᾶν，一与全），从而与宇宙合而为一了。于是米利都学派的关于 ἀρχή〔始基〕的所有属性都归于这“**宇宙上帝**”（永恒，不生，不灭）；在另一方面，赋予神性的性质中，有些是属于空间的，如球状，而另外一些又是心理上的功能。在心理功能中，明确地提出了到处都有认识活动，到处都存在对事物的理性指导。在这方面，色诺芬尼的宇宙-上帝只不过是作为其余的“众神众人”之中的最高者出现而已。

在这里哲学突出的神学特色已经明白地显示出来了，而阿那克西曼德所采取的形而上学和自然科学的观点替代了色诺芬尼的宗教观点，表现在两种根本的分歧上。对色诺芬尼说来，宇宙-上帝的概念是宗教崇拜的对象，几乎不是理解自然的手段。这个科洛封人（色诺芬尼）要想认识自然的意图是很少的，他的观念有些是非常幼稚的，比起米利都学派的观念来，还是不成熟的。所以对
32 于他的观点说来，米利都科学所认为在宇宙物质中不可缺少的那种无限性，也可以不要；相反，据他看来，将宇宙物质理解为自身有限的，理解为完全封闭或完整的，最终在空间方面理解为球形的，才更符合神圣的自然界的尊严①。米利都学派认为万物的始基永

① Hippol. *Ref.*〔希波利特《参考资料》〕I. 14，*Doxogr.* D.〔迪耳斯《希腊哲人拾遗》〕11 A，33. 在另外一些段落里，又据称他将神理解为既不是有限的也不是无限的（?）。

远处于自发的运动中，它的特性是本身内部结构中的生动的多样性，而色诺芬尼则砍掉了迄今为止一直用来解释自然的这种假定，并宣称宇宙-上帝是不动的，各个部分都是完美无缺、均匀和谐的。他究竟怎样将他自己认为无可置疑的个别事物的多样性与这种意见调和起来，当然始终是一个不明确的问题。

4. 由于流变这个概念的需要，米利都学派关于宇宙-实体的概念不加明确的界限就把两种基本因素联结起来了：一个是实体本身不变的因素，另一个是独立或自立的可变性因素。在色诺芬尼的思想里，第一个因素被分割出来了；通过**赫拉克利特**第二个因素也被分割出来了。赫拉克利特学说距离米利都学派的结论有一代人之久，但他的学说是以米利都学派的工作为先决条件的，那就是：米利都学派企图确定或用概念来规定永恒的世界本原的尝试已经被认为无望了。无一物是永恒的，无论在宇宙中，或在作为整体的宇宙结构中。不仅具体事物，而且当作整体的宇宙都沉浸在永恒的、永无休止的变革中：**万物流动**，无物永存。我们不能说，事物存在着；事物总在变，总在永恒变化的宇宙运动的游戏中消逝。因而，永恒的东西，应有神性之名的东西，不是物，不是实体或物质，而是运动，是宇宙变化过程，是**流变**本身。

为了满足似乎由于转向抽象化而引起的强烈要求，赫拉克利特在呈现在他前面的运动所由体现的感官知觉中找到了帮手：**火**的帮手。本来米利都学派早在自然界万物互相转化中已觉察到火在其中的协调作用；除此之外，还可能有东方的神秘观念，这些观念由于同波斯人的接触，特别传到了当时的伊奥尼亚人那里。但当赫拉克利特宣称世界是一团永恒的活火时，火便变成了万物的本质。他所理解的这个始基不是经历各种变化而不消灭的物质或实体，而恰恰是在永恒飞逝、永恒飘动（*züngelnde*）中的流变过程的本身，恰恰是与流变和消亡相对应的飞翔和消逝①。

33 但同时，这个观念呈现出一种更加固定的形式，它表现在赫拉克利特比米利都学派更加强烈地强调这样一个事实：这种变化是按照某些固定的关系完成的，是在一种永远不变的连锁中完成的②。因而只有这个事件的节奏（后来称作受规律支配的自然界的一致性）才是永恒的；赫拉克利特管它叫做命运（εἱμαρμένη）、秩序（δίκη）、宇宙的理性（λόγος）。按照这些规定（Bestimmungen），世界上的物理、伦理、逻辑诸方面的规律表现出完全一样；这些规定只证明了思想的不成熟状态，还不知道如何区分各种不同的动因。可是，赫拉克利特以彻底的明确性所理解的这个概念，亦即具有他严肃的品质的一切力量的这个概念，就是**秩序**的概念；这个概念对于他说来，其确实性既是一个信念问题，也是一个认识问题。

5. 与这个爱非斯人（赫拉克利特）的理论形成鲜明对照的是由**巴门尼德**提出的**存在**的概念。他是爱利亚学派的领袖，这个时期最重要的思想家。但是要从他的说教诗的少数残篇中重新设想他如何构制他的概念是不容易的。他的说教诗十分独特的特点在

---

① 把最高的现实性和产生万物的能力归于这种没有任何基质的运动，或仅仅归于流变，这对尚未意识其范畴的未成熟的思想来说困难显然不大，但对以后的理解来说困难就大多了。将火当作流变的这种概念，徘徊在这术语的象征性意义和实质意义之间。有种用语，将功能和关系也当作独立的实体，这种用法支持了将火当作流变的概念。但是赫拉克利特并不是不愿让宇宙-实体这一模糊观念在他的隐喻（如永远揉捏的泥土，永远搅动的饮料）中处于隐蔽的地位。

② 关于这点还将在下节中详细讨论。

于他把最枯燥无味的抽象与富丽堂皇的想象结合起来了。有一个存在(ἔστι γὰρ εἶναι)，这一点对于这个爱利亚人说来，是一个如此不容反驳的公理，因此，他只叙述它而不证明它，而且只用反面的说法(durch eine negative Wendung)去解释它，这反面的说法才向我们完全透露了他要我们了解他的主要思想的含义。他又说，"非存在"(μὴ εἶναι)或者不"存在"的东西(τὸ μὴ ἐόν)是不可能存在也是不可能被思维的。因为一切思想总是与**存在着**的东西有关，存在着的东西就是思想的内容[①]。在巴门尼德那里，这种存在和意识相互关联的观点走得太远，以至思想和存在这两者被宣称合二为一了。没有一种思想，它的内容不是存在；没有一种存在，它不是思想：思想和存在是同一个东西。

这些命题，假若我们只从字面理解，其本体论的观点看起来是非常抽象的；但是如果我们考虑到这位伟大的爱利亚人的断简残篇对于他关于"存在"(或**存在着**的东西)所要表示的看法并未留下任何怀疑之处，那么这些命题就有着完全不同的意义了。这就是**实体性**，即物质性(τὸ πλέον)。对于他说来，"存在"和"充实着的空间"是同一的东西。对于一切"存在着"的东西说来，这个"存在"，这个充实着的空间的功能，恰恰是同一的东西；因此，只有一个没有内在区分的单一的存在。"非存在"，或者说不**存在**的东西〔没有存在的属性的东西〕，意思就是无形体，就是**虚空**(τὸ κενόν)。巴门尼德所用 εἶναι(存在)一词的双重意义(照此，这词一时意谓"充满

① 卡尔斯登编辑的《残篇》，vv. 第 94 页起。

的”，一时又意谓“现实性”）就导致这样一个命题：**虚空不可能存在**。

然而如朴素地用感官观察事物，甚至观察潜藏在巴门尼德那些原则里的事物，就会发现，事物与事物之所以能区分是由于虚空把它们隔开了，事物借助于这种隔离才表现出多样性和复杂性。
34 另方面，所有发生在物质世界的运动，又基于“充实的”东西在“虚空”中所经历的位置的改变。因此，如果虚空不是真实的或不是现实的，那么**个别事物的多样性和运动就不可能是现实的了**。

经验在共存和连锁中显示出来的事物的多样性迫使米利都学派探索万物所由变形的、共有的、永恒的本原。然而，当宇宙实体或世界本原的概念在巴门尼德那里拔高到登峰造极的地步，拔高到存在的概念时，似乎要把各别事物同这个概念统一起来，其可能性是如此之小，以至于事物的现实性被否定了，这个统一的存在永远是**唯一的**存在①。原来为了阐明世界而形成的这个概念，其内部已发展到如此地步，如要继续坚持它就一定要否定它原来要企图阐明的东西。在这个意义上，爱利亚学说就是**无宇宙论**：万物的多样性已沉没在这全一之中：只有后者才“存在”，而前者只是欺骗和假象。

按照巴门尼德，我们必须断言，“一”或“存在”是永恒的，从不产生，永不消灭；特别是（如色诺芬尼曾经主张过的），它是完全同

① 爱利亚学派思想的这种巨大作用是用明显的模棱两可的语言表达出来的，一方面，ἕν 的意思既是数字上的一，又是质量上的一或单一，而动词 εἶναι 不仅有系词的作用，而且有“现实性”的意义。

一(völlige Einerleiheit),毫无区分的自我相同(unterschiedslose Sichselbst-Gleichheit),即彻底均匀,绝对不变。他追随色诺芬尼,认为"一"是有限的、完整的和封闭的(abgeschlossen)。于是,存在便是一个滚圆的球体,内部完全均匀;这个唯一的统一的**宇宙体**同时也是单纯的、排除一切特殊的**宇宙思想**①:τὸ γὰρ πλέον ἐστὶ νόημα。

6. 所有这些尝试,有些纯属幻想,有些极端抽象,都是用以求得一些臆测,以求发展第一批了解自然的有用的概念。因为,虽然在其中发挥作用的思想动机非常重要,但无论米利都学派的世界-本原或宇宙物质、赫拉克利特的"火-流变",还是巴门尼德的"存在",都不能用以解释自然。这样一来,通过后面两个概念有如鸿沟之隔的对比,第一个概念的缺陷就显得很明显了。由于有此认识,就为下一阶段更有独立思考的研究者准备了条件,在概念中区分这两个因素(存在与变化),将它们互相对照,从而设想出新的关系形式,从这些新的形式中便产生了用以认识自然的、具有永恒价值的范畴。

一方面,这些**居间调和的尝试**,对于爱利亚的基本原理有共同的认识——"存在"着的东西一定要彻底地被认为不仅永恒,没有开端,也不毁灭,而且是均匀的,在质方面是不可变化的;另方面,他们也同意赫拉克利特的思想——不可否定的现实属于流变和生成(Geschehen),因此也属于事物的多样性。在调整这两种思想需

① 因此,像"唯物主义"和"唯心主义"这类术语对于这种意识与其对象(物质世界)简单的等同就用不上了。

35 求时，他们共同的企图是假定**事物的繁多性**，其中每一个事物都应独自地满足巴门尼德的基本原理；而在另方面，由于改变了空间关系，事物必然带来在经验中表现出的各别事物不断变化的多样化。如果米利都学派谈到了宇宙实体或物质的质变，那么爱利亚原则就排除了这种变化的可能性。但是，如果变化应该得到承认（如赫拉克利特），而且应该是存在本身的属性，那么变化就一定会转化为这样一种变化，它不触动现存物的性质。这样的一种变化只能想象为位置的改变，即**运动**。因此，纪元前第五世纪的自然科学家赞成爱利亚学派，主张现存物的（质的）不可变性；他们反对爱利亚学派，主张存在物的多样性和运动①。他们赞成赫拉克利特，坚持生成和变化的现实性；他们反对赫拉克利特，坚持存在是构成同样事物、产生同样事物的永恒不变的本质。他们共同的观点是：现存物有多样性，本质不变，但它们却使各别事物的变化和多样性可被理解。

7. 这个原则似乎是**恩培多克勒**第一个以极不完善的形式固定下来的，这个形式在历史上具有广泛的影响。他提出至今在一般的思想方法中仍然盛行的四个“**元素**”②——土、水、空气和火③。

---

① 在后来的文献中（柏拉图《泰阿泰德篇》. 181 D. 亚里士多德 *var. loc.*）ἀλλοί-ωσις（质变）和 περιφορά（位变）被当作“运动”（κίνησις或 μεταβολή）的种来对比。实际上，这里就是这个意思，虽然还没有这些术语。

② 不用以后的词语 στοιχεῖα，在恩培多克勒那里，我们找到更富有诗意的术语“万物之根”（ῥιζώματα）。

③ 除了前人给他的影响外，他的选择显然出于他将聚集的不同状态当作万物原始本质的倾向。在此，似乎在数字 4 上没有什么意义。柏拉图和亚里士多德为此而提出的辩证结构是与这个阿格利琴托人的思想相距很远的。

这四个元素中每一个元素，按照这个体系，都是无始无终、均匀、不变的，但同时又可分为部分，在这些部分中可能发生位移。由于这些元素的混合便产生个别物体，反过来，当混合物分解为元素时，各别物体便不存在了。由于混合的性质不同便产生各别物体的不同性质，个别物体的性质往往不同于元素本身的性质。

同时，不可变性的特征和恩培多克勒与米利都学派的物活论之间的分歧，都表现在恩培多克勒体系中，并达到如此程度：他不可能给予这些物质元素以独立的运动能力，物质元素只能经历运动状态的改变，只能经历机械的混合。为此，他不得不在四个元素之外去探索**运动之因**。他指定**爱**和**恨**为这个运动之因。他用抽象化剥去了无生命的物质的整个自身的运动，并设置“力”与之对立，“力”是形而上学地独立的某种东西，推动物体运动；但是这样初步尝试的结果是非常晦涩模糊的。在恩培多克勒那里，爱和恨不仅是这些元素的性质、功能或关系，而且更是与之对立的独立的力量。但是我们应如何设想这些**推动力**的现实性，在他的断简残篇 36
中并没有透露出使人满意的任何阐述①。似乎只有这点是明确的：在确定这运动原则的双重性时，起作用的思想是，为了解释在我们经验里万物变化中的善与恶，爱与恨这两个性质截然不同的原因是完全必要的②，——这是第一次迹象，它表明“价值”的规定开始引进了*自然界*的理论。

① 如果 φιλία（爱）和 νεῖκος（恨）有时被以后的记载家当作恩培多克勒的第五个和第六个元素（ἀρχή），我们也一定不要因此推论他把它们当作实体，他的晦涩而神话式的术语大部分根据这个事实：代表功能的概念是语言中的实体。

② Arist. *Met.*〔《形而上学》〕I. 4，984 b 32.

8. 恩培多克勒认为从四元素适当的混合中获得各别事物的特性是可能的。他是否曾试图去获得这些特性？如果是，他是怎样去获得的？我们的确不知道。这个难点，**阿那克萨哥拉**避免了。他根据爱利亚学派原则，凡存在的东西没有一个能够产生，没有一个能够消亡，便得出结论：在我们经验中的万物，有多少简单的实体就要假定多少元素①。他所谓简单的实体是指那些经过反复分割总是分成与整体同质的若干部分的东西。按照他的定义，这些基本实体后来叫作"同素体"(*homoiomeriai*)。然而在当时只知道，机械分割和温度变化是研究的手段；元素的这种概念(原则上完全相当于今日的化学概念)应用于经验中给定的大部分实体②。因此，阿那克萨哥拉主张有形、色、味各异的**无数元素**。他主张，元素以一种分得非常细致的状态存在于整个宇宙中。元素的结合或混合(σύγκρισις)产生各别事物；元素的分离(διάκρισις)形成各别事物的消亡。照此，每一实体总多少存在于每一事物中：只是由于我们的感性认识，各别事物才呈现出以绝对优势包含于某种或某些实体之中的性质。

作为真实存在的元素现在被阿那克萨哥拉认为是永恒的，无始无终的，不可变的；虽然在空间里可以运动，但本身不能运动。于是，在此，我们必须要求一种推动运动的力。但是，因为这力必须认为是现存的，必须是存在着的某物，因此，阿那克萨哥拉想出一条权宜之计，将此力给予一种特别的、单一的物质，即基本实体。

① 他管它们叫 σπέρματα(物的种子)，也简单地叫作 χρήματα(实体)。

② 根据阿那克萨哥拉的断简残篇，有骨头、肉、骨髓；另一方面，有金属。

这种**力-元素**或**动力-物质**(*Bewegungsstoff*)被认为是所有元素中
最轻最灵活的。与其他元素不同点在于:它是**同位体**之一,只有它
才是本身在运动,只有它才把自己本身的运动传给其他元素;它推
动自己,也推动其余。为了确定这个"力-实体"的内在性质,两条
思想路线联结起来了:对于朴素的世界观说来,运动的根源是**有生
物**最准确的标志,因此自己能运动的这种异常物质一定是有生命
的物质或"灵魂-物质"(*Seelenstoff*),它的性质必然是有生命或者 37
有灵魂①。其次,力量通过效果才被认识:如果这个动力-物质是
形成世界的原因,为了形成世界,它将其余的不活跃的元素分离
开,那么我们一定能够从它所完成的这一成就中了解其本性。然
而,宇宙,特别是星体有规律的运转,造成一种**美的、合目的的秩序**
(κόσμος)的印象。将如此巨大的物体控制在和谐的体系中——无
数世界不受干扰地旋转;对此阿那克萨哥拉好奇地凝视着、沉思
着;这样的奇观,据他看来,只能是某一**心灵**(*mind*)有目的地安排
这些运动和控制这些运动的结果。为了这个原因,他将"力-实体"
描绘为**理性**(νοῦς)或者"**思想-物质**"(*Denkstoff*)。

因此,阿那克萨哥拉的 νοῦς 是一种物质或实体,是一种物质元素:均匀,不生,不灭,以一种分得最细微的状态弥散在整个宇宙中。它不同于其他实体,不仅在程度上,极细,极轻,极灵活;而且在本质上,只有它自身运动,而且以其自身的运动有目的地推动其他元素运动,其目的性我们可以在世界秩序中辨认出来。强调宇宙秩序是阿那克萨哥拉学说中的赫拉克利特因素。从按照既定目

① 〔希腊文 ψυχή和德文 *Seele*,包含这两种意义。〕

的而安排的有秩序的运动推论到运动的理性原因，这个结论是**对自然作目的论解释**的第一个例证①，由此例证，价值概念（即美和完善）在理论领域里也被当作解释的原则。

9. **留基伯的原子论**是从爱利亚学派存在的概念发展而来的。其发展的方向与刚追溯过的相反。恩培多克勒主张，有些性质的根源是超经验的，阿那克萨哥拉主张所有性质的根源都是超经验的；而阿布德拉学派的创始人则停留在与巴门尼德一致的立场上，他主张“存在”不属于任何在经验中展现的所有各种不同的质的规定，并主张存在的唯一性质是充实着的空间的性质，即**实体性**（*Körperlichkeit*，τὸ πλέον）。然而如果事物的多样性以及事物在

38 运动中发生的变化是可理解的话，那么要假定的不是巴门尼德教导过的没有内部区分的单一的宇宙体，而是具备多样性的这样的宇宙体：不是被另外的存在分开，而是被不存在的东西即非存在所分开，即被非物质的东西、被**虚空**所分开。于是这种非存在〔即不是实际意义上的存在〕的东西也必须赋予一种存在的意味，或者赋予一种形而上学的现实性的意味②。留基伯认为它是无限的（ἄπειρον），刚好与按照巴门尼德所说的“存在”原来具有的“有限”相对立。因此，留基伯将巴门尼德的宇宙体砸得粉碎，将其微粒撒向无限的空间。然而每一微粒，像巴门尼德的绝对存在一样，永

① 柏拉图就是这样赞扬他（《斐多篇》，97B），亚里士多德就是这样过高估价他（《形而上学》I. 3，984b）。参阅第五节。近代人（黑格尔）进一步过高评价，力图将 νοῦς 解释为非物质的原则。但是残篇（西姆普里西斯《物理学》（D.）33^v 156，13）却未留下任何疑义：这个不与其他元素相混的最轻、最纯的元素只在其他元素周围游逛，只作为活力推动其他元素，它也是充满空间的物质或要素。

② Plut. *Adv. Col.*〔普鲁塔克《反科罗底》〕4，2，1109.

恒、不变、不生、不灭、有限、不可分。因此这些存在的微粒被称为**原子**（ἄτομοι）。由于从前引导阿那克西曼德走向无限（ἄπειρον）的概念的同一理由，留基伯主张：有无数这样的原子，形态上变化无穷。它们的体积必定小得难以觉察，因为在我们经验中的万物都是可分的。然而因为它们都只具有充满空间的这同一性质，因此它们之间的差异只能是量上的，只是大小、形态、位置上的差异。

从这些形而上学的思考中产生了原子的概念。这种概念已经证明关于自然界的理论科学很有成效；这是因为，正如在留基伯的体系中已经明显表现出来的一样，这种概念包含了这个原理——所有自然界呈现出来的质的差异都必须归纳为量的差异。留基伯教导说，所有我们感知的事物都是原子的结合；原子合，万物生；原子散，万物亡。在这些复合体中，我们所感知到的性质只是假象或现象。实际上，只存在着构成存在的各别原子的大小、形态、秩序、位置的规定。

照此说来，虚空是原子结合和分离的先决条件，也是原子间隔和原子具有形状的先决条件。所有的"流变"或变化，就其实质来说，不过是**原子在空间的运动**。如果我们要探索原子运动的根源①，由于空间本来不是真实的存在，也就不能当作运动之因，而且原子论除了空间和原子外不承认任何东西是真实的，那么这运动的根源就只能在原子本身中去寻找了。也就是，原子本身在运

① 亚里士多德的《物理学》（VIII. 1，252 a 32）谈到原子论者时说，原子论者并未问到运动的根源——这是理所当然之事，因为他们宣称运动本身是无原因的（参阅《形而上学》1.4）。

动，而这种独立运动，跟原子的存在一样，真正地无始无终。因为原子的大小和形状变化无穷，彼此又完全独立，因此它们的原始运动也是变化无穷的。它们在无限的空间中盲目地飞舞，不知上下，不管内外，各司其事，直到偶尔机缘使它们碰在一起，形成万物，形成世界。这样，恩培多克勒和阿拉克萨哥拉，以他们各自的方式，曾企图在物质概念和动力概念之间制造的分离又为原子论者所消除。原子论者赋予物质粒子的能力的确不是性质上的变化（ἀλλοίωσίς），而是**独立的运动**（从狭义上说是 κίνησις，相当于 περιφορά位变），在这种意义上，他们又继承了米利都学派的物活论原理。

10．与这些多元体系相对立，巴门尼德的朋友和学生**芝诺**企图捍卫爱利亚学说，他提出存在多样性的假说所陷入的矛盾。关于大小，他指出，存在整体必定一方面无穷小，另方面又无穷大：说

39 它无穷小，是因为无穷小的微粒，不管有多少，结合起来也绝不能产生一个比无穷小的总和更大的东西①；另方面，说它无穷大，是因为分开两部分的界限本身必定是存在着的某物，即空间量，此空间量本身与那两个被分开的两部分之间又有一界限，此界限的情况与前一界限相同，按此类推，以至无穷。根据后一论据（称为对分法，ἐκ διχοτομίας）芝诺又推论道，根据数，**存在着**的东西一定是无限的；而另方面，这个完整的存在，并不处于流变中，势必被认为在数量上是有限的〔即完整的〕。正如与“多”的假说一样，虚空是真实的这个主张，利用**回归法**，用到无穷多次，也就反驳了它本身：

① 这个论点只能用以反对原子论，用于这里力量微薄。

如果凡是存在着的东西都存在于空间中，这样空间就是存在着的实体，那么它（空间）也存在于空间中，这空间也同样在空间中……照此类推，等等。由于原子论者曾赋予无限概念以新的变化，所有包含于其中的有关理智与感性直观之间的对立观点的种种谜团变得突出了。芝诺利用这些谜团使他的敌人（即主张唯一的、自限的存在这个学说的敌人）陷入**归谬法**的困境中。

然而，就在爱利亚学派自身中就表现出这种辩证法[①]既有利又有弊的两重性。芝诺有一个同时代人——**米利所士**，他的观点与芝诺相同，但他自己不得不宣称，巴门尼德的存在在空间里如在时间里一样是无限的。因为既然存在既不能产生于另外的存在，也不能产生于非存在，因此，既不能被现存的存在所限（因为那样，就必定有第二个存在），也不能被现存的非存在所限（因为那样，这个现存的非存在就必定存在了）：这种论证法，从纯理论观点看，比起受到价值规定影响的〔他们的〕先师的立场来，更彻底了。

11. 在这些问题中**毕达哥拉斯学派**采取了中间立场。关于这点，与他们的其他学说一样，他们恰当地运用了数学，恰当地运用了他们进行这种研究所采用的方法。其主要方向似乎是算术方面，甚至以他们为创始人的几何知识（如以毕达哥拉斯命名的著名命题）也不过是用线度代表了数与数之间的简单关系（$3^2+4^2=5^2$，等等）。毕达哥拉斯学派发现数是决定性原则，这不仅在空间

① 辩证法（dialectic）在西方哲学史上，在不同时期有不同含义。在古希腊罗马时期，这词指通过谈话揭露对方的矛盾，使对方陷入困境，从而证明自己理论的正确的方法。中世纪时期则泛指论辩术和逻辑。从黑格尔开始辩证法一词用来表示事物的内在矛盾、运动和发展的学说。——译者

的一般结构关系上是如此，在他们主要要对付的物质世界的现象中也是如此。他们对于音乐的研究使他们懂得：和谐是基于弦的长度的简单数目关系（八度音程，第三，第四）；他们的天文学知识（当时很先进的知识）使他们得出这样的看法：统治着天体运动的和谐，像音乐中的和谐一样①，其根源在于秩序，按照这个秩序，宇宙间各天体依照数字所规定的间隔，围绕一个共同的中心而旋转。
40 上述如此纷纭的意见似乎都集中起来在一个人如**费洛劳斯**的身上引起一种思想：哲学所探索的永恒存在在**数**中找到了。与经验不断变化的事物相对立，数学概念就其内容来说具有不受时间限制的有效性的标志——它们永恒，无始，无终，不可变，甚至不可动。它们就这样满足了爱利亚学派关于存在的原则，而在另方面，它们又表现了固定的关系——就是赫拉克利特曾需求的那个有韵律的秩序。这样，毕达哥拉斯学派在数学关系中，特别是在数中找到了世界永恒的本质，——这个问题的解答，比米利都学派的解答更抽象，比爱利亚学派的解答更直观、更明确（anschaulicher），比赫拉克利特的解答更清楚，但比当代居间派提供的解答更难于理解。

毕达哥拉斯学派的**数论**，按照他们所展现的，一部分来源于他们在数学关系上多次的观察，一部分来源于他们发现的，或有时人为地引进的，在数学问题和哲学问题之间的类比。首先，每个个别数字的有限性和数列的无限性必然给人启示：现实既属于有限，又属于无限。毕达哥拉斯学派将此想法引入几何领域，他们就逐渐

① 出于这种类比，出现了天体和谐的异想天开的观念。

认识到，除了元素作为有限的以外，还有一种现实属于作为无限的虚空的空间。但是，他们认为元素是由简单立体的形状所决定的；火由四面体决定，土由立方体决定，空气由八面体决定，水由二十面体决定，而第五种物质以太（他们当作天上的元素，加在恩培多克勒所假定的地上四元素之上）由十二面体所决定[①]。在这些概念中，占优势的观念是：**实体性**或者物体本性，基于无限的东西所受到的数字上的限制，基于**从空间中形成形式**。数学形式当作了物理现实的本质。

毕达哥拉斯学派还进一步相信在有限和无限之间的对立中他们认出了奇数和偶数之间的对立[②]，而且这种对立与完美和不完美之间，好与坏之间的对立又完全相同[③]。在最后一种情况下，与神谕的宗教信仰有关系的旧观念不无影响。他们的“世界观”就这样变成了**二元论**：与有限、奇数、完美、善相对立的是无限、偶数、缺陷和恶。但是，由于两类要素都在数字“一”中结合起来了[④]，数字“一”有偶数也有奇数的值，因此，在作为整体的世界中，这些对立面都被调整而产生和谐，世界就是数的和谐。

① 毕达哥拉斯学派的主线追随恩培多克勒，而以后爱克范特（Ecphantus）从原子论的意义理解这种空间的受限。

② 阐述此种观点的理由是：甚至数也可运用对分法，分至无穷（?），这种理由的确大成问题，很不自然（Simpl. *Phys*. D. 105[r] 455，20）。

③ 在此，我们也一定不可忽视这个因素（对于色诺芬尼和巴门尼德，此种因素已经表现出来了）：对希腊人说来，量度的概念是一种具有高度伦理价值的概念，因此，无限，由于嘲笑一切量度，对希腊人说来，必然是不完美的；而确定的或有限的东西（πεπερασμένον）必然地被认为更有价值。

④ 亚里士多德《形而上学》I. 5，986 a 19。

再者，有些毕达哥拉斯信徒[①]力求通过经验的各个领域找出
41 整个学派都同意假设的、两个基本的对立，从而十对矛盾的表格出来了，即：有限和无限，奇和偶，一和多，左和右，雄和雌，静和动，直和曲，光明和黑暗，善和恶，正方形和长方形或不等边形。很明显，这是毫无系统的凑合，凑足神圣的数字十，但至少得承认，他们在试图寻找其中的关联。

于是，按照这样或类似这样的方案，毕达哥拉斯学派竭力按照数的体系来制定事物的秩序，在每一门知识领域中，把基本概念分派给不同数目，而在现实中的不同领域里，将决定性意义判给每一个各别数目，特别是判给从一到十的数目。他们这样做时，完全沉溺在符号解释中，我们一定不可因其荒谬而忽视这样的事实：他们企图承认**万物的守恒秩序**可以用**概念**来理解，来表现；他们企图在**数学关系**中找到这种秩序的最后根源。

毕达哥拉斯信徒们自己，特别是该学派后期成员，并没有忽视这样的事实：按照“本原”(ἀρχαί)这个术语应用于各种不同的“物质”、元素之类的东西而言，数目不能叫做万物的本原(ἀρχαί)，他们也没有忽视这样的事实：万物不是产生于数目，而是**按照数目构成**的。当他们说，**万物是数的模写或摹拟**，这也许就是他们表现他们的思想的最好、最有积极意义的说法了。按照这个概念，数学形式的世界被看作是更高、更根本的现实；经验中的现实只不过是这种现实的复制品，数学形式是永恒的存在，而经验现实只是与之对

① 或者还有与毕达哥拉斯主义有密切关系的人们，如像阿尔克曼埃(Alkmaion)医生，他是费洛劳斯的同时代人，年纪稍长。参阅亚里士多德《形而上学》1.5，986 a 22。

比的流变(*Geschehen*)的世界。

第五节　宇宙发展过程或宇宙变化的概念[①]

E. 哈代《希腊哲学中自然界的概念》第一卷(*Der Begriff der Physis in griechischen Philosophie*, I. 柏林德文版,1884 年)。

正如变化(宇宙的变化过程)这个事实为对永恒存在的思考提供了最直接的条件,同样,在另方面,有关存在的种种概念其最终目的只不过是使自然界的变化发展变成可以理解的罢了。这个任务,在存在的概念的发展中,有时的确被人遗忘,或者被人放在一边,如爱利亚学派就是如此。但是后来很快证明了,思想越向前,发展就越取决于不断加强的对于流变和变化的重视,越取决于对存在作如此思考的需要:流变和变化不但可以与存在调和一致,而且还因存在而更容易被人理解。存在的概念和流变的概念手牵手一块走,两者彼此发生永恒的关系。

1. 对于伊奥尼亚人说来,世界上生气勃勃的活动是当然之事,他们从未想到还要去问它的原因。**朴素的物活论**可能只考虑 42
如何解释某一**特殊**的事件或宇宙过程。但是解释也只在于把惊人的事(不是当然之事,或者本身不可理解之事)化为事件的更简单的形式,此等形式由于我们的知觉对它们已经非常熟悉,已用不着

① 宇宙变化,德文为 *Geschehen*。这词我作过不同的翻译:“变化”、“生成”、“活动”、“发生”、“产生”、“流变”等等。最后一个意义通常用来指希腊文 γίγνομαι,意义不够广泛。德文表示任何自然变化过程或自然界发生的事变。——英译者

解释了。万物改变形式，改变性质，它们又彼此影响，——这个事实，对于**米利都学派**说来，似乎还需要解释。他们在这方面满足于把这些变化理解为宇宙物质的凝聚或扩散。这后一过程，对他们说来，似乎不需要进一步解释了；而阿那克西米尼的确还说过，在聚集状态中的这些变化与温度的变化有关——冷则收缩，热则膨胀。这种对比就产生了按照与原始物质的扩散和凝聚程度相对应的顺序而安排的聚集状态的排列①，即火、空气、水、土（或石头）。

米利都人利用这些观念不仅解释自然界的各别现象，特别是解释对于以航海为业的人们非常重要的气象变化，而且解释由原始物质而产生的世界的现状发展。因此，泰勒斯认为水一部分扩散为空气和火，一部分凝聚为土和石头；阿那克西米尼从空气出发，说明了一个形成世界的类似过程。由于提出这些意见的结果，便假定了：土（依照第一人，来源于水；依照第二人，来源于空气）占据了空气球的中心，空气球围绕土而旋转，空气球又为火球所包围，火球或者穿过群星或者照亮了群星。

在提出**世界起源**的这个过程时，米利都学派紧紧依附于宇宙起源诗②；也许泰勒斯仍然认为世界起源是一次发生就完结了的过程。直到后来似乎才普遍流行这样一种认识，——如果变化与方向相反的变化〔即回向原初形式的变化〕两相对应，同时如果物质不仅是永恒的而且是永恒地活着的，那么就必须假定世界形成

① 因此，可以理解，还有一些物理学家（我们不知其名），他们将宇宙-物质当作空气与水，或空气与火之间的中间物。

② 宇宙-物质被命名为 ἀρχή（始基）。

和世界毁灭是一个无休止的过程，必须假定**无数的连续的世界**①。

2. 虽然这些规定(Bestimmungen)也符合阿那克西曼德的物理理论，但他的ἄπειρον这个形而上学概念使他超出了它们的界限。这个难解的概念所指的那个无限的、自动的物质，就整体来说，确实没有一定的性质。但它被认为在**它自身之内包含有质的对立面**；在它发展变化的过程中又把那些对立面从它本身**排除掉**，使之分离②。就阿那克西曼德认为物质是自动的而论，他还是一个物活论者。但是他已经看出了：如果差异是产生于物质的自我 43
运动，那么就一定要把这些差异放进物质之中。因此，关于他的存在学说，如果他接近后来的关于原初实体的繁多性的学说而且放弃了关于原初物质在质方面是可变的那个学说，那么关于他的宇宙变化发展无因的概念就完全和另外的米利都学者一样的了，而且他认为由于热和冷这对对立面的结合(热和冷，他认为是从ἄπειρον产生的第一对对立面)，他就可以解释水了。做了这事之后，他就可以沿着泰勒斯所走过的海洋似的大道继续阐述他的宇宙起源学说了。

除了这些物理的和形而上学的规定以外，从他那里保存下来的原句的片段③阐述了万物的消亡是对于不义的补偿，从而表现

① 支持这种理论的，很可能有阿那克西曼德，肯定有阿那克西米尼。后来赫拉克利特和恩培多克勒重复了这个理论。

② 对于这一分歧很大的问题(里特、赛德尔、策勒)的决定性的章节是：亚里士多德《物理学》I. 4，187 a 20 和西姆普里西斯《物理学》33ʳ 154，14(按照提奥弗拉斯塔)；还有，在下面注释中所述章节的继续。

③ Simpl. *Phys*.〔西姆普里西斯《物理学》〕(D.)6ᵛ 24，18. 参阅 Th. Ziegler，*Arch. f. Gesch. d. Philos.*〔《哲学史文集》〕I. 16 ff.。

出第一个朦胧的企图，想把世界发展过程表现为**伦理的必然性**，想把笼罩在希腊人生活的光明图画之上的瞬息万变的阴影理解为罪孽的报应。不管对此意见的这种特殊解释多么可疑，但毫无疑义，从中透露出有必要将伦理秩序的价值给予物理的必然性。在此，阿那克西曼德表现为**赫拉克利特**的先驱。

3．赫拉克利特认为他在万物的变幻中能确认不变的只是事件的秩序，此事件的秩序有两个基本的标志：**对立面的谐和**和**物质在宇宙中连续变化所完成的周期巡回**。世界上每一事物都处在不断变化的过程中，这一观测被赫拉克利特夸大了，他竟宣称每一事物都不断地向其对立面转化。对于赫拉克利特说来，"另一个"就是那个对立的一方。"万物的洪流"在他诗的语言里变成了对立面永无休止的斗争，而这种斗争(πόλεμος)他宣布为万物之父。所有表面存在着的万物，不论时间的长短，都不过是在活动中保持本身平衡的对立的运动和对立的力的产物。这样，宇宙在每一时刻都是一个自身分裂而又结合的统一体，都是一种获得自身调和的斗争，都是一种获得自身满足的需求。世界的本质是一种看不见的谐和，一切差异和对立都溶解在这谐和之中。世界是流变，流变就是对立面的统一。

按照赫拉克利特的意见，这些对立面特别表现在相反方向的两种变化过程中，一方面火变成万物，另方面万物返回变成火。同样阶段通过两个过程，火经过"**向下的道路**"凝成水和土，土和水经过"**向上的道路**"扩散成火；两条道路是相同的。变化与反变化一起进行。在一条路上的反变化暂时与在另一条路上的变化一样多的时候，便出现了永久事物的假象。赫拉克利特提出这些意见时

所采取的这些荒谬形式掩盖了关于连续变化按规律而发生以及对
这些变化的不断补整的这个基本思想。世界以不断重复的节奏， 44
以固定的时间间隙产生于火；然后又在火中燃烬，从中产生一只长
生鸟①。

在万物永不休止的变形中，没有一件事物是不变的，只有秩序不变；按照这个秩序相反运动之间的交替得以实现。这个秩序就是**变化律**，变化律构成了整体的意义和价值。如果在对立面的斗争中，好像有什么新的东西不断产生，那么这新的东西同时也总是行将消亡的产物。赫拉克利特的变不产生“存在”，正如巴门尼德的存在不能产生变一样。

4. 事实上，爱利亚学派所主张的存在不只是排除了繁多性和变化，也排除了事变或宇宙变化过程。按照他们的形而上学，事变或生成是不可理解的，是不可能的。这种形而上学不能容忍物理学。巴门尼德否认时间有独立的现实性，正如他否认空间有独立的现实性一样。对他说来，只有无时间的、无区分的存在，虽然巴门尼德在他的说教诗的第一部分陈述了存在的学说之外，又加上了处理物理问题的第二部分，然而他这样作却预先声明他在此不是说的真理，而是说的“凡人之见”②。在所有这些凡人之见的背

① 详细说，他在物理学上，特别是在天文学上的观念是薄弱的。在他那里形而上学的探究比阐述性的调查研究更为重要。这点，他同他的论敌巴门尼德相同。（长生鸟，Phœnix，或译不死鸟。埃及神话。相传在阿拉伯沙漠中有长生鸟，每五百年或六百年，自焚为灰，然后又由灰中复生，活泼而美丽。——译者）

② 如果除存在之外，还有非存在、繁多性、变化也作为是真实的，那么这个世界应该如何设想呢？——这个假想的阐述，一方面达到了它辩论的目的，另方面，满足了他的弟子们的要求，他们大概要求老师解释他自己对于经验世界的观点。

后存在着虚假的、以前已被否定了的预言：即存在之外还有另一个非存在。所有的变化，所有的繁多性和运动，基于这些对立面（进一步指定为光明与黑暗，温暖与寒冷）的相互作用。于是一种世界观（*Weltanschauung*）用诗的形象描绘出来了：火将黑暗的虚空变成形体的结构；这种表现形式有些地方使我们想起赫拉克利特，有些地方与毕达哥拉斯学派的天体论一致。统治一切的“火-力”（δαίμων）作为不可抗拒的必然性（δίκη）借助于爱（ἔρως）把同类的东西强制在一起，从世界中心向外活动。剽窃别人的理论而又批驳这些理论，这种现象，为了投合整体的目的出现在五光十色的混杂体中。在此交织物上飘忽着造型艺术的诗的气息，然而缺乏独立的钻研和清晰的概念。

5. 对解释特殊事物更明确、更有用的概念在后来人中找到了；他们特为此目的把爱利亚学派的存在概念变为元素、同素体、原子的概念。他们大家宣称，所谓发生或变化（Geschehen）不是别的，只是不可变的物质粒子的运动。**恩培多克勒**和**阿那克萨哥拉**似乎曾力图将这点和他们从巴门尼德那里继承的虚空的否定联系起来。他们将普遍的可分性赋予他们的实体，并认为粒子具有
45 位移的能力——当这些粒子混在一起并互相渗透时，所有的空间就会充满了。世界的运动便基于物质粒子的这种位移。每一个粒子总是挤着、替换着另外的粒子。彼此距离很远的事物不能互相影响，除非一个事物的粒子流出并渗入另外的事物。这种活动的可能性是随一物体的流出物在形状上与另一物体的细孔的相似程度而定。至少恩培多克勒就这样教导过；至于阿那克萨哥拉，他也证明过**实体的无限的可分性**的假定。与现代的思维方法更加接近

的关于生成的另一幅图画被**留基伯**描绘出来了。在虚空中彼此冲击的原子，由于压力和撞击，彼此影响，并结合在一起，从而形成更大或更小的物体或块团；这些块团直到受到从外部而来的另外块团的冲击或压力，才分裂或毁灭。所有的生成和变形都基于原子复合体连续地被形成而又被打散的这种过程。

在所有三种体系中宇宙运动的基本形式是涡流的形式，是环形转动(δίνη)的形式。依照恩培多克勒，运动之发生是由于作用在元素间的爱和恨的力量。依照阿那克萨哥拉，运动开始是由于“理性要素”(*Vernunftstoff*)按照目的而行动，往后则因机械的连贯性而继续运动；依照留基伯，运动总是由于几个原子的冲撞而产生的结果。这**机械论**的原理，在恩培多克勒那里，仍笼罩在神话中；在阿那克萨哥拉那里，它第一次企图冲破罩子，但只成功一半；只有留基伯才完全实现了。前两人没有达到这个境地的原因是由于将价值的观点带进了解释的学说。一个追溯善与恶，追溯到对应的精神力量(Gemütskraft)；此精神力量实际上不属于任何存在物，只不过在神话中人格化罢了。而另一个则相信他只能从这样的假定来阐述整体的秩序：合目的、经过理性思考过的冲动发动了运动。然而他们两人都很接近留基伯的主张，只不过需要**目的论的解释**，解释一下涡轮运动如何**开始**；他们也和留基伯一样，**纯机械地**解释运动，他们说：运动再进一步往前发展，就**产生了每一个个别事物**；物质粒子在一经开动之后便互相推撞、互相拥挤、按照既定方式往前运动。在这点上他们做得始终如一，他们甚至对于有机体的生成和功能也作机械的解释，并且在有机体中把植物也当作和动物一样真正有生命的东西。阿那克萨哥拉因此而被柏拉

图和亚里士多德指责。恩培多克勒有一句话传下来了[①];他教导说,动物不按照任何规律,以稀奇古怪的外形到处出现;又说,在时间进展过程中只有适合生存的东西才能维持生命。适者生存的原则,在现代的生物学中(即**达尔文主义**中)起了巨大的作用,可是在这里就已经清楚明白地说出来了。

在这些观念的基础上,在对于宇宙起源学的态度方面,在这三
46 位学者之间显露出一种有趣的对照。对于恩培多克勒和留基伯说来,宇宙形成和宇宙解体的过程是永恒的;相反,对于阿那克萨哥拉说来,这个过程一经产生便算完了。在前两者之间又有差异,恩培多克勒像赫拉克利特一样,他教导说,世界是在循环交替中产生和消亡;而原子论则主张无数世界产生又消亡。更明确一点说,依照恩培多克勒,元素有四种不同情况。在完全混合物中只有爱统治着,没有恨,他管这混合物叫作球(σφαῖρος)[②];当恨渗透进来时,这个同质的球就开始分裂成各别事物,直到这些元素完全彼此分离。爱使它们从这种分裂的状态中摆脱出来,重新结合在一起,直到又完全结合。无论完全结合或者完全分裂,都没有个别事物,在这两种情况中,就出现了爱利亚学派的无宇宙论。只在结合和分裂元素时爱和恨彼此争斗的地方才存在运动中的个别事

---

① 亚里士多德《物理学》II. 8. 198 b 29。并且我们发现有一句话,早已认为是阿那克西曼德说的,这句话教导说:有机物是为适应改变了的生活条件而改变,见普鲁塔克《哲学箴言集》V. 19,1(迪耳斯《希腊哲人拾遗》430,15)。对于人也一样,上古思想家认为人的起源只能是从动物产生;恩培多克勒也这样说,见 Plut. *Strom*. fr. 2. (*Dox*. D. 579,17)。

② 显然,这点不无爱利亚学派的宇宙-球这个概念的影响。恩培多克勒所教导的这个绝对的、得到完全调整的、所有元素的混合与这宇宙-球的概念很相似。

物的世界。

至于留基伯，情况就不同了。原子在宇宙中无规则地向四周冲击，其中有一些或在这儿或在那儿碰在一起。在发生这种聚集的地方，由于个别粒子带来了运动推动力，**依照数学的必然性**（ἀνάγκη）就产生了整体的旋涡运动，这旋涡运动把邻近的原子和原子复合体吸引进来，有时甚至吸引整个整个的"世界"，就这样逐渐扩大起来。同时，这样一种体系在转动过程中不断分化瓦解，因为由于转动，被赶到表面的原子越细越活跃，聚在中心的就越呆滞越笨重；这样，相同的寻找相同的，不是凭借倾向和爱，而是由于它们共同符合于压力和撞击的规律。因此，在无边无际的宇宙中，在不同的时间不同的地方，产生不同的世界；每个世界在它自身中按照机械的规律不断运动，直到由于同另外的世界相撞而被打成粉碎或者被卷入更大的世界的旋涡中。所以，原子论者主张，太阳和月亮曾经是独立的世界，最后掉进了以我们地球为核心的更大的涡流中。这整个概念在原则上同今天的自然科学多么接近，这是非常明显的。

相反，阿那克萨哥拉所采取的**目的论的观点**排除了时间上有多个世界的可能性，也排除了空间上有多个世界的可能性。指挥一切的心灵，由于采取了各元素合目的的运动，也就只造就了**这一个世界**，这一个最完美的世界[①]。因此，阿那克萨哥拉用宇宙起源诗的方式描述了世界形成之前一片混乱的原始状态，元素无秩序

---

① 这种目的我们发现在柏拉图身上得到了充分的体现，见《蒂迈欧篇》31，那里准确无误地提到了阿那克萨哥拉与原子论者之间的对立。

无运动地混杂在一起。随后，来了“奴斯”(νοῦς)这个“理性要素”
47 (*Vernunftstoff*)，就使它做有秩序的运动。这种涡流运动起于一点，起于天穹之极，随后逐渐扩展，波及物质总体，分离或分裂着元素，以致形成现在的强大的旋转，均匀和谐的旋转。阿那克萨哥拉学说的目的论的动机基本上是出于他对**繁星世界**秩序井然的倾慕。**繁星世界**，在执行了“奴斯”发动的转动之后，总是在同一轨道上毫不受干扰地继续运动。没有理由假定，这种目的论的宇宙论要人注意有生物也要适应目的，或甚至要人注意自然界的连贯体系是对人类有利。这种目的论的宇宙论的目光只注视星空的美丽；至于阿那克萨哥拉的关于地上事物的观点，关于有机物的观点，关于人的观点，完全是在他同时代人中盛行的机械解说方式的布局之内。关于另外天体上生命的出现，他所说的听起来也不过是来自原子论者。

6. 照此说来，虽然阿那克萨哥拉将“奴斯”(νοῦς)也理解为生命的原则，而且认为这个实体的粒子多多少少与有机体混在一起。但是这个概念的重点落在首创天体的宇宙-秩序的概念上。**阿坡洛尼亚的狄奥根尼**，一个更年轻的折衷派自然哲学家，将阿那克萨哥拉的概念与阿那克西米尼的物活论原则联系起来，企图将阿那克萨哥拉的概念进行改组，在此改组中有力地强调了生命起因的另一方面、另一要素。他指定空气为 ἀρχή〔第一要素，始基〕并将它与“奴斯”(νοῦς)——无所不知，按目的行动的力——的特性配合。他又给这个“有理性的空气”取名 πνεῦμα〔圣灵①〕，并在人身

① 或谐音译“(普)纽玛”。——译者

上，在其他有机体中，也在宇宙中找到这个按目的造形的原则。丰富的生理知识使他能细致地贯彻这种思想，将它应用于人体的构造和功能。在他那里，目的论也是理解**有机世界**的主要方式。但到后来希腊古典哲学只在天体与有机体的目的论的关系中才完全推翻了机械论原来的统治地位。

他的著作残篇已由肖恩（波恩，1829 年）和潘泽比特尔（莱比锡，1830 年）编辑。参阅 K. 斯坦哈特在埃尔希和格雨伯尔主编《百科全书》中所写的条目（K. Steinhart in Ersch und Grüber's *Encyclopädie*）。

7. 所有这些学说都假定**运动**这个概念本身是自明的，不需要进一步阐述。它们认为：当它们指出运动就是质变的真正本质时，那么无论是在持续相联的物质粒子之间的运动，还是在虚空中的运动，它们就已经解释了质变。因此爱利亚学派提出反对这些学说的意见，首先矛头就指向运动这个概念。**芝诺**指出：绝不可如此简单地接受运动这个概念，这个概念充满矛盾，这些矛盾就使运动这个概念不可能作为解释的原则。

在芝诺证明运动不可能的著名论证中①，最无力的论证是从**运动量的相对性**出发的论证。他指出，观察马车的运动，或者从运动方向不同而且速度又在不断变化的马车上去观察；或者从两辆马车上去观察，一辆是动的，另一辆是不动的；不同的观察方法，对马车的运动就有不同的估量。相反，另外三个论证，利用分析，将

① 亚里士多德《物理学》VI. 9，239 b. 9。参阅 Ed. 韦尔曼《芝诺关于反对运动的证明及其反驳》（Zenon's *Beweise gegen die Bewegung und ihre Widerlegungcn*），奥得河畔法兰克福，1870 年德文版。

运动通过的空间和运动占据的时间分为彼此分离的、无穷多而且
48 无穷小的部分；这三个论证更有力些，好长时间未被人驳倒。第一个论证是关于**通过一定空间的不可能性**，这个证明被认为是一条直线可以无穷分割，因为在达到目的地之前必须先达到无穷多点，这些无穷多点不可能容许运动开始。同一个思想，稍稍改变了一下，出现在第二个论证中，企图论证**通过具有变动界限的空间的不可能性**。这个论据（正如大家知道的阿基里斯和乌龟的论据）是这样的：因为在每一个时间间歇或每一个时间分点，追者必须首先达到被追者同时出发的地方；这样一来，被追者总是永远在前面，虽然他们的间隔越变越小以至接近于最小值。第三个论据关系到**在任一瞬间运动所经过的无穷小的范围**。依照这个名叫"**飞箭不动**"的论据，在每一个瞬间，运动的物体总**在**它运动轨道上的某一点上，在这一瞬间它的运动（速度）就等于零；但是无论有多少零也构成不了一个真正的量。

除了上述有关空间和繁多性的困难（ἀπορίαι）以外，芝诺的这些辩论还提出了反驳机械论，特别是反对原子论的、设计得极其巧妙的方法——同时这种反驳的目的就是间接地证明了爱利亚学派有关存在概念的正确性。

8. **毕达哥拉斯学派**的数论主要是要证明数学形式就是现实的基本关系；就此而言它也是被爱利亚学派的概念所决定的。当他们将现存的现实世界称为数学形式的摹拟的时候，他们也就将一种现实性（虽然是派生的、次要的性质）赋予个别事物，赋予在个别事物中产生的东西。由于他们有能力将他们天文学研究的辉煌成果带进哲学，他们就更不愿逃避回答宇宙论和物理学上的问题

了。他们已经获得地球和其他天体是圆形的知识，他们也知道日夜的变化是基于地球本身的运动。开始，他们认为这运动是围绕中心火而进行的圆周运动，地球总是将同一面，亦即我们不知的一面向着中心火[①]。并且，他们臆断，在中心火的周围，在地球轨道之外，有以同心圆而连续地运动着的月亮、太阳、行星，以至包括固定星群的天体。在某种意义上，他们把完美与不完美之间的形而上学的二元论带进了这个体系。星群的天体，其运动庄严而谐和，他们视为完美的领域；而“月球之下”的世界，因其动荡不定，不断 49
形成，不断运动，他们就视之为不完美的领域。

这种观察事物的方式与阿那克萨哥拉观察事物的方式并行，而且（虽然方式不同）导致理论与价值观点〔伦理价值或美学价值〕的互相交织和结合。**只有与天文学的知识联系起来，自然秩序按照规律变化的这种思想才开始在希腊人的头脑里明确起来。**阿那克萨哥拉学派从这里推论出控制一切的原则。毕达哥拉斯主义在天体中找到了在地上找不到的不变性（*Sichgleichbleiben*）的神圣宁谧。在此，古代宗教观念和希腊科学迄今产生的迥异成果会合在一起了。科学在事物变化中探索着永恒，而这种永恒只有在伟大而朴素的关系中，只有在群星的守恒的转动中才能找到。在地球上由于多种多样而又经常互相交错的运动的整个变化，这种规

① 在柏拉图时代，这中心火的假说就已经被年轻的毕达哥拉斯信徒埃克芬都（Ecphantos）和叙拉古的赫希都斯（Hicetus of Syracuse）所放弃（随之而被放弃的是关于“反-地球”的假说，此“反-地球”迄今被假定放在中心火与地球之间，其目的不过是凑足数字十），取而代之的是：地球位于宇宙中心，在其轴上旋转。与这后一假说相联系的是关于固定星群的天体静止不动的假定。

律性还没有被希腊的科学发现：希腊科学把地球这个世界当作不完美的领域，更低级的领域，缺乏另一世界的准确的秩序。在某种意义上说，这点可视为第一个时期最后的结论，这个结论对以后时期有决定性的影响。

毕达哥拉斯学派，对于有关世界创造和世界毁灭的周期性变化的这个问题究竟持何态度，是不明确的。种种共存世界的多样性，在他们的体系里是被排除了的。在他们的世界形成的学说中，在他们特殊的物理学说中，他们给火以如此显著的地位，以致使他们同赫拉克利特十分接近了。亚里士多德甚至将费洛劳斯的一位同时代人美达旁都的**赫拔苏斯**（*Hippasos* von Metapont）放在与赫拉克利特有直接关系的位置上。（《形而上学》I. 3）

他们在恩培多克勒的四个元素之外还假定有第五元素以太（天体的球壳就是由以太形成的），这无疑是与他们将天与地分离开来有联系的。他们是否从共同本原中得到那些元素，又怎样从共同的本原中得到那些元素，这是很难确定的。〔根据许多段落，他们似乎谈到过一种逐渐加强的“引力”，即在这样的情况下（参阅本书第四节，11）：由原始数字“一”（ἕν）按照数学的原则从虚空中形成形式，此原始数字“一”超乎有限与无限之上。〕关于这些问题在这学派内部，似乎同时存在各种不同意见，而亚里士多德早已不把它们区别开了。

第六节　认识的概念

M．施奈德温《苏格拉底以前的思想家论认识论问题和伦理问题的根源》（*über die keime erkenntnjsstheoretischer und ethischer Philosopheme bei den vorsokratischen Denkern*），德文《哲学月刊》，II（1869 年），第 257、345、429 页。

B. 米茨《希腊哲学智者学派以前时期认识论的根源》（*Die Keime der Erkenntnisstheorie in der vorsophistischen Periode der griechischen Philosophie*，维也纳，1880 年德文版）。

A. 包曼《苏格拉底以前哲学家争辩形式》(*Formen der Argumentation bei den vorsokratischen Philosophen*，维尔茨堡，1906 年，德文版)。

事物**究竟**是什么或者事物的本性是什么，这个问题已经包含在米利都学派的“始基”(ἀρχή)这个概念中了；这个问题假设：当时流行的、原始的、朴素的对世界的思维方式已经动摇了，虽然这种假设在意识中还没有得到明确的认识。这问题证明了，反省的思维(Nachdenken)已不满足于当时已有的观念；而且证明了，反省的思维超过或绕过已有的观念去追寻真理。那些观念是通过感官知觉而获得的，是通过感官知觉在思维中不自觉的组合改造而获得的，——这种改造的产物一代传一代，直到它巩固下来，固定下来，体现在语言中，从而形成思想家进行思维的材料的一部分。当一个人的思维超越了这些已知的观念时——哲学活动根本的意义就在于此——，他是根据他对已知观念进行思考时出现的逻辑需要而进行思考的。因此，他的哲学推理(即使他自己不注意)产生 50
于他的经验与思维之间的差异，产生于他的知觉或想象与他的理性要求(Anforderungen)相对比时所显示出来的不足。在开始时，朴素的哲学推理，不管怎样意识不到它自身的这种内在根据，它还是逐渐注意到，存于自身的这些互相斗争着的观念的不同根源。

1. 因此，希腊哲学家对于人类知识最初的观察关系到这种**经验与思维之间的对立**。科学的阐述的理论距离日常生活的观点越远，理论的创造者就越明白：那些理论的源泉不同于通常意见的源泉。的确他们在这一点上迄今还没有好多话可说。他们将意见(δόξα)与真理对立起来，他们的意思只不过说明他们自己的学说是真的，其他人的意见是假的。他们只觉得这点是肯定的：他们的观点来自思考，而群氓（正是早期哲学家赫拉克利特、巴门尼德、恩培多克勒以一种极端轻蔑的态度来谈论群氓的理智活动）则拘泥于感性的虚妄。只有通过思维（φρονεῖν，νοεῖν，λόγος）才能获得真理；如果单凭感官就只能产生谎言和欺骗①。思维自身变得如此强而有力，以至它不仅进而达到那些对一般思维说来已经是绝对荒谬的结论，而且还明确地坚持：思维本身就是（与意见相对立的）真理的唯一源泉。

的确，当我们注意到下列事实时，我们会感到非常奇怪：**赫拉克利特**和**巴门尼德**，一个紧接着一个，对这同一主张却给予完全相反的解释。赫拉克利特发现由感官引起的欺骗假象和群众的错误基于感官知觉给予人们的永恒事物存在的假象；相反，爱利亚学派极力反对感官，因为感官极欲劝诱我们相信，真正存在着运动和变化，变化和生成，繁多性和多样化。正是提出这同一主张的双重形式，证明了这种主张并不是调查研究的结果，而是根据个人需要的表现。

此外，这个命题还以非常不同的方式顺应这两个伟大形而上学家的世界观。按照赫拉克利特所教导的，万物洪流，以其各别现象永无休止的变化，使我们很容易理解虚假观念出现的可能性。除非对上下两条“道路”的相反或对立（ἐναντιοροπία）持一种特殊的观点，否则永恒和存在的假象就会在一个方向的变化同另一方

① Heracl. *Frag.*〔赫拉克利特《残篇》〕(Schust.)11，123；Parmen. *Frag.*〔巴门尼德《残篇》〕(Karsten)54ff.

向的变化一样多的地方出现〔即由原始火变成万物，由万物变成原始火〕。相反，在巴门尼德的这个唯一的**宇宙-球体**里，就完全不可能找到虚妄和错误的位置，到处都同样，这个宇宙-球体被认为同时也是一个真实的宇宙-思想。虚妄和错误只可能在个别事物和个别事物的变化活动中找到，这些变化活动本身被宣布为虚妄、非存在。然而在保存下来的文献中却找不到一点根据可以设想，当时研究者们曾经想到过这种可能推翻整个爱利亚体系的这样简单
的思想①。总之，爱利亚学派满足于这样的主张——所有特殊事 51
物和所有变化只是感官的欺骗和幻觉。

在个别事物的质的属性方面，爱利亚学派的继承者也似乎采取了同样的办法，即**简单地否定他们不能解释的东西**。至少**恩培多克勒**主张万物是元素的混合。从这点出发必然产生的任务就是说明其他的性质如何从元素性质的混合中产生出来。但这任务他没有执行。就我们所知，他根本没有给自己安排这任务。他也许认为这些特殊性质不是(客观)存在，而是感官的欺骗，正如从巴门尼德的观点看来，所有的性质都是感官的欺骗一样；因此，留基伯所支持的最早的原子论者的观点也许正与此观点相符合；他们主张，在各别事物中，只有构成物体的原子的形式、排列、位置和运动是真实的，其他的性质不过是感官欺骗的产物；关于这点，也找不到进一步的说明②。

① 柏拉图首先这样做了，《智者篇》237A。

② 极大不可能的是，在德谟克利特那里发现的通过感官-性质的主观性以解决问题的方法已由留基伯提出来了；〔如果这样，〕那么在普罗塔哥拉以前就提出了这一理论了，而普遍认为这种学说的创始人是普罗塔哥拉。

这些困难加在一起，也许对阿那克萨哥拉的思想产生影响，他认为所有性质都是原来就如此，并不是**变成**现在这样的。因此他就假定了无数元素。但是对于他来说，又产生了相反的困难：如果认为一切包含在一切中，每一个性质包含在每一事物中，而又只有这些性质中的一些性质才出现在各别事物中，如何说明这件事的发生呢？他有些地方是根据这种观点来解释的：许多组成部分，因为它们非常细微，是人的感官不可感知的，因此只有依靠我们的思维才能知道事物的真正性质①。除此之外，他似乎追随过已经在阿那克西曼德的 ἄπειρον（无限）这个观念中出现过的思想：从一些确定的性质的完全混合中产生某种不确定的东西。所以，至少他将世界形成之前所有实体最初的混合物描述为完全没有性质②；同一种想法似乎使他把恩培多克勒的四个元素不当作原始的实体而当作已经混杂的混合体③。

智者学派以前的思想家所共有的**理性主义**认为，在**毕达哥拉斯学派**那里有一种特殊的形式，确认知识基于**数学的**思维。此论本身虽极**褊狭**，但却向前跃进了一大步，因为在此第一次提出了与“知觉”相对立的“思维”的正面定义。**费洛劳斯**④教导说，只有通
52 过数，事物的本性才能被认识。那就是，只有当作为事物基础的一定数学关系被认识之后，事物才会正确地被认识、被理解。这是毕

---

① Sext. Emp. *Adv. Math.*〔塞克斯都·恩披里珂《反对数学家》〕VII. 90 f.

② 《残篇》（肖恩编辑）4。根据这一段落，也许可以弄明白阿那克西曼德将 ἄπειρον〔无限〕指名为 ἀόριστον（不确定的）的真实意义。

③ 亚里士多德《论生灭》I. 1，314 a 24。

④ *Frag.*〔《残篇》〕（Mull）13.

达哥拉斯学派在音乐和天文学中已获得的经验，这也是他们在所有其他领域里渴望达到的目标。但当他们最后得到结论——这种需求只有在星群的完美世界的知识中才能满足的时候，他们就由此得出结论说：科学（σοφία）只与完善和秩序的领域有关，即只与天体有关系；而且得出结论：在不完美的领域里，在不受秩序约束的、变化的领域里，即在地球上，只有实践能力（ἀρετή）是有效用的①。

古代的科学家提出了与“感知”对立的“思维”，但未加详细说明；此“思维”的另一积极特征，在**芝诺**的推理中，隐隐约约地表现出来了，此特征即是：符合**逻辑的规律**。在芝诺对繁多性和运动的所有攻击中最基本的一点是**矛盾律**，以及这样一个假定：同一事物既可肯定又可否定，这一事物不可能是真实的。这条规律和假定，虽然没有抽象地表示出来，但是清楚而准确地被应用。爱利亚学派解释世界的学说，虽然非常荒谬，但比起其他学说来它更能逼着它的支持者们进行争论。芝诺的论文看起来安排和划分得很合逻辑；这论文的记载提供了成熟的反驳技巧的著名论据；这种技巧爱利亚学派终于获得了。当然，在爱利亚学派的圈子里盛行的这种形式的训练，似乎还没有达到逻辑规律的抽象陈述。

2. “思维”和“感知”之间的对立来自对于它们的认识论上的价值（*erkenntnisstheoretischen Wertbestimmung*）的估计〔即来自这样一种假定：这两种心灵活动的形式其中一个比另一个，对于达

① 斯托拜欧《自然之牧歌》I. 488。

到真理来说，更有认识论上的价值〕。与此站在明显的对立立场的是这些科学家力图用以理解认识的来源和过程的**心理学**上的原则。因为虽然他们的思维首先主要地指向外在世界，但只要他们在心灵活动中不可避免地发现心灵活动是宇宙运动的一种形式、变形或产物时，人类的心灵活动便引起他们的注意了。心灵或灵魂以及它的活动在此时就只有**同宇宙的整个变化过程联系起来**才能作科学的解释；心灵或灵魂及其活动真正是宇宙变化过程的产物，正如其他万物是宇宙变化过程的产物一样。因为在这一时期人们仍然总是从物质方面来思考自然的一般原则，因此我们碰上的是彻底的**唯物主义心理学**[①]。

53 再说，心灵或灵魂首先是**推动力**。泰勒斯把这样的灵魂赋予磁石，而且宣称整个世界充满灵魂。因此，要寻找个别灵魂的本性只有在被认为是整体的动力原则中去寻找。这个灵魂的本性，阿那克西米尼在空气中找到了；赫拉克利特，同样还有巴门尼德（在他假想的物理学中），在火中找到了；留基伯在火原子中找到了[②]；而阿那克萨哥拉在推动世界的理性实体，即“奴斯”（νοῦς）中找到了。在缺乏物质的动力原则的地方，如在恩培多克勒的体系中，一种生命体中流动的实体，即血液，被当作灵魂。阿坡洛尼亚的狄奥

① 除开从一般科学理论得到的灵魂的那些特征外，在一些人（赫拉克利特、巴门尼德、恩培多克勒和毕达哥拉斯派）的传统中我们还发现另外的理论，它们不但与上述特征无关，甚至与之对立。身体是灵魂的牢狱（肉体＝坟墓）的概念，个人灵魂不朽，死后报应，灵魂轮回说，——所有这些都是哲学家从他们对宗教玄义中得来并保留在他们宗教的说教中的，虽然这些与他们的科学教导多么不相符合。这类说法不在上面讨论。

② 以同样方式，有些毕达哥拉斯信徒宣称阳光在空气中散发的微尘是灵魂。

根尼在混着血的空气中找到了灵魂的本质①。在毕达哥拉斯学派那里,个别灵魂不能看作与“一”(ἕν)相同的东西(“一”他们认为是世界的动力原则),也不能看作“一”的一部分;相反,他们教导说,灵魂是一个数目,而且为了将这模糊的命题说得更加明确,他们说,它是一种和谐——这个词语,我们只能解释②为身体的和谐,那就是身体各部分充满生气的协调活动。

推动力离开身体,身体就会死亡。如果我们把今天赋予“心理的”东西的性质同时赋予这个推动力,那么我们就会发现:最古老的科学所充满着的特定的理论兴趣,清楚地表现在如下事实中:在诸多属性中,受到几乎是独一无二的重视的是想象和“认知”这个属性③。关于感情和意志,几乎很少提到④。但是,个别灵魂作为动力而言,被认为是推动整个宇宙运动的动力的一部分,同样各别人的“认知”活动也只能被理解为世界的认知活动的一部分⑤。这一点在赫拉克利特和阿那克萨哥拉的体系中是最清楚不过了。每个个

① 关于这点说来,因为他认出静脉血与动脉血的区别。他所说的 πνεῦμα 就是指今日化学称为氧气的东西。

② 根据柏拉图《斐多篇》(85 页起);在《斐多篇》中这种观点被斥之为唯物主义。

③ 阿那克萨哥拉的“奴斯”(νοῦς)只是认知(Wissen);在阿坡洛尼亚的狄奥根尼那里,空气是一种伟大的、有力的、永久的、有智力的物体。在巴门尼德那里,存在同时就是思维(νοεῖν);等等。在恩培多克勒那里,只有 φιλότης〔爱〕与 νεῖκος〔恨〕是用神话实体化了的动力,而这些动力与他的心理学观点毫不相关。

④ 与此相关联的是这样一个事实:我们完全不能提到在这个时期对于伦理问题的研究。因为单是说教的思考或告诫不能认为是伦理学的开端。关于唯一的例外,见下页注④。

⑤ “宇宙-灵魂”这个词语,柏拉图第一个使用,或者最早的是费洛劳斯使用过(所引用的这残篇就是因为这个原因而大大地被人怀疑过)。这个观念的确出现在阿那克西米尼、赫拉克利特、阿那克萨哥拉中,也许在毕达哥拉斯的信徒中也有。

人所具有的知识和在他身上所有的总的“宇宙-理性”一样多。对于
54 赫拉克利特来说，是火①；对于阿那克萨哥拉来说，是“奴斯”(νοῦς)。至于留基伯和阿波洛尼亚的狄奥根尼，他们的观念是相同的。

这种物理概念，对于阿那克萨哥拉说来是纯数量的，但赫拉克利特却予以改造，在改造中渗透着认识论的原理，表现出睿智的洞见和深刻的见解。每个人的知识中都渗有“宇宙-理性”；“宇宙-理性”处处一样；赫拉克利特的“逻各斯②”(λόγος)和阿那克萨哥拉的“奴斯”(νοῦς)，作为同质的理性，都被当作动力散布在整个宇宙中。因此，认知是人类**共有**的。因此，只有定律和秩序是每个人必须和自己结合起来的。在梦中，每个人以他个人的意见而拥有自己的世界。认知是大家共有(ξυνόν)的。凭借这个特点，即凭借普遍有效的规律的特点，认知这个概念获得了一种**规范的意义**③。在理智的领域里，也在政治、伦理、宗教的领域里、服从公共、服从规律，就作为一种必然职责而出现了④。

---

① 有这怪论：最干燥的灵魂是最聪明的；还有这警告：防止灵魂受湿(醉酒)。

② 这条和下条，参阅 M. 海因茨《论希腊哲学之逻各斯》(*Die Lehre von Logos in der griechischen Philosophie*，奥尔登堡，1872 年德文版)。

③ 《残篇》(Schust.)123。

④ 这是智者派以前的思想发展中这样一个唯一的概念，只有这个概念才能说得上是企图提出伦理学的科学原则。如果在赫拉克利特的心目中，在谈到这种受规律约束，或者至少触及这个问题时，他有一个表现所有道德职责的普遍的词句，那么他就会将此词句同时赋予他的形而上学的基本思想，那就是宣布这个规律是永恒的世界本质。在上面(第四节)已经提请注意这样一个事实：在徘徊在他面前的宇宙-秩序这个概念中，他还不能有意识地区别其中不同的动机(特别是区别物理的动机和伦理的动机)，因此伦理研究还没有完全脱离物理研究而取得独立的地位。毕达哥拉斯学派也是同样情况，他们用“和谐”这个术语表达秩序这个概念(这个术语也可能取自赫拉克利特)，因而指定德行为“和谐”。事实上，他们用“和谐”这个术语表示灵魂、健康和许多其他的东西。

3. 如果现在我们要问，在这些假设下，如何解释“知识”进入个人，即进入人体中，我们就会发现，赫拉克利特的唯一答案是“通过**感官**的门”。当一个人醒着时，“宇宙-理性”就通过洞开的感官(当然注意到的主要是视觉和听觉①)流进他的身体，这样，他就认知了。当然，这事之所以发生，只是因为在人体中有如此多的理性和灵魂，以至外来的运动碰上了内在的运动②。知识就依赖于通过感官而形成的内外理性的交互作用。

感知和思维，就它们在认识上各自的价值而言，是如此尖锐地对立的，它们之间的心理学上的差异赫拉克利特也不知如何叙述。
而巴门尼德③也一样未能解释这种区别④。更确切地说，他更尖锐 55
地表示了有关个人的思维**对于身体条件的依赖**：他说，每一个人都是在身体各部分中实体的混合物所构成的那些条件所允许的情况下进行思考的；在这里他证实了他的关于物质性与一般思维的同

① 还有嗅觉(恩培多克勒)和味觉(阿那克萨哥拉)。只有原子论者，特别是德谟克利特，似乎才对触觉给予重视。

② Arist. *De An.*〔亚里士多德《论灵魂》〕I. 2，405 a 27.

③ Theophr. *De Sens.*〔提奥弗拉斯特《论感觉》〕3f.

④ 关于毕达哥拉斯学派的医生阿尔克曼埃也有同样的报道(提奥弗拉斯特《论感觉》)，他宣称思想或意识(ὅτι μόνος ξυνίησι)是人异于其他动物的特征。但是在此也缺乏更确切的规定，除非我们根据这个表述联想到与亚里士多德的 κοινὸν αἰσθητήριον(共同知觉)类似的东西。与此一致的是这种情况：在毕达哥拉斯学派的社团里以及在与之有密切关系的医生们中，似乎已有人作出初步的尝试，企图将特殊的心理活动局限于身体的特殊部位，例如将思想局限于脑，知觉局限于个别器官和心脏，情绪局限于心脏。根据这些，阿坡洛尼亚的狄奥根尼以及在他之后的德谟克利特似乎已将此作为生理心理学的开端。

一性的总的思想①。更加明确的是恩培多克勒如下的证言②:他宣称思维和感知是同一的;他认为思维的变化依赖于身体的变化,而且他认为血的组成是人的理智能力的决定性因素。

上述的最后两位思想家,毫不迟疑地利用生理上的假说使他们的概念更生动,更直观(anschaulicher)。巴门尼德在他的假想物理学中教导说,相同的东西总被相同的东西感知,身外的温暖被身内的温暖感知,身外的寒冷甚至被死人体内的寒冷所感知。恩培多克勒,借助于他的流出物和细孔的学说,贯彻了这种思想:我们身体内的每一元素感知外在世界的同一元素;因此他教导说,只有实体的流出物适合于器官的细孔,这些实体的印象才可能与该器官相通。那就是,他从感官外形和对象之间的相似关系中得到感官的特定功能,并将此贯彻到视觉、听觉、嗅觉;他的观察力有些还是非常锐敏的③。

相同的被相同的认识,这种观点为阿那克萨哥拉所反对。他所根据的是什么理由,不明确④。他教导说,知觉是对立面被对立面所感知,外界的温暖被人体的寒冷所感知,等等⑤。无论如何,他的学说也是一个证明,证明这些**形而上学的理性主义者**在他们自己的**心理学**中坚持了**粗糙的感觉论**。

---

① *Frag.*〔《残篇》〕(Karst.)vv. 146—149.

② Arist. *De An.*〔亚里士多德《论灵魂》〕I. 2,404 b 7;III. 3,427 a 21;*Met.*〔《形而上学》〕III,5,1009 b 17;Theophr. *De. Sens.*〔提奥弗拉斯特《论感觉》〕10f.

③ Theophr. *De Sens.*〔提奥弗拉斯特《论感觉》〕7.

④ 在此,也许我们想起赫拉克利特,他根据 ἐναντιοτροπία(相反〔的〕性〔质〕)来解释知觉,——运动对运动,——在他那里,对立是一切运动的原则。

⑤ Theophr. *De Sens.*〔提奥弗拉斯特《论感觉》〕27ff. 有趣的是阿那克萨哥拉据此得出结论:每个知觉都与痛苦(λύπη)相联。

第二章　人类学时期 56

G. 格罗特《希腊史》(*History of Greece*, VIII. 伦敦，1850 年英文版)，第 474—544 页。

C. F. 赫尔曼《柏拉图哲学体系和历史》(*Geschichte und System der Platonischen Philosophie*, I. 海德堡，1839 年德文版)，第 179—231 页。

布拉斯《从高尔吉亚到李西斯的古希腊辩术》(*Die attische Beredsamkeit von Gorgias bis zu Lysias*，莱比锡，1868 年德文版)。

H. 桂希里《苏格拉底和人民》(*Sokrates und sein Volk*，载于《大学演讲谈话录》I. 1855 年苏黎世，1859 年德文版)，从第 219 页起。

H. 西伯克《论苏格拉底与智者派的关系》(*Über Sokrate's Verhältniss zur Sophistik*，载于《希腊哲学研究》1873 年第二版，1888 年弗赖堡因布赖斯高德文版)。

W. 文德尔班在《序曲》中论文《苏格拉底》(*Sokrates* in “Præludien”，1884 年，弗赖堡因布赖斯高德文版)，从第 54 页起。

〔《大英百科全书》中 C. H. 杰克逊所撰写的条目《智者学派》。〕

在波斯战争胜利结束后，希腊民族在理智生活和精神生活中获得了气势磅礴、蓬勃向上的发展，科学挣脱了过去孤斋独树、闭关自守的学派枷锁，走上了轰轰烈烈的激荡的**社会**舞台，这就决定了希腊科学的进一步发展。

培育科学研究的园地一代又一代地扩大了。学术理论开始只在范围狭小的社团内发表，用很难理解的文章向外传播，后来便开始渗进公众意识。**诗人们**，如欧里庇得斯和爱比卡姆斯已开始把科学概念和科学观点汲进自己的语言中。研究自然而获得的知识早已**有效地用于实践**，如海波达姆斯用之于建筑学中。甚至**医学**，从前只是按照传统来实践的技术，而今渗透了自然哲学的一般概念，渗透了生理学研究的专门学说、知识和假说；生理学研究在科学各体系中早已逐渐占据了宽广的地位，其发展极快，病原学理论①的过度发展反而阻碍了医学的发展，只是到了医学改良家赫坡格拉底，才第一次把这种势头减弱到适当的程度，恢复了医术原来的、与科学理论相对立的性质②。

此外，希腊民族，内外遭受严峻考验，已成熟起来，进入了成年时期。它已失去对旧传统的朴素信仰，已认识到关于实际生活的知识和能力的价值。在那时以前科学总是静悄悄地追求着对科学研究的纯洁动机——为知识而追求知识的高尚的好奇心——，到了那时希腊民族开始需要科学来解答激荡着自己的种种问题；由于希腊文化的繁荣昌盛使自己陷入了疑虑之中，需求科学给予忠告和援助。这是世界史中最伟大的时期，这个时期带来了种种理智力量的火热竞争，而在这种竞争中有一种思想得到普遍承认：在各行各业中，有知识的人最有能耐，最有用，最成功。在实际生活的每个部门中独立思考和个人判断的卓有成效的改革取代了被习
57 俗控制的旧生活。**人民群众怀着炽热的欲望，想把科学成果据为**

① 医学的这种改革始于与毕达哥拉斯主义有密切关系的医生们，特别是阿尔克曼埃。以赫坡格拉底伪名而流行的著作《论食谱》(περὶ διαίτης)可作为此事的文献例证。参阅西伯克《心理学史》I. 1. 第 94 页起。

② 主要参阅他的著作《论传统的朴素医学》(περὶ ἀρχαίης ἰητρικῆς)和《论酸性食物》(περὶ διαίτης ὀξέων)。

己有。但是，特别在当时，对于一个想在政治上有所作为的人说来，家庭传统、习俗、个人的品格的优越和才干的优越已不像从前那样顶用了。形势变化多端和随之带来的种种困难以及他必须共处、必须共事的人们的智力水平，使得**政治生活的理论修养**变成必不可少的了。这种趋势，没有一个地方像当时希腊首都**雅典**那样蓬勃发展；而且在雅典，这些欲望也得到了最充分的满足。

需求招徕供应。科学家，即**智者**（σοφισταί），走出校门参加社会生活，将自己学到的或发现的东西教给人们。他们这样做，的确部分是出于要想教育同胞的高尚动机，但是同样真实的是，这种教学变成了他们的**职业**①。希腊不同学派的人们从希腊各地奔向雅典，宣传他们的学说，并靠这种宣传，在首都，也在小城市，谋求荣誉与财富。

就这样在很短时间内，不仅**科学的社会地位**发生了根本的变化，而且科学本身的内在性质、科学的倾向、待科学解决的问题都发生了根本的变化。科学变成了社会力量，变成了政治生活中的决定因素，如伯里克利的情况就是如此。但是也正因为这样，科学进入了对**实践生活的需求，特别是对政治主活的需求的依赖状态**。

这些需求主要表现在下列事实中：民主政体首先要求政治家们有作公开演讲的能力；其结果是，为参加政治生活作准备，特别需要智者们的教诲，而智者们的教诲越来越集中在这个目的上。科学家成为辩术教师了。

从前在科学的眼前总浮现着自然知识这个目标，但是在上述

① 参阅 Protagoras bei Plato，*Prot.*〔《普罗塔哥拉篇》〕，316 d。

情况下他们就看不见这个目标了。他们最多不过以尽可能文雅、尽可能令人喜悦的形式表达出转手的学说。而他们自己的研究，如不拘泥于成规，就必然指向**人的思维和意志**（在公开演讲中必须决定和控制的正是此种思维活动和意志活动），也必然指向观念和意志所由产生的状态，必然指向他们彼此争论、彼此坚持自身权利的态度上。就这样，希腊科学从本质上说，走上了**人类学**的道路，或者说走上了**主体性**的道路：研究人们的内心活动，研究人们的观念力和意志力；与此同时它也就丧失了它的纯理论品格，获得了占绝对优势的**实践意义**[①]。

58 但是当智者学派的活动面临人类思维和意志的多面性时，当辩术教师提出说服术，寻求着每种意见都可能借以取胜、每个目的都可能借以取得成就的道路时，在他们面前便出现了这样一个问题：在每个人内心里都有自认为是必然的、能防御别人的个人意见和目的，除了这些个人的意见和目的以外是否还存在任何本身正确而真实的东西。关于**是否存在任何普遍有效的东西**的这个问题就成为希腊哲学或者希腊启蒙运动的人类学时期的问题。

同时，这个问题也是那个时代的问题——那个宗教信仰和旧道德动摇不定的时代，那个权威博得的威信日益下降的时代，那个只扫个人门前雪、不管他人瓦上霜的无政府主义的时代。希腊精神的这种内部瓦解很快就明显地表现在伯罗奔尼撒战争的混乱中；随着雅典霸权的衰落，希腊文化之花也就凋零了。

① 西塞罗（《土斯库兰的谈话》，V. 4，10）论苏格拉底的名言适用于此阶段的全部哲学。

首先哲学明显地增加了这种情况的危险性。当智者学派不断完善着他们必须讲授的表达、证明、反驳等形式技术的科学训练(wissenschaftliche Ausbildung)时,他们实际上一方面用这种修辞学创立了独立的**心理学**,从而将这门学术研究从宇宙论中的低微地位提高到基础科学的重要地位,另方面他们也初步考虑了**逻辑规范**与**道德规范**。但当他们考虑到他们为达到任何目的而运用、而讲授的技巧①时,人的观念和目的的**相对性**就以如此压倒一切的优势清楚地呈现在他们的意识里,以至他们否认了在理论领域以及在实践领域里存在具有普遍效力的真理,从而他们陷入了**怀疑论**;他们的这种怀疑论开始还是一个真正的科学理论,但很快就变成一种轻佻的游戏。由于智者学派洋洋自得诡计多端的狡辩,使自己成了肆无忌惮的、破坏公共生活秩序的不良倾向的喉舌。

智者学派理论上的领袖是**普罗塔哥拉**;至少,他是在哲学上有成果、有意义的任何概念的唯一的创造者。人们经常把**高尔吉亚**同他相提并论,但同普罗塔哥拉相比,高尔吉亚不过是一个雄辩家而已;他偶尔涉猎哲学,并在辩证法的技巧方面胜过爱利亚学派。**赫皮埃斯**和**普罗底古斯**只需提一提就行了;一个是深得人心的鸿儒典型,另一个是浅薄说教的范例。

与智者学派年青一代的混乱行为和缺乏信念相对立,苏格拉底提出对理性的信仰,提出对普遍有效的真理的存在的信念。对

① 参阅众所周知的《能把无力的论据说成有力》(τὸν ἥττω λόγον κρείττω ποιεῖν),亚里斯多芬尼《云》,第 112 页起,第 893 页起;亚里士多德《修辞学》,II. 24,1402a,23。

他说来，这种信念本质上是实践的，是**道德的气质**，但却导致他钻
59 研**知识**；他以另一种方式将知识和意见对立起来，他认为知识的本
质存在于概念思维中。

因此，苏格拉底和智者学派处在同一时代的共同意识的基础上，讨论相同的问题；然而智者学派以他们的技巧和见识老陷入当时意见的混乱中而不能自拔，其结果得到反面的结论；而苏格拉底朴素而健康的意识，纯洁而高尚的品格却找到了道德和科学的理想。

苏格拉底的教诲所引起的强烈影响逼着智者学派的活动踏上新的途径。智者学派追随着他，通过科学洞见，力图获得道德的生活行为准则。当旧学派大部分都分崩离析并将其活动转向修辞学的讲授的时候，那些乐于同这位雅典圣人交往的人们创立了新的学派；在他们的科学研究工作中，苏格拉底的原则和智者学派的原则经常奇异地交织在一起；而人类学始终是他们研究的唯一方向。

在这些大多数被称作“苏格拉底式”的学派（虽不完全准确）中，**欧几里得**创立的**麦加拉**学派深深地陷入后期智者学派毫无成果的机巧之中。与此相联的是极不重要的**爱利亚-厄立特里亚**学派。然而流行在当时希腊生活中的人生概念，在下述两学派的教义中找到了主要的科学表述。这两个学派的抗衡渗透在尔后的整个古代文献中。它们是斯多葛学派和伊壁鸠鲁学派的先驱**犬儒学派**和**昔勒尼学派**。在犬儒学派的信徒中，除了创始人**安提西尼**外，要算**狄奥根尼**第一个受人爱戴。昔勒尼学派又叫享乐主义学派，创始人是**亚里斯提卜**，后由同名的一个孙子继承，以后的继承人是**西奥多拉**（Theodorus）、**安尼克里斯**（Annikeris）、**赫格西亚**（Hegesias)和**欧麦鲁斯**(Euemerus)。

智者学派的流浪教师们一部分来自早期的学派社团。在纪元前第五世纪后半期这些学派社团大都不存在了；代之而起的是自由发挥，各抒己见。这对于具体学科的研究，特别是对于生理学的研究，不无好处；比如**赫玻**(Hippo)、**克来德姆**(Cleidemus)和阿坡洛尼亚的**狄奥根尼**等人的情况就是如此；但随之带来了一般抽象思辨的削弱。只有阿布德拉学派和毕达哥拉斯学派经受住了这个分化时期而仍然存在。有一个由赫拉克利特信徒们组成的社团坚守在爱非斯，但很快似乎就蜕化成了智者学派的追随者(如**克拉底洛斯**)①。

阿布德拉的**普罗塔哥拉**(大约纪元前480—前410年)来自原子论学派。他是第一个，正确地说，也是最著名的一个流浪教师。他在不同时期活跃在雅典，据说他在雅典被宣判犯了亵渎神明的罪，因而逃亡，在逃亡中罹难死亡。他的论文极多，但关于语法、逻辑、伦理、政治、宗教等方面的论文保存下来的，非常非常少。

里昂提尼的**高尔吉亚**(纪元前483—前325年)在纪元前427年，作为他本城邦的使节来到雅典，在那里他赢得了文坛上很高的声誉。晚年他住在帖撒利的拉利撒。他来自西西里的演说家学派，恩培多克勒也曾与这派有联系②。

关于爱利斯的**赫皮埃斯**，除开一些意见(其中有些在柏拉图对话《大赫皮埃斯篇》中批判过)外，众所周知的只是他大大地炫耀自己“知识渊博”。**普罗底古斯**来自切俄斯岛上的攸利斯城；关于他，“赫尔克里士在十字路口”这个大家熟悉的寓言在色诺芬的《大事记》(II. 1,21)中保存下来了。其他的智者 60
大部分只通过柏拉图才被人知道，实质上没有什么重要性。我们知道的只是，从这个或那个人的嘴里说出这个或那个有特色的断言。

① 在柏拉图著作(《泰阿泰德篇》181A)中，他们被称为 οἱ ῥέοντες〔“万有流迁”派〕；参阅亚里士多德《形而上学》IV. 5,1010a 13。

② 关于这些关系，参阅 H. 迪耳斯《柏林学院学报》(H. Diels, *Berichte der Berl. Akademie*)1884年，第343页起。

在理解智者学派学说时，我们必须处理这样一个困难——我们认识他们几乎要完全通过战胜他们的敌手柏拉图和亚里士多德。柏拉图在《普罗塔哥拉篇》中优美而生动地描述了一次智者的集会，他的描述带有冷嘲热讽的意味；在《高尔吉亚篇》中描述一次更热忱的集会；在《泰阿泰德篇》中提出更尖锐的批评；在《克拉底洛斯篇》和《攸狄底姆斯篇》中傲慢地讽刺智者学派的教学方法。在与柏拉图的名字相联的《智者篇》对话中给智者的理论下了一个极端恶毒的定义；而亚里士多德在《论诡辩论谬论》一书中也得出同样的结论（第一章，165 a 21）。

哲学史长期以来重复着敌手们对于智者学派的贬责的论断，而让σοφιστής一词（这词的意思原只是“学者”，或者可说是“教授”）刻上敌手们给予它的藐视的含义。黑格尔给智者学派恢复了名誉；因此，像经常发生的事一样，其结果是，智者们在一个时期又被人估价得过高（如格罗特）。

M. 沙茨《智者篇》（*Die Sophisten*，1867 年，哥廷根德文版）。

雅典的**苏格拉底**（纪元前 469—前 399 年）以他的外在特征，以他独到的品格，以他哲学推理的新风格，开辟了哲学史上的新纪元。他既不是**专家**，也不是流浪教师；既不属于哪个学派，也不信奉什么。他是人民中的一个出身低微的人，一个雕刻家的儿子。在他走向生活的初期，从事于雕刻。他热情追求知识，吸收了家乡街头传闻的各种新理论；但是他并不为这些才华横溢，辞藻丰富的杰作所眩惑，他也不觉得从这些杰作中自己能得益多少。他锐敏的思想识透了它们的矛盾；他道德上的真挚为这种经常追逐文化的肤浅和轻浮所触怒。他认为他的职责是启发他自己和他的同胞，去认识这种虚假知识的空虚，并通过认真的研究去追寻真理。他，一个时代的哲学家，一个日常生活的哲学家，在他的同胞中孜孜不倦地工作，吸引了雅典最好的青年集合在他周围。青年们崇敬他，把他当作道德的典范，道德的导师；他因而成为贵族制度的精神领袖；正因为这样，他陷入了与掌权的民主政权的深刻矛盾中。这就种下了祸根，后来误解和私仇把他推上法庭，法庭判处他死刑，死就变成了他最大的光荣。

关于他的记载刻画出一幅关于他品格的清晰而又忠实可靠的图画。在这些记载中，柏拉图细腻的描绘和色诺芬粗线条的速描，最恰当地辉映陪衬。柏拉图在他几乎所有的作品中，都用戏剧性的手法生动地描述他所爱戴的老师；至于色诺芬我们必须重视《回忆录》和《会饮篇》。关于他的学说，情况就更困难了，因为在这里色诺芬和柏拉图两人的表述都带有派性。每一个人都为自己的学说而宣称这个伟大的名字是属于自己的（色诺芬属于温和的犬儒主义）。亚里士多德的论述由于历史上隔得更远，观点更客观些，在所有基本问题上都是有权威、可信的。E. 阿尔贝底《苏格拉底》（*Sokrates*，1869 年，哥 61
廷根德文版）；A. 拉布若拉《苏格拉底的理论》（*La Dottrina di Socrate*，那布勒斯，1871 年）；A. 富耶《苏格拉底哲学》（*La Philosophie de Socrate*，1873 年，巴黎法文版）。

麦加拉的**欧几里得**在苏格拉底死后不久就创立了自己的学派。两个辩论家（见下面）、米利都的**欧布里德**（Eubulides）、爱利斯的**阿里克西鲁**（Alexinus），迦利亚的**狄奥多鲁·克罗鲁斯**（Diodorus Cronus）（死于纪元前 307 年）和**斯提尔波**（Stilpo）（纪元前 380—前 300 年）可以说是属于这一学派的；这学派只存在了一个很短的时间，以后就和犬儒学派、斯多葛学派合流了。苏格拉底的得意门生**斐多**在爱利斯他的家里创办了一个社团，这社团也遭到同样命运；**门尼德姆斯**（Menedemus）很快把这社团迁到了厄里特里亚（Eretria）。参阅 E. 马利《麦加拉学派与爱利斯-厄里特里亚学派史》（*Histoire de l'école de Megare et des écoles d' Elis etd' Erétrie*，1845 年，巴黎法文版）。

犬儒学派〔以昔诺撒尔格（Cynosarges）体育场的名字命名〕①的创始人是雅典的**安提西尼**（Antisthenes）。他像欧几里得一样，是苏格拉底年长的朋 62
友。西诺布的怪人**狄奥根尼**（Diogenes）与其说是一个科学家，不如说是一个在文化史上有独特性格的次要人物。与此相关的还可以提一下底比斯的**克拉底**（Crates）。后来这个学派与斯多葛学派合流了。

F. 杜姆勒《安提西尼卡》（*Antisthenica*，1882 年，哈雷德文版）；K. W. 哥特林《犬儒派学者狄奥根尼或希腊无产阶级哲学》（*Diogenes der Kyniker' oder die Philosophie des griechischen Proletariats*，《论文集》I. 第 251 页起）。

昔勒尼的**亚里斯提卜**（Aristippus）——一个智者、流浪教师——比欧几里得和安提西尼稍年轻一些，同苏格拉底集团联合的时间很短；他到老年才创立他的学派。他似乎把他的系统的思想体系传给了孙子；对他说来，

① 犬儒学派英文名叫 Cynic School，或谐音译成昔尼克学派。——译者

他的思想是人生的实践原则。上述继承人（狄奥多鲁等）一直继承下去，到了纪元前第三世纪，就过渡到伊壁鸠鲁学派，这学派吸收了享乐主义的残余。

A. 温特《昔勒尼哲学》（*De Philosophia Cyrenaica*，哥廷根，1841 年）。

第七节　道德问题

格言诗人所反映的人物和所谓七贤的词句已经把敦劝世人遵守中庸之道当作中心主题。同样，我们在纪元前第五世纪的诗人、哲学家和道德学家中所碰到的悲观怨诉大都是反对人们的放荡不羁、无组织无纪律、无法无天。头脑严肃的人们看出了豪情放纵、激昂沸腾的社会生活所带来的危机。这样一条政治经验——党派斗争只有在不影响法律秩序的条件下在道德上才可能容忍——使得服从法律成为最高职责。赫拉克利特和毕达哥拉斯学派十分透辟地表达了这个观点，而且知道如何将此观点同他们的形而上学理论的基本概念联系起来①。

这里，我们遇到两个假定，这两个假定即使在这些思想家中也被认为是自明的先决条件。第一个假定是**法律的合法性**。朴素的意识服从命令，不问命令从何而来，不问命令是否正当。法律存在，摆在那儿，有道德的法律也有法庭的法律；它们既经存在也就永远存在，个人只能服从。在智者学派以前，无一人曾想到过检验一下法律，问一问法律自称的合法权力究竟基于什么。第二个假定是，在所有民族、所有时代讨论道德问题时的一种基本信念，即

① 参阅前面第 92 页注④。

服从法律**有利**，蔑视法律**有害**。从这种思想出发，告诫的方式是采取一种令人信服的忠告[①]，击中被告诫人的机灵和在他内心潜伏着的欲望。

随着希腊启蒙运动的兴起，对于这两个先决条件的信念开始动摇了，从而道德也就成为待研究的问题。

1. 促进此事的动力来自**社会生活的经验**。宪法经常性的突然改变足以逐渐削弱法律的权威。这种突然改变不仅抹掉了个别 63
法律无条件的、毋庸置疑的有效性的神光，而且特别使民主共和国的公民们在协商和表决时习惯于思考和判断法律的根据和合理性。政治律成为讨论的课题，个人以其判断凌驾于法律之上。如果，除了注意时间的变化外，注意力不仅集中在政治律所呈现的多样性上，而且还集中在不同国家、不同民族的习俗道德所规定的习惯所呈现的多样性上，那么其结果是，法律不再具有对所有人都普遍有效的价值了。这一点至少首先适用于**人为的法律**，因此，当然也适用于政治律。

在这些经验面前就提出了这样的问题：是否存在任何时间任何地点都有效的东西，是否存在不分民族、国家、时代，因而对一切都有权威的法律。**希腊伦理学就是这样以一个完全与物理学的第一个问题相似的问题而开始了。**万物的本质始终不变，经过千变

① 这事的典型范例是普罗底古斯的寓言，善和恶均答应：如果赫尔克里斯听从他们的指挥，便给他金山。

万化仍然存在,此本质第一时期的哲学家称为自然(φύσις)①:现在要问,是否也存在一种被永恒不变的自然(φύσει)所决定的法律,——这法律高于一切变化、一切差异。人们指出:与此相对立,只在一时有效、只在一有限地区有效的所有现存法规都只是**人为的习俗或人为的法令**(θέσει 或 νόμῳ)所规定和创建的。

自然与习俗或法令之间的这种矛盾是希腊启蒙时期最有代表性的概念结构(Begriffsbildung)。这种矛盾支配了这个时期的整个哲学。从一开始它就不仅具有解释事物起源的原则意义,而且具有**价值估计**的**规范**意义或标准意义。假若还存在普遍有效的东西,那就是"自然赐予"的有效性,对于所有的人,不分民族和时间都有效。人在历史过程中创立的东西只具有历史上的价值,只在那单一的情况下有价值。只有自然决定的东西才是理所当然地获有权威;而人为的习俗不在此范围之内。"法律"(νόμος)压制人们,强迫人们去做许多反自然的事②。哲学用自己的概念制定自然的"神圣"的法律与人写的法律的那种对立,这就是索福克利斯的《安提戈涅》③的主题。

从这种对立中出现这些问题:一方面,如何确定无论何处都不变的自然规律的本质;另方面,要了解历史上的法律条例是如何产生的。

---

① Περὶ φύσεως〔《论自然》〕是所有早期哲学家著作的标题。必须强调的是:φύσις 这个概念的基本标志最初是"永远像它自己本身"。与此相反的是暂时性的东西,这种东西只发生在某一时间。

② 柏拉图《普罗塔哥拉篇》(337C.)中的赫皮埃斯。

③ 索福克利斯(Sophocles)(纪元前 496—前 406 年)系希腊三大悲剧诗人之一,《安提戈涅》为其名著之一。安提戈涅抗其舅父之命为其兄治丧。——译者

第一个问题普罗塔哥拉没有回避。在柏拉图保存下来的他的思想的神话式的表述中[①]，他教导说，为了在人生斗争中人们为彼此的生存而永久团结，神就给予一切人同量的**正义感**和**道德崇敬感**（δίκη 和 αἰδώς）。因此，普罗塔哥拉在促使人们在**社会和国家中团结起来**的**原始道德感**中找到了实践生活的这个自然（φύσις）。但不幸的是，对于这种思想在细节上如何贯彻，以及这个自然有效律与历史制度明确的规定之间的界限，并未为我们保存下来。 64

然而有许多迹象表明，智者学派的理论从这些基本概念出发，广泛而深入地**对现实进行批评**，直至对社会政治生活进行**深刻**而彻底的改革。这种思想——在法律面前，所有人与人之间的差异只在于制度，而自然要求**人人权利相等**——在当时就已经不断获得人心。里可弗朗（Lycophron）要求取消贵族制度。阿尔基大马[②]（Alcidamas）和另外一些人[③]从这观点出发，反对奴隶制。法利亚（Phaleas）要求所有公民享有同量财产同等教育，而海波达姆斯（Hippodamus）第一个根据理性设制理想国的蓝图。在这方面，甚至妇女与男子在政治上平等的思想也已经出现[④]。

这样，如果独断的立法背离了自然的这些要求，它的理论根据只能在法律制造者的**利益**中去寻找。无论采取的是按照察尔西登

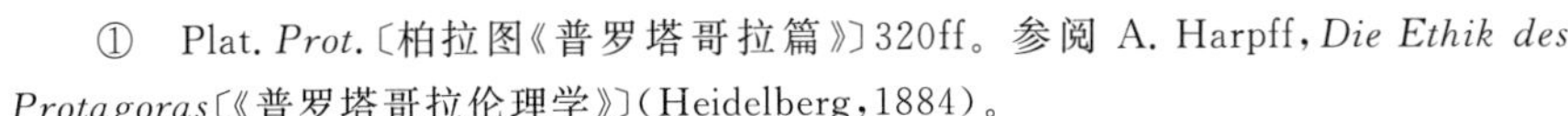

① Plat. *Prot.*〔柏拉图《普罗塔哥拉篇》〕320ff。参阅 A. Harpff, *Die Ethik des Protagoras*〔《普罗塔哥拉伦理学》〕(Heidelberg, 1884)。

② Arist. *Rhet.*〔亚里士多德《修辞学》〕, I. 13, 1373 b 18. Cf. *Orat. Attic.* (ed. Bekker) II. 154.

③ Arist. *Pol.*〔亚里士多德《政治学》〕I. 3, 1253 b 20.

④ 阿里斯托芬《公民大会妇女》(*Ecclesiazusæ*)作品中的嘲弄指的只能是这回事。

的特拉西马库斯①(Thrasymachus of Chalcedon)的意见所假定的形式——他认为,是掌权人利用法律强迫臣民为他们(主子们)的利益而行动;还是采取像卡里克利斯②(Callicles)提倡的相反的形式——认为法律是处弱者地位的广大群众建立起来的屏障,以防御高于众人的强大人物的强力侵犯,而且认为按照里可弗朗③的意见,所有不伤害别人的人们就借此彼此互相保证生命和财产的安全,——总之,法律是根据法律制定者的利益制定的。

2. 如果个人利益是创立法律的根据,那么个人利益也是服从**法律的唯一动机**。甚至道德家也希望这样说服人:服从于法律正是为了自己的个人利益。但是由此得出的结论是,服从法律的条件只限于法律符合**个人利益**。但两者不相符合的情况是有的。如果说只有服从于法律才会使人幸福,这是不真实的。因此玻鲁斯(Polus)提出这样的想法④:有些大的罪犯,他们以最可怕的罪行获得最幸福的结局。有种主张,只有正确的行为才会得到幸福,而

65 经验与此刚刚相反;经验证明的倒是,不受权威和法律约束的狡黠的生活行为倒是获得好运的最好保证。

经过以上思考,看起来,怀疑论从前的矛头原本针对政治律的有效性,现在逐渐也向道德律的有效性进攻了⑤。在柏拉图的对话录《高尔吉亚篇》和《理想国》中,玻鲁斯,卡里克利斯和特拉西马

---

① Plato,*Rep.*〔柏拉图的《理想国》〕338C.

② Plato,*Gorg.*〔柏拉图的《高尔吉亚篇》〕483B.

③ Arist. *Pol.*〔亚里士多德《政治学》〕III. 9,1280 b 11.

④ 参阅柏拉图《理想国》中特拉西马库斯赞赏 ἀδικία〔非正义〕。

⑤ 特别对于普罗塔哥拉是如此,也许对于赫皮埃斯也是如此。

库斯所提出的关于正义和非正义（δίκαιον 和 ἄδικον）的概念（通过刑事判决的中间地位）等量齐观地对待道德律和政治律，并证明了自然律不但与民法对立，而且与道德要求对立。

在这两方面，智者学派年青一代的自然主义和激进主义都尽量走向极端。弱者可能自愿受法律的约束，但他不过是一个蠢人而已，他这样做只受他人利用[①]；而强者，亦即聪明人，不会让自己被法律引向歧途，他只是随**自己本性的冲动**而行动。不依人为的法律而行动，而依更高的自然律而行动，这是正确的行为。自然证明，在所有生物中，强者应该统治弱者，只有奴隶才认为受人支配是合适的。而自由人不应约束自己的欲望，应让欲望得到充分的发展。遵照人为的法律，为人不义是耻辱；遵照自然的命令，遭受不义才是耻辱[②]。

在这样的形式中，**个人的天性，冲动的素质，被宣布为自然律**，并且提高为**行为的最高准则。阿基劳斯**（*Archelaus*）是阿那克萨哥拉的弟子，属于智者学派时期的人物，他宣称：属性，无论好的还是坏的，“正义的”还是“可耻的”（δίκαιον—αἰσχρόν），不是来自自然，而是来自习俗。**所有伦理判断都是沿袭传统**[③]。

3. **宗教**观念理所当然卷入了这次崩溃；而且更加厉害的是，自从色诺芬尼所代表的宇宙哲学夺去了宗教观念的理论价值以后（至少教育界是如此），宗教观念保留着的只是被认为是表现伦理

---

① 柏拉图《理想国》（343C）中的特拉西马库斯。

② 柏拉图《高尔吉亚篇》（483A 和 491E）中的卡里克利斯。

③ Diog. Laert.〔狄奥根尼·拉尔修斯〕II. 16.

概念的寓言方法而已。就这点而论，有一段时间阿那克萨哥拉学派，特别是拉卜撒库斯的一位名叫美特罗多鲁斯（Metrodorus）的曾很活跃。**普罗底古斯**教导说，人们从给他们带来福祉的东西中为自己创造了神，**克利底阿斯**（*Critias*）宣称对神的信仰只是精明的政治手腕的捏造①，——这些都不过是智者学派伦理**相对论**的结论。如果这些有科学修养的观点在官方教士的权威人士中，也在一部分广大群众中引起不满②，那么普罗塔哥拉就很容易在这些问题面前披上怀疑论的外衣③。

66 4. **苏格拉底**对于整个运动的立场表现在两方面：一方面，他最清楚最全面地表述了这个运动的基本原则；另一方面，他最激烈地反对这个运动的结论。他活动的这两方面，虽然看来是矛盾的，虽然这种外部矛盾同他这个人的悲剧命运有很大关系，然而，却彼此有最确切的、严格的一贯联系。因为，正是由于苏格拉底最深刻地理解了启蒙运动的原则，并最有成效地制定了这个原则，他才成功地从此原则出发发展了有深远影响的积极成果。

对于他来说，毫无疑问，沿袭旧俗的时代已经过去了。个人的独立判断代替了权威。但是当智者学派集中注意力**分析**个人实际进行决断时的**感情和冲动**，最后发现自己不得不承认，这些动机一样有权利照自然的必然性向前发展时，苏格拉底却准确地考虑了作为他那个时代的决定性因素，即：知识和科学已经取得的实践的、政治的和社会的意义。正是通过个别人取得独立思考的过程，

① Sext. Emp. *Adv. Math.*〔塞克斯都·恩披里珂《反对数学家》〕IX. 51—54.

② 正如梅罗斯人狄阿哥拉斯的批判所表现出来的一样（Aristoph. *Av.* 1073）。

③ Diog. Laert.〔狄奥根尼·拉尔修斯〕IX. 51.

通过解放个人的感情，事情才变得清楚了：在各个领域中**人的才能在于他的洞见**。在这点上，苏格拉底找到了对于人及其行为的估价的**客观标准**，而此标准是智者们在感情和欲望的结构中曾努力探索而不可得的。

因此，才识（Tüchtigkeit，ἀρετή）就是洞见。一个人如果感情用事，随自己不清楚的设想行事，随传统的习俗行事，他固然也可能偶尔搞得对，但他自己并不理解，并不能肯定有无结果。一个人，他对于手边的事情完全陷入迷惑和错误中，是肯定要犯错误的；只有一个人，他对事物、对自己有正确的认识，才能够行为正确①。因此，科学知识（ἐπιστήμη）是使人能干、使人有用的所有品质的基础，是一切个人才识的基础。

首先，这种洞见基于对与行为有关的**事物的确切认识**。一个人应该理解他的职责；正如我们发现在每个行业中有才干的人就是那些彻底熟悉业务并懂得他的工作对象的人，因此在公民生活和政治生活中也应该如此；在这里也只有洞见才可信赖②。因此个人才识，只有知识在具体的情况下同有关的对象联系起来，才能显露出来③。大家共有的，不仅有一般知识，而且还有**自我认识**。67

① 关于苏格拉底的这些基本观念，色诺芬和柏拉图用无数不同的说法，重新阐述过。色诺芬《回忆录》III. 第九章中的一段是可参考的十分重要的一段；关于柏拉图，见对话录《普罗塔哥拉篇》。

② 因此，在这里也表现了苏格拉底所采取的反民主的立场，这对他个人命运是致命伤。苏格拉底公开要求：管理政府这个最难最富有责任心的技术应该只由具有最充分的洞见的人来承担，因此他坚决反对用抽签或民众选举的办法来确定政府官员。

③ 苏格拉底并不想搞一套个人才识的体制；刚刚相反，他通过举例来给勇敢（参阅柏拉图《拉什斯篇》）、虔诚（柏拉图《攸狄弗洛篇》，色诺芬《回忆录》IV. 6，3）和正义（《回忆录》IV. 6，6）等等下定义。

因此，苏格拉底宣称他的主要职责是教育他自己和他的同胞们作认真的自我剖析。γνῶθι σεαυτόν〔自我认识〕就是他的学说的口号[①]。

5. 苏格拉底从决定实践才识的原则出发而考虑的这些因素，由于 ἀρετή **这词的模棱两可**，就转变为道德美或**德行**，从而导致这样的基本原理——**德行基于对善的认识**[②]。至此，苏格拉底所遵循的思想路线就很清楚而毋庸置疑了。但当我们问那个力求得到清楚定义的人所说的**善**究竟是何意义时，那些原始资料就显得更不清楚了。根据色诺芬的阐述，善(ἀγαθόν)总是与有利或有用(ὠφέλιμον)相吻合的。在每一具体事件中，德行总是对于符合预定目的的东西或者对于有用的东西的认识。这种解释最容易联系到这种类比：将道德美德比作现实生活中的各种才识，而苏格拉底真正教导我们的正是这个。在柏拉图最早的对话录中，特别是在《普罗塔哥拉篇》中，将这种**个人利益**的观点归之于苏格拉底。洞见，或辨别力(在此叫作深谋远虑，φρόνησις)是一种测量技术，精确地衡量一个行为会产生的利和弊，从而选择最合目的的东西。更符合这种观点的是，苏格拉底强调自制(σωφροσύνη)比任何德行更重要，在他自己的生活中没有比表现自制更充分的德行了。与这种观点恰恰相反的是智者学派的观点，他们要求放纵感情，无拘无束，自由发展。

但按照这种解释，苏格拉底关于善的概念，从内容上说是不明

① 正如他的理论哲学所定义的，见第八节。

② 引起无数麻烦的这同一种的模棱两可也存在于拉丁词 *virtus*(德行)中，也存在于 ἀγαθόν，*bonum*(善)中。

确的。从这一件事到那一件事，都必须决定什么是符合既定目的，或者什么才是有用的；我们经常得到的不是善，而是**对某事某物有好处**的东西①。可以认为肯定的是，苏格拉底曾力图超越这种相对论，但由于他思想上的人类学基础，在明确表达他的概念时他没有超过这种立场。他的理论——宁愿人负我，不愿我负人；他的严格遵守法律，为此他耻于逃避不公正的极刑判决，耻于逃亡谋求继续生活，继续活动；他的谆谆告诫——生活的意义在于εὐπραξία〔德行〕，在于不断做好事，在于人的不断追求道德修养的努力，在于参与一切善的和美的事物；特别是，他的**爱情论**，即师生之间的友谊和感情只应基于：在共同生活中相互共勉，力求向善，彼此促进，实现理想，——所有这一切都远远超过了色诺芬所表达的概念。只有当我们认为苏格拉底的特点是区分了灵魂的真正幸福与人间的世俗利益，才可能将他的观点和功利观点联系起来。这种区分柏 68
拉图在《斐多篇》里让苏格拉底表达了出来，但在另外地方只能找到很少的迹象；因为即使根据柏拉图的《申辩篇》，对于个人的不朽问题，他坚持的是一种完全怀疑的立场，他完全不知道后来柏拉图在非物质性和物质性之间所作的严格区别。的确，按照色诺芬的意见，苏格拉底教导说，人真正的好运不能在身外的财产中，也不能在豪华的生活中寻求，只能在德行中寻求：但是，如果此德行只是基于认识真正有用的东西的能力，从而照办，那么只要这个理论坚持这真正有用的东西正是德行本身，它就绕了个圆圈。苏格拉底陷入了这个圆圈走不出来，找不到他追寻的善的客观

① Xen. *Mem.*〔色诺芬《回忆录》〕III. 8，5.

概念的规定。

6. 关于善的知识究竟客观上由什么构成，这个问题的答案不管如何不明确，苏格拉底总相信（事实证明这点重要得多），**知识本身就足以使人行善，并因此带来幸福。**这个命题可能被当作理性主义的人生观的典型，它包括两个有重大意义的先决条件：一个是**心理学上的**，即明显的**唯理智论**；另一个是**伦理学上的**，即明显的**幸福论**。

苏格拉底所规定的这种基本假定，的确是他自己深思熟虑的、明快的性格表现。他说，每一个人都按照他认为最适合他的意图，对他最有利最有用的方式行动。没有一个人去做他认为不符合自己的目的甚至稍有一些不符合于自己的目的的事。那么，如果德行就是对于适合于自己目的的东西的认识，那么立刻就得出结论：有德行的人完全按照他的认识行事，因而正符合自己的目的，并且所采取的方式也有利于自己。没有人明知故犯。只有那种没有正确认识的人，行为才不正确。假如有时看起来有人虽然具有很好的见识，但还是做了错事——违反自己更准确的判断——，那一定是因为他还没有清楚地准确地掌握这种知识，否则他就是有意伤害他自己了，那是荒谬的。

在此，苏格拉底和智者学派之间的心理学上的基本分歧就很明显了：智者们坚持意志的本原，因而也坚持意志在自然中的根据；而对于苏格拉底说来，立志要做一件事与认为一件事是善的、有利的和有用的——两者是一回事。知识不可避免地决定着意志；人做他认为最好的事。虽然苏格拉底在这方面的意见可能真的是错了，而且真理可能真的是存在于他和智者学派之间，但他的这个理智的意志概念对于整个古代伦理学起了决定性的作用。

因此，罪孽就是错误。做坏事的人是按照错误的判断行事，把坏事即有害的事当作了好事；因为人人都相信自己在做好事，即在做有益的事。正因为如此，对于人进行道德教育是有意义的。正因为如此，德行是可以教出来的。因为一切教育都要应用知识。因为人可以通过教育知道什么是善，所以（也只有用这方法）他能被带到正确的道路上来。如果德行不是知识，它就是不可教的了。69

从这观点出发，苏格拉底就把世俗说教的一般道德提高到科学的水平。他的机智、敏锐、辩证的灵活性全都被用来反对智者学派①，被用来证明，到达永恒幸福之最有把握的道路，甚至唯一可靠的道路在于在任何情况下服从道德伦理的命令，**服从法律和道德**。这样，他就把权利归还了权威。启蒙运动的原则不容忍不问理由地服从现状，需要对法律进行检验；然而**这些法律经受住了检验**，表现出自己是符合洞见所观察到的最必需的东西；既然已经认识到服从法律是正确的道路，那么无条件服从法律就完全必要了②。苏格拉底绝不同法律和道德制度冲突，他倒是这样一种人：努力证明法律、道德制度的**合理性**，从而证明法律、道德制度有要

① 试比较柏拉图在《理想国》第一册中有关特拉西马库斯的驳斥，在原则方面这个驳斥可认为是苏格拉底式的，但有一部分不论在形式上或实质上，都很少受到支持。

② 按照事物的性质看来，特别是按照色诺芬所描述的，在细节上，民众道德的这种复旧陷入了烦琐的说教。但当苏格拉底希望用这种方法正确地帮助他的人民时，事实证明，就在这里，他的打算失败了，而且两头落空。一方面，智者学派和他们的追随者把他当作反动派；另方面，像阿里斯托芬一类人，在检验法律和一般道德的权威时，准确地看出了时代的危险毒瘤，毫不调查研究，就把他（他原本希望将这种权威建立在理性基础上）算作那类进行破坏权威的人。因此，这样的事就发生了：在阿里斯多芬的著作《云》里，苏格拉底作为他自己所反对的智者学派的典型而出现了。

求得到**普遍有效性的权利**①。

F. 威尔道尔《苏格拉底意志论》(*Socrates' Lehre vom Willen*, 1877 年,因斯布鲁克,德文版)

M. 海因茨《希腊哲学幸福论》(*Der Eudämonismus in der griechischen Philosophie*, 1883 年,莱比锡,德文版)

7. 意志始终向往着被认为是善良的东西;因此,德行,作为对善的认识,便必然引起合乎目的的行为;除这一心理-伦理的假说之外,我们在苏格拉底的辩论中发现还有更深一层的意义:他认为,有德行的人的这种符合于目的的行为实际上达到了它的目的并使他幸福。**幸福或福利**(εὐδαιμονία)**是德行的必然结果**。聪明人懂得,什么对他有利,从而照着去做。因此,通过他的行为,他也就变得幸福了。然而这个假定只适用于全智的人;他即使在一连串的世界变故中也能绝对保证收到预期的效果。

事实上,流传下来的苏格拉底的这个意见造成了这样一种印象:他确信,人能获得那种洞见,由于这种洞见对他的行为的影响及其后果会给他带来幸福;而且确信,这种洞见只有**通过哲学**才能

① 因此,苏格拉底的原则绝不要求,或者甚至绝不**容许**每个**具体行为**对政治的,或伦理的命令的根据进行特别检验。例如,如果说在任何情况下服从政府法令曾被认为是正确的,那么即使这法令明显的不合理、不公正,也必须服从;参阅柏拉图《克利多篇》。如果一个人(像苏格拉底本人就是如此)确信他是在神的指引下生活,而且确信,在他的洞见不足之处就有一个更高的声音通过他的感觉警告他(至少警告他离开错误的道路),那么他就必须服从这个更高的声音。参阅第八节论 δαίμονιον〔神灵〕。重要的事情往往是这样:一个人能说明自己的行为,但他这样作的根据很可能基于这样一类格言,即:**排除在具体情况下的检验**。

获得，即只有**通过坚持不懈地、认真地检验自己**、检验别人、检验人类生活关系，才能获得。在苏格拉底那里，并没有指出关于这方面的探讨，即人类不可能预测的世界行程可能会在多大程度上打乱和破坏即使最合乎目的最明智的生活活动的计划。但如果我们考虑到，一旦人类知识试图超过现有的伦理观念和实践需要，他就不大相信人类的知识了，那么我们就可解释上述信念只是基于下述基础之上的——他并不担心，**上天的旨意**会阻挠正确行为的有利结局；对他说来，上天的旨意实际上不是认识的对象而是信仰的对象。 70

8. 苏格拉底把德行（基本的伦理概念）解释为洞见，而洞见又是对善的认识；但他并未给予善的概念以普遍的内容，在某些方面，还让它（善的概念）门户开放。这就有可能让有关人生最终目的（τελος）的五光十色的人生观进入苏格拉底这块概念空地。这样一来，这第一次不健全的伦理概念结构很快就招徕一些特殊结构①。其中最重要的就是**犬儒学派**和**昔勒尼学派**。两者均表现出试图以普遍形式解释个人人生真正的内在价值。两者均希望表现人生**真正幸福**所在，人的气质应如何，人要想准确无误地达到此真正幸福应如何行动。两者均称此种赖以获得幸福的气质或本性为**德行**。苏格拉底伦理学中享乐主义那一部分在此得到完全片面的发展；虽然这个概念的普遍有效性得到了证明，但**个人幸福**的观点却变成了唯一的标准，甚至连社会生活的一切关系均以此衡量其

① 关于色诺芬和阿其里斯的情况的确如此。笨拙的哲学工匠西蒙似乎也像这样抄袭苏格拉底。麦加拉学派和爱利亚-厄里特利亚学派在这方面的成就传至我们的也极其模糊而且与犬儒主义极其接近，因而不值得单独叙述。

价值。在**犬儒主义**里，也和在**享乐主义**里一样，希腊精神开始吸取文明的生活方式为个人幸福所创建的成果。由智者发起的对社会现状和政治权威的批判，通过苏格拉底德行概念的媒介作用，获得了确定的标准。

安提西尼[①]所教导的德行学说，开始时，当它发现自己不知所措地卷进了苏格拉底的圈子里，便来了一个似是而非的急转变。他拒绝对善这个概念的内容作更详细的解释，而宣称德行本身不仅是最高的，而且也是唯一的善，所谓德行，从本质上讲只能理解为**人生的明智的行为**。只有德行才使人幸福，但德行不是通过它
71 所带来的结果，而是**通过它本身**使人幸福。据此，蕴蓄于正确生活本身中的满足完全与世界进程无关：德行本身就足够幸福了；贤者超脱于命运之上。

犬儒学派的这种自我满足的德行概念，正如在它自身进一步发展中所表明的那样，绝不可解释为：有德行的人在命运的变化无常中"为行善而行善"就会找到幸运。犬儒主义还没有提高到如此高度，虽然它多么貌似如此，当它歌颂德行为人生浮沉中唯一可靠的财富，并认定德行为必须追寻的唯一之物，而卑鄙是唯一必须避免之物的时候。这个学说是以极大的逻辑一贯性从苏格拉底的下述原则引申出来的假定——德行必须使人幸福（参照上面，7）；根据这个假定安提西尼进而力求获得德行这个概念的客观规定。

换言之，如果德行在任何情况下肯定使人幸福，那么它一定是那种使人**尽可能独立于变故过程的生活行为**。但只要人的幸与不

① 主要保存在狄奥根尼·拉尔修斯的著作中，VI。

幸取决于他的已有愿望在人生的过程中是否实现，那么他的每一种需求、每一种愿望就是使他依赖于命运的枷锁。我们没有能力控制外在世界，但我们有能力控制我们的欲望。我们愈将自己暴露于外在力量之下，我们的欲望、希望或恐惧也就愈多；每一种欲望都把我们变成外在世界的奴隶。因此，使人独立自由的德行只能基于压制欲望，限制需求于可能想象的最小程度。**德行就是没有需求**①，——从享乐主义观点看，这的确是最有连贯性的结论，这当然也是一种特别投合居于人生卑贱地位的人们（如我们发现有部分犬儒主义者）的心理的结论。

犬儒学派以一种过激的态度，贯彻了这种思想，他们开始对文明抱一种完全否定的态度。由于他们旨在将有德行的贤人的需求降到绝对不可少的程度，旨在将斗争当作有害或无足轻重的东西，他们便扬弃了文明的一切财富，而达到**自然状态的理想**——一种剥夺了一切高级价值的理想。他们继承早期智者学派的理论，并进一步发扬这些理论。他们教导说，智者只是使自己适应于**自然**必不可少的需求，而将一切看来是奢望的东西或应受到服从的东西都视为只是人为的意见或人为的制度的结果。财富和优美，名誉和荣誉，对他们说来，都是和那些超过对饥饿和爱情最起码的满足的感官上的享受一样多余的东西。艺术和科学，家庭和祖国，对他们说来，都无足轻重。狄奥根尼之所以享有说反话的盛名，原因在于他的故弄玄虚的戏谑，即力图像一个自然人那样生活在文明的希腊中，犹如生活在纯自然（φύσει）的境界中。

① Xen. *Symp.*〔色诺芬《会饮篇》〕4，34ff.

72 就这样，这个冒充哲人的无产者逼着他自己鄙弃文明的一切好东西，他发现他自己或多或少被排斥在对这些东西的享受之外了；另方面，他认为，制约文明社会的法律没有一个本身是有约束力的；假如在古代有关这个问题所叙述的粗略的轶事中还有一点真实性的话，那就是这个阶级公开嘲弄道德和礼义最基本的要求，从中取乐。这个过分的、显然矫揉造作的自然主义不再认识老一辈智者学派还曾坚持当作自然动力的正义和崇敬（δίκη 和 αἰδώς）了，而且得出一种德行概念，此概念假定贪婪和情欲是构成一个自然人的基本品质的必要因素。

犬儒学派变成这样，全由自己造成，但事实上他们并没有那样坏。狄奥根尼还保留了尊重理智修养的残迹，唯此能使人摆脱传统制度的偏见，唯此能通过识破所谓文明财富的虚无使人走向无欲无求、知足安分的境界。他还按照犬儒主义哲学的自然主义原则指导过色尼阿底（一个科林斯的智者）的儿子们的教育，而且不无成就。

总的说来，这种哲学是时代的特征，标志着一种倾向，这种倾向对社会即使不算敌视，也是漠不关心，而且丧失了对社会理想财富的全面理解。它使我们从内部看清了：在当时，希腊社会正在瓦解为个体。当狄奥根尼自称是一个世界主义者时，在此并不存在全人类社会理想的思想的影子，而只否认他依附于任何文明社会。如果克拉底教导说，多神论只存在于人们的意见中；又说，“按照**自然**”，只有一个上帝，那么，也不能从犬儒派学说中得出这样的结论——这种一神论对他们说来是一种特别清楚的观念，甚至是一种特别深厚的感情。

9. 与此体系完全对立的是**享乐主义**，即**不顾一切的享受**哲学。亚里斯提卜同犬儒主义者一样，是从苏格拉底学说的不完善性出发的，但他却走向相反的道路。他敏于给予善的概念以清楚而简单的内容——此内容即**快乐**（ἡδονή）。这后一概念开始时所具有的含义，只是产生于实现每种企图和欲望而得到的心理上的满足之感①。于是幸福是由于意愿得到满足而带来的快乐之感。如果这是唯一可考虑之点，那么，意愿和满足的对象是什么，就是无关紧要的事了；一切取决于快乐的程度，取决于满足情绪的大小②。据亚里斯提卜的意见，幸福的最高境界出现在直接现实的、瞬时满足的、感官上的肉体享受。于是，如果德行是指向幸福的知识，那它就应有助于使人尽可能享受得多，尽可能享受得有劲头。**德行就是享受的能力**。

可以肯定，每个人都可以享受，也能够享受；但只有有教养的、 73
有智慧的、有洞见的人——贤人——才懂得如何**正当地**享受。在此，我们不但应该有明智的估价（φρόνησις），应该知道在人生过程中所表现出的各种享受中，如何去选择那些能提供最高级的、最纯洁的、渗有最少痛苦的享受，我们还应当有内在的自我克制，不盲目地追求每一种出现的欲望，在享受时绝不完全沉溺于享受中，而是站在享受之上，控制享受。使人变成事物的奴隶的那种享受，正如犬儒学派所说，必须被扬弃。但是事实上，在欢乐中取乐，而又不沉溺于欢乐，这比扬弃欢乐更难。然而一个人要有此能耐，只有

① 除此之外，色诺芬还让苏格拉底的嘴边常常挂着 ἡδύ〔快乐〕一词。

② 这也是根据幸福主义原则而得到的完全正确的结论。

通过正确的洞见才行[1]。

在这基础上，昔勒尼学派[2]，特别是小亚里斯提卜（名叫μητροδίδακτος，或“母教”，因为他的外祖父的智慧是通过他的母亲阿丽蒂传给他的）系统地研究了关于πάθη（感情和冲动）的根源问题。在与普罗塔哥拉有关的生理-心理学中（见下面第八节，3），他们认为感情多样化的根源在于身体内部的运动状态：冷淡源于静态，痛苦源于激烈的动态，快乐源于轻微的动态。除了这些解释性的理论外，这些**乐天派**（*Lebemänner*）的哲学扩展到一种客观的世界知识（Weltkenntnis）。正如**狄奥多鲁**教导的那样，对于享乐主义者说来，所有伦理规范和法律条例只不过是针对人民群众才有效的制度；讲究享受的有教养的人才不理会那一套：能享受时便享受。狄奥多鲁绰号“无神论者”，他把所有宗教疑虑都一齐抛开，只要这些疑虑有碍于他专心致志的感官享受。在这方面，正如**欧麦鲁斯**的著名学说所证明的那样，这个学派尽可能彻底地消除宗教信仰的光环。欧麦鲁斯在他的《圣事纪要》（ἱερὰ ἀναγραφή）中，企图将信神归源于崇拜祖先和对英雄的敬仰。

这样，昔勒尼学派与犬儒学派最后在这一点上完全一致了。他们都认为，被社会道德和法律的传统所规定的东西限制着人们凭天性（φύσει）所具有的享受权利；而贤人运用这种享受权利时是不管那些历史制度的。享乐主义者欣然分享着文明带来的享受之妙。他们认为，一个聪明人享受别人酿造的蜂蜜是可取的，也是可

① 参阅 Diog. Laert.〔狄奥根尼·拉尔修斯〕II. 65ff.。

② 昔勒尼学派（Cyrenaics）即享乐主义学派。——译者

以允许的。他们享受文明果实，但并不觉得自己对文明应负有义务或应有感激之情。犬儒学派和昔勒尼学派处于同样情况：不认祖国，抛弃政治责任感；所以如此，犬儒学派产生于鄙弃对文明的享受，而昔勒尼学派则产生于他们享乐的利己主义。狄奥多鲁宣称：为他人而牺牲、爱国主义、献身于公共事业，都是一些愚蠢行为，为贤人所不齿；甚至亚里斯提卜也乐于不同任何政权发生关系，这是由于他的流浪生活造成的①。这些饱餐希腊美的盛宴的 74 寄生虫们，他们的哲学，正如躺在门槛上的乞丐的哲学一样，与希腊美的崇高意义相距何止千万里。

与此同时，专司衡量享受的这种原则包含着一种必然导致暂时超越亚里斯提卜所说教的享受学说的因素，此发展沿着两个方向前进。亚里斯提卜本人就曾承认，在衡量（享受）活动中，必须考虑到享受可能带来的快乐与痛苦；**狄奥多鲁**认为至善只有在愉快的心境（χαρά）中才能找到，而不能在一时的享乐中找到；**安尼克里斯**也开始认识到，比起通过肉体的享受来，通过人们的交往、友谊、家庭、文明社会的精神享受可以更高程度地达到至善。〔这种关于文明的理智方面和精神方面所提供的享受最终比肉体的享受更优美、更丰富、更令人满足的认识直接导致伊壁鸠鲁学派的学说。〕

但另方面，享乐主义学派最终还是知道了，他们教育有教养的人要获得的无痛苦的享受是绝无仅有的。**赫格西亚**发现，一般说来，一个人达到无痛苦的境界，即实际上不感到不快，就算是幸福的了。对绝大多数人说来，占优势的是不愉快即欲望得不到满足

① Xen. *Mem.*〔色诺芬《回忆录》〕II. 1，8ff.

的痛苦：对他们说来，不活还好些。他发挥这意见时给人以深刻的印象，人们给他取了一个绰号 πεισιθάνατος，——他劝人死亡。他是第一个**幸福论的悲观主义**的代表；幸福论就因为这个理论否定了它自己。他证明，如果幸福、欲望的满足、享受是人生的意义和目的的话，那么，它就达不到这个目的，并将被斥为没有价值的东西。悲观主义是幸福主义的最后而且也是毁灭性的结论——幸福论的内在批判。

第八节　科学问题[①]

纳托尔卜《古代认识史研究》(*Forschungen zur Geschichte des Erkenntnissproblems bei den Alten*，柏林，1884 年，德文版)。

智者学派是政治雄辩大师。起初他们必须讲授语言的性质和语言的正确运用。当他们把修辞学从传统的艺术转变为科学时，他们首先致力于语言学研究，成为语法和句法的创始人。他们着手研究句子的成分、词的用法、同义词和词源。普罗底古斯、赫皮埃斯和普罗塔哥拉在这方面特别突出。关于他们研究的成果我们知道得很不全面。

1. 除了少数引喻外他们在**逻辑上**的成就均已遗失，我们对这方面的知识仍然处在很不理想的状态。修辞学教师，理所当然，也要处理在论述中的思想连贯，但是思想连贯基于证明和反驳。因

---

① 〔*Wissenschaft*：用在这一节中的科学一词差不多等于“科学知识”。有时突出这个术语的主观意义，有时突出客观意义。〕

此，不可避免的是，智者学派必须制定证明和反驳的理论；就普罗塔哥拉[①]来说，提供了这方面明显的证据。但很不幸，没有更多确切的资料可以说明：智者学派在这方面发展到什么程度，他们是否 75
企图从思想内容的因素中把逻辑形式分离开来。特点是，关于智者学派的逻辑，我们所占有的很少一点资料差不多毫无例外地只涉及他们对**矛盾律**的强调。同辩护者的任务的基本性质联系得更紧密的是反驳，而不是证明。**普罗塔哥拉**遗留下一篇关于**反驳的论据**的特别论文[②]，这也许是他最重要的著作，其中明确地表达了矛盾对立律，甚至说，关于每一个对象，都有两个互相对立的命题，并从此导出结论。因此，事实上他明确地表达了芝诺在实践中已经运用过的方法，这方法在智者学派的教学实践中起了很大作用，实际上起了最大的作用。

这些“启蒙者”的主要技艺之一就是用前人公认为正确的观念来使人迷惑，并使人陷入矛盾。当受骗者受到迷惑时，如有可能就利用逻辑的结论，真实的或者捏造的，来逼着他们得出非常荒谬的答案，弄得他们对人对己都荒谬可笑，啼笑皆非。从柏拉图和亚里士多德[③]保存下来的范例来看，很明显，这种方法绝不是什么纯逻辑，而是现代意义上的、彻底的诡辩。这些范例表明，这些人绝不放过一次词句的模棱两可，绝不放过一次大众语言中的笨拙和粗

① Diog. Laert.〔狄奥根尼·拉尔修斯〕IX. 51 ff.

② 也许，驳难（Καταβάλλοντες，即 λόγοι）和反对论据（'Αντιλογίαι）只是这篇作品不同的两个标题。这篇作品的第一章讨论真理。

③ 柏拉图在《攸狄底姆斯篇》和《克拉底洛斯篇》中，亚里士多德在《论智者的驳辩》一书中。

陋，只要他们能从中编织荒诞无稽的罗网的诺。出于他们之口的妙语谑言，经常只依靠语言、语法和词源，很少是真正符合逻辑的，往往是粗率、无聊。在此，有特征意义的是**怪题**。在这些怪题里，按照用这些词的一般意义的惯例和先决条件，或用肯定回答，或用否定回答，产生出回答者预想不到的荒谬结论①。

柏拉图描写过两兄弟，**攸狄底姆斯**(*Euthydemus*)和**狄奥尼西多鲁**(*Dionysidorus*)，他们操舌战业或**辩术**；在说大话、习惯于舞文弄墨的雅典人中，玩弄辞藻之术取得巨大成功。除开他们以外，追求此术的主要是**麦加拉学派**。这派头子**欧几里得**埋头钻研反驳
76 理论②。他的追随者**欧布利德**和**阿里克西鲁**以搞这一套怪题而闻名，喧嚣一时，轰动整个文坛③。其中有两个怪题："谷堆"和"秃顶"④；其基本思想应追溯到芝诺，是他把它引进辩论；借此，他想证明：从小量集合成大量是不可能的。另一个麦加拉人，**狄奥多鲁·克罗鲁斯**，用同样的方式，将芝诺否定运动的论点扩大化，即使不是深化或强化⑤。就是这个狄奥多鲁孜孜不倦地探索这种疑难(*aporiæ*)、难题、矛盾；他还发明了一种著名的论点(κυριεύων)，其目的在于摧毁可能性这个概念：只有现实的才是可能的，因为不能变成现实的可能，其本身就表明不可能了。⑥

与**爱利亚学派**关系最密切的智者学派，以另外的方式表明了

① 作为一个典型范例："你停止打你的父亲了吗？"或者"你脱掉了你的角吗？"

② Diog. Laert.〔狄奥根尼·拉尔修斯〕II. 107.

③ 参阅 Prantl, *Gesch. der Log.*〔《西方逻辑史》〕I. 33 ff.。

④ 加上哪一颗谷粒就成为一堆谷粒？哪一根头发掉了就是秃头？

⑤ Sext. Emp. *Adv. Math.*〔塞克斯都·恩披里珂《反对数学家》〕X. 85 ff.

⑥ Cic. *De Fato*〔西塞罗《宿命论》〕, 7, 13.

对矛盾律极大程度的应用，以及相应的**对于同一律的夸张**。甚至高尔吉亚似乎也根据这样的假定——除了主语本身以外要断言主语的属性是不正确的——支持过自己的意见，即：一切命题都是假的。犬儒学派以及麦加拉派学者斯提尔波，把这一思想当作自己的思想。根据这种思想，就只剩下纯粹的同一判断了，如善是善，人是人，等等[①]。照此逻辑推论的必然结果，判断和说话就搞得不可能了，就如同按照爱利亚学派的原则，繁多性和运动成为不可能一样。巴门尼德玄学的鬼影偶然既出现在麦加拉学派中也出现在犬儒学派之中（参阅下面第五大段）。正如在巴门尼德的玄学里，缺少关系的概念，就不会允许一与多的结合，从而否定多；同样在这里，缺少逻辑关系的概念，要断言主语的种种属性就显得不可能了。

2. 在智者学派关于认知活动的所有这些迂回曲折的途径中，**怀疑论的倾向**显露出来了。如果根据这些理由，人们坚持在逻辑上构成综合命题的不可能性，这就表明，知识本身是和抽象的同一律不可调和的，正如在爱利亚学派的存在学说中所明确表述的一样。巴门尼德学说本身陷入芝诺的两分法中而不能自拔。这一点在**高尔吉亚的论文**[②]中最坦率地表达出来了。这篇论文宣称存在、知识、知识的交流是不可能的。什么东西也没有，因为**存在**（既不能认为是永恒的，也不能认为是短暂的；既不能认为是一，也不能认为是多）和**非存在**本身都是矛盾的概念。如果存在什么东西，

① Plato, *Theæt*.〔柏拉图《泰阿泰德篇》〕201E. 参阅 *Soph*.〔《智者篇》〕251 B。

② 部分摘录可在冒名亚里士多德的论文《色诺芬尼、芝诺、高尔吉亚》第三章中找到，一部分可在塞克斯都·恩披里珂的著作（第七卷，第 65—86 页）中找到。

那一定是不可知的；因为**被思考**的东西总是不同于实际**存在**的东西，否则它们（指两者）就不可能区别开来。最后，如果还有知识，它是不可能传授的；因为每一个人只有他自己的观念，而且由于思想与用以传达思想的符号之间的差异，就无法保证相互之间的了解。

这种**虚无主义**的确不值得认真考虑；甚至这本书的名称 περὶ φύσεως ἢ περὶ τοῦ μὴ ὄντος（《论自然，或论不存在之物》）也显得滑稽
77 可笑。善于辞令的修辞学教师鄙视一切严肃的科学，只追求讲演术①。他耽于戏谑，将整个哲学活动讽刺为空无一物。他仿效芝诺利用矛盾术使人陷入难以摆脱的尴尬的困境。但这些事实（他这样干了，而且他的工作获得了喝彩）正好表明：在从事教育的人们中，在科学文化的领域中，正当人民大众在科学中追求福利的时候，对科学的信仰便开始消逝了。当我们知道普罗塔哥拉严肃的科学研究得到了同样结论，这种对真理的失望就更不难理解了。

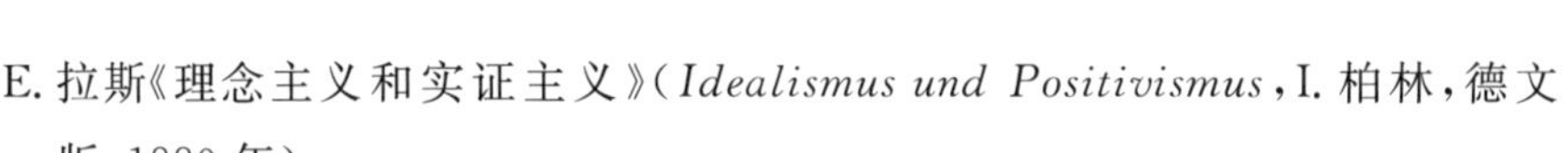

E. 拉斯《理念主义和实证主义》（*Idealismus und Positivismus*，I. 柏林，德文版，1880 年）。

W. 哈尔布法斯《柏拉图、亚里士多德论普罗塔哥拉》（*Die Berichte des Platon und Aristoleles über Protagoras*，斯特拉斯堡，1882 年，德文版）。

萨蒂格《普罗塔哥拉感觉主义》（*Der Protagoreische Sensualismus*，《哲学杂志》第 86—89 卷）。

3. **普罗塔哥拉**力图用**心理发生学**解释关于人类精神的各种

① Plato，Meno.〔柏拉图《美诺篇》〕95 C.

观念，在他所作的这一努力中可以看到他的学说的萌芽。对于伦理学体系的实践需要说来，特别是对于修辞学修养说来，深入洞察观念的起源和发展是绝对必要的。玄学家们偶尔发表的论断要达到这目的，是绝对不够的，虽然这些论断是由一般先决条件构成的〔并且渗透着一般的先决条件〕，相反，在更年轻的、更喜欢自然科学的研究者们的圈子里，所进行的对于生理心理学的观察倒是符合于这种目的。思维和感知从它们相对的价值观点看来，早已彼此对立；但对普罗塔哥拉说来，那些价值规定已不复存在了。对于他说来，留下来的观点只是思维和感知在心理上的等同——这种观点连那些玄学家也得承认，只要他们试图根据世界发展过程来解释观念作用（参阅第六节，3）。因此，他宣称**整个精神生活只基于感觉**[①]。后来大量事实说明了这种**感觉主义**；这些大量事实是由生理心理学结合医生们（也是科学研究者）的教导而搜集的。这种感觉主义后来又被许多与感官活动过程有特别关系的理论所阐明。

所有这些都有一个共同的思想：**感觉**归根结底依赖于**运动**，正如世界上事物形成或发生的每一个过程依赖于运动一样。在这一点上，甚至阿那克萨哥拉和恩培多克勒都与原子论者的意见完全一致。普罗塔哥拉作为阿布德拉人，也许就是从原子论学派出来的。这种共同一致还进一步从各方面作出这样的假定：在感觉中，不仅在被感知的事物中存在着一种运动状态，而且在感受器官中也存在着同一运动状态。不管对于运动中所存在的形而上学本质

① Diog. Laert.〔狄奥根尼·拉尔修斯〕IX. 51.

采取何种观点，似乎公认无疑的是，每一感觉预示着这种双重运动。恩培多克勒已经预料到这个学说：感官内部的有机运动迎合外界的运动①。

78 就在这基础上②，普罗塔哥拉的**认识论**建立起来了。那就是说，如果感觉是相互对向的两种运动的产物，那么很明显，感觉是与**感知的主体不同的东西**；同样明显的是，感觉**也是与引起感觉的对象不同的东西**。感觉受制于这两方面，也就与这两方面不同，这种意味深长的发现被认为是**感官-感觉的主观性**学说。

但是普罗塔哥拉在这方面显示出有特殊的局限性。因为，和早期的所有思想家一样，他显然不可能假设一种没有相应实际内容的意识；他教导说，从这种双重运动产生双重结果，即：人身上的**感觉**（αἴσθησις）和事物身上的**感觉内容**（τὸ αἰσθητον）。因此，感觉实际上是**对被感知的东西的完全对应的知识**，而不是对事物本身的知识。每个感觉就它发生的瞬间来说，它是真实的，与此同时发生了与这事物相联的被代示的内容 αἰοθητόν（感觉的内容），但是感觉并不认识事物本身。其结果是：每一个人不是按照事物的本来面貌去认识事物，而是按照呈现在他那一瞬间的感觉（只是他一个人的感觉）去认识事物。并且在这一瞬间，对于他来说，事物是像他

---

① 这两种运动是否像柏拉图所表述（《泰阿泰德篇》156A）的那样，已被普罗塔哥拉命名为主动的和被动的（ποιοῦν 和 πάσχον）运动，尚未确定。不管怎样，这种人类学范畴出自智者学派之口，是不足为奇的。

② 关于这些准备性的概念，没有令人信服的理由可以把关于这两种相互对向的运动彼此会合的理论追溯到**赫拉克利特**并和他直接联系起来。柏拉图非常正确地看到，此理论的赫拉克利特因素已被那些将所有生成和变化归结为运动关系的直接前辈们强调得够多了。

对他自己表述的事物那样。这就是普罗塔哥拉的**相对论**的意义。按照这种相对论，对于每个人来说，事物就像在他面前表现出来那样。关于这点，他以一个有名的命题表达如下：**人是万物的尺度。**

因此，根据这个理论，由感觉产生的每一个意见在某一种意义上说来，都是真实的；但也因为同一理由，这意见也是假的。它只对感知者本人有效；而且即使对他说来，也只有在它产生的瞬间有效。**普遍有效性**与此毫不相干。因为，按照普罗塔哥拉的意见，除了感觉以外不存在其他种类的观念，不存在另外的知识。对于人类知识来说，无论什么东西都不是普遍有效的。这种观点在这种完全肯定的意义上说，讲的是关于只限于个人、只限于某时刻的现象的知识——就这点而论，这种观点就是**现象论**；但是就它否定所有超过这以外的知识而论，它又是**怀疑论**。

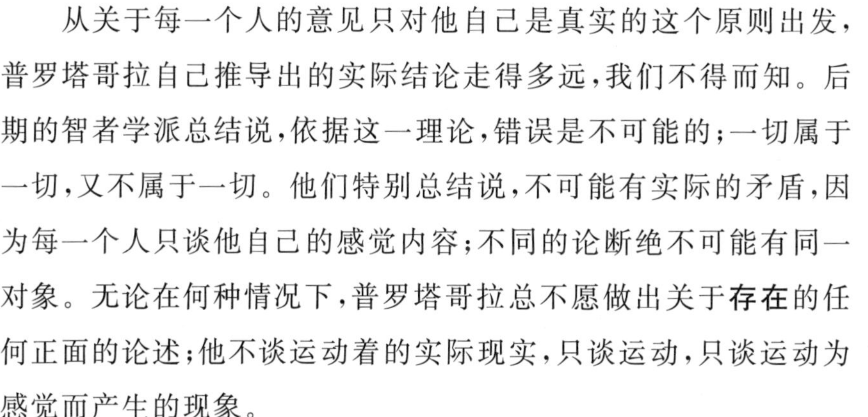

从关于每一个人的意见只对他自己是真实的这个原则出发，普罗塔哥拉自己推导出的实际结论走得多远，我们不得而知。后期的智者学派总结说，依据这一理论，错误是不可能的；一切属于一切，又不属于一切。他们特别总结说，不可能有实际的矛盾，因为每一个人只谈他自己的感觉内容；不同的论断绝不可能有同一对象。无论在何种情况下，普罗塔哥拉总不愿做出关于**存在**的任
何正面的论述；他不谈运动着的实际现实，只谈运动，只谈运动为 79
感觉而产生的现象。

此外，不管是普罗塔哥拉本人或者是根据他的理论而进行的智者学派的活动，都企图把感觉中的差异，因此也就是现象中的差异，追溯到这种运动中的差异。在这方面虽然运动形式也许注意

到了，但考虑到的主要是运动的速度①。有趣的是，我们进一步注意到，在知觉的概念下不仅涵括感觉和知觉，而且还涵括感官感情和欲望。其所以值得注意，特别是因为我们认为与这些心情相对应的还有 αἰσθητόν，即事物产生感觉的短暂性状。合意和如愿这些属性也和感官性状的属性一样以这种方式获得同样的认识论上的评价。任何人，只要他感觉合意、有用、如愿的东西就是对他合意、有用、如愿的。在此，个人的意识状态也是衡量事物的尺度，对事物的其他普遍有效的价值规定是不存在的。在这方面，亚里斯提卜的享乐主义就是从普罗塔哥拉的这个理论发展而来的。亚里斯提卜教导说，我们认识的不是事物，而只是事物对我们的价值，只是事物使我们置身于其中的心情（πάθη）。这些心情就是休止和淡漠，激烈运动和痛苦，轻微运动和快乐。所有这些，只有最后一个是值得我们追求的（参阅上面第七节，9）。

4. 这样一来，智者学派的整个思想发展就导致了将真理作为不可得到的东西而加以放弃。而**苏格拉底需要真理**，因此，他相信，真理是可得到的，只要我们虔诚地追求它。德行就是知识；因为必须要有德行，也就必须要有知识。在此，历史上第一次，**道德意识**彻底明确地作为**认识论基本原理**而出现了。因为道德没有知识是不可能的，所以必定有知识存在；假若知识不在此时此地存在，那么我们就一定要追求它，像爱好者力求占有他所爱的对象一样。科学就是对知识渴望的、奋斗的爱，——φιλοσοφία，哲学（参阅

① 毫无疑问，我们在此谈到的是源于原子论学派的普罗塔哥拉认识论的发展；从质还原为量是这种认识论的本质（见上面第四、第五节），尽管这位智者出于原则而不愿与像原子论这种形而上学理论发生关系。

柏拉图《筵话篇》,203E)。

从这种信念出发,产生了苏格拉底[①]的科学理论[②]的所有特点,首先,就是关于他认为知识是必需的因而也是可能的的界限。只有关于人类生活关系的知识才是伦理生活所必需的。只有对于这些人类生活的关系来说,认知才是必需的,只有对于这些人类生活的关系来说,人类的认知能力才是适宜的。关于玄学和自然哲学的假说与伦理上的任务毫不相干,苏格拉底弃之不顾;他之所以有这思想还因为他与智者学派有共同观点,认为要得到有玄学和 80
自然哲学的准确知识是不可能的。科学只有作为**实践的洞见**,作为伦理生活的知识,才有可能。

这个观点在苏格拉底的幸福原则影响下被他的智者学派的继承者阐述得更加过激。对于犬儒学派和昔勒尼学派说来,科学只有在它有助于使人具有自己幸福的洞见时,才有价值。在安提西尼和狄奥根尼那里,科学本身并不可贵,可贵者在于科学作为控制欲望的工具,作为认识人类的自然需要的工具;昔勒尼学派说,感觉的根源(τά πεποιηκότα τὰ πάθη)对于我们既无关紧要,又不可知。可以使我们幸福的知识只与我们的心情有关,而心情是我们知道得很准确的。在苏格拉底那里与在智者学派那里一样,对于玄学和自然科学漠不关心是由于从事人类内在本性研究的结果。

① 参阅 Fr. Schleiermacher,*Ueber den Werth des Sokrates als Philosophen*〔施莱尔玛歇《论哲人苏格拉底》〕(Ges. W. III.,Bd. 2,pp. 287ff.)。

② 〔*Wissenschaftslehre*:*Wissenschaft*、"scientia"、"science"等各种文字的对等词在这里既有主观意义又有客观意义。知识是精神活动,知识是真理的体系。因此,*Wissenschaftslehre* 既是"科学学说",即知识的科学,又是"科学的理论",即哲学。——英译者〕

5. 各个时代都值得注意的事实是：一个像苏格拉底那样的人，科学研究的理论水平对他说来是如此狭窄，然而竟独自在科学领域里确定**科学本身的基本性质**，态度却如此鲜明，对未来又如此有权威。这种成就主要是由于他对**智者学派的相对论的对抗**，——这种对抗既出于本能，也出于积极的信念。他们（智者学派）教导说，只有**意见**（δόξαι）由于**心理-发生学的必然性**对于个人才是有效的；而他（苏格拉底）追求的是**对一切人同样有权威的知识**。与个人观念的变异和多样相对立，苏格拉底需要的是人人都公认的唯一而永恒的知识。他追求**逻辑的"自然"**（φύσις）〔正如其他的人追求过宇宙论的或伦理的"自然"一样（参阅第七节，1）〕，并且在**概念**中找到了。在此也一样，观点产生于需要，理论产生于假说。

古代思想家也曾感觉到他们的知识来自理性的思维，理性思维本质上不同于在日常生活中流行的用感官认识世界的方式，也不同于传统观念；但是他们既不能从心理学上也不能从逻辑上来贯彻这种价值区别。苏格拉底做到了这点；因为，在这里也一样，他用他期待获得的成就来决定有关问题。高于意见的观念，即作为对一切人有效的观念，必须为所有在各别关系中涌现于各别人心中的特殊观念所共有：期望得到主观的普遍有效性，只是为了得到客观的普遍性。因此，如果有知识存在，就只能在所有特殊观念都互相一致的地方找到。这种在客观物质中使观念的主观一致性成为可能的客观普遍性便是概念（λόγος），而**科学**〔科学知识〕便是**概念的思维**——抽象思维。知识应具有的普遍有效性只有在下述条件下才有可能：科学的概念鲜明地突出了包含在所有个别知觉和个别意见中的共同因素。

因此所有科学工作的任务是**规定概念的本质**，即**下定义**。科研的目的是确定 τί ἕκαστον εἴη〔每一事物的本质〕，也只有这样才 81
能得到与变化不定的意见相反的、具有永恒性质的观念。

智者学派关于词义、同义词、语源学关系的研究多少为上述学说准备了条件。在后一方面，语言哲学早期阶段的那些智者学派的假说（参阅柏拉图《克拉底洛斯篇》）涉及这样一个问题：词与其意义（φύσει ἤ θέσει）之间的关系是自然关系还是惯例关系。普罗底古斯（苏格拉底提起他就不禁赞扬）在确定词义方面，似乎获到了特殊的成功。

在后期的智者学派中，苏格拉底对于确定概念的要求立刻就与爱利亚玄学，爱利亚学派关于“存在”与其本身同一的假说混在一起。欧几里得称德行或善为唯一的存在：它不变，本身不变，只是人们称呼它的名字各有不同。安提西尼用这样的定义解释观念（存在的概念）：它（存在的概念）就是决定事物不受时间限制的“存在”①。然而他认为这种现存的事物与其本身的同一超乎所有关系之上；他的态度如此粗率，以致他认为每一个真实的现存实体只有通过本身才可能下定义。确定属性是不可能的。除了分析判断，什么也没有（参阅上面第一大段）。据此，只有合成物才可能用概念来规定自己的基本元素；单纯物是不可界说的②。因此不可能用概念理解单纯物；单纯物只能呈现在感官的表象中。犬儒学派就从苏格拉底的概念论得出感觉主义的结论，认为单纯物和原始物只是那些用手能抓住、用眼能看见的东西，这就是他们反对柏拉图的根据。

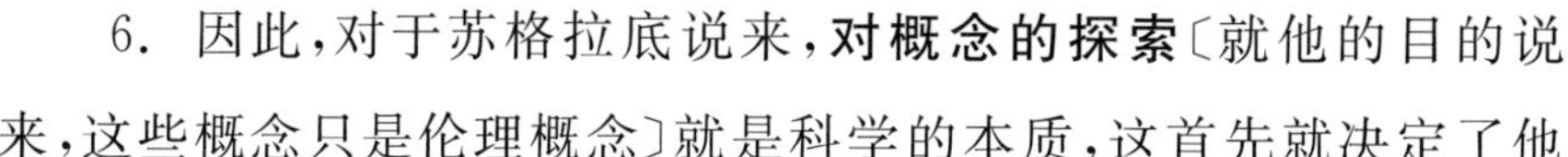

6. 因此，对于苏格拉底说来，**对概念的探索**〔就他的目的说来，这些概念只是伦理概念〕就是科学的本质，这首先就决定了他

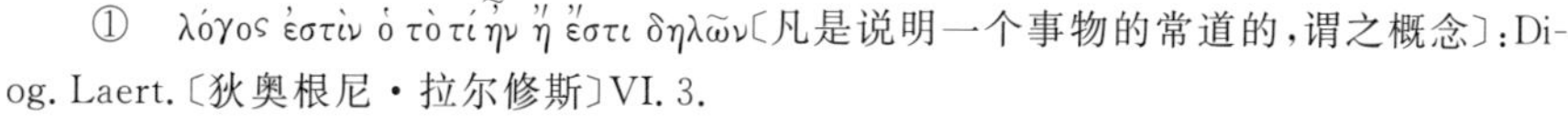

① λόγος ἐστὶν ὁ τὸ τί ἦν ἢ ἔστι δηλῶν〔凡是说明一个事物的常道的，谓之概念〕：Diog. Laert.〔狄奥根尼·拉尔修斯〕VI. 3.

② Plato，*Theæt*.〔柏拉图《泰阿泰德篇》〕202 B.

的哲学推理的外部形式。概念必须对一切有效：因而只能在**共同思想**中找到。苏格拉底既不是孤独的严酷的批评家，也不是摆出教师爷架势训人的教师，而是一个渴求真理的人。他切望教育自己，也教育别人。他的哲学是**对话**的哲学。他的哲学在谈话中发展，他乐于同每一个愿意和他交谈的人交谈①。从日常事物的任何对象出发，的确很容易找到途径接近他单独追求的伦理概念。在相互思想交流中一定会找到共同语言；διαλογισμός〔对话论辩〕是通向 λόγος〔逻各斯〕的道路。但是这种"对话"遇到许多困难：习惯思维方式的惰性，懒于希求改革，智者学派所特有的似是而非的论述，自满于表面知识和没有思想内容的模仿。就在这样一种环境中，苏格拉底露面了，他自称是来热心学习的。他用巧妙的提问引出别人的意见，以无情的连贯性揭露这些意见中的缺点，最后将骄傲自满、自恃多才的雅典人带入这样的心情：**深入理解自己的无知就是一切知识的开始**。任何经受住这种考验而仍和他在一起的人便被引为同伴，严肃认真地努力在共同思想中确定概念的基本含义。沿着对话的方向，苏格拉底带着他的同伴一步一步地用更
82 清晰的、更少矛盾的陈述展开自己的思想，从而使他在自己的心灵中一直潜伏着的不完善的预感明确地表达出来。他称这种方法为他的**精神助产术**，称为此而作的准备为**反语法**（佯作无知法）。

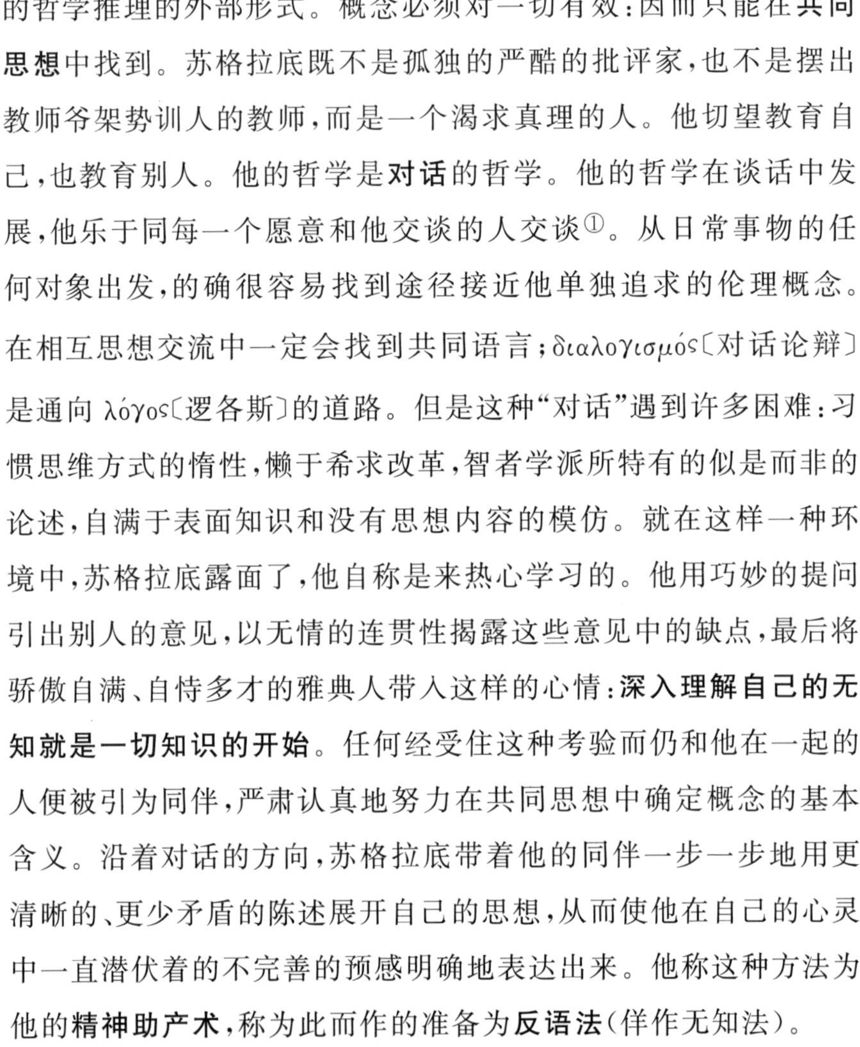

7. **苏格拉底问答法**还有另外一层基本含义。在对话过程中，各方面虽然意见分歧，但共有的理性本质显露出来了。概念无须人制造

① 这种因素连同芝诺辩证法的影响给后来的哲学文献打下了"对话"形式的烙印。

而是需要人发现;概念早就存在在那里,它只需要人们从它隐藏于其中的个人经验和意见的外壳中**解脱**出来。苏格拉底的这种概念形成过程是**归纳推理**的过程或**归纳法**的过程。它利用特殊观点和个别感官表象的对比而导致一般概念;它力求排除万难确定一般概念,从而解决各别具体问题。这就要靠搜集类似例证,要靠找出相联关系才能做到。这样得到的一般概念就可用来解决提出的特殊问题,由此而制定的**特殊从属于一般**就是**科学知识的基本关系**。

据色诺芬和柏拉图看来,苏格拉底所利用的归纳法仍不免带有幼稚的单纯和不完善的印记。它在概括时还缺乏谨慎,在构成概念时还缺乏方法上的周密。对"一般"的需要是如此迫切,以至很快就满足于仓促搜集的资料;而对于概念的决定性效力的信念又是如此强烈,以至根据这概念立即解决所提出的各别问题。但不管苏格拉底在论证中缺漏有多大,这些论证的历史意义是不容贬低的。他的归纳法的价值不在**方法论上**,而是在**逻辑上**、在**认识论上**。它规定了:**科学的任务是在事实的比较中努力**建立**一般概念**,这对未来起了决定性的作用。

8. 当苏格拉底规定科学的基本性质是概念的思维(用概念思维)时,他还规定了**可以运用科学的范围**:根据他的意见,这个任务只有在实践生活领域中始可完成。就形式而言,科学是概念结构;**就其内容而言,科学是伦理学**。

同时关于"自然"的全部观念以及所有有关问题仍然存在,虽然就绝大部分说来,它们对于道德生活无关紧要,然而也不能把它们完全放在一边。但是在苏格拉底放弃了对于这些问题谋求取得概念的认识之后,他就更有可能形成一种宇宙观以满足自己的有科学根据的伦理需要。

83 所以就发生了这样的事：苏格拉底放弃了全部自然科学；但与此同时，他却承认**自然界的目的论观点**。这种观点赞赏宇宙结构安排巧妙；赞赏万物相宜，各居其所①；在认识无能为力之处，这种观点将信仰寄托于天命。由于这种信仰，苏格拉底使他自己尽可能地靠近自己人民的宗教观念；他甚至谈到多神论，虽然他倾向于当时正在形成的伦理的一神论。但是他并没有在这些事情上前进而成为改革者：他传授自己的道德理论；如果他阐述自己的信仰，他从不触及别人的信仰。

但是出于这种信仰，便产生一种借以限制他的伦理学的理性主义的信念——即他对于 δαιμόνιον〔神灵〕的信仰。如果他越迫切要求概念的清晰和伦理关系知识的完整，他在这方面对自己越真实，那么他就越不能回避这些事实：在他设置的限制内，人不能完全完成这个任务；有些情况，知识不足以作出某种决定，在这些地方感情侵占了知识的权利。在这种情况下，苏格拉底相信他从他的内心里听见**神灵**的声音、忠告的声音，通常是警告的声音。他认为在困难的情况下，在知识无能为力的情况下，神就用这种方式警告一个人避开邪恶，否则他就不能为神服务。

〔就这样，这位雅典圣人就把信仰和感情与伦理科学放到一块儿去了。〕

---

① 在这方面，苏格拉底不大可能从阿那克萨哥拉那里受到什么强烈的影响，因为后者的目的论与天体宇宙有关，与人生无关；而苏格拉底所公认的（特别是色诺芬）思想是把对人有利当作赞赏世界的标准。与苏格拉底的信仰关系还更密切得多的是雅典的伟大的诗人们，特别是悲剧家们的宗教观点。

第三章　体系化时期

希腊科学第三个时期即最后一个时期获取了上述两个时期发展的成果。这一时期在本质上表现为**宇宙论时期和人类学时期的思想体系的相互渗透**。这种结合，只在很少程度上表现为事实的必然性，在更少程度上表现为时代的需求；实际上这种结合在本质上是伟大人物和伟大人物独特的认识路线的功绩。

时代的趋势倒是更倾向于科学的实际利用：与这种倾向相吻合，科研按照问题分成物理学、生理学、修辞学和政治学各科以作各自专门的研究，而且使科学教育适应于普通人的观点。不仅对于人民群众，而且对于学者也一样，宇宙论的一般问题已经丧失了在开始时人们对它们所引起的兴趣。通过智者学派的认识论，宇宙论问题受到怀疑和摈弃——这一事实无一处表现出否认或惋惜之情。

因此，如果说，希腊哲学以重整旗鼓的活力从研究人类思维和意志（在启蒙时期希腊哲学所忙碌的研究活动）转回到形而上学的伟大问题，并在这条道路上达到最高峰，那么希腊哲学有此成就应
归功于三个伟大人物对于知识的渴求，他们发展了古代最有价值 84
的思想，他们是古代思想的代表人物。他们是**德谟克利特**、**柏拉图**和**亚里士多德**。

这三位希腊思想的英雄的创作不同于其前辈的理论，因为他们

的创作具有**体系性**。三个人都各自提出了包括一切的、本身完整的体系。他们的学说之所以具有这种特性，一方面是由于他们的问题的全面性，另方面是由于他们处理这些问题时的自觉统一性。

早期的每一个思想家只抓住有限范围内的问题，因而表现出自己只通晓现实的某些方面；特别是无一人表现出既对物理学研究又对心理学研究发生兴趣；而这三位**以同样程度**致力于**科学问题的整个领域**。他们将经验和观察所获得的东西集中起来；他们检验、比较从这里得到的概念；他们使迄今为止仍然散见而且孤立的东西成为富有成果的结合和联系。他们的科学兴趣的全面性表现在他们文学活动的范围和多样化的特点上。大量改编过的资料有一部分只有通过他们外围学派的积极合作才能得到解释；在这些外围学派中允许（特别是源于亚里士多德的学派）按照个人的爱好和才能进行分工。

但是这种共同分担的工作并未造成一大堆互不相干的材料。这种情况之所以能防止，是由于这三个人中的每一个都利用了从自己的基本思想原则得来的**目的和方法的统一**以从事和指导这全部知识资料的**统一加工**。虽然这不只在一个问题上导致片面性观点，导致对各别领域的侵犯，从而导致问题相互纠缠，经受不住批判；但在另一方面，在不同的知识领域里认识形式之间必然产生调整，正是借助于这种调整，进一步促进了形而上学概念的形成，抽象思维更细致更深入，以至还不到两代的短时间内，**三种不同的世界观的典型轮廓**就制定出来了。就这样，在这些第一批创立体系的天才思想家那里哲学体系建设的优点和缺点同量地显露出来了。

德谟克利特，柏拉图，亚里士多德，一个比一个以更大的成功取得了如下成就：**知识系统化使知识变成无所不包的哲学理论**，并且亚里士多德第一个找到了**科学和个别学科的有机连接形式**。正因为这一点，亚里士多德结束了希腊哲学的发展，开创了各门特殊科学的时代。

这种发展过程更加特殊的是：由于将智者学派和苏格拉底得
到的原则应用到宇宙论和形而上学问题上，便产生了德谟克利特
和柏拉图针锋相对的体系；又从调和这两种对立体系的企图中产 85
生了亚里士多德总结性的学说。

德谟克利特和柏拉图的工作的基本特点是：他们利用启蒙哲学所获得的对于认识论的洞见**重建形而上学**。他们对于宇宙论时期的学说和对于智者派学说，特别是对于普罗塔哥拉理论的共同依赖，给这两种学说打上两种烙印：某种平行对照和部分血缘关系——这种血缘关系愈引人注目，这两个体系在另方面的对立就愈深。这种对立出于这样的事实：**苏格拉底学说**对德谟克利特没有影响，而对柏拉图的影响是决定性的；因此，伦理因素在柏拉图体系中占压倒优势，而伦理因素在德谟克利特体系中却无关重要。就这样，源于同根的两条平行路线就发展成为**德谟克利特的唯物主义和柏拉图的唯心主义**。

根据这种对立还可解释他们工作之间的差异。在德谟克利特那里占优势的科学的纯理论概念不合时代潮流，他的学派很快就消亡了。相反，柏拉图的科学学说同时为生活原则奠定了基础，因而得以在他的**学园**里建立了一个范围广泛的、持久的学派。但是，这个学派即所谓**老学园**，随着时代大流，很快一部分分化为特殊的科学，一部分分化为通俗的道德说教了。

由此就产生了亚里士多德的伟大体系，亚里士多德是历史上最有影响的思想家。为了调和前面两个伟大先驱者之间的对立，他以极大的精力致力于使希腊科学中的整个思想内容升华为**发展的概念**（ἐντελεχεια）；这就使他成为未来的哲学导师，他的体系也就成为希腊思想最完善的表现。

阿布德拉的**德谟克利特**（纪元前约 460—前 360 年）在他家乡的科学社团中、在绵延多年的旅行中受到教育。在智者学派时期的骚乱中他在他的家乡过着一种安详、谦逊的学者的生活，他始终远离雅典喧嚷的活动。他在他的学说中并未表现出任何特殊的才能，不论政治方面或其他方面；但他基本上倾向于理论思维，特别爱好研究自然。他学识渊博，知识全面，致力于抽象思维，明澈如镜，热衷于问题简化，言简意赅。他丰富的作品证明了他是站在一个庞大的学派的最前头；这个学派的一些不重要人物的名字被保留下来了。但是他机械地解释自然的哲学体系碰上了冷遇，没有一件事比这冷遇更能代表当时的这种风尚：他的时代远离了科学研究，他的时代对科学不感兴趣。他的学说被目的论体系淹没了两千年，只在伊壁鸠鲁学派中还延续了它的生命，但即使在那里，也不为人所理解。

古代也推崇德谟克利特为伟大作家，因此，他的作品的几乎全部遗失，就使人更加惋惜；除开许多标题外，保存下来的只有一些很不重要的、有些还值得怀疑的片段。最重要的著作在理论方面似乎是 Μέγας 与 Μικρὸς διάκοσμος〔《宏观秩序与微观秩序》〕，περὶ νοῦ〔《论心智》〕和 περὶ ἰδεῶν〔《论范型》〕；在实践方面是 περὶ εὐθυμίης〔《论欲望》〕和 ὑποθῆκαι〔《规箴集》〕。威廉 · 卡尔（W.
86 Kahl）（迪登霍芬，1889 年）曾着手钻研伯查德（明登，1830 年和 1834 年）和洛特津（柏林，1873 年）所搜集的原始资料。保尔 · 纳托尔卜曾编辑《伦理学》（莱比锡，1893 年）。

雅典的**柏拉图**（纪元前 427—前 347 年），出身显贵，他最成功地吸取了他那个时代的艺术科学文化；苏格拉底的品格给他留下如此决定性的印象，以至他放弃了作诗的夙愿而终身致力于与这位大师的交往。他是他的最忠实、最有智慧，而同时又是最有独立见解的学生。苏格拉底的惨遭极刑使他接受欧几里得的邀约到了米加拉；以后又旅行到昔勒和埃及；过了一段时期又回到雅典，在此开始用他的著作进行讲授，或许也用口授。我们知道，约在纪元前390年他在大希腊和西西里；他在那里开始和毕达哥拉斯学派接触，也参加了政治活动。为了这件事他被带到叙拉古的统治者老狄奥尼修斯的法庭，陷入严重的危险中，他企图凭借他的友人戴恩的帮助去影响老狄奥尼修斯；他被当作战俘解送到斯巴达人那里，只是由于他的一个朋友的援救才被赎救。后在西西里（纪元前367至前361年）他又曾两次搞这种政治活动，但总以不幸告终。

在他第一次西西里旅行之后，他便在阿卡德穆斯（Akademos）树丛里建立了他的学派。很快，大量的旨在进行共同的科学活动的知名之士团结在他周围。然而，他们的友谊建立在道德理想的共同一致的基础上，他们更多的是在这种友谊中追求这个社团的团结。在开始时他的教学活动，像苏格拉底一样，具有一种特点：以对话形式表现出对真理的共同探索。只是到了他的晚年才更多地采取讲授的形式。

柏拉图的**作品**①就是这位思想家、教育家的文学艺术生活的结晶。在他的作品里，哲学推理的过程本身就是用戏剧性的鲜明、人物性格的塑造和人物的人生观的发展表现出来的。作为艺术品，《筵话篇》和《斐多篇》是最成功的。从整体而言《理想国》提供了这个体系的最光辉的形象。除有关苏格拉底的《申辩篇》以外，形式都是对话式的。然而在柏拉图的晚年，艺术手法减色了，对话形式只不过是他讲课中的旧框框而已（如在《蒂迈欧篇》和《法律篇》中）。大部分是苏格拉底在引导对话；当柏拉图得到结论时就借苏格拉底之口说出自己的结论。此种情况的例外只有在最后那些著作中才可能发现。

这种表达方式从整体说来，艺术性比科学性更强，以完美的语言表现出非凡的鲜明性和可塑性，然而在区别问题上和在方法论的研究上并不严格。

---

① 由赫尔米勒（Hier. Müller）译成德文，由斯坦哈特（K. Steinhart）作序，八卷集，莱比锡版，1850—1866年。这套书的第九卷《柏拉图生平》由斯坦哈特作，1873年莱比锡版。〔由乔伊特（Jowett）译成英文，第三版，五卷集，1893年牛津版。〕在更近一点的版本中，有斯特芬鲁斯的版本（巴黎，1578年），其为引证备用之页码常为人所引用；这些版本中必须强调的有：贝克（柏林，1816年和1817年），施塔尔鲍姆（莱比锡，1850年）施奈德和赫尔希克（巴黎：迪多，1846年和以后几年），香茨（莱比锡，1875年和以后几年）。

任何一篇对话内容都只是为了某种重要的课题而设计的。在抽象的表现法不可能或不适当时，柏拉图就求助于所谓神话，求助于讽喻手法，即利用自由诗的形式、利用寓言和神话的主题的讽喻表现法：特别是他从酒神戴奥尼萨斯的神异戏剧中汲取了关于灵魂不朽的富于幻想的描绘和死后生活的描绘（《高尔吉亚篇》，《费德罗篇》，《斐多篇》，《理想国》）。

87 他的著作的流传只有一部分是可靠的，这些著作原来的先后次序以及相互之间的关系也是同样值得怀疑的。

自从施来尔马歇（Schleiermacher）在他的译文（柏林，1804 年起）中提出鼓励以后，在研究这些问题的最重要的人物中有以下一些：J. 佐歇尔（Socher）（慕尼黑，1820 年）；C. Fr. 赫尔曼（Hermann）（海德尔堡，1839 年）；E. 策勒（Zeller）（蒂宾根，1839 年）；Fr. 苏科（Suckow）（柏林，1855 年）；Fr. 苏塞米尔（Susemihl）（柏林，1855—1856 年）；E. 芒克（Munk）（柏林，1886 年）；Fr. 雨伯威格（Überweg）（维也纳，1861 年）；K. 沙尔施米特（Schaarschmidt）（波恩，1866 年）；H. 博尼茨（Bonitz）（柏林，1875 年）；G. 泰希米勒尔（Teichmüller）（哥达，1876 年；莱比锡，1879 年；布雷斯劳，1881 年）；A. 克洛恩（Krohn）（哈雷，1878 年）；W. 迪腾伯尔格（Dittenberger）（《海尔梅斯》，1881 年）；H. 西伯克（Siebeck）（弗赖堡因布赖斯高，1889 年）。〔杰克逊写于《哲学杂志》X，XI 和 XIII；阿切尔—欣德的版本《斐多篇》和《蒂迈欧篇》；肖里在《美国哲学杂志》IX 和 X 上写的批判文章。〕

〔除上述者外，论述柏拉图哲学的还有：W. 佩特《柏拉图和柏拉图主义》（*Plato and Platonism*，伦敦、纽约英文版，1893 年）；马蒂诺《伦理学类型》（*Types of Ethical Theory*，伦敦、纽约英文版，1886 年）及《论文集》；《大英百科全书》中 L. 坎贝尔所撰写的条目《柏拉图》；R. L. 内特耳希普《柏拉图〈理想国〉中的教育理论》（*The Theory of Education in P.'s Rep.*）；J. S. 米尔《论文讨论集》。〕

被认为真正是柏拉图著作的有：（1）基本上未超出苏格拉底观点的早期著作：《申辩篇》，《克利多篇》，《攸狄弗洛篇》，《李西斯篇》，《拉什斯篇》（也许还有《卡米底斯篇》，《小赫皮埃斯篇》和《阿尔斯巴德一世篇》）；（2）关于同智者学派论战的著作：《普罗塔哥拉篇》，《高尔吉亚篇》，《攸狄底姆斯篇》，《克拉底洛斯篇》，《美诺篇》，《泰阿泰德篇》；（3）旨在陈述自己学说的主要著作：《费德罗篇》,《筵话篇》,《斐多篇》,《费力浦篇》和《理想国》,这些作品的写作,很早就开始,后依阶段陆续完成,直到这位哲人生活的晚年;(4)晚年著作:《蒂迈欧篇》,《法律篇》和《克利底亚篇》的片段。在可疑作品中最重要的是《智者篇》,《波利底古篇》和《巴门尼德篇》。这些作品也许不是柏拉图创作的,很可能是他的学派中与爱利亚学派的辩证法和巧辩术有密切关系的人们写成的。头两篇著作出自同一作者。

参阅斯坦《关于柏拉图主义历史的七本书》(*Sieben Bücher zur Geschichte des Platonismus*,哥廷根德文版,1861 年起);格罗特《柏拉图和苏格拉底的其他伙伴》(*Plato and the Other Companions of Socrates*,伦敦英文版,1865 年);A. E. 谢涅《柏拉图的生平和著作》(*La vie et les écrits de Platon*,巴黎法文版,1873 年);海茨《米勒〈希腊文学史〉》(*O. Müller's Gesch. der griech. Lit.*,德文第二版,II. 2,148—235 年)。

柏拉图的学校叫做**学园**,它的发展时期直到古代思想之末,它长期据有学校园林和当地的游技所,发展时期通常可分为三或五个阶段:(1)老学园,柏拉图最直接接触的学者圈子,以及以后连续数代直到大约纪元前 260 年;(2)中期学园,采取怀疑路线,在此期间,阿尔凯西劳斯的旧派和卡尔尼亚德(大约纪元前 160 年)的新派之间的区别显著了;(3)新学园时期:由拉里萨的斐洛(大约纪元前 100 年)开始回复到旧教条主义,由亚士加隆的安提阿古(约 25 年后)开始转入折衷主义的道路。关于后两者(或四者)的形式请参阅第二编第一章。后来新柏拉图学派占据了学园。参阅第二编第二章。

老学园中的人均系博学鸿儒和显贵人士。学派的首脑是:柏拉图的侄子**斯皮西普**、卡尔西登的**色诺克拉提**、雅典的**波勒莫**和**克拉底**;除此之外,奥珀斯的**菲利普**和来自庞蒂克赫拉克利亚的**赫拉克利德斯**也许要算在老学员之列,而**克兰托尔**则应算在年轻学员之列。与这学派关系没有那样密切的有天文学家克来多斯的**欧多克萨斯**和塔伦图姆的毕达哥拉斯信徒**阿尔基塔斯**。R. 海茨《色诺克拉提》(*Xenocrates*,莱比锡德文版,1892 年)。

斯塔吉拉的**亚里士多德**远远超过学园中的同辈(纪元前 384—前 322 年)。他是一个马其顿医生的儿子,这就使他对医学和自然科学产生了爱好。在十八岁时他就进了学园;在学园里他是文学的爱好者,并当上教师,开始是修辞学教师。在很早时候,他就有自己比较独立的见解,但这并不损伤他对 88

老师尊崇的感情。直到柏拉图逝世后他才在形式上脱离了学园，同色诺克拉底一道访问他的朋友赫尔米阿斯——梅西阿(Mysia)的阿塔尔留斯和阿索斯的统治者。他后来同赫尔米阿斯的亲属比希娅结婚。他在雅典和米提勒尼显然只逗留了很短时间，他应马其顿王菲利普之邀，担负了菲利普的儿子亚历山大的教育工作，干了大约三年，取得了极大的成就。尔后，他在家乡住了几年，同他的朋友提奥弗拉斯特从事科学研究工作，并同他一起在纪元前335年在雅典创立了自己的学校；这学校校址设在**吕克昂**，(大概因为这学园的林荫路)故又称为**逍遥学派**。

经过十二年最伟大的活动之后，由于政治动乱，他离开了雅典来到卡尔色斯，次年他因胃病就在此地死去。参阅斯塔尔《亚里士多德》，I (*Aristotelia*，I. 哈雷，1830年)。

在亚里士多德异乎寻常、包罗万象的文学活动的成就中，只有最小一部分，但从科学的观点看来也是最重要的一部分，遗留下来了。他自己出版的对话录，在古人眼里看来与著作家柏拉图同等水平；但除了几个片段外，也都遗失了。遗失的还有他和他的学生们为科学各部门准备的庞大的文集。只有他的《科学教育文集》遗留下来了，这是他在吕克昂学园讲基础课的教科书。他的作品的实施计划差异很大；许多地方只有概括的注释，在另一些地方，却有完整的详细阐述。同一稿本有不同的修订本，也许是不同的学生增添了补充材料以弥补草稿中的缺漏。因为古时由罗得岛的安德罗尼古斯(纪元前60—前50年)所出的第一个完整的版本(好像是一次原稿的新发现)并未分门别类，所以许多关键性问题仍然捉摸不定。

参阅 A. 斯塔尔《亚里士多德》，II (*Aristotelia*，II. 莱比锡，1832年)；V. 罗斯(柏林，1854年)；H. 博尼茨(维也纳，1862年起)；J. 伯奈斯(柏林，1863年)；E. 海茨(莱比锡，1865年，米勒《希腊文学史》第二版，II. 2，236—321)；E. 瓦莱恩(维也纳，1870年起)。

这部教科书丛集①编排如下：(1)逻辑论文：《范畴篇》、《命题篇》、《解释

① 在更近的版本中，柏林学院版(贝克、布兰迪斯、罗斯、乌森勒、博尼茨；五卷集，柏林，1831—1870年)是引用的根据。巴黎版(迪多)也同样被重视(迪布勒尔、布塞马克尔、海茨；五卷集，巴黎，1848—1874年)。

篇》、《分析篇》，其中包括论谬论一书的《论辩篇》——由该学派总汇成《工具篇》；(2)理论哲学：《基础科学(形而上学)》、《物理学》、《动物史》和《心理学》，后三者附有不少独立的论文；(3)实践哲学：尼可马赫安版和攸得米安版《伦理学》和《政治学》(同样不完整)；(4)诗的哲学：《修辞学》和《诗学》。

Fr. 比泽《亚里士多德哲学》(*Die Philosophie des Aristoteles*，两卷集，柏林德文版，1835—1842 年)；A. 洛斯米尼-塞巴蒂《对亚里士多德的阐述和研究》(*Aristotele Exposto ed Esaminato*，都灵意大利文版，1858 年)；路易斯《亚里士多德，科学史上的一章》(*Aristotle*，*a Chapter from the History of Science*，伦敦英文版，1864 年)；G. 格罗特《亚里士多德》(*Aristotle*，根据他的文学遗著出版，伦敦英文版，1872 年)。

〔英译本：《心理学》，华莱士译(剑桥，1882 年)；《伦理学》，彼得斯译(伦敦，1881 年)，威尔登译(伦敦，纽约)，威廉士译(伦敦，1876 年)，蔡斯译(伦敦，1877 年)，哈齐译(伦敦，1879 年)；《诗论》，瓦尔登译(剑桥，1883 年)；《政治学》，威尔登译(剑桥，1888 年)，乔伊特译(两卷集，牛津，1885—1888 年)；《修辞学》，威尔登译(伦敦、纽约，1886 年)；还有博恩文库中上述所有著作以及《形而上学》、《工具篇》和《动物史》的译文。英文版《政治学》(牛津，1887 年)，两卷集，附有纽曼的有价值的导言；英文版《伦理学》，附有格兰特的导言。也可参阅《大英百科全书》中格兰特所撰写的条目《亚里士多德》；T. H.
格林《全集》(*Works*)中的文章；载于《古希腊文化》一书中的布雷德利《亚氏 89
国家论》。华莱士《亚里士多德哲学大纲》，适合于学生。〕

第九节　通过认识论和伦理学重建的形而上学

希腊科学的伟大体系家迅速而正确地批判了智者学派的理论。他们很快认识到，在智者学派的理论中，只有一种学说具有持久效力和科学成果的价值，那就是**普罗塔哥拉的感觉主义**。

1. 因此，普罗塔哥拉的感觉主义就成为德谟克利特和柏拉图的出发点。他们利用它，是为了超越它，为了攻击智者学派根据它得出的结论。他们两人都承认：感觉，由于它本身只是自然过程的产物，就只能是对某物的认识，此物作为同一自然过程的暂时产物与之同生同灭。因此感觉只能产生意见（δόξα）；它只说明，根据人的观点（在德谟克利特那里称作 *νόμῳ*〔习俗〕，带有地道的智者学派的表现方式）表现出的像什么，而不说明**真正的**或者真实的东西（在德谟克利特那里称作 ἐτεῇ〔真实地〕，在柏拉图那里称作 ὄντως〔事实上〕）是什么。

普罗塔哥拉把感觉当作知识的唯一来源，其结果必然对现实毫无认识。他进一步完全否认存在而且称感觉的对象是唯一的现实，在它后面没有存在可以探求，——这种“实证主义的”结论在他那里是无需证明的：“虚无主义”的学说（“没有存在”）传统上都明确地只归之于高尔吉亚（可参阅前面第八节，2）。

然而，不论根据何种理由，如果普遍有效的知识（在德谟克利特那里叫作 *γνησίη γνώμη*，在柏拉图那里叫作 *ἐπιστήμη*）又要与意见相对立的话，那么普罗塔哥拉的感觉主义就应该摈弃了，而旧形而上学家关于**思维**（διάνοια）系更高更优越的知识而有别于感觉的那种立场又该采取了（参阅第六节）。就这样德谟克利特和柏拉图两人以同样的态度超越了普罗塔哥拉，承认感觉的相对性，而且认为“思维”是关于真实存在的知识。两个人都是直言不讳的**理性主义者**①。

---

① 参阅塞克斯都·恩披里珂的《反对数学家》VIII. 56。在塞克斯都·恩披里珂的《反对数学家》（VII. 139）一书中关于德谟克利特“真正的”知识的理论最明显地表述出来了。柏拉图对普罗塔哥拉的感觉主义的攻击主要的可在《泰阿泰德篇》中找到，他的正面的理性主义态度可在《费德罗篇》、《筵话篇》、《理想国》和《斐多篇》中找到。

2. 这种新型的形而上学的理性主义之所以有别于宇宙论时期的旧理性主义，不仅是由于它有更广泛的起源于普罗塔哥拉的感觉分析的心理学基础，而且还由于**从认识论的观点出发对感觉采取不同的估价**。早期的形而上学家，在他们不能使感觉内容适 90
合于自己概念化的宇宙观的地方，就干脆斥之为欺骗和虚幻。而现在这种虚幻（通过普罗塔哥拉）得到了解释，不过是用这样一种方式解释的：感觉内容虽然放弃了它的普遍有效性，但它至少有权要求**暂时的相对的现实性**。

这种观点关系到科学知识的对象是永恒的"真实的"存在这一事实，这就引起**现实性这个概念的分裂**（*Spaltung*）。为此，解释思想的基本要求（此要求早已不知不觉地存于科学之始）归结为清楚、明晰的意识。与这两种认识相对应的（德谟克利特和柏拉图这样教导说）有**两种不同的现实**：与感觉相对应的是不断变化的、相对的、暂时的现实；与思维相对应的是一种不变的、绝对的、永恒的现实。对于前者，德谟克利特似乎采用了"现象"这个词；而柏拉图把它叫作流变的世界（γένεσις）；另一种现实，德谟克利特叫作 τὰ ἐτεῇ ὄντα〔真实的存在〕；柏拉图叫作 τὸ ὄντως ὄν 或 οὐσία〔**实际**存在的东西，或本质〕。

这样一来，感觉和意见获得了类似于科学思维的正确性。感觉认识变化着的现实，思维认识永恒的现实。与这两种认识方式相对应的有两种现实的领域①。

但是在这两种领域之间的**价值关系**就是两种认识之间的价值

① 表达得最好的是柏拉图的《蒂迈欧篇》27 D起，特别是29 C。

关系。思维作为意识的普遍有效活动居于作为只对各别只对特殊有效的知识的感觉之上，其超高的程度正如真实存在比现象的更低级的现实性、比现象间不断变化的过程和事件的更低的现实性更高、更纯、更基本一样。这种关系特别为柏拉图所强调和贯彻；为什么如此，今后还得逐渐阐明。但是德谟克利特似乎也一样，不仅在他的认识论里而且也在他的伦理学里强调和贯彻这种关系。

就这样，这两个形而上学家同意毕达哥拉斯学派曾经从区分现实为高级和低级两类的这个前提出发得出的同样结论（参阅第五节，7和第六节，1）。但是，在这相似性面前，我们不应有因袭之感；关于德谟克利特，绝无这种因袭，因他对于毕达哥拉斯学派的天文学观点完全陌生；至于柏拉图，也基本上无此因袭，他虽在后来采用了那种天文学理论，但他的关于更高现实性的理念（理念学说）具有完全不同的内容。确切地说情况是这样：根据巴门尼德所提出的存在概念而产生的共有的基本精神导致在这三种完全不同的体系中将世界分成更高的和更低的现实领域。

3. 在德谟克利特和柏拉图针锋相对的体系的动因中所存在的**内在关联的类似**更往前进了一步，虽则很小一步。无疑，属于感觉世界的是感官的特性，因为同一事物对不同的感官有不同的表
91 象，感官特性在这事实中就透露了它们的相对性。但我们抽出这些特性之后，作为真正现实的认识对象剩下来的，基本上就是事物具有的**形式**，而这两个思想家都把这些纯粹**形式**（ἰδέαι）当作事物的真正本质。

但是，看起来似乎是，他们除了取名相同之外，毫无共同之处，尽管这个事实使人吃惊。因为德谟克利特的所谓 ἰδέαι（他又称

σχήματα)是他的原子形式，而柏拉图的所谓 ἰδεαι 或εἴδη 是他的种概念(Gattungsbegriffe)。因此，他们表面相同的论断(真正存在物基于“形式”)对这两个作家说来具有完全不同的含义。为此，我们势必仍然怀疑我们是否还应该认为他们对于**毕达哥拉斯主义**有一种类似的因袭性；毕达哥拉斯主义在以前的确在数学形式中找到了事物的本质，我们也可以假定它对这两位思想家发生了影响，这种假定本身并不会遇到什么困难。但是只要我们向他们提出一种共同的问题，这个问题就立即会在两种体系中引出完全不同的答案。虽然在两种体系中，数学关系知识与真正现实知识有紧密的联系，但这些数学关系对于两个思想家说来各自具有完全不同的含义。

4. 只要我们考虑到这两位思想家超越毕达哥拉斯感觉主义和相对主义的动机，并观察一下由此而产生的后果，那么在这两个理性主义体系之间迄今为止所发展的关系就突然变成尖锐的对立了。在这里，外部条件就变成决定性因素，**柏拉图是苏格拉底的弟子**，而德谟克利特却一点也没有受到这位伟大的雅典圣人的影响。

在德谟克利特那里，促使他超越普罗塔哥拉立场的需求仅仅产生于他的理论上的需要，并按照他个人的个性而发展；这种需求即是：有知识存在；如果知识不能在感觉中找到，那它一定能在思维中找到；这位“自然”的研究者，与所有智者学派的教条相反，他确信有解释现象的理论的可能性。相反，柏拉图从他关于苏格拉底的道德概念的基本原理出发。德行只有通过正确的知识才能得到，而知识就是对真正存在的认识：因此，如果德行不能在感觉中找到，就一定能通过思维找到。对柏拉图说来，哲学按照苏格拉底原则①，产生于伦理的需要。但是，当苏格拉底的智者学派朋友们力图把一般生活目的如善、快乐等当作以德行为内容的知识对象时，柏拉图却直截了当提出他的形而上学论断：这种以德行为内容的知识必然是对于真正实在，即 οὐσία（本质）的认识，——这与“意见”针锋相对，意见只与相对的东西发生关系。在他看来，德行知识需要形而上学。

因此，在这里道路就分开了。德谟克利特与旧形而上学家一样，认为真正现实的知识，本质上就是不变的永恒的存在观念，凭
92 借这一观念就有可能理解在感觉中认识到的现实的派生形式。他的理性主义就是通过思维以达到**解释现象**；他的理性主义本质上是**理论的理性主义**。而对于柏拉图说来，真正现实知识的内部有其伦理目的；这种知识必须构成德行；因此它同通过感觉得到的世界的关系不会是另外的关系，只能是严格地限制其极限的关系。对于德谟克利特，真正的存在具有解释现象的理论价值；对于柏拉图，真正的存在具有实践价值，是德行知识的对象。就其本来的原则而言，他的学说**本质上是伦理的理性主义**。

因此，德谟克利特坚持他在阿布德拉学派里所从事的工作——建立自然哲学的形而上学。他借助于智者学派的心理学，把**原子论**发展成全面的体系。与留基伯一样，他把虚空和在虚空中运动的原子当作真正的现实。他不仅企图用这些原子运动将物质世界的所有质变现象解释为量变现象，而且企图用这些运动解释所有的精神活动，包括以真实存在为对象的认识活动。这样他

① 《美诺篇》（第 96 页起）阐述得最清楚。

就创立了**唯物主义体系**。

然而，柏拉图，却由于他依恋于苏格拉底学说，而得出完全相反的结论。事实证明，苏格拉底学说对于他的科学本质概念有决定性的影响。

5. 苏格拉底曾教导说，知识基于**一般概念**。如果，与意见相对立的这种知识是有关真正实际存在着的东西的知识，那么属于这些概念内容的还一定有一种更高的存在，一种真正的本质的现实；据认为，这种现实与感觉相对立，只有通过思维才能掌握。这种真正现实的“形式”，是**种或类概念**（Gattungsbegriffe，εἴδη），关于这些“形式”的知识便构成德行。于是，柏拉图的“理念”概念开始获得了自己完整的规定。

作如此理解之后，柏拉图的**理念学说**便表现为希腊哲学的顶峰。它综合了所有有关物理、伦理、逻辑第一原则（ἀρχή或 φύσις）的各种不同的思想路线。柏拉图的“理念”，种或类概念，首先，是现象变化中的永恒存在；其次是意见变化中的认识对象；再次，是欲望变化中的真正目的。

但是这个 οὐσία（本质），就其定义的性质而言，是不可能在可被感知的领域里找到的，每一种物质的东西都是可能被感知的。因而理念在本质上是与物质世界根本不同的东西。真正的现实是非物质的。照此，现实概念的分裂就有了一种固定形式：自然变化过程或者生成（γένεσις），是更低级的现实，是感觉的对象，是物质世界；存在的更高级的现实，是思维认知的对象，是精神的、非物质的世界（τόπος νοητός）。这样，柏拉图的体系就成了**非物质主义**； 93
或者按照他赋予“理念”这词的含义，我们叫它**理念主义**（唯心主义）。

6. 因此，我们在柏拉图的体系里发现了也许是历史上各种问题的最广泛的交织和交错。与此相反，德谟克利特的学说从头到尾都贯穿着解释自然这个目的。虽然德谟克利特的学说为了它自己的这个目的取得了丰富的成果——这些成果后来在有同样思想倾向的条件下可能重新被人接受，并发挥其成效——，但开始时柏拉图学说必然压倒了它；随着柏拉图学说满足了时代的所有需要，而且把早期思想的整个成果糅合于自身，柏拉图学说愈加压倒了德谟克利特的学说。也许柏拉图体系比德谟克利特体系暴露出更多的可供内在批判的弱点；但对希腊思想来说，德谟克利特又回复到第一个时期的宇宙论中去了，因而必然成为未来的体系的只能是柏拉图学说。

第十节　唯物主义体系

德谟克利特学说的系统性在于全面地贯彻了他的基本思想。他的基本思想是：科学理论一定会获得真正现实的知识，即原子和原子在空间运动的知识，从而当现实表现在知觉中的时候便能解释出现在现象中的现实。有各种迹象表明（甚至他的著作的标题也表明了这点），德谟克利特从事这项工作，用的方法是研究经验对象的整个领域；在这方面，他以与从事于物理学的研究一样大的兴趣致力于心理学的研究。我们感到更加遗憾的是，他的大部分著作已经遗失了，而且保存下来的资料连同别人的记载在内，也只能让人对他伟大著作的主要概念进行假设性的重构，这种重构必然总是有缺陷,总是靠不住的。

1. 首先必须假定,德谟克利特充分认识到这种科学的任务,即通过关于真正现实的概念去解释经验世界。原子论者认为现存的东西,即空间及旋转于空间的粒子,如若不是为了理论上的目的,就毫无价值。只有思维才能使被感知之物可以理解。因此,问题就在于:要这样来理解真正的现实——真正的现实可以解释在现象中出现的现实,同时在现象中出现的现实仍可作为派生意义的现存物“继续保存”[①]下来;而且在现象中固有的真理也仍可被 94
认识。由此看来,德谟克利特非常清楚:思维必须在感觉中寻找真理,而且从感觉中获得真理[②]。他的理性主义绝不与经验矛盾,甚至还与经验吻合。思维必须从感觉中推断出解释感觉的东西。在德谟克利特那里,在爱利亚学派非宇宙论的悖论之后,企图作居间调停的动机变成了形而上学和自然科学的公认的原则。但不幸的是,现在一点也不知道,他是如何具体地处理这两种认识形式之间方法上的关系,也不知道他是如何具体地考虑知识产生于感觉的过程。

更特别的是,德谟克利特为感觉内容而提出的理论解释,与留基伯一样,在于**将一切现象简化为原子的机械运动**。在感觉中似乎有质的规定的东西,或者包含着质变(ἀλλοιούμενον)的东西,“实

① 表现这种思想最恰当的词语是 διασώζειν τὰ φαινόμενα〔(去)拯救现象〕。也可参阅亚里士多德《论生灭》I. 832,5a。

② 因此出现了他用以表达在现象中认识真理的词句;比如亚里士多德《论灵魂》I. 2,404 a 27 之类。但是如果根据这点就要像 E. 约翰逊(普劳恩,1868 年)曾经尝试过的那样来描绘德谟克利特的“感觉主义”的话,那就会与关于德谟克利特对待普罗塔哥拉的态度的记载完全矛盾。

际上”只是作为原子、原子的次序、原子的运动的量的关系而存在。因而科学的任务就是**将一切质的关系还原为量的关系**，并详细说明在绝对现实中什么量的关系产生表现在现象中的、现实的、质的特征。这样一来，这种**有利于可被感知、可被直观的东西的偏见**就成为解释世界的理论原则，好像比起质的特性和变化来，空间形式和运动是一些更单纯、更明显、更不成问题的东西了。德谟克利特作出这个假定，在对世界作理论说明的原则上，起了典范性的作用。

因为这个原则以完整体系的严格性应用于整个经验，所以原子论就将**精神生活**连同所有精神生活的因素和价值都当作**现象**，而构成这种现象的真实存在的原子运动、原子形式也必然要用这种理论来解释。因此，就把具有形式和运动的物质当作唯一真正现实的东西，把整个心灵生活或精神生活当作派生的、表面的现实。在此，德谟克利特体系首先表现出自觉的、公开的**唯物主义**品格。

2. 在狭义的**物理**学说中，德谟克利特的学说与留基伯的学说相比，虽然通过审慎而详尽的调查研究极大地丰富了内容，但在原则上并无改变。他比他的前辈，在有可能的地方，更加强烈地强调关于机械必然性（ἀνάγκη，有时他又称之为 λόγος）的思想，无论何种生成或变化都根据这种机械必然性而发生；他还进一步将这种思想解释为包含下述内容：除了冲撞，除了直接接触以外，原子彼此之间的作用是不可能的；还说，原子就其外形而言是不可改变的，而这种作用只是在于改变原子运动的状态。

就“存在”一词的本来意义而言，原子本身作为“存在”的事物，只有抽象的物质特性，即填充有限空间和在虚空中运动的性质。虽然所有原子都是小得看不见的，但它们呈现出无比多样的形态 95（ἰδέαι 或 σχήματα）。形态构成原子间固有的基本区别，在某种意义上说，属于形态的还有大小；但是还必须注意，这同样的体积外形即球体，可能以不同的大小出现。原子越大，质量越大；因为存在物的基本性质就是物质性，占有空间的性质。为此，德谟克利特断言，轻重是由于体积大小之故①，这明显地符合于日常生活的机械类比。但是关于这些术语（βαρύ〔重〕和 κοῦφον〔轻〕），我们不要想到落体运动，而只能想到**机械运动的程度或惰性的程度**②。因此，他的意见还是：当原子群旋转时，较轻的部分被迫向外，而具有更少活动性的、更有惰性的原子就集中于中部。

原子性质作为形而上学性质传与由原子组成的物体，使物体具有同样性质。物体形态和大小就是组成它的原子的形态和大小的简单总和；虽然在这种情况下，惰性不只依赖于原子大小的总和，还依赖于粒子聚集在一起时个别粒子彼此之间仍然保持的虚空的大小。因此惰性由**密度**的大小而定。由于粒子彼此交替的难易取决于虚空对物体的这种渗透，因此，**硬**和软的特性也属思维可以认知的真正现实。

然而，所有其他性质都不属于物体本身，但取决于物体发生的

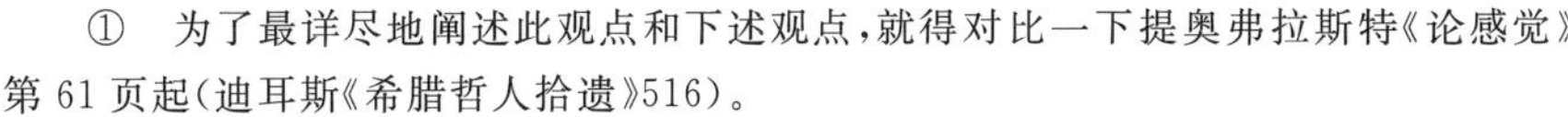

① 为了最详尽地阐述此观点和下述观点，就得对比一下提奥弗拉斯特《论感觉》第 61 页起（迪耳斯《希腊哲人拾遗》516）。

② 原子论者认为所有原子本身的运动是基本的、无因的；现在还不能完全肯定，德谟克利特是否认为这种运动已受体积和质量的限制，因而从一开始愈大的东西速度就愈慢。不管怎样，这些规定对他说来在原子彼此机械地相互作用的范围内是有效的。愈大的东西推动起来愈困难，愈小的东西推动起来愈容易。

运动作用于感觉器官的程度；它们（其他性质）是“感觉在质变过程中的状态”。然而这些状态也自始至终受制于被感知的性质在其中出现的事物；在此，原子在组合过程中彼此之间的排列和位置却是最重要的①。

因此，事实上形态、大小、惰性、密度、硬性是事物的性质，而所有被个别感官所感知的东西，如色、声、气味、味，只存于现象中。这种学说，在文艺复兴时期（见第四篇第二章）和以后的哲学的革
96 新中都被认为是对**事物的第一性的性质和第二性的性质**作了区分；在此提出这种说法是合乎需要的，因为这完全符合德谟克利特为了达到自己的目的而利用普罗塔哥拉理论时所指的形而上学和认识论上的含义。智者学派把一切性质都当作第二性的、相对的，而德谟克利特则只承认特殊感官感知的性质才是第二性的、相对的；并且与此对立，他还将量的规定当作第一性的、绝对的。〔因此，他指明，通过思维而深入获得的第一性知识才是“真正的知识”，相反，以第二性的性质为对象的感性知识他称之为“暧昧的知识”（γνηδίη——σκοτίη γνώμη）。〕

3. 据此，第二性的性质看来依赖于第一性的性质；第二性的性质不仅依赖于第一性的性质，更重要的，还依赖于第一性的性质对感知者本人的作用。但在原子论体系中，感知者，即**精神或灵魂**，只能由原子组成。说得更明白些，依照德谟克利特说法，构成灵魂的同类原子也构成**火**的本质，即最细微、最平滑、最灵活的原子。这些原子实际上也弥漫全世界。动物、植物和其他可认为有

① Arist. *Gen. et Corr.*〔亚里士多德《论生灭》〕I. 2，315b 6.

生命的东西，都被认为有灵魂；不过，在人体里它们大量成堆地聚集着，在人体活着的时候，一个火原子位于每两个其他种类的原子之间，在人体里靠呼吸把原子紧紧靠在一起。

正如我们看见的，与以前体系类似，德谟克利特根据这种假说，从事物的真正本质出发创立了他对现象的解说。那就是，事物作用于灵魂的火原子，从而产生感觉和第二性的性质。表面上的现实是真正现实的必然结果。

在贯彻这个理论时，德谟克利特继承和修改了他的前辈所提出的感觉理论。从事物发出的流出物（参阅上述第六节，3）推动感官，通过感官推动火原子，他称这些流出物为**影像**（εἴδωλα，偶像）并把它们当作事物无限小的摹本。影像印在火原子上的印象就是感觉，感觉内容和感觉对象之间的相似性就由此而固定了。因为冲撞和压力是所有原子的机械运动的本质，因此**触觉**被认为是最基本的感觉。与之相对的各特殊器官被认为只能接受符合于自身结构和运动的影像。德谟克利特非常尖锐地提出了这个关于**感官的特殊能力**的学说。由此也就得出结论：如果事物的流出物不能作用于任何感官，那么这些事物对于普通人说来就是不可感知的，但也许“另外的感官”能与这些流出物相通。

这种**影像学说**（“偶像”论）对于古代思想来说似乎是很有道理的。它的确表达了，并在一定程度上解释了符合人的意识常情的描述事物的方式，好像我们的知觉是存在于我们身外的事物的“摹本”。如果一个人不进一步询问事物是如何开始把它们自身的这些小型影像放进世界的，他就可能认为，自己根据这个理论就能了解我们的“印象”如何酷似外部事物。因此，这个理论很快就在生理心理学中占了优势，并保持这种优势直到近代哲学开始以后；在近代哲学开始时，洛克还捍卫过它。

97 它对于德谟克利特体系中的概念的意义在于：它被认为是描述知觉所依存的原子运动。但是这种唯物主义（从原则上说和从以后它的所有变形上说，都是唯物主义）还掩盖着这样一个事实：作为一种心理活动的知觉是在种类上不同于所有的原子运动，但也被规定了的某种东西。不过在探索（特殊感官的具体感觉所由产生的）运动的个别形式中，阿布德拉的哲人提供了不少锐敏的观察，不少出色的设想。

4. 现在有趣的是，过去降临在智者学派以前的形而上学家（参阅第六节）身上的命运同样地又降临在德谟克利特唯物主义心理学上：它也在某一方面不得不抹杀感觉与思维之间在认识论上的对立。那就是，因为所有精神生活被当作火原子的运动①，因为在连贯的宇宙体系中原子运动又受到接触和冲击的限制，所以得出结论：认识真正现实的**思维**只有通过这个真正现实刻印在火原子上面的**印象**才能得到解释——只有通过这种**影像**的流出物才能得到解释。因此，思维作为心理过程与知觉（即影像在火原子上的印象）相同；唯一的差异是，关于知觉，原子复合体的比较粗糙的影像是积极的，而认识真正现实的思维则依赖于火原子和最细微的影像的接触，依赖于火原子和那些代表事物原子结构的影像的接触。

这种理论虽然听起来又奇怪又荒唐，但各种迹象均有利于这

① Arist. *De An*.〔亚里士多德《论灵魂》〕I. 2，405a 8.

种假定：德谟克利特得出这个结论是从他的唯物主义心理学的先决条件出发的。这种心理学不了解观念独立的、内在的作用过程，而只知道通过原子运动产生观念。因此，它将显然不可靠的观念也当作“印象”，而且为了这些印象去寻找令人兴奋的影像。比如梦境的根源被追溯到影像（εἴδωλα），此影像或者是在醒时深入体内的，但由于运动很微弱，在以前并未产生印象；或者是在睡觉时这些影像躲过感官直接与火原子接触。根据这种假说，人们相互影响的一种神秘的（今天我们应该说是一种“磁性的”或“心灵的”）行为，似乎也可以理解了；迷信鬼神也得到了客观的根据：假定在无限的空间中有巨大的形象，从而产生了相应的影像。

与此一致，德谟克利特似乎曾经认为“真正的知识”是火原子的运动，这种运动产生于最小最细的、表示事物原子构成的影像的作用。但是这种运动又是最精、最细、最微的，几乎接近休止。用这种定义，**感觉与思维之间的对立就用量来表示了**——这完全符合这个体系的精神。事物作为整体，其粗糙影像使火原子相对激烈地运动起来，并以此方式产生了表现为感觉的“暧昧的洞见”；相反，最细的影像加之于火原子的是轻微的、精细的运动，这就产生
对事物的原子结构的“真正的洞见”，即思维。考虑到这点，德谟克 98
利特赞扬思想家躲开感官世界，感官世界完全与思维方式对立，思维方式从感觉中发展真理。那些最细微的运动只有在挡开了粗糙运动的地方才能发挥其影响；在发生火原子过分激烈运动的地方，结果便是虚假的观念结构（ἀλλοφρονεῖν〔心志失常〕）①。

① Theophr. *De Sens*.〔提奥弗拉斯特《论感觉》〕58（Dox. D. 515）。

5. 这种运动的强与弱，激烈与轻微之间的量的对比，同样被德谟克利特当作他的**伦理学的基础**①。就他将观念在认识论上的价值直接转化为意志状态的伦理价值而言，他的心理学就完全站在苏格拉底的**唯理智论**的立场上了。正如从感觉只能产生暧昧的洞见，其对象是现象而不是真正的本质；同样由于感官的兴奋而产生的快乐只是相对的（νόμῳ），暧昧的，本身不定的，骗人的。与此相反，圣哲“按照自然”（φύσει）在生活中追求的真正的幸福，即作为人生的目的（τελος）和尺度（οὖρος）的幸福（εὐδαιμονία），不应当在身外之物中、在肉体的享受中去寻找，而只应当在柔和的运动、宁谧的心境（εὐεστώ）中去寻找。而宁谧的心境来自正确的洞见，来自火原子的柔和运动。唯有这种洞见才能给灵魂以韵律与和谐（ξυμμετρία），才能保卫灵魂不受情绪惊恐（ἀθαυμασία）的侵袭，才能给予灵魂以安全和镇静（ἀταραξία，ἀθαμβία），——灵魂的这种如海洋似的安谧（γαλήνη），通过知识成为感情的主宰。真正的幸福是安宁（ἡσυχία），而安宁只有知识才能获得。就这样，德谟克利特以他个人生活的理想达到了他的体系的高峰——纯知识的个人理想，排除一切欲望。这个系统化的唯物主义也就以这种理想而达到了高尚的、崇高的人生理论的最高峰。但是在这体系里也存在象征着启蒙时代的道德倾向：这种基于知识的心境宁静是个人生活的幸福。在德谟克利特的伦理学说超越个人的地方，他赞赏的是友谊，是个人彼此之间的关系，而对于国家的关系他总是很淡

①　在此与亚里斯提卜学说（第七节，9）的相似是惊人的，因此几乎不可避免地要假定他们之间的因果联系。但是可能是这样：我们应该探索的是他们对普罗塔哥拉共有的承袭关系，而不是原子论与享乐主义之间的相互影响。

漠，无动于衷。

第十一节 唯心主义体系

柏拉图**理念论**的起源和发展是在整个欧洲思想史上最困难、 99
最复杂，也是影响最大、成果最丰富的过程之一；由于表达这一过程采取的是文学形式，因而使得确切地理解它的这个任务就更加困难了。柏拉图的对话录显示出作者的哲学处于不断改造过程中；对话录的撰写绵亘半世纪之久。但是，由于各篇对话创作的顺序既没有传下来，也不能从外表特征完全肯定，就必然只有求助于基于思维的逻辑关联而有实效的假设了。此外，还有这些作品的艺术特色：柏拉图假托交谈，自由奔放，发挥问题，探寻答案，突出难点，然而并不对每个问题承担全部责任。

1. 首先，毫无疑问，苏格拉底与智者学派之间的对立形成了柏拉图思想的出发点。柏拉图早期作品致力于热情地阐述苏格拉底的道德理论，的确他的阐述基本上是忠实的。为此他攻击智者学派的社会学说和认识论，他攻击他们的尖锐程度日益增长，不过他也日益倾向于在独立的基础上建立自己的观点。但是柏拉图对智者学派的批判基本上是从苏格拉底的基本原理出发的。他根据普罗塔哥拉的精神充分承认所有来自感觉的知识的相对性，但是恰恰在这里他发现了智者学派不符合真正伦理科学的地方①。道德必要的知识不可能基于意见，因为意见来自主体恒变的动态；其

① 关于这一点，《泰阿泰德篇》集中了整个对智者学派理论的批判。

内容也不可能是对于由知觉得来的这些意见进行理性考虑和合理化[①]；道德必要的知识一定有完全不同的来源和完全不同的对象。对于这个物质世界以及它的变态（柏拉图完全赞同普罗塔哥拉的这个观点），毫无科学可言，只有知觉和意见；因此形成科学对象的
100 是**非物质的世界**，这个世界和物质世界必然独立地并存，正如知识和意见独立地并存一样[②]。

在此，第一次明白地、有充分意识地提出**非物质的现实性**的主张；很清楚，这是因为伦理上需要一种超乎来自感觉的一切观念的知识。对柏拉图说来，这种非物质性的假定在开始时并不以解释自然为目的：其目的倒是想确立一种伦理知识的对象。因此，这种唯心主义形而上学在最初的草案里[③]完全建立在自己的新的基础上，丝毫也没有参考以前旨在研究和理解自然现象的更早期的科学著作。在理念中寻求真实存在的是**非物质性的爱利亚主义**，它毫不考虑发展和生成的世界，而将这发展和生成的世界留给了知觉和意见[④]。

为了避免层出不穷的误解[⑤]，我们必须明白指出，柏拉图的非物质性（ἀσώματον）的这个概念与精神的或心灵的概念毫无共同之处，而近代人的思维方式很容易作如是之假定。对于柏拉图的概念说来，特殊的心灵功能是属于流变的世界，正如身体和其他有形

---

① δόξα ἀληθής μετὰ λόγου〔带有推断的真实意见〕，《泰阿泰德篇》201E.（也许是安提西尼的一种理论）

② Arist. *Met*.〔亚里士多德《形而上学》〕I. 6，987 a 32；XIII. 4，1078 b 12.

③ 如在对话录《费德罗篇》和《筵话篇》中所陈述的那样。

④ 在最后的几篇对话录中，第一次找到了关于理论科学和自然科学的研究。

⑤ 理念论的新毕达哥拉斯主义和新柏拉图主义的变形引起了这些误解。

物体的功能是属于流变的世界一样。在另方面，有形性的“形态”或“形状”、感官上的性质和关系的理念，和精神关系的理念一样，在真正的现实中找到了位置。精神或心灵与非物质性合而为一，把世界分为精神与物质，这些都是非柏拉图式的。柏拉图所教导的非物质的世界还不是精神的世界。

更确切地说，对柏拉图说来，理念是**通过概念而认知的非物质的存在**。那就是，因为苏格拉底用以发现科学本质的概念并非在可感知的现实中原样地反映出来，所以那些概念必然形成“第二个”或“另一个”现实，此现实不同于可感知的现实，它独立存在。这种非物质的现实与物质的现实的关系，如同存在与流变的关系，不变与变的关系，单一与多的关系——总之，如同巴门尼德的世界和赫拉克利特的世界的关系。通过一般概念而认识到的伦理知识的对象是真正意义上的“存在”：伦理的、逻辑的、物理的 ἀρχή（始 101
基或第一原则）是同一的。这就是古代哲学各条路线汇合之点。

2. 如果理念“不同于”可感知的世界，那么就不可能在知觉的内容里通过概念去认识理念，因为知觉不可能包含理念。由于这种与严格区分两个世界相对应的思想，柏拉图的认识论就成了比德谟克利特的认识论更理性主义的学说，而且毫无疑义也超过了苏格拉底的认识论，因为苏格拉底用归纳法从个别人的意见和知觉中得出一般，而且认为一般就是这些意见和知觉的共同内容，而柏拉图并不以这种分析态度来考虑归纳的过程，他在知觉中只看见一些暗示和启发，凭借这些暗示和启发灵魂**回忆起**概念，**回忆起**理念的知识。

柏拉图用这个公式来表示他的理性主义原则：**哲学知识就是**

回忆(ἀνάμνησις)。他用毕达哥拉斯的命题[①]作例证来证明：数学知识不是从感官知觉推断出来的，感官知觉只是提供灵魂回想起早已存于自身之中的知识的机会，这种知识具有纯理性的效力。他指出纯数学关系并不存于物质现实中；恰恰相反，这些关系的概念是在我们内心里产生的，在当时，知觉中的类似图形不过为此提供机会而已。柏拉图把这种完全适用于数学知识的观察推广到科学知识的总体。

这种对于理性必然性的反省被认为是回忆——这理论与下列事实有关：柏拉图同他所有前辈一样，很少认识到意识的创造性活动，这种创造性活动产生意识的内容。这是希腊心理学普遍的局限性；观念内容必然以某种方式传给“灵魂”；因此，如果理念不能在知觉中获得，如果灵魂当知觉出现时在它自身中发现了理念，那么，灵魂必然以某种方式早已**获得**这些理念。然而柏拉图理解这

种获得行为用的是一种玄妙的方法[②]：在尘世生活之前，灵魂在非物质世界中就早已**看见**了实在的纯形式；看见这些同类的有形事物便回忆起了在物质的尘世生活中被忘怀了的那些形式；因此从这里就唤起**哲学欲望**对**理念的热爱**(ἔρως)，凭借这理念的热爱，灵魂又提高到对那种真实实在的认识。在此，也和德谟克利特的情况一样，证明了整个古代理性主义，除了按照感官知觉的类推法，特别是视觉的类推法外，不能形成思想过程的任何概念。

102 因此，苏格拉底在他的概念形成学说中认定为归纳法的东西，

① *Meno*〔《美诺篇》〕，80 ff.

② *Phœdr*.〔《费德罗篇》〕246 ff.

在柏拉图那里，转变成凭借回忆（συναγωγή）而进行的直观，转变成对更高、更纯的知觉（Anschauung）的反省。然而这种纯知觉，与引起这些知觉的物体的多样性相对应，而产生观念的多样性；从这里就产生科学进一步的任务：了解**理念彼此之间的关系**。这是柏拉图超越苏格拉底的第二步，这点特别重要，理由是它直接导致对于**概念之间的逻辑关系**的理解。柏拉图重视的主要是概念的并列关系和从属关系。这种类概念或逻辑类之化分为种在他的学说中起着很大作用①。他更精确地考虑了特殊概念结合的可能性和不可能性②；他将讨论时运用的假说法引荐为方法上的助手，用此方法的目的是检验一种尝试性地提出来的概念是否正确，即：把这概念和已知概念联系起来并发挥由这种联系的可能性而产生的所有可能结论，从而检验那种概念是否正确。

这些被当作整体的逻辑运算——借以求得理念与理念之间的相互关系——柏拉图称之为**辩证法**。在他的著作中可以找到的有关辩证法的论述，全部具有方法论上的性质，而不具有真正的逻辑性质。

3. 知识回忆论是和柏拉图关于**理念和现象世界之间的关系**的概念紧密联系在一起的。在本质（οὐσία）的高级世界与流变（γενεσις）的低级世界之间，在**真实存在**与处于流变过程中的事物

① 参阅《费力浦篇》16C。但是在真正的柏拉图著作中这种分类方法并不是在各处都非常显著的。在《智者篇》和《波利底古篇》里，这事处理得带学派迂腐气。古代保存了柏拉图学派的“定义”和“分类”。在《雅典尼斯篇》（II. 59C）有一例子，一个喜剧诗人嘲笑这种学究式的概念分裂。

② *Phædo*〔《斐多篇》〕，102 ff.

之间，他找到了类似的关系，这种关系存在于原型（παραδείγματα）与原型的摹本或肖像（εἴδωλα，偶像）之间。在此，暴露出数学对于柏拉图哲学强烈的影响：正如毕达哥拉斯学派曾认定事物是数的模仿，同样柏拉图发现各别事物总是在某种程度上对应于类概念，而类概念是一种没有任何摹本能赶得上的逻辑理想。他用模仿（μίμησις）这个概念表达了这种含义。与此同时便证实了：那个第二世界，那个非物质的理念世界，被认为是更高级的、更有价值的、更原始的世界。

然而这种描述物质的方式与其说提供了对形而上学思考有用的观点，毋宁说提供了对它们各自的价值的规定，因此柏拉图还要探寻这种关系另外的意义。理念按照物质的逻辑性质，作为类概念或种，代表着总的统一的范围或领域，而各别事物只不过是这总的统一的范围的一部分，这物质的逻辑性表现在**分享**（μέθεξις）这个词语中，意思就是：各别事物只不过分享着理念的普遍本质；这
103 种分享的变化过程着重表现在出现（παρουσία，Gegenwärtigkeit）这一概念中。只要事物具有寓于理念之中的性质，那种类概念或种便出现在这一事物中。理念来来去去，理念时而与事物沟通，时而离去；与此同时在具有知觉的眼睛看来，与理念相似的这些事物中的性质则相继地改变。对柏拉图说来，只要承认理念世界和有形世界的差别，只要承认有形世界对于理念世界的依赖性，这种关系的上述确切规定只不过是次要的问题①。对他最重要、最能满足他的需要的是这种信念：凭借概念，就能获得道德所需要的关于

① *Phædo*〔《斐多篇》〕，100 D.

真正而且现实**存在**的东西的那种知识。

A. 佩珀斯《柏拉图的本体论》(*Ontologia Platonica*，莱比锡，1883 年)。

4. 然而柏拉图对于苏格拉底认识论的逻辑形而上学兴趣使他在这个理论的内容方面远远超过了他的老师。他对理念本质所发挥的普遍特征适用于**所有类概念**，因此非物质世界充塞着整个经验世界的原型。有多少类概念，就有多少理念。对柏拉图说来，有数不清的"形式"。若说，柏拉图的理念世界只不过是通过概念仔细思考过的知觉世界，这种批评是正确的①。

根据柏拉图哲学最初草案，事实上存在着一切可能的事物、性质和关系的理念。存在着善和美以及恶和丑的理念。因为理念在方法论上，用一种纯形式的方式，被界说为类概念，所以无论何种类概念均属于纯形式的更高级的世界。在对话录《巴门尼德篇》②里，一个受过爱利亚诡辩理论陶冶的人不仅叫柏拉图注意一种理念与其众多摹本之间的逻辑关系所固有的各种辩证法上的困难，而且柏拉图还遭到充满恶意的嘲笑，要他想一想在他纯概念形式的世界里可能会碰见的所有卑鄙的伙伴。

柏拉图哲学缺乏可作抵御这种反驳的武器的原则，在他的对话录中也没有任何一种迹象表明他曾企图宣布**选择**类概念的明确标准，那些类概念被认为是理念，被认为是更高一级的非物质世界

① Arist. *Met*.〔亚里士多德《形而上学》〕I. 9，990 b 1.

② *Parm*.〔《巴门尼德篇》〕130 C.

的组成部分。从他引证的例证中也看不出有这样一种必须承认的原则。我们只能说，在时间进程中他似乎继续不断地更强烈地强调价值规定（如善和美）、数学关系（大和小，数的规定等等）和有机世界里种的类型；而同时，他却似乎不再把单纯的关系概念，特别是消极的观念和人工创造物算作理念[①]。

104 5. 与上述观点同样不清楚的是我们对于柏拉图想要在理念领域里确认的有关**系统的关联和秩序**的知识。虽然他迫切需要在概念中建立并列和从属的关系，然而要建立一个按照逻辑安排的概念金字塔的思想似乎并未实现，那个金字塔的顶峰必然是内容最一般、最贫乏的概念。在《智者篇》（第254页起）中就出现过要建立只有五种最一般概念[②]的、值得怀疑的尝试。不过这些尝试，虽趋向于亚里士多德的范畴论，但实际上仍停留于两个世界的基本区别中，并在柏拉图学说中找不到进一步的发展，也未留下任何影响。但是具有更重要意义的倒是柏拉图对这问题的本质的转变，我们发现体现在《费力浦篇》以及《理想国》中的理论：**善的理念**是最高的理念，是包括、统治和实现所有其他理念的理念。关于这个理念的内容柏拉图同苏格拉底一样规定得很少。他只从关系上规定：善的理念在内容上应体现最高的（非物质的和物质的）**一切现实**的**绝对目的**。据此，其他理念从属于这个最高理念并不是**在逻辑上**特殊从属于一般，而是在**目的论上**手段从属于目的。

---

① 也可参阅亚里士多德《形而上学》XII. 3，1070 c 18。

② 存在、静止、运动、同（ταὐτότης）与异（ἑτερότης）；那就是，将存在分成静止（οὐσία，本质——永远与自身同一）和被推动者（γένεσις，流变世界——在永恒流变的过程中）。

在柏拉图哲学活动的最后阶段（关于这一阶段，我们在《法律篇》中，在亚里士多德批判性的评论①中，在他最亲近的继承人的学说中，只找到一些迹象），他解决这个逻辑问题的缺陷，似乎已把他引向这样一种不幸的思想——即按照**毕达哥拉斯数论**的方法发展**理念论体系**。的确，毕达哥拉斯学派也有这种目的：象征性地将事物不变的排列从属于数列的发展。但那只是权宜之计，因为他们还没有关于概念的逻辑排列的观念。在此似乎是这样：柏拉图依靠这个权宜之计将善的理念指定为“一”（ἕν），并力图从“一”推论出 ταὐτον〔不变的事物〕与 θάτερον〔变的事物〕的二重性（δυάς），即“一”与“多”或限度与无限（πέρας〔有限〕与 ἄπειρον〔无限〕＝奇与偶；参阅第四节，11）的二重性，并从这里，用这样的方式进而推论出其他理念，使之表现为限制和被限制的系列。在此情况下，老学园哲学家，特别是斯皮西普和色诺克拉底，采取了这种不利的结构，他们把想象的概念分级与神学结合起来；他们力图按照这种哲学秩序建立低级的神与鬼的中间世界。后来正在这一点上，新毕达哥拉斯学派和新柏拉图学派仿效他们：不过另有不同的哲学意义罢了。通过划分等级，特别是通过在真正现实世界（οὐσία）的内部划分等级，原来由于知觉与思维之间的对立而发展起来的**现实** 105 **概念的分裂成倍地增加了**，从而二元论又被消除了。因为当“一”或“善的理念”被赋予最高的绝对现实性时，对于理念世界各个不同阶层所赋有的现实性，其价值则依照它们在数的体系中离开

① 参阅特伦德伦堡《亚里士多德评述柏拉图论理念和数论》（A. Trendelenburg, *Platonis de Ideis et Numeris Doctrina ex Aristotele illustrata*），莱比锡，1826 年。

“一”的距离的远近而逐渐降低；从这里便产生了**现实等级制**：从“一”直到最下等的现实——物质世界的现实。虽然这种思想可能是荒诞的，然而它在思想发展中显示了力量和影响，直到近代哲学的初期。毋庸置疑，它的影响在各处都表现在它将价值规定与现实性不同等级等同起来。

6. 当理念论作为形而上学陷入了如此严重的困境时，它却以一种极端顺利而又简单明白的方式在它自己真正的老家（伦理学的领域）实现了。为了要系统地处理这个问题，柏拉图需要一种**心理学**，这种心理学不同于在过去的科学中根据自然哲学的假说，借助于个人知觉或意见而产生的那种心理学。与此相反，他从理念论的基本原理出发发展他的心理学，其结论必然是与其基本原理相适应的纯形而上学理论；但根据理念论的含义，那也是第一次企图从内部、按照内部规定和内部结构去了解心灵生活的尝试。

在柏拉图那里，他可能从酒神狄俄尼索斯秘密宗教仪式那里汲取过来的神学理论支持了他的这个崭新的尝试。在这里个人灵魂被看作是从另一世界放逐出来、禁锢于身体之内的“精灵”；精灵在尘世生活中仍然保持着、实现着对于他原来老家的神秘而热情的关系。这位哲学家在他科学体系中吸取这样的神学概念，其中不无严重的困难。

在理念论的二元论中**灵魂**或心灵概念本身就是一种困难①。对于柏拉图来说，一方面“灵魂”是活的元素，它自己运动，也使其他

① *Phædo*〔《斐多篇》〕，76 ff.，105；*Phædr*，〔《费德罗篇》〕245；*Laws*〔《法律篇》〕，X. 896.

事物运动；另方面它又是知觉、认识、意志的主体。作为生命和运动的原则，灵魂属于“流变”的低级世界。当灵魂用感官去认知，它的目标指向感官的对象的时候，它仍属于“流变”的低级世界。但是就是这同一个灵魂凭借它对理念的真知，它又变成永恒“存在”的更高级现实的分享者。因此，必须给灵魂安排一个在**两个世界之间的地位**——不是超时间的不变的理念的本质，而是寿命比流变更长的活 106
力，即**不朽**。在此，个人不朽第一次被柏拉图提出来作为哲学学说的一个组成部分。在《斐多篇》为证明此论点而引证的论证中，有些论证从灵魂的理念知识推论到灵魂同永恒的关系，它们大多数是与这体系的精神一致的。与这体系形式一致的是这样的巧辩的错误论断：因为灵魂的基本特征是生命，所以灵魂不可能来死亡。比较起来最可靠的论证是关于灵魂在统治身体时所显示出的统一的实体性。

由于灵魂所处的中间地位，灵魂必然具有两个世界的特征；在它的本质中，必定有符合于理念世界的东西，还有符合于知觉世界的东西。前者是**理性**（λογιστικόν 或 νοῦς），是知识和与之相对应的德行的所在地；在后者即非理性本性中，柏拉图又进一步区分两种因素——一种是倾向于理性的高尚因素，另一种是抗拒理性的低贱因素。他在热情的意志力量（θύμος，精神）中找到高尚因素；他在感官欲念（ἐπιθυμία，欲望）中找到低贱因素。因此，理性、精神和欲望是灵魂的三种活动形式，是灵魂状态的类或种（εἴδη）。

这些从道德价值规定和神学假说中产生的基本心理概念被柏拉图用来阐明个人的道德命运。灵魂禁锢于肉体不仅是感官欲望的后果，也是对感官欲望的一种惩罚。柏拉图延伸灵魂不朽的存在，超出尘世生活的两头界限。使灵魂禁锢于感官世界的罪孽要在出生以前去寻找；而它尔后的命运[①]又随它在尘世生活中从感官欲望中解放出来的程度和转向于它崇高的使命（认识理念）的程度而定。然而因为灵魂的最终目标似乎是剥夺感官的特性，三种活动形式都被指定为**灵魂的组成部分**。在《蒂迈欧篇》里，柏拉图甚至描述了这些组成部分形成灵魂的过程，并且只为理性部分保留了不朽。

从这些变化着的规定中，已经很清楚了：心灵生活的这三种形式与尚未强调指出的灵魂本性的统一性之间的关系还未清楚地构思出来；也不可能像后来那样赋予这些出于伦理需要和神学利益而形成的概念以纯心理学的特征[②]。

107 7. 然而，不管怎样，根据两个世界的理论产生了脱离这个世界的消极**道德**；同感官世界决裂和人生精神化被誉为智慧的理想。不仅在《斐多篇》里，描写苏格拉底之死，散发着这种热忱气质的气氛，而且这同一伦理观点还在像《高尔吉亚篇》、《泰阿泰德篇》和《理想国》的一部分这样一些对话录里占优势。但是在柏拉图的气质里，思想家沉重的血液混合着艺术家轻快的脉搏。因此，当他的哲学引诱他进入无实体的形态的领域时，希腊美的整个魅力在他内心里活跃、奔驰。因此，虽然他强烈地彻底地反对亚里斯提卜关于人类奋斗的目标是满足于肉体享受的理论，但他还是认为“善的

① 这些理论利用了来自人民的信仰和神秘祭礼的精神，是用神话寓言的形式描述的。《费德罗篇》第246页起；《高尔吉亚篇》第523页起；《理想国》第614页起；《斐多篇》第107页起。

② 对柏拉图说来，这里的问题本质上是从相对价值的观点对灵魂进行分级；这件事不仅表现在伦理学和政治学上利用这些区分，而且也在这样一些评论中表现出来：将这种三分法作为不同的有机物（植物、动物、人）的特点，或者作为不同民族（南方国家的居民、北方国家的居民、希腊人）的特点。

理念”只有在感官世界中才能实现。美的享受，感官模仿理念时的欢愉，排除欲念时的无忧无虑，知识和艺术实践技巧的发挥，对衡量经验现实的数学关系的明智理解，个人生活合目的的安排，——所有这些被他誉为至少是分享至善的准备阶段，至善在于认识理念，认识最高的理念——善的理念。在《筵话篇》及《费力浦篇》中，他对此表露了他对人间财富的估价。

伦理的价值和标准必然照亮人生整个路程；柏拉图就利用这种思想以另外的形式阐述他在《理想国》所发挥的德行体系。在此，他证明灵魂每一组成部分都有一定任务要完成，从而达到自身的完美境界：理性部分在**智慧**（σοφία）中，精神部分（θυμοειδες）在**意志活力**（勇敢，ἀνδρία）中，欲望部分（ἐπιθυμητκόν）在**自我控制**（节制，σωφροσύνη）中，而且证明，除所有这些，作为整体的灵魂美德，必然有这些组成部分的正确关系，即完全的**公正**（正义，δικαιοσύνη）。

然而，这**四种主要美德**的真正意义首先在更高的领域里即在政治领域里得到发展。

8. 理念论的对象是一般和共相，其发展趋势在下述事实中表现出最完美的作用：柏拉图哲学的伦理理想不在于个人的能力和幸福，而在于**类**的伦理的完美。严格按照理念论的逻辑原则，凡是在伦理意义上真实存在的东西并不是个别人而是人类，其表现形 108
式是个人在国家中的有机结合。对柏拉图来说，伦理理想变成了政治理想。在当时希腊政治生活分崩离析，个人幸福风靡一时，柏拉图理论与之抗衡，将国家概念提高到驾驭一切的高度。

但是他考虑国家，不是从国家的历史根源来考虑，而是根据国家如下的任务来考虑：体现人类总的理想，教育公民达到使之真正幸福的特殊美德。他确信他的计划可能实现，必要时强迫执行；他罗织的不仅有他赞赏的当时希腊政治生活的特点，特别是贵族式的多利安人的宪法的特点，而且罗织的还有他希望由于政治生活的完善形态而实现的所有理想。

K. F. 赫尔曼《论文集》(*Ges. Abhandlungen*，第 122 页起)；E. 策勒《演讲论文集》(*Vorträge und Abhandlungen*，卷一，第 62 页起)。

如果**理想国**表现一般的人，它就必定包括与灵魂三部分相对应的三部分——**学者阶级**、**军人阶级**和**劳动阶级**。领导国家和统治[①]国家的人(ἄρχοντες，执政者)、制定法律和监督执行法律的人只属于第一阶级即有教养的人的阶级(φιλόσοφοι，哲人)。这个阶级专有的美德是智慧，是对整体有利的事物的洞见，是对为整体的伦理目的所需要的事物的洞见。卫护这个阶级的是第二阶级即公务人员(ἐπίκουροι；卫士，φύλακες)的阶级，这个阶级必须表现无所畏惧地履行职责(ἀνδρία)的美德，因为它维持国内外的秩序。而广大人民群众、农民和手工业者适于服从；他们必须靠劳动和勤勉提供国家的物质资料[②]；他们必须控制自己的欲望。只有当每个阶级都尽了自己的职责，具有自己应有的美德的时候，国家的性质才符合于正义(δικαιοσύνη)的理想。

整个基本思想是：只有统一的生活能使国家强盛、工作效率

① 因此 λογιστικόν〔理性〕也叫 ἡγεμονικόν〔灵魂的领导力量〕。

② 因此灵魂的第三部分也叫做 φιλοχρήματον〔(爱)好(财)货的(部分)〕。

高;此统一的生活只能基于公民的**信念一致**:根据苏格拉底-柏拉图的信念,此事只有通过某种学说即科学的绝对统治才有可能。面临这最高要求,绝不能谈一切个人利益。柏拉图从这种信念出发,极端限制公民的个人自由。这样一来,《理想国》中的国家理想变成了为实现科学理论的军事国家了。

在柏拉图的理想国中起决定作用的是**贵族教育**,其原则非常明显地表现在这样的规定中:对第三阶级的广大群众只要求一般的实践生活能力,而且规定:这种要求对他们来说已足够了,而教育——国家有权有责掌握在自己手中,为本身目的而培养公民——只给予 109
另外两个阶级。从出生到晚年政府不断地选择,从而使两个上层阶级一层一层地不断更换。为了使个人利益不致妨碍这两个阶级(这两个阶级完完全全是全体人民的行政机构)履行自己的职责,他们必须抛弃家庭生活和私人财产。他们的本分是:受国家的教育,没有家庭关系、集体生活、财产公有。凡是为整体而生活,为人民的伦理教育而生活的人一定不可因私人利益而纠缠于个人问题。这种思想在中世纪等级制度的僧侣国家中历史性地实现了。人们宣称在柏拉图的学说中发现了的共产主义、共妻等等,就只限于这种思想。这伟大的唯心主义者将下列思想推之极端:人生目的基于道德教育,社会整个结构必须按照这种目的来安排。

9. 从这些伦理学说和政治学说中发现了理念世界和现象世界之间的新的关系。这种关系非常完整地与柏拉图体系的精神一致:善的理念体现为职责,体现为**目的**(τέλος),人们社会生活现象必须完成这个职责,这个目的。这一发现对柏拉图形而上学体系所采取的最后形式有决定性的意义。

因为，按照最初设计的，理念论恰恰同爱利亚学派的存在论一样，无力解释经验现实。类概念被认为是表现绝对现实的知识①；绝对现实是纯自在、纯朴、不变、无始无终，自行形成世界，并作为非物质，不同于万物所由产生的世界。因此，正如在《智者篇》②中
110 所表现的，在一次反对理念论的激烈论战中，这个学说没有运动的原则，因而不能解释事实，因为它排除了一切运动和变化。

但是不管柏拉图的兴趣可能与这种目的多么不相干，这种作为真实存在的理念的概念最终还是要求：现象不仅应该被当作另外的东西、模仿的东西、分享的东西，而且应被当作依赖的东西。它要求：**理念被当作生成和变化**（αἰτία）**之因**。但是，本身绝对不变不动、把一切作用都排除于外的东西，不可能是机械运动之"因"；它之成为"因"只有在这种意义上：它提供了生成〔流变〕所由发生的**目的**。在此，存在与流变（οὐσία 和 γένεσις）这两个世界的关系第一次充分地规定出来了：一切变化和生成都是为了理念而存在③；理念是现象的**目的因**〔**终极因**〕。

柏拉图在《费力浦篇》和在《理想国》的中间几篇中奠定了这种**目的论的形而上学**的基础，并在这个基础上立即通过下述途径进而达到思想的顶峰：他提出整个理念世界是一切生成变化的终极

---

① *Symp.*〔《筵话篇》〕211 B，αὐτὸ καθ' αὐτὸ μεθ' αὐτοῦ μονοειδὲς ἀεὶ ὄν〔自在的，自为的，永远以一个单一的形相与它自身同在的〕。

② 第 246 页起。在那里受批判的理论，ἀσώματα εἴδη（非物质的类）的理论，按照个别措辞的吻合，只能是柏拉图的理论。这点正是否定这篇对话的真实性的决定因素。为了有助于解决这篇对话的真实性问题，施莱尔马歇作出关于麦加拉理念论的假定，但还不能证明它是站得住脚的。

③ *Phileb.*〔《费力浦篇》〕54 C.

因,特别提出最高理念——**善的理念**;其余一切理念,有如手段从属于目的,都从属于**善的理念**。他〔援引阿那克萨哥拉的理论〕称这种善的理念为**世界理性**(νοῦς)或者**神性**①。

除取自阿那克萨哥拉的**动因**之外,还有另一种毕达哥拉斯性质的动因以日益增长的重要性出现在理念论后期的形式中;根据这种**动因**,现象中的缺陷就被指出来了,与真实存在形成对照。然而这种缺陷不可能来自存在本身。正如留基伯,为了理解多与运动,宣称除了巴门尼德的存在以外,还有非存在也是"现实的"、"实际的",而且现存着的,同样,柏拉图发现他自己也受逻辑一贯性所驱使,为了解释现象以及解释现象与理念相比所表现出的缺陷,不得不假定除了存在世界或原因世界以外,也就是除了理念世界和善的理念之外,在不具有存在的属性的事物中还有**第二因或从属因**(ξυναίτιον)。实际上这两位思想家的类似之处发展到了这样个地步:对于柏拉图说来,作为不存在(τὸ μὴ ὄν〔非存在〕)的第二因恰恰是留基伯和费洛劳斯的**虚空**②。

因此对柏拉图说来,空间就是"无",从这"无"中为了善的理念或神的理念而形成现象世界。这种生成过程在于**采取了数学形式**,因此柏拉图在《费力浦篇》中教导说,知觉世界是"无限"

① 然而我们不要在此想到人格,或者想到精神之物,而要想到伦理目的,或者世界目的。ἀγαθόν〔善〕这个概念(与在苏格拉底那里一样)很难找到准确的定义。它更像被假定为:本身最简单、最容易被人理解的东西。

② 在亚里士多德术语的影响下,此第二因被命名为"物质"(ὕλη)。只到了最近,现代的科学研究才弄清楚了:柏拉图的"物质"只是空间。参阅西伯克《希腊哲学研究》(H. Siebeck,*Untersuchungen z. Philos. d. Gr.*;2 Aufl. ,Freiburgi. B. 1889)。

111 (ἄπειρον)(即空间)和“有限”(πέρας)(即数学形式)的[①]“混合”;并教导说,这个混合之因,这个最高的、神圣的世界原则,就是善的理念。空间为了变成与理念世界相似,便采取了数学形式。

数学在柏拉图的思想发展中开始时所具有的巨大意义,最后就这样获得了形而上学的表现。数学结构是中间环节,凭借它,非存在的虚空就能够在现象中模仿理念世界的纯“形式”。因此数学知识(διάνοια)以及纯哲学知识(ἐπιστήμη)就不得不和永恒的本质(οὐσία)发生关系,并与本质相结合成为理性知识(νόησις),与现象知识(δόξα)相对立。但是正如在《理想国》中的教育体系里所提出的,数学知识因处在中间地位,它占有的位子只不过是为“统治者”的智慧而准备的最后阶段。

10. 就这样奠定了形而上学的初步基础,为柏拉图最后能够在《蒂迈欧篇》中设计出**自然哲学草案准备了条件**。当然,他忠于他的认识论原则,他并未要求此草案具有确实性的价值,而只要求它具有盖然性的价值。[②] 那就是,因为他不能辩证地将此草案贯

---

① 很可能,在这里柏拉图将数移置于理念世界本身之内,而将数在**几何**结构中的体现当作“有限”加上空间。

② 因此柏拉图物理学同巴门尼德一样是假设性的。在此,似乎是,为了照顾弟子们的要求,也为了争论的目的,两者结合在一起了。因此在《蒂迈欧篇》里掺杂着对德谟克利特的依赖和对他的观点的反对,一种像巴门尼德对待赫拉克利特的态度。但是不可忘记这种区别:爱利亚学派否认现象世界的现实性,而柏拉图只否认现象世界可以科学地被认识,也就是用概念来认识。在陈述他的观点时,柏拉图探讨了天文学、力学、化学、生物、生理心理学、最后甚至医学的种种问题。因此他简明扼要地解释了他对于自然科学问题的意见,这些意见的细节,即使和他那个时代确切的观念比起来,都是极端荒谬的,但就总体而论,在这些意见与其中心原则的关系上,它们的影响远远超过它们的创始人的意图。

彻到底，不能用概念设计一种规划，用世界的目的来解释生成变化，所以他只用神秘的形式阐述了他的**自然的目的论观点**——这个观点只能当作意见，不能当作科学。

然而这个观点采取了与**机械解释自然**的尖锐对立的立场，而当他阐述机械论的观点时，我们几乎不可能想象，在柏拉图的脑子里所指的除了德谟克利特理论外还有什么其他理论。这种机械论理论认为所有各种世界产生于“处于无秩序、无规律的运动中的事物”的“偶然的”（意即“无目的的”或“无计划的”）巧遇，并又消亡；与此对立，柏拉图阐述了他自己的理论：只存在这个唯一的最完善、最美好的宇宙，性质上完整不可分，本质上独一无二，其根源只能归于按目的而行动的理性。

因此假如希望建立一种有关这种根源的理论，现象世界的根 112
源就必然要在此世界与理念之间的目的关系中去探求。这种关系柏拉图用**“创造世界的上帝”**（δημιουργός，造物主）这个观念来表达，这个造物主“按照理念”创造或形成了不存在的东西，即空间。在这方面非存在被刻画为不定的可塑性，可吸取所有的物质形式于自身而同时又形成在空间中不能体现纯粹的理念的根源。这种附属因或个别附属因的抵消作用，柏拉图称之为**机械的必然性**（ἀνάγκη）。他于是将德谟克利特的概念当作特殊的**契机**引进他的物理学，其目的在于用之以解释不能用目的论解释的东西。把按照目的而进行的神圣活动与自然的必然性彼此对立作为解释原则：一方面解释完美的世界，另方面解释现象世界的不完美。伦理二元论从形而上学过渡到了物理学。

与原子论物理学相对立，柏拉图独特的基本思想是，德谟克利特将整体运动理解为个别原子运动的原始状态的机械结果，而柏拉图则将**宇宙整体有规律的运动**当作自然的整体，并从这个由目的所规定的整体中获得每一个具体的变化和生成。从这思想出发便产生关于**宇宙-灵魂**这个概念的从来未有的结构，柏拉图将宇宙-灵魂规定为一切运动的单一本原，从而也是所有形式规定的单一本原，同样也是世界上所有知觉活动和观念活动的单一本原[①]。他用荒诞的、隐晦的阐述把他的天文学说当作这个宇宙-灵魂的数学"分支"而提出来了。他的天文学大体上和年青一代的毕达哥拉斯学派的天文学紧密相连，但是他假定地球是静止的，在这一点上还比毕达哥拉斯学派的天文学更为落后。这种划分方法的主要标准是不变的事物（ταὐτόν）与变的事物（θάτερον）之间的区分——在这对比中我们很容易觉察出毕达哥拉斯学派在完美的天体世界和不完美的人间世界之间的对比。

毕达哥拉斯学说类似的发展包含在柏拉图的《蒂迈欧篇》中，还涉及有形世界的纯数学结构。在此，四元素也按照单纯的、有规则的几何立体加以描述（第四节，11）。但是表达得明白的是，它们**由三角形面**组成，更确切地说，由直角三角形面组成，其中一部分等边，一部分短边为斜边的一半。这些立体（四面体、立方体等等）的**界限面**可以认为是由这些直角三角形构成的，而柏拉图总认为

① 在这方面，《蒂迈欧篇》，完全像德谟克利特一样，用运动的差别划分心理上的差别；例如，将正确的观念作用归之于 ταὐτόν〔同一个〕，将仅属个人的知觉归之于 θάτερον〔另一个〕，等等。对希腊人说来，"灵魂"是运动的本原，同时也是知觉的本原（κινητικόν〔有运动功能的〕和 αἰσθητικόν〔有感觉功能的〕，亚里士多德《论灵魂》I. 2，403 b 25）。柏拉图甚至使第二种特性依赖于第一种特性。

充满空间的本质(即物体的密度或硬度)基于这些界限面的组合。113
因此通过自然界物体被理解为纯数学结构,《费力浦篇》的形而上学思想又出现在物理学中——这种思想即是:现象世界是由于仿效理念而形成的空间界限。〔这些被认为不可分的三角形面可能同德谟克利特的原子形状(σχήματα)有相似之处。〕

第十二节　亚里士多德逻辑

德谟克利特和柏拉图两位伟大思想家的体系针锋相对,各按其规划系统地发挥自己的学说,由于他们的规划都很宏大,因而不仅必须要有分工而且还必须要有问题的分类。德谟克利特著作的标题就使他有可能清楚而准确地处理这方面的问题。的确,柏拉图基本上是从一个艺术家的观点来考虑他的文学创作的,但是很明显在他的讲学活动中,他做到了安排问题,分别处理;这一点在他的对话录中是找不到的。在他的学派中,渐成优势的是将哲学分为辩证法、物理学和伦理学。

在这一点上如果辩证法的意义是从本质上来理解理念论在形而上学中的发展,那么**亚里士多德**就向前跨进了一大步,他从对**科学本性**(关于科学思维的形式和规律的学说)的初步研究开始,着手研究所有三个部门的题材。甚至智者学派和苏格拉底就已经开始考虑这个问题:科学活动特有的本质应该是什么?而且他们已经敏锐地注意到内心活动过程,这就使得进行抽象思维的思想家有可能把思维过程本身的一般形式和在不同时期与此过程有关的具体内容区别开来。所有这些开端和尝试(因为即使柏拉图也未超过这点)都被亚里士多德包括在他的**逻辑学**中,并发展成一完整的体系;在这完整的体系中我们发现了希腊科学成熟的自我认识。

1. 亚里士多德逻辑的直接目的,按照这位哲学家公开的说法,完全是**方法论的**。要证明的是这种方法:用此方法在所有知识各部门中都能获得科学的知识。正如在修辞学中要传授的是说服技巧,同样在逻辑学中我们就得学习科研、认识和证明的技术。为此,亚里士多德并不把逻辑算作一门哲学学科,虽然逻辑是他的伟大创造;在他的讲课中他把逻辑当作预备学科,因此他的学派将这
114 门学科当作一切科学工作的一般工具(ὄργανον)。

但是这门预备学科本身却被亚里士多德创造成为一门科学。他并不像智者学派那样提出个别的实用价值规律,也不像苏格拉底那样对一个原则作出一般规定(这曾是苏格拉底的功绩);相反,他主动提出对各方面思维活动的检验,对思维活动规律形式的全面检验。他利用**形式逻辑**完成了这个方法论上的任务。

但是这样一来,很明显的是,关于正确思维形式的知识只有通过理解思想的任务才能获得;而这种任务又只有从有关认识与认识对象之间的一般关系的明确观念中才有可能显示出来。因此,亚里士多德逻辑同他的形而上学设想有极其密切的关系,这形而上学设想也是处理其他学科的基础。亚里士多德逻辑在原则上是彻头彻尾地**认识论的**。

2. 但是,其所以如此,根源在于苏格拉底-柏拉图的理念论。真实**存在**的东西是**一般或共相**,对它的认识便是**概念**。在这一点上,亚里士多德始终是一个柏拉图主义者。他反对他伟大的前辈①

① 主要在《形而上学》中,I. 9 和 XIII. 4。

的体系的地方只是**爱利亚学派式的关于缺乏内在关联的假定**——，缺乏一般与特殊、理念与现象、概念与知觉之间的内在关联。这种关联之缺乏，柏拉图虽然经过一再努力，即使在他讲学的后期也没有克服。理念即使作为生成最后之因，也总是现象旁边（παρά）孤立的世界。这种本质与现象，存在与变化的割裂（χωρίζειν），除了是辩证法上的特殊缺陷[①]外，还是亚里士多德谴责理念的主要对象。柏拉图从概念所认知的一般和被感知的特殊两者中创造出两个不同的世界；而亚里士多德的全部精力都用于消除在现实概念中的这种分离，都用于发现使理性认识能解释被感知的事物的那种理念与现象之间的关系。

从这里便产生了逻辑的主要任务，即认识**一般与特殊之间的真正关系**；因此早已被苏格拉底认出的这种抽象思维的基本形式占据了亚里士多德逻辑的中心。这位哲学家还从另外的方式达到这同样的原则。如果亚里士多德曾见到过为他的科学理论作准备的前人的著作的话，那么那些著作的内容便是智者学派对于**论证**和反驳的艺术（主要的是修辞学）的思想。如果当时亚里士多德曾问过：一个人如何才能科学地论证？即如何才能用普遍有效的、获 115
得真正知识的方法去证明一件事？那他就会发现这只能是基于**从一般到特殊的推论**。科学地证明，意思就是指出被肯定的论断的

① 这些缺陷中主要有两点值得顺便提一提。一点是根据在理念中所获得的逻辑从属关系证明：我们所知觉的每一件东西必定附属于几个理念之下；另一点是提醒我们注意这个困境：按照这个体系，在理念与现象之间的相似必然需要一个比两者还要高一级的一般，等等，以至无穷（ἄνθρωπος—αὐτάνθρωπος—τρίτος ἄνθρωπος〔人——人自身——人第三〕）。

有效性的根据；而这些根据只有在特殊所隶属的更一般的东西中找到：这正是苏格拉底曾希求找到的东西。

从这里便产生了构成亚里士多德的科学概念的特殊复杂性。一般，理念，作为真实的存在，是生成和变化之**因**。因此，正是由于它和通过它，被感知的特殊的东西就能**被理解**、**被思考**、**被解说**。科学必须陈述：从用概念认知的“一般”如何得到被感知的“特殊”。另方面，在思想中的一般就是特殊所由**论证**、借以**论证**的**根据**。据此，理解和论证是同一个东西，即**从一般到特殊的推论**。

因此亚里士多德的科学理论集中在**推论**或**演绎**（ἀπόδειξις）的概念上。根据真实存在对现象作科学的解释是科学论证的同一逻辑过程：即从一般的根据推论（或演绎）到知觉中获得的东西。因此解释和证明都用同一个词“演绎”来表达了。而正确的论证是将必须证明的东西的实际的（或者真正的）一般原因当作根据①。因此，科学的任务是揭示从一般洞见（对于概念）到特殊洞见（对于知觉）、从一般原因到特殊现象的**逻辑必然性**。

然而这种从形而上学设想发展起来的对科学任务的规定在继续调查研究的过程中经历了一种根本的变化。

3. 据此，逻辑最直接的任务是，更加准确地确定**演绎法**（一方面是**论证**，另方面是**解释**）究竟应该是什么，或者是，提出思想用以认识**特殊对一般的依赖性**的形式。这理论是亚里士多德在《分析

① **科学证明**这个概念的这种定义显然是直接反对智者学派的**修辞**证明的。在说服术中，不管“证明”对事件的真实性质隔得多远，只要在形式上足以使听者同意，一切证明均是可取的。但是科学证明就要从这事件的内在的逻辑必然性开始，因而同时就应该洞察所要证明的东西的真正原因。

篇》内阐述的，《分析篇》是逻辑基础，第一部分综合地阐述三段论，第二部分阐述演绎法、证明和概念。在分析整个演绎法所依存的思想活动中，便得出了作为简单基本形式的一个命题的演绎：从一个判断演绎出到另一个判断，即**推理**或**三段论**（συλλογισμός）。

三段论学说因此成为亚里士多德逻辑的核心。在这点上，集中了他整个有关三段论基础的思维形式的教导（显然只是最一般的轮廓），从这里便得出他在方法论中的各种观点。 116

这学说的主要原则形成传统逻辑的基础，直到今天。其主要原则如下：三段论是从两个判断推论出另一个判断的演绎推理。因为在一个判断中，一个概念（宾词）是用来论断另一个概念（主词）的，这种论断之所以能成立那只是由于第三个概念中词（μέσον）在这两个概念之间建立合乎愿望的联系。这第三个概念必须与另两个概念有一定关系，而这些关系必须用两个判断表示出来，这两个判断叫作三段论的前提（προτάσεις）。推理或得出结论基于这样的思想过程：从同一个概念（中词）同另两个概念的关系中，发现这两个概念彼此之间的关系。

亚里士多德的三段论，符合于它的一般设想，将它的注意力只集中在概念之间可能存在的关系之一上——即特殊**从属**于一般的关系。这理论的唯一问题总是：一个概念（主词）是否应该从属于另一个概念（宾词）。三段论必须处理的只是这样一些思维形式，即按照这些思维形式，借助于中间概念，必须判断：**是否发生一个概念从属另一个概念**。亚里士多德极其详尽地解答了这个问题。他的三段论的持久价值和其意义的局限性均基于此。

根据上述事实，亚里士多德为此目的在他的**判断论**中基本上只阐述了两种因素：首先是“**量**”，量按照范围来确定主词从属于宾词的限度，从而区分为全称判断、特称判断和单称判断；第二是“**质**”，按照质来划分，这种从属关系不是肯定的就是否定的，因此被论断的是在两个概念各自的范围之间存在着的关系是结合的还是分离的。

因此，三段论的种类或格（σχήματα）基本上决定于下述方式：在前提里已知的两个概念之间的从属关系决定着在结论中所探求的从属关系，——这种关系形式上表现于中词在两个前提中的位置。因为中词或者是一个前提的主词同时又是另一个前提的宾词，或者是两个前提的宾词，或者是两个前提的主词。但是，亚里士多德一贯认为第一格是三格中最有价值，也是最基本的一格，因为在这一格里从属原则完全地、清楚地表现出来了；既然结论里的主词从属于中词，而且为此，主词落入中词范围之内，所以结论中主词从属于大前提中的宾词①。

117　4. 但是用这种方法给推理下定义，同样也给演绎、论证和解释下定义，其结果是通过这种科学的基本活动，从普遍性程度更高的命题中只能得到普遍性程度更低的命题。那就是，利用推理，我们绝不可能证明与前提的普遍性程度相同的东西，更不能说证明比前提的普遍性程度更高的东西。古代关于思维本质的观念所具有的特有限制在亚里士多德逻辑的这种特色中出现了；按照这种限制，思维只能理解，剖析已有的东西，而不能产生

① 细节不能在此发挥。一般说来，可参阅：坎珀《亚里士多德认识论》（F. Kampe, *Die Erkenntnißtheorie des Aristoteles*），莱比锡，1870 年；奥伊肯《亚里士多德的研究方法》（R. Eucken, *Die Methode der aristotelischen Forschung*），柏林，1872 年。

任何新的东西。从这里立刻得出结论：推论的、论证的、解释的科学在个别情况下可能将曾在三段论中当作前提的东西又把它当作更加普遍的三段论的结论去推论，然而最终必然要从这样的前提开始，这些前提本身不可能进一步推论、论证和理解，不可能还原到中词。因此，这些终极的前提的真实性是**直接的**（ἄμεσα），不可推论、不可论证、不可理解的。一切演绎法都需要原始的东西；一切论证都需要不可论证的根据；一切解释都需要现成的不可解释的东西。

因此，科学无可置疑的、论证的和解释的活动是有极限的。论证的终极论据是不可证明的；用于解释的终极原因是不可解释的。因此，如果科学的任务是用一般解释特殊，要完成这个任务，就必须首先从特殊上升到一般，就这点而言，必然不可用论证和解释，因为它直接明确表明，自身是不可推论，不可证明的。因此，科学的终极任务在于推论、论证和解释的过程，而进行推论、论证和解释之前必须找出推论的起点，必须找出证明的根据，必须找出解释的最高原则。与这最后过程有关的思维活动亚里士多德称之为**辩证法**，其原则规定在《论辩篇》一书中。

只要根据一经确立，由根据推出结论的过程是确实无疑的，而**找出根据**的过程则理所当然地不具有这种同样的“无可置疑的确实性”。调查研究就是从在知觉中获得的特殊，和从通常意见（ἔνδοξον）中流行的观念出发，去寻求一般。只有根据一般，才能证明特殊，解释特殊。因此，**调查研究**所走的方向与推论所走的方向刚刚相反；后者是演绎的，前者是归纳的，是**归纳推理**。后者，证明和解释，从一般到特殊；前者，探索和试验，从特殊到一般[①]。只有完善的科学才是“无可置疑的”，而成长中的科学则是归纳推理的。

对于亚里士多德来说，在所有这些调查研究中和在调查研究中所出现的矛盾中，最主要的问题是关于判断的问题；与此相联，
118 他也处理**概念**。正如判断之被论证或被推断，是凭借中词从更一般的判断得来的；同样，**一个概念之被推得或导出**，是由一个更一般的概念（次高的**种**或类，γένος）加上一个特殊的特性标记或**差异**（διαφορά）形成的。这种概念的推断就是定义（ὁρισμός）。然而，正如命题的推断最后要先假定最一般的前提，这最一般的前提是不能进一步证明的，同样，给低级概念下定义最后要归之于最一般的概念，这最一般的概念是不可能推论和解释的。这些概念，连同论证的最高前提，必须用归纳的方法求得[②]。看起来似乎是，亚里士多德把具有最高的一般性的命题看作是对这些最一般的概念的说明。

5. 在亚里士多德传下来的教科书中，《分析篇》和《论辩篇》这

① 演绎与探索之间的这种对立关系亚里士多德是用这样的陈述来表达的：对事物的本性说来是原始的东西（πρότερον τῇ φύσει），即一般的东西，对于人类认识来说，便是来之更晚的东西，即必须去获取的东西（ὕστερον πρὸς ἡμᾶς）。相反，对我们最直接的东西（πρότερον πρὸς ἡμᾶς），即特殊的东西，对本质来说，又是派生的东西，即来之更晚的东西（ὕστερον τῇ φύσει）。

② 规定（πρόσθεσις）是从一个更高级的概念加上新的特征而推得的结论，与之对立的是抽绎（ἀφαίρεσις），抽绎是形成类概念的过程——这个过程通过不断去掉个别特性而得到一个内容更贫乏、范围更宽阔的概念。因此，在亚里士多德那里，概念的形成完全是分析的，而在柏拉图那里则是直观的。亚里士多德第一个从视觉类推法解脱出来；甚至德谟克利特和柏拉图也根据视觉类推法思考思维的认知过程。

两篇主要逻辑论文几乎是极其完整的[①]。这也许可以说明这样一个事实：这位哲学家对于科学的逻辑要求发挥得十分清楚、十分准确；而在另方面，就他当时实现他的体系而论，却较少地满足尔后引起的对他的期望。

因为很明显，我们应该期望这位哲学家对于他所宣称的、确切无疑的最高命题和概念作出一个准确的陈述，而这些命题和概念应该是调查研究的结果，必须是论证和解释的起点。然而，如果我们提出这些要求，我们就会发现面对亚里士多德学说我们茫然不知所措。在一般命题中，只有一个单一的原则即**矛盾律**[②]，是他提出来作为不可证明的大前提，作为一切证明的最高原则：在纯逻辑结构上——对同一概念组合的肯定和否定互相排斥；在形而上学上——一事物不可能既同一又不同一[③]。但除此之外，他要引起人们注意这样一个事实：每个知识部门都有自己终极的假设，但他没有更准确地予以说明。

然而，如果我们探索最高概念（不考虑我们在此提到的关于个别学科的特性），我们就要在**形而上学**的四个“本原”（ἀρχαί）〔或四个“原因”〕与“范畴”（被认定为描述存在物的基本形式）之间作出选择，——这种选择亚里士多德还没有确定。在这两种情况下，我们都觉得自己已置身于他的学说的实质性的规定〔质料因素同与之相对立的形式因素〕之中了。

① 至于《论辩篇》，这种完整性似乎已经达到了。

② 《形而上学》IV. 第3页起。

③ 即：不能既是甲又不是甲。——译者

119 第十三节 发展的体系

同以前所有出现在希腊科学中的东西相比，亚里士多德逻辑给人以某种崭新的东西的印象，这主要基于高度的**抽象思维**的能力，此能力假定了思维一般形式与每一种可能的内容的分离——这种分离显露了亚里士多德的天才。这种用抽象方法形成概念的天才，亚里士多德表现在他科学工作的所有部门中，这个“逻辑之父”成为两千年来的哲学导师，其成就首先在于他形成和规定他的概念时所具有的准确性、鲜明性和一贯性。他实现了苏格拉底提出的任务，在其间创造了科学语言。在他的迄今还无处不用的科学概念和词语中，最本质的部分应追溯到他的确切而有系统的陈述。

190 与这种对于抽象化的倾向相联系的是亚里士多德利用**关系的概念、发展的概念**进一步**解决希腊哲学的根本问题**（即在现象千变万化的背后应如何思考统一的、永恒不变的存在）。他的两位伟大的先驱曾一直致力于赋予真实存在的概念以特殊的内容。德谟克利特曾认为原子和原子运动是现象之因，柏拉图曾认为理念和理念的目的规定(Zweckbestimmung)是不同于现象本身的现象之因。而亚里士多德则断言真正的现实（现存的东西）是在**现象本身中发展的本质**。他否认那种将不同于现象的东西（第二世界）当作现象之因的企图，并教导说，用概念认知的事物存在所具有的现实性只不过是现象的总和，而事物存在即在现象中自我**实现**。作这样认识之后，存在(οὐσία)就完全具有**本质**(τὸ τί ἦν εἶναι)的品格，本质是构成个别形体的唯一根源，然而只有在个别形体本身中本质才是现实的、真实的；并且**一切现象的出现**都是为了**实现本质**。这就是亚里士多德用以克服赫拉克利特学派形而上学与爱利亚学派形而上学之间的对立的关系概念。

1\. 特别是，据亚里士多德看来，发展过程表现为**形式与质料之间的关系**（εἰδος，μορφή——ὕλη）。如果柏拉图①曾宣称，现象世界是"无限"和"有限"的混合物；那么亚里士多德则坚持他的观察：现象世界的每一事物都以形式化的质料出现在我们面前。然而，在他那里这个质料本身实际上是不明确的，但也不是纯然中立的空间，而是形体的基质（ὑποκείμενον）。在他那里这个形式不只是数学界限，而且是由本质根据内容而决定的形式。质料（或质料的基质）是一种可能性，是在完工了的事物中凭借形式而成为现实的东西的可能性。因此，在质料中，本质（οὐσία）只被赋予可能性。首 120

先，只有凭借形式，质料才存在于**现实**（ενεργείᾳ，actu）中。然而**生成**或自然变化过程就是本质通过形式从纯粹可能性过渡到**现实化**的过程。本质脱离现象就没有第二个更高的现实，本质只存在于现象体现形式的连锁中，借此本质才实现其自身的可能性。共相只有在个别中才是实在的或现实的；个别之所以**存在**只是因为共相在个别中自我实现。

由于理念论的这种改变，亚里士多德解决了希腊理论哲学的

① 亚里士多德形而上学的主要轮廓是用最简单的方式，从表现在《费力浦篇》（参阅上面第十一节，9）中的柏拉图形而上学发展而来。参阅格拉泽《亚里士多德形而上学》（*Die Metaphysik des Aristoteles*，柏林，1841年）。

根本问题：要这样来理解存在——用它解释流变或自然变化过程(das Geschehen)。上自米利都学派的物活论，下至他的两位伟大先驱相互对立的理论，所有希腊形而上学观点都作为因素而被包括进了亚里士多德的理论。用概念认知的存在是一般本质，这一般本质在其特殊现象的表现中从可能性通过形式而自我实现，这种自我实现的过程就是运动。存在即是产生于自然变化过程中的东西。此种本质在现象中的自我实现，亚里士多德称之为**隐德来希**(Entelechie，εντελεχεια)。

2. 因此，亚里士多德哲学的要点基于这种新的概念：**宇宙变化过程是本质在现象中的现实化**；它与以前对自然的解释相对立之点在于：**用概念贯彻目的论**，而柏拉图只将**目的论**当作假设提出来并以神话比喻的形式加以阐述。以前的形而上学将机械的压力和冲击的过程当作宇宙变化过程的典型的基本关系，而亚里士多德当作这种典型关系的是有机体的发展和人类的创建活动。当他想阐明宇宙变化过程的形而上学性质时，他总是从这两方面援引例证①。

但是在这两种合乎目的的变化过程中，形式与质料之间的关系并不完全一样；这两者之间的差异在贯彻亚里士多德的基本思想时无处不表现出来。在有机物变化过程中质料和形式自始至终是同一现实的两个方面，只有通过抽象化才能被分开；幼芽在发展过程中使本质得以显露，即使在这幼芽时期质料就已被形式内在地成形了。相反，在艺术创作中，开始时含有可能性的物质只独自

① 除在《形而上学》中讨论此问题外，主要在《物理学》中讨论。

存在，艺术作品是后来艺术家有目的地借助于运动才塑造出形象。

因此，在后一种情况下，发展被认为在**四个本原**之下进行。它们是质料，形式，目的和生成、流变（das Geschehen）的原因。相反，在前一种情况下，与质料相对的其他三种本原只是同一事物的不同表现，因为形式构成流变过程的原因和结果。

据此，我们发现，当应用于科学上时，这种形式和质料的关系体现在两个方面：一方面，**个别事物**被认为是自我实现的形式；另 121
方面，在**相互关联**中的事物，一个被认为是质料，另一个被认为是形式。基本原则在这两方面的应用一起贯穿在整个亚里士多德体系中；而在这体系的一般原则中有时它们相互冲突得如此厉害，以致只有将它们分开才有可能消除它们表面上的矛盾。

3. 前一种观点产生这样的结论：对于亚里士多德的宇宙概念来说，与德谟克利特和柏拉图两人的宇宙概念相对比，真正现实的东西是自身被形式所决定的**个别事物**。因此，从根本上讲，**本质**或**实体**（οὐσία）之名应归于形式。但是，本质在个别规定中发展和自我实现；这些个别规定有些是本质的状态（πάθη），有些是本质与其他事物的**关系**[①]（τὰ πρός τι）。因此，知识用这些属于事物的东西（τὰ συμβεβηκότα）去断言事物，而个别事物本身却不可用以断言其他事物；那就是说，在命题里，各别事物只能作主词，不能作宾词[②]。在实体自我表现的模式中，或者在与实体有关的可能的属性中，亚里士多德列举了以下**范畴**：数量（ποσόν），性质（ποιόν），关

① *Met.*〔《形而上学》〕XIV. 2，1089 b 23.

② *Analyt. Post.*〔《分析后篇》〕I. 22，83 a 24.

系(πρός τι),空间和时间的规定(τοῦ,ποτέ),活动(ποιεῖν),被动或遭受(leiden,πάσχειν);除此之外,还有,姿态(Sichbefinden,κεῖσθαι)和状态(Sichverhalten,ἔχειν)。这种归纳分类(包括实体在内共达十种范畴),也许其中结合有语法上的观点,是被设计来表示**最高的种或类**,一切可能的观念内容都将归属其下。但亚里士多德并没有在方法上利用这种归纳分类,因而他的范畴论在他的形而上学里,除上述实体与其规定之间的关系外,并无重大意义。

但当我们考虑到亚里士多德多么清晰地利用逻辑和形而上学的规定塑造出科学的实体概念时,乍看起来,就可能使人觉得奇怪,他既不发表一种方法上的原则,也不发表一种应用于事物本性的真正原则,以便根据这原则才可决定,按照他对实体这词的含义这些真正现存的个别事物究竟是什么。很清楚的只是:一方面,他并不把每一个与其他事物脱离而偶尔出现在经验中的任何事物当作本质,另方面他又将此特质归之于有机个体,归之于个别的人。如果假定他可能提到“本质”,只是在这些地方——形式的内在规定构成了个别特性的连贯性的基础,因而也只是在这些地方,这本质的知识解决了科学问题(即用一般概念决定现存的现实)——在这种意义下:持久的个别事物构成类概念,以代表出现于知觉中的所有特殊模式;如果这样假定,是符合亚里士多德学说的精神的。

122　苏格拉底-柏拉图对于科学问题的观点带来的影响是,亚里士多德又把个别事物的本质定义为个别事物由之而隶属于它的**种或类**的东西。对他说来,个别事物隶属于类概念,并不是比较理智的任意行为,而是知识深入事物本性、反映其中的真实关系的行为。

如果实体与其可感知的现象和属性相对比，实体表示共相；则另方面，类（γένος，或按柏拉图说法，εἶδος）就是在个别实体中自我实现的共相。在此，重复了同样关系：类之存在只是由于类作为个别事物真正存在的本质而在个别事物中自我实现，而个别事物之存在只是由于类在个别事物中通过现象得到表现。正是为了这个缘故，类也有权利要求得到作为本质的形而上学意义。对于亚里士多德来说，凭借这种方式，实体概念包含一种特别可变的双重意义。本来意义的实体是由概念确定的个别事物，但是作为第二种实体（δεύτεραι οὐσίαι）①，类构成个别事物的本质，正如这些个别事物构成可感知的现象的本质一样。

科学知识一部分集中在个别事物的概念上，一部分集中在种的概念上。每一种概念都在现象中自我实现；在此我们发现有许多直接属于概念的东西（狭义上的 συμβεβηκότα〔偶性〕）可从概念推导出来，但也有许多与概念无关的东西，只作为（概念在其中自我实现的）物质的影响而偶然地出现在特殊中。关于后者，与概念无关，或属**“偶然性的”**非本质的东西（通常意义上的 συμβεβηκότα〔偶性〕），按亚里士多德学说的假定，便没有“理论”，便没有科学知识。因此，亚里士多德（在此存在着古代研究自然的独特的局限性）在原则上也不承认还能科学地认识规律的必然性，——根据这种规律的必然性从一般能推出甚至最个别、最特殊的东西。他宣称这种个别事例是真正偶然性的东西，不可用概念来解释；并将科

① 至少在讨论范畴的论文中是这样称呼它们的，其真实性的确不是完全不可争辩的；然而这种命名就总体来说是完全符合亚里士多德学说的路线的。

学研究限制在普遍有效的东西（καθ' ὅλου）的范围内，或者至少限制在**大部分有效的东西**（ἐπὶ τὸ πολύ）的范围内。

4. 在这里我们明显地看到对于理念论的传统死死抱着不放，——这种态度也同样表现在另外方面。那就是，如果肯定了在不同事物之间、在事物的不同种类之间的质料与形式的关系：每一事物本身都作为形式化的质料而现实化，那么，这种关系都是**相对的**——就以同一事物而论，当与更低的相比时，则应视为形式；当与更高的相比时，则表现为质料。在这方面，发展的概念就变成了**事物按照形而上学价值的次序**而安排的原则，把这些事物看作是在不间断的序列中从质料的最低结构发展到最高结构。在这等级阶梯中，事物的每一类都通过下述检验而获得
123 自己的形而上学的地位——把它当作低一层的形式、高一层的质料。

这种个别事物及其类的体系既有下限也有上限；下限是纯质料，上限是纯形式。当然，完全无形式的质料（πρώτη ὕλη），其本身只是一种可能性，而不是现实；它如不以某种方式实现为形式，是绝不能存在的。然而它不仅是非存在（柏拉图的 μὴ ὄν，或虚空），而且是附属因，只有通过实际活动才能如是地显露自己（τὸ οὗ οὐκ ἄνευ，sine qua non）。质料的现实性表现在：形式并不在个别事物中完全自我实现，从质料中产生与有目的的积极形式无关甚至与之相对抗的副作用（παραφυάς）。因此，形式自我实现只能是潜在的，——这个事实只能用质料来解释：从质料产生出概念上不明确的东西或偶然性的东西，即自然界中无规律、无目的的东西。因

此,在解释自然方面,亚里士多德学说(如柏拉图在《费力浦篇》里所做的那样),把**目的因**(Zweckursache)和**机械因**区别了开来。目的因是在质料中自我实现的形式;机械因则寓于产生副作用和反作用的质料中。这样,亚里士多德最后将宇宙变化过程**比作造型艺术家**的活动,造型艺术家在坚硬的质料里发现实现他的成形思想的极限。无疑,此质料与理念的关系相距如此遥远,以至理念在质料中至少只能一般地表现自己;而且,质料是一种完全外在的,因而也是独立的因素,以致它有些部分作为实现形式的**阻碍因素**而自己反对自己。古代哲学没有超越形式的合目的活动与质料的反作用之间的这种**二元论**。古代哲学把目的论世界观的需求和经验的朴素诚实结合在一起,承认表现在现实世界现象中的、无目的的、与目的相反的必然性。

5. 至于纯形式,则与此相反,它本身具有最高的现实性而不需要任何质料,因为纯形式的概念直接与真实的现实性联系在一起。根据亚里士多德体系,这种**纯形式**的假定是必然的,因为作为只有可能性和潜在力的质料本身,单独不会有运动和变化的因素。的确,在这种发展的体系中我们不能谈运动在时间内的开端,此发展体系的中心集中在"自我实现的本质"这个概念上;因为**运动**必然和**存在本身一样永恒**,所以运动是存在的基本特性之一。但是我们必须指出:运动之**因**寓于存在之中。然而,处处都是形式作用于质料,在这种作用中,关于个别事物,亚里士多德区分了两种因素,即质料〔内在的〕被成形的动力,和来自形式本身的合目的运动。但是只要形式本身被推动起来,它就一定被认为是高一级的形式的质料;又因为这高一级的形式的情况也相同〔即又是更高一 124

级形式的质料〕，照此类推，因此在因果关系的连锁中如果没有本身不动的纯形式作为第一环节，运动是无法理解的，而这**第一推动者**（πρῶτον κινοῦν）本身是不动的。因此，关于第一推动者对于质料的作用只有上述两种因素中的第一种因素才值得考虑。第一推动者不是用它自己的动作起作用，而是依靠它的绝对现实性在质料中激起一种形成自身的动力（根据第一推动者），不是作为机械的原因而是作为**纯粹的目的因**（κινεῖ，ὡς ἐρώμενον，οὐ κινούμενον）。

在亚里士多德形而上学里，第一推动者或者**纯形式**与柏拉图形而上学中的善的理念完全是同一个东西；亚里士多德为此而利用了柏拉图理念的一切属性。它是永恒的，不变的，不动的，完全独立的，与其他一切事物分离的，非物质的，而同时又是一切生成和变化的原因。它是**完善的存在**（ἐνέργεια），其中的一切可能性同时也是现实性；在一切存在物中，它是最高、最好的，——它就是**神**①。

按照关系而规定的这个最高存在或本质，亚里士多德又赋予其关于内容的特征。这种与可能性无关的、纯粹存在于自身中的活动（*actus purus*），是思想，而且只能是思想；当然，不是指以个别事物及个别事物的流变现象为对象的思维过程，而是指以自身和自身的永恒性质为对象的**纯思想**；那种思想不预先假定任何其他东西为对象，而以它自己为经常的、不变的内容，思想的思想

① 关于这种思想过程的阐述主要是在《形而上学》第十二卷中，以后的所谓**上帝存在的宇宙论证明**基本上来源于此。在亚里士多德通俗的对话中他把这一证明和价值的规定糅合在一起，他赋予这一证明以下述形式：事物表现出来的不完善与较完善的差异必然要假定一个最完善的东西的存在。（Cf. Schol. in Arist. 487 a 6.）

（νόησις νοήσεως）——**自我意识**。

在这样规定的这些概念中寓有世界史上的重大意义。一方面，一神论即在此作了概念上的规定并找到了科学根据；另方面，一神论从色诺芬尼甚至柏拉图的泛神论形式过渡到了**有神论**形式，因为上帝被认为是不同于世界的自觉的存在。但除这种**超越性**以外，这种关于**上帝是绝对的心灵或精神**（*Geist*）的学说同时涉及形而上学上的进步：这**非物质的**、无形的纯粹存在被当作与精神的东西相等同。**精神一神论**是希腊科学的成果。

这种神的精神性是按照纯理智主义的观点来理解的：它的本质只是以自身为对象的思维。所有行为、所有意愿的对象不同于行为者、不同于意愿者。神的精神，作为纯形式，不需要任何对象。他自我满足；他的自我认识（θεωρία）——除自己以外没有其他认识对象，就是他永恒的福祉。他作用于世界，不是通过他的运动或活 125
动，而是通过世界对他的渴念。世界以及世界上发生的事情，起源于**质料对上帝的渴念**。

6. 质料（只是潜能）本身被推动而不推动任何事物；上帝（唯一现实）本身不被推动而推动其他事物。这两者之间存在着整个事物的锁链，接受运动又引起运动。当这整个事物锁链被当作一个整体看待时，亚里士多德便称之为自然（φύσις；等于现代词语“世界”）。据此，自然就是作为**整体看待的生物的连锁系统**。在其中，质料发展得愈来愈高，从形式到形式，通过大量的特殊形态，接近静止的神的存在，并且由于模仿神的存在，潜在地将它吸收于自身。

但是在这方面，亚里士多德**自然科学**的本质在于阐述**事物的**

分级，事物分级对于估价相对价值有两重标准。据此，等级从两种不同的系列发展，此两种系列按照此体系的基本概念最终获得彻底而又令人吃惊的统一。

根据亚里士多德，在神的概念中作为主要特性的存在概念（本身静止不动，不变）与精神性或合理性概念（νοῦς）会合在一起。因此，自然界个别“形式”地位的高低是按照它们包含具有最高价值的因素的多少来决定的。在这条路线上，现象的系列从地球上无秩序的变化上升到星群永远匀速的运转；在另一条路上，我们从只有机械的位移运动走向灵魂的活动，走向灵魂最有价值的发展——理性认识；只要把以最均匀的速度运动的星群设想为最高的智慧、最有理性的精神，这两条路线便有相同的终点。

7. 关于第一方面，亚里士多德继承了柏拉图的天文学观点，
200 采取了旧毕达哥拉斯关于地球与天体之间的对立的观点。后期毕达哥拉斯学派较成熟的观点虽然得到精通后一时期天文学的那些人的承认，但没有在古代占优势；这应归源于亚里士多德哲学取得胜利的影响。因为整个宇宙有最完美的形式：处处相同（球形），所以在一切运动中，最完美的是返回自身的**圆周运动**。这种圆周运动应当归于天体元素**以太**；**星群**和透明的中空球体由**以太**构成；星群以永远不变的规律运动于透明的中空球体中。外面最远处，在最接近神性存在的绝对不变之处，是固定星群的穹苍，在穹苍之下有行星、太阳、月亮。它们明显地偏离圆周运动，此种现象曾用一种复杂的中空球体层层重叠的理论来解释，这种理论是由与学园

有密切关系的天文学家欧多克萨斯和他的弟子卡利布斯提出来的[①]。对亚里士多德说来，星群本身是超人类智慧的存在，是属于神的世界：据他看来，星群似乎是更纯的、与神更近似的形式；从它们那里似乎产生出对于低级的尘世生活的合目的的、有理性的影响，——这种思想后来变成了新柏拉图主义的，从而也是中世纪的占星术的根源。

另方面，地球上生命的低“形式”是（恩培多克勒的）**四种元素**，其特征是**直线**运动。但是直线运动立刻牵涉到两种倾向的对抗——一种是离心力，属于火；一种是向心力，属于土。第一种倾向，在较小的程度上也属于空气，第二种倾向在较小的程度上也属于水；因此，中心物体，我们的地球，整体说来，处在静止状态，它是这样组成的：在土的质料的周围，首先是水，其次是空气，而火力图飞向天体的外层世界。但是，由四种元素参加的**恒变的组合**构成不完美的事物——不可思考的东西，尘世间**偶然性**的东西。在这里，质料的副作用和反作用比起天体领域更强烈；在天体领域里，不受干扰的圆周运动实现了数学的确切性（Bestimmtheit）。

8. 在地球上的一切变化中，**机械的、化学的**和**有机的**变化过程以这样一种方式彼此依存：高一级的总是以低一级的作为条件。

① 参阅沙帕拉里《欧多克萨、卡利布和亚里士多德的同心球体》（Schiaparalli，*Le Sfere Omocentriche di Fudosso，Callippo，ed Aristolele*，米兰，1876 年，意大利文版）。也可参阅格鲁佩《希腊宇宙学说》（*Die kosmischen Systeme der Griechen*，柏林德文版，1851 年）。下面对于这些问题的处理作为方法原则由老学园保留下来了，那是典型的对于思辨地解释自然的数学-形而上学的臆测，即：那就是去发现星群有规律的秩序井然的运动，据此可以解释它们表面的运动。西姆普里西斯评注亚里士多德《论天》（卡尔斯登，119）。

没有位置变化（φορά或从最狭窄的意义上的 κίνησις）便不可能有性质的变化；没有这两种变化，基于生长和衰退（αὔξησις—φθίσις）的有机变化是不可能的。然而，高一级的形式绝不只是低一级形式的产物，而且还是自我存在的某种东西，低一级的形式凭此只能从事合目的的活动。

从这里便发展出了亚里士多德与德谟克利特带原则性的重要的矛盾；但在自然科学的细节研究上亚里士多德又对他的前辈非常敬重并用明显的论述加以大量利用。亚里士多德①反对最后连柏拉图也接受了的关于将一切质的规定转化为量的规定的那种企图。他从认识论和形而上学的观点出发，反对将第二性的性质与第一性对立的性质。比起赋予第一性的性质来，他赋予第二性的性质不是更低而是更高的现实性。对他说来，在“形式”的链锁中，

127 内在的概念品格或规定显然比数学表现的外在规定，更有价值②。

德谟克利特要想把关于一切质的差异转化为量的差异的原则提高到解释宇宙的高度；那种企图在亚里士多德那里，在亚里士多德的“隐德来希”（事物的内在形式）的理论里遇到难以制胜的敌手。这位敏捷的逻辑学家认识到，绝不可能从量的关系经分析发展出质；与此相反，他认识到，质（无论从何种意义上说，都是可以感知的）是一种崭新的东西，它假定量的关系的整体只是自己成为现实的诱因（tatsächliche Veranlassung）。

---

① 特别可参阅论文《天论》第三卷。

② 为此，亚里士多德不仅赋予各元素的特征以运动的不同趋向，而且还赋予它们以原初性质；他又从热与冷、干燥与潮湿的那些成对的矛盾的结合中发展这些性质。《气象学》IV. 1，378 b 11。

9. 亚里士多德以逻辑的一贯性将此观点应用于心灵活动与身体活动之间的关系上。身体是质料，心灵为之提供形式。在亚里士多德那里，没有那种心灵功能对于身体功能的依赖性；而这种依赖性德谟克利特曾经根据古代形而上学程序教导过，甚至柏拉图在有些地方（在《蒂迈欧篇》里）也曾经教导过。对于亚里士多德来说，**灵魂**就是**身体的“隐德来希”**，——即形式在有机体的运动和变化中自我实现。灵魂是身体形成和运动的原因，依照目的而起作用的原因；它本身是非物质的，但是只在作为推动身体、控制身体的力量时才是现实的、真实的。

但是依照亚里士多德，好像心灵生活本身也建立在连续的等级或阶层上。每一等级，依次，为上一级的质料。有机物的第一形式是植物灵魂（θρεπτικόν），它“形成”符合于合目的的同化作用和繁殖作用的物理变化和化学变化。**植物**灵魂限于生命力的纯生理特征；除了植物灵魂外，在整个动物界①还有**动物灵魂**，它的本质特征是空间中的自发运动（κινητικόν κατὰ τόπον）和感觉（αἰσθητικόν）。

动物身体合目的的、自发的运动来自欲望（ὄρεξις）。欲望来自快乐和痛苦的**感觉**，表现形式是力图获取或回避。但是这些感觉普遍假定有**它们的对象的观念**，同时与这种思想紧密联在一起——这对象是值得争取的或者值得回避的。在亚里士多德那里，希腊心理学独有的观点（一切欲望依存于观念）是如此强烈，他

① 亚里士多德的《动物史》（参阅 J. B. 迈耶，柏林，1855 年）用典型范例，对详尽的调查研究给予极大的关怀，借此处理解剖学的、生理学的、形态学的以及生物学的问题，也处理体系问题。关于植物的类似工作实际上不存在了，但是我们在他的朋友和弟子提奥弗拉斯特的著作中得到了补偿。

甚至根据判断和推理的逻辑功能明确地提出了这些关系。在实践领域里，也有肯定和否定①，也有从一般目的到特殊行为方式的推导过程。

128 **感觉**形成整个动物观念活动的中心(Herd)。在处理这课题②的生理学中亚里士多德全面地利用了他的前辈，特别是德谟克利特关于这点上的所有特殊知识和理论。但是他克服了所有过去理论的共同缺陷，在知觉生成的过程中，他赋予灵魂自我活动更大的重要性，他不满足于采用旧的说法——知觉基于主客观的合作，他指出**意识的统一性**(*Einheitlichkeit*，μεσότης)，动物灵魂用此意识的统一性与在个别感官的个别知觉中所取得的东西结合起来，以形成集体知觉，或者形成将对象作为整体的知觉，在这样作的过程中，也就掌握了数、位置和运动的关系。因此在个别感官之上我们还必须假定有**共同感官**(κοινὸν αἰσθητήριον)③。由于在共同感官中，知觉总是想象力的表象(φαντασίαι)，共同感官既是不自觉的记忆的处所，又是自觉的记忆的处所。同时，它也是我们认识自己的

---

① 《尼各马可伦理学》VI. 2，1139 a 21。

② 除在论灵魂的论文中处理这个课题的章节外，也应参阅与此有关的更短的论文，即：《论知觉》、《论记忆》、《论梦》等等。

③ 关于生理学上的定域问题，亚里士多德发现心灵活动附属于生命热气(ἔμφυτον θερμόν)，它作为生命气息(πνεῦμα)与血液混在一起；他的学派更进一步发挥了这个理论。参阅 H. 西伯克《大众心理学杂志》(H. Siebeck，*Zeitschrift für Völkerpsychologie*，1881 年，pp. 364 ff.)。因此，他把心脏当作共同感官的处所，这就代替了阿尔克曼埃(Alcmaion)、阿波罗尼亚的狄奥根尼(Diogenes of Apollonia)、德谟克利特和柏拉图用以认识人脑的重要性的更深刻的洞见。

〔内心〕状态的处所①。

10. 然而，植物灵魂和动物灵魂在人的身上只构成质料——为实现人所独有的**形式**（**理性**，νοῦς—διανοεῖσθαι）的质料。凭借理性作用，内在动力（ὄρεξις，欲望）变成意志（βούλησις），想象的表象变成知识（ἐπιστήμη）。理性作为一种新的、更高的东西（“从外部”，θύραθεν）进入一切心理活动，包括从兽类的知觉发展而来的心理活动。亚里士多德为表明这种关系，他将纯理性活动本身命名为**主动理性**（νοῦς ποιητικός），相反，将知觉材料命名为**被动理性**（νοῦς παθητικός）；知觉材料从身体存在中来，为理性提供可能性和机会，最后被理性改造、成形。

因此，“被动”理性意味着个人天性中的**个别方面**（*Erscheinungs weise*）而为个人的经验情况所决定；与此相反，“主动”理性意味着将纯理性作为性质和原则的统一体来考虑，为一切各别人所共有。主动理性因为没有开始，因而是不可毁灭的；而被动理性随同它所由出现的个人而消亡。正如在柏拉图的《蒂迈欧篇》里，由于这个结论个人不朽便成了问题，在那篇对话录里，只是为了灵魂的“有理性的”“部分”，即到处都相同而不属于个人的那一部分，才主张个人不朽。很清楚，在此我们必须处理的不再是经 129
验心理学，而只处理这样一些理论，——这些理论来自整个学说系统的关联，这些理论由于伦理学原理和认识论原理而移植于心理学上。

① 内在知觉理论的这个开端可在亚里士多德的《论灵魂》(III. 2，425 b 12)中找到。

11. 在理性作为人类灵魂特有的形式的这个概念中，亚里士多德找到了连柏拉图也没能找到的对**伦理**问题特征，即善的内容的特征的解答。人类的**幸福**或**福祉**(εὐδαιμονία)，在亚里士多德的体系里，也被认为是一切行为的最高目的(τέλος)，其中有些地方依存于外在财产。幸福不是完全的，除非外在资财提供了美好的事物；但是伦理学必须处理的只是那些在我们掌握之中的东西(τὰ ἐφ' ἡμῖν)，只是人们靠自己的行为(πρακτὸν ἀγαθόν)获得的幸福。万物之所以幸福，是由于发挥了自己的本性和自己独有的能力——而人则通过**理性**。因此，人的**美德**是一种气质或永恒的心境(ἕξις)，通过它人就具有理性活动的实践能力。美德从人的天性中的禀赋发展而来，其成果就是满足、愉快。

正如在动物灵魂中，内在动力〔欲望〕和知觉必须区别为不同的表现，同样，理性自我发展，一部分发展为理性行为，一部分发展为理性思维；一方面发展为品格或气质(ἦθος)上的完美，另方面发展为智慧能力(在 αἰσθὰνεσθαι 这词的最广泛意义上)上的完美。因此，作为理性人的优异性或才能(Tüchtigkeit)产生了**伦理的美德**与**理智的或逻辑推理的美德**。

12. 伦理美德产生于意志的锻炼；意志因锻炼，习惯于按照正确的洞见而行动。意志使人在决断中遵循实践理性，即遵循他对于正确的或恰当的东西的洞见。亚里士多德以这理论(明显地考虑到伦理生活的客观事实)超过了苏格拉底的原则，当然不是指他将与知识对立的心理独立性赋予意志，而是指他放弃了这种意见——来源于理性洞见的“意志决定”天然地比来源于有缺陷的知识的“欲望”更为有力。因为经验往往证明与此恰恰相反，人必须通过实践才能获得自我克制(ἐγκράτεια),凭借这种自我克制人才能在任何情况下都遵循被理性认识过的东西,甚至违背最强烈的欲望①。

天性、洞见和习惯属于一般伦理美德;而个别美德则通过与之有关的各种不同的生活关系显露出区别来。亚里士多德并没有提出这些美德的系统发展,但是我们却得到了关于个别美德全面的、细致的论述。总的原则是,理性的洞见总是存在于(天生的感情冲 130
动所导致的)两种不合理的极端之间的**中道**,因此,勇敢是怯懦与鲁莽之间的中道。友谊②阐述得特别详尽,被描述为对善和美的事物的共同追求,正义被描述为政治社会的基础。

13. 亚里士多德和柏拉图一样确信,因为人的伦理美德总关系到在社会生活中得到成功的行为,所以它只有在社会生活中实现;最后,他认为离开**国家**就没有完美的道德生活;亚里士多德认为国家的主要目的就是对公民的道德培养。但是,正如对于个别人来说,美德应从天性中发展,同样,亚里士多德处理政治关系也是从这种观点出发的——为了最大可能地实现那种最高目的,必须利用历史上已有的条件。

只要政府将社会的伦理利益当作自己的最高目标,每种宪法都是正确的;否则,每种宪法都是失败的。因此,国家的好坏不是

① 在亚里士多德(《尼各马可伦理学》III. 1—8)就这方面提出的反驳苏格拉底学说的论辩中,发展了自由问题的开端。

② 在《尼各马可伦理学》第八卷中。

决定于表面形式——统治者的数目①。个人统治，如果是君主制(βασιλεία)，可能是好的，如果是专制独裁(τυραννίς)，就可能是坏的；少数人统治，如果是有文化、有气质的贵族制，可能是好的，如果是根据出身和财产的寡头制，则可能是坏的；全民的统治，有法律、有秩序的共和国(πολιτεία)，可能是好的，群氓统治(δημοκρατία)，可能是坏的。亚里士多德用极深刻的政治远见，将希腊的历史经验和这些论述糅合在一起；并以此为基础着手探讨**历史哲学**，提出关于个别宪法形式互相渗透互相发展的必然性的暗示。

研究了这些设想之后，我们可以理解，亚里士多德不可能想到用柏拉图的方式详尽地设计一个理想国的宪法。他满足于在关键上强调了在各别宪法中为实现国家的总任务而已证明是必需的那些因素。在这方面，他同意柏拉图，要求一个大众的教育体系。有道德的社会必须负责培育能使自己持久发展的因素；教育的任务(《政治学》的残篇在处理这问题时突然中断了)是借助于高尚的艺术将人从野蛮的自然状态引导到有道德修养的、理智的文明。

14. 对于理性的实践活动(就该词的广义而言)，亚里士多德
131 除了“行动”(πρᾶξις)以外，还算上了“创造”(schaffen，ποιεῖν)；但在另方面，他在**艺术**的创造性活动与以日常生活目的为目标的活动之间筑下如此深的鸿沟，甚至有时将艺术科学(诗的哲学)定为第三种独立的科学，与理论科学和实践科学并列。在诗的哲学中，除《修辞学》以外，他的诗的艺术理论只有在《诗学》的标题下保存下

① 这个观点是冒充柏拉图之名的《政治家篇》曾经强调过的，而柏拉图自己在《理想国》中，从灵魂低级部分占优势这个心理现象类推出“坏的”宪法。

来一些断片。的确，这是从一般艺术原则出发的，至于具体的课题他提供的是悲剧理论的轮廓。在这方面，艺术科学与哲学其他两个主要部门的关系是如此特殊，以至很难要把这个分支置于其他两个部门中的任何一个部门之下。

艺术是模仿的产物，不同艺术之间的区别是由于模仿对象之间的区别，也由于用以模仿的质料之间的区别。诗的艺术的对象是人和人的活动，所用的手段是语言、韵律和和谐。特别是悲剧，用人的语言和行动直接表达一种意义重大的行为。①

但是这种模仿描述的目的是**伦理的**目的：必须激发起人的感情；特别是在悲剧中，必须强烈地激发起**恐惧**和**同情**，以便通过感情的激动和提高，而使灵魂超越这些感情达到灵魂的**净化**（κάθαρσις）。

〔关于**净化**理论后来在艺术理论中变得十分重要；与之有关的文献，参阅德林《亚里士多德艺术论》（*Die Kunstlehre des Aristoteles*，1876 年，耶拿德文版）。〕

然而，这种目的是以下述方式达到的：在艺术形象中，呈现在我们眼前的不是作为个别的特殊，而是体现一般本质的特殊。艺术，与科学一样，它的对象是在特殊中实现一般。它提供一种知识，并以此提供与知识同在的欢乐②。

15．它发展的最高、最完美的境界最后由人的理性本质在**知**

① *Poet.*〔《诗学》〕6，1449 b 24.

② *Poet.*〔《诗学》〕9，1451 b 5.

识中获得。**逻辑推理**的美德是最高的，导致完全的幸福。**理论理性**（ἐπισημονικόν）活动的目标是直接认识最高真理，即直接认识这样一些概念和判断：那些概念和判断是只有用科学研究的归纳推理才能得到而又不能证明的；一切演绎法都必须从那些概念和判断开始（参阅第十二节，4）。

但是对于这些最高对象的认识（人身上的“积极理性”的充分发挥），亚里士多德再次称之为“直观”（schauen，θεωρία）；凭借对于最高真理的这种“直观”，人得以分享**纯粹思维**，神的本质就在于这种纯粹思维；从而也分享神的自我意识的**极乐世界**[①]。因为只为自己而存在的这种“直观”没有意志或行为的目的，这种不带欲念的、沉浸于永恒真理的知觉是最善、最幸福的。

① 或直译为“永恒的福祉”（ewige Seligkeit）。——译者

第二篇 132

希腊化-罗马哲学

关于一般文献资料，第一篇开头所列的著作也同样适用于这一篇。

在亚里士多德时代，希腊文明走出了本土疆界，进入了伟大的总的潮流，住在地中海沿岸的古代各民族，通过他们的观念的相互交流、调整，融合成为统一的文明。这个过程是在亚历山大继承人的希腊城邦里通过东方和希腊的思想交融而开始的。从外部看，它完成于罗马帝国，从内部看，完成于基督教。希腊文明、罗马文明和基督教文明就是从古代发展到世界未来文明所经历的三个阶段。

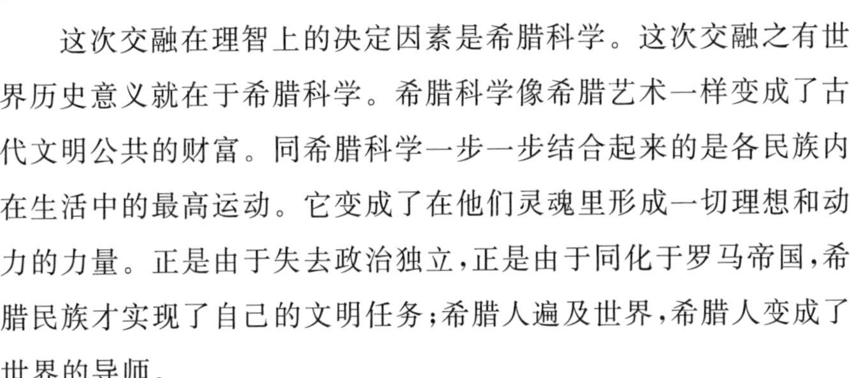

这次交融在理智上的决定因素是希腊科学。这次交融之有世界历史意义就在于希腊科学。希腊科学像希腊艺术一样变成了古代文明公共的财富。同希腊科学一步一步结合起来的是各民族内在生活中的最高运动。它变成了在他们灵魂里形成一切理想和动力的力量。正是由于失去政治独立，正是由于同化于罗马帝国，希腊民族才实现了自己的文明任务；希腊人遍及世界，希腊人变成了世界的导师。

由于希腊科学进入更宽广的范围，它经受了原来统一于自身的不同因素的分化。希腊科学所由起源的纯理论的影响，清楚明白地表现在亚里士多德的品格和学说中，与这种纯理论兴趣一起，实践兴趣也及时地发展起来了，在科学中追寻着控制人生的信念。在柏拉图哲学里，这两方面不可分割地融合在一起，但现在，科学的这两种倾向分道扬镳了。

科学思维在亚里士多德逻辑里已达到了自身过程的认识，已认识到基本概念，借助这些基本概念就可以利用大量的现象材料。各种阐述世界的互相对立的主要理论已经发展成为伟大的体系，并形成固定的结构，能科学地处理具体问题。但是实际上，由于开始时，具体知识范围很狭窄，希腊科学在原则发展上取得的成功愈大，现在在形而上学方面就愈索然寡味，软弱无力。

133 其结果是，科学理论向着具体化发展，希腊化-罗马时期科学的基本特点是**学识渊博**和**特殊科学的发展**。个别科学家由于参加了一个伟大学派，便获得了群众意见的坚决支持，获得了处理他感兴趣的各个问题和各个科目的坚定原则。对一般形而上学理论越不关心，便越有可能对各特殊领域作出有成果的研究，有可能扩大客观事实的知识，有可能理解科学的各特殊部门，完全摆脱形而上学体系之间的纷争。在亚里士多德的学派和学说中曾经典范地进行过的问题的划分势必导致专门化；对知识的为理论而理论的纯理论兴趣，在希腊化-罗马时期，基本上在各特殊科学中发展起来了。实际上，古代后期的伟大**学者**（如阿基米德、厄拉托西尼、阿里斯塔古斯）总与古代某一学派有瓜葛，但是他们总表示自己对形而上学漠不关心。因此，发生了这样的事：在这段时期，就哲学的理论原则而论，收获是极端少的，而对于数学、自然科学、语法、语言学、文学和通史的研究却有丰富而全面的成果可资记载。与众多号称“哲学家”的名字（或者是学派的头头或者是学派的成员，在**“哲学史”**的概要阐述中还继续存在）联系在一起的只是一些文学-历史杂记，如他们特别在这个或那个部门工作过；或者也许是有关个人的资料，对哲学无关，如他们从属于从前的这个或那个导师，——我们几乎找不到任何新的、创造性的概念结构。就理论知识而言，这个时期把希腊人的老问题推来推去，沿着早已铺好的轨道前进。

在这些沿袭前人、改编加工的年代里，更加蓬勃发展的是**哲学的实践意义**。由于希腊生活的理想世界已分崩离析，由于民族的宗教日益淹没在客观世界的习俗中，由于被剥夺了独立性的和破碎的政治生活不再唤起虔诚，每个人在心灵深处深深感到只有依靠自己；因此更迫切需要人生目的的科学理论，更迫切需要保证个人幸福的智慧了。这样，**处世哲学**（*Lebensweisheit*），继希腊哲学之后，变成了哲学的基本问题；早在苏格拉底及其以后有智者学派思想的犬儒学派和昔勒尼学派那里就已经开始把哲学问题的范围缩小，这样一来，哲学问题的范围缩小便成为后一时期的普遍特征了。

这并不排除一般理论学说以及各种学说之间的〔装模作样、自命不凡的〕相互激烈争辩。但是一方面，它们不再有原来的为理论而理论的兴趣，只沿着处世哲学观点所决定的方向发展；另一方面 134
它们缺乏独创性，它们自始至终只不过是改头换面的旧传统，受基本的实践思想的支配。甚至像斯多葛学派和新柏拉图学派那样全面的体系也不过利用希腊哲学概念以谋求获得实践理想的理论基础而已。他们总在基本的实践信念中去寻找理论问题的答案；在

这一点上，他们全都是问题交织的独特典型。

与实践意义占优势相联系的是这样一个事实：哲学依赖于文明总的发展（这种依赖性从智者学派开始就已打破了不受世俗干扰的科学研究领域里的沉寂）已成为希腊化-罗马时期的持久现象，这件事极明确地表现在哲学对于**宗教**变化不定的态度上。

希腊哲学已经取得的进展，以及希腊哲学对于通俗宗教愈来愈激烈的公开对抗，带来了这样的后果：亚里士多德以后的哲学所探索的处世哲学的特殊任务就是要找到**宗教信仰的代用品**（Ersatz）。文明世界已经丧失了在宗教中的立足点，又不得不放弃在国家中的立足点，因而只好在哲学中寻找自己的立足点。其结果，希腊化-罗马处世哲学的观点主要是**个人道德**的观点。哲学孜孜从事于此，因而深深打上**伦理学**的烙印。这种个人主义伦理学与宗教的尖锐对抗非常明显地表现在伊壁鸠鲁学派中。在其他学派中，有关神性的理论也只具有纯伦理的或者理论性的意义，但却没有专属于宗教的东西。

这种本质上属于伦理学的哲学发展完成于希腊，特别是完成于雅典。当希腊文化向东方、向西方扩展时，这种发展成为几世纪以来科学生活的中心。但很快，新的中心，特别是旁征博引、深入细致的研究中心兴建起来了；在罗得岛，佩尔加马，亚历山大里亚，塔尔苏斯，罗马，后来在安蒂奥克，拜占庭等地修起庞大的图书馆和博物馆。其中，**亚历山大里亚**特别突出，在那里，古书汇集，融会贯通，加工处理，发展显著；因而，这个时期被称为“文学-历史”时期，不但如此，在那里，当代哲学方向也经历着决定性的改变。

然而随着时间的推移，罗马帝国全盛时期的古代世界弥漫着深深的不满情绪，哲学对此不能老是无动于衷。这个庞大的帝国对于它融成一个强大的整体的各族人民，不能给他们抵偿丧失民族独立的损失，它既不能给他们内在的价值，也不能给他们外在的财富。世俗生活的气息对古代各族人民来说已变得枯燥无味，他们渴望宗教。因此他们暗中摸索各个民族带来的偶像崇拜和宗教仪式，东方的宗教和西方的宗教开始互相交融了。

哲学陷入这潮流愈深，就愈明显地显示出：哲学不能用伦理的 135
生活理想满足有教养的人——不能向他们保证预许的幸福。因此结果是（首先在亚历山大里亚），宗教各种观念混杂的、澎湃的洪流一股脑儿地涌进哲学中来；这一下，哲学在科学的基础上不仅力图建起伦理的信念，而且力图建起宗教。哲学，利用希腊科学的概念，澄清和整理宗教概念；对于宗教感情迫切的要求，它用令人满意的世俗观念来满足它，从而创立了或多或少与各种相互敌对的宗教紧密相联的**宗教形而上学体系**。

因此，希腊化-罗马哲学有两个不同的时期需要区分：**伦理学**时期和**宗教**时期。纪元前一世纪就标志着从第一个时期逐渐过渡到另一个时期。

第一章 伦理学时期

雅典哲学大师们的两大派别，**学园派**和**逍遥学派**追逐当时潮流，将科学分成两大支：伦理哲学和学术研究。在学园派的第一代（与亚里士多德同时代）中，毕达哥拉斯化的形而上学占了绝对优势，这就为下一时期准备了群众性的道德教育的条件（参阅第十一节，5）。事实上，在亚里士多德学园里，**提奥弗拉斯特**，继他之后有**斯特拉脱**，紧紧抓住这种发展，重新改造亚里士多德形而上学，但是提奥弗拉斯特的同人**狄凯阿库斯**、**阿里斯托克塞努斯**等以及提奥弗拉斯特本人转而作文学-历史的研究，以后转向自然科学。往后，逍遥学派大部分参加了亚历山大里亚的学术研究，特别是在他们之中有写哲学史的最辛劳的工作者。但就在哲学本身，他们不过扮演了抵御别人的攻击、捍卫自己学派体系的保守角色而已；特别是在伦理学的领域里，**安德罗尼古斯**所出的亚里士多德著作的新版，重新激励起重建亚里士多德学说的热情。释义、评论、摘录、阐述，形成后期逍遥学派的主要任务。

然而，柏拉图学园和亚里士多德学派的工作在雅典为后来在第四世纪之末建立起来的两个新的学派所破坏。这两个新学派之能有伟大成就应归之于这样一种情况：他们以片面的鲜明性和透彻性表现了实践的处世哲学的时代潮流。这两个新学派就是**斯多**

葛学派和**伊壁鸠鲁学派**。

斯多葛学派由塞浦路斯岛**西提姆人芝诺**创立于画廊（Στοὰ 136
ποικίλη）。在芝诺时代和他的继承人**克雷安德**时代，与这个学派的第三个领袖**克吕西普**时代比较起来，斯多葛学派同犬儒学派更相类似。克吕西普成功地把这学派引向坚定的科学的道路。与此相反，**伊壁鸠鲁**创立了一个学社。这个学社以精化、理智化的形式，使享乐主义原则成为学社的中心，但只发展了很少一点科学的创造力。这个学派在当时已确立的社会-伦理原则以及从古代传至罗马帝国的有关世界观，为这个学派争取到许多信徒；就在这时，这个学派在科学上比起其他学派，成果较少，无论是在特殊科学里或在哲学里。这个学派的理论由罗马诗人**卢克莱茨**用一种极有趣的形式表达出来了。

这**四大学派**在雅典继续并存了几个世纪；在罗马帝国时期，它们仍然各自占据说教的讲座，形成类似大学的场所。但是只有在柏拉图的学园里，虽然有几次大的中断，仍可查出这派领袖的继承次序；而斯多葛学派和伊壁鸠鲁学派的传统在纪元前一世纪已经断线了，不久后亚里士多德学派的传统也断线了。

开始时，这**四大学派**在纪元前第三、第二世纪，以一种极生动活泼的方式彼此争论；特别是在伦理学问题上他们力争战胜别人夺取胜利；至于形而上学、物理学和逻辑学上的问题只要与伦理问题有关，他们也力争取得胜利①。

但是在这整个时期，与这些独断主义学说肩并肩地向前发展

① 西塞罗在他的哲学对话中巧妙地运用原始资料生动地描绘了这些学派的争论。

的还有另外一种思潮，这种思潮像斯多葛学派和伊壁鸠鲁学派一样起源于智者学派的学说，这种思潮就是**怀疑主义**。怀疑主义没有采取学派的结社形式，但也**汇合成一种体系形式**，达到**伦理高潮**。**皮浪**按照当时的时代精神集中了智者学派的消极后果，他的学说是由**蒂孟**提出来的。这种智者学派的怀疑主义曾骄横一时，占领过柏拉图园林；因为，如果说**中期学园**还未完全接受这种学说，那么它却利用了这学说为武器反对斯多葛主义并奠定自己的伦理学。学园在这方面的发展出现了学派的两个领袖：**阿尔凯西劳斯**和**卡尔尼亚德**，他们相隔大约一世纪之遥。往后，当学园派再度批驳怀疑派时，怀疑派得到的同情主要来自经验主义的医生们，其中，即使到了这一时期的末期还是值得提一提的是**艾奈西狄姆**和**阿格利巴**。关于怀疑派理论的全集在后来很长一段时间才编成，它保留在**塞克斯都·恩披里珂**的著作中。

但是怀疑派更深远的意义是：它表达了占据过整个古代文明，
137 正如曾一度占据过希腊文明的那种基本情调——一种与当代文明的独自的精神内容不相一致的情调。就是这同一种缺乏坚定信念的精神在**折衷派**中找到了另一种表现形式。折衷派是在第二世纪的后半叶开始发展起来的。随着各学派渗入罗马帝国的各个生活领域，学派派性消逝了，论战减弱了，反而使人觉得有调整、融合的必要。特别是，目的论的世界观形成了柏拉图主义、亚里士多德主义和斯多葛主义联合起来反对伊壁鸠鲁主义的共同基础。

这种融合的倾向，**信仰调和论**的倾向，首先在斯多葛学派中萌芽，而且得到**巴内修**和**波昔东尼**最有力的支持，他们借用柏拉图和亚里士多德的各要素从各方面补充了斯多葛学派的理论。与之对立的是**新学园派**，这学派在**拉里萨的斐洛**之后便结束了曾在这学派中独霸一时的怀疑论的一段插曲，并且通过**安提阿古**，力图在柏拉图和亚里士多德共同一致的那些学说上把当时分裂的哲学统一起来。

那种罗马人用以继承希腊哲学的折衷主义愈缺乏原则，就愈不重要，但是也不能说因此而在历史上愈没意义。这种折衷主义基本上是从实践观点出发，把他们认为明白易懂的各个学派体系拼凑在一起。这种情况适合于**西塞罗**、**瓦龙**，有些地方也适合于**塞克斯都学派**。

在**逍遥学派**(The Lyceum，亚里士多德学园)中，首先要引起注意的是这派的共同创始人：列斯堡岛伊里布斯的**提奥弗拉斯特**(大约纪元前370—前287年)。他是亚里士多德的一个稍年轻的朋友。他通过讲学和写作为学派争得了很大的威望，他是一个深刻感人、影响重大的讲座演讲人的典型。关于他的作品，保留下来的有植物学的著作，还有《形而上学》的一个片段，他的《人物素描》、关于知觉的论文、物理学史的节录，以及一些孤立的残篇(F.温默编辑，布雷斯劳，1842—1862年)。

同提奥弗拉斯特一起的有罗得岛的**欧德姆斯**；还有塔林敦的**阿里斯托克塞努斯**，他从历史上和理论上研究音乐(《音乐要素》，由R.韦斯特法尔译成德文，1883年，莱比锡)；还有墨西拿的**狄凯阿库斯**，他是一位鸿儒，写过一部希腊文明史(βίος Ἑλλάδος)；还有兰木色古斯的**斯特拉脱**，他是这一学派(纪元前287—前269年)的领袖，获有"物理学家"的别号。

必须提到的是，在逍遥派哲学编纂家中有赫尔米普斯、所提翁、萨蒂鲁斯、赫拉克来底斯·莱蒙布斯(纪元前第二世纪)，在后期评论家中有阿弗罗底西斯的亚历山大(大约纪元200年，在雅典)。

中期学园由伊奥利亚的毕丹尼的**阿塞西劳斯**(大约纪元前315—前241年)开始(他的学说由他的弟子拉克底斯记录下来)，以**卡尔尼亚德**(纪元前155年，在罗马)和他的继承人克来多马柯(死于纪元前110年)而告终。他们的著作没有传下来。关于他们的原始资料，除了狄奥根尼·拉尔修斯外，主要是由西塞罗和塞克斯都·恩披里珂提供的。

我们了解到的**新学园**的知识就性质上说，同样只是间接的、一般的。拉里萨的**斐洛**纪元前 87 年还在罗马；他的继承人是阿萨隆的**安提阿古**，纪元前 78 年西塞罗在雅典听过他的课。折衷主义的柏拉图主义具有初步的基本的伦理形式，其拥护者中有**阿里乌斯·狄代姆斯**；他强烈地爱好斯多葛主义（在奥古斯丁时代），还有**特拉西路斯**（在提庇留皇帝治下）筹备和主办过德谟克利特和柏拉图作品的出版工作。对于柏拉图著作进行广泛的释义、评注的文学活动也在学园中开展起来了。

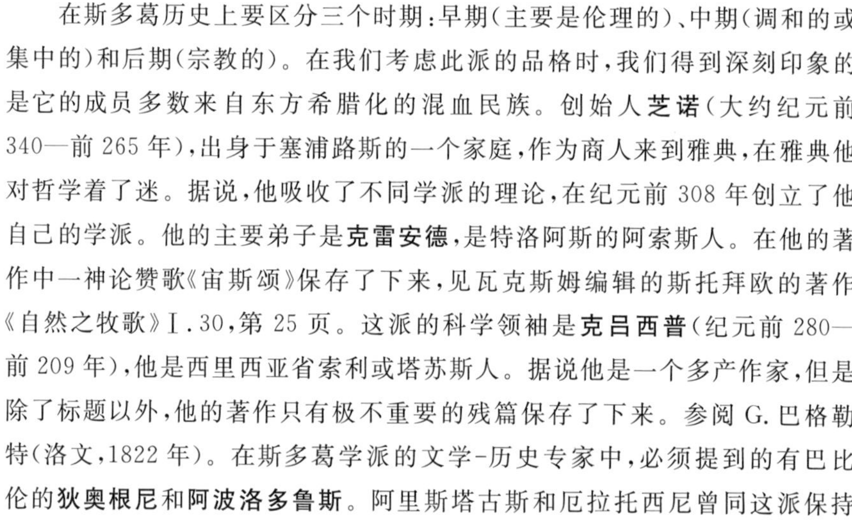

138 在斯多葛历史上要区分三个时期：早期（主要是伦理的）、中期（调和的或集中的）和后期（宗教的）。在我们考虑此派的品格时，我们得到深刻印象的是它的成员多数来自东方希腊化的混血民族。创始人**芝诺**（大约纪元前 340—前 265 年），出身于塞浦路斯的一个家庭，作为商人来到雅典，在雅典他对哲学着了迷。据说，他吸收了不同学派的理论，在纪元前 308 年创立了他自己的学派。他的主要弟子是**克雷安德**，是特洛阿斯的阿索斯人。在他的著作中一神论赞歌《宙斯颂》保存了下来，见瓦克斯姆编辑的斯托拜欧的著作《自然之牧歌》Ⅰ.30，第 25 页。这派的科学领袖是**克吕西普**（纪元前 280—前 209 年），他是西里西亚省索利或塔苏斯人。据说他是一个多产作家，但是除了标题以外，他的著作只有极不重要的残篇保存了下来。参阅 G. 巴格勒特（洛文，1822 年）。在斯多葛学派的文学-历史专家中，必须提到的有巴比伦的**狄奥根尼**和**阿波洛多鲁斯**。阿里斯塔古斯和厄拉托西尼曾同这派保持密切关系。

巴内修（纪元前 180—前 110 年），受柏拉图学园怀疑派的影响很大，他同罗马政治家保持密切关系；从他开始斯多葛学派信仰调和论发展起来了；这一发展完成于叙利亚阿潘米亚的波昔东尼。后者是古代最伟大的鸿儒之一，特别是在地理-历史方面。他在罗得岛讲学，听课的有许多罗马人，其中就有西塞罗。

关于罗马帝国时代的斯多葛学派，可参阅下章。斯多葛派学说的原始资料是西塞罗的著作和狄奥根尼·拉尔修斯所编著作第七卷，有些来自帝国时代斯多葛学派的现存著作以及在赫尔库拉内姆发现的资料。

D. 梯特曼《斯多葛哲学体系》(*System der stoischen Philosophie*，1776年，莱比锡德文版，三卷集)；P. 韦戈特《斯多葛哲学》(*Die Philosophie der Stoa*，1883年，莱比锡德文版)；P. 奥热约《斯多葛哲学体系论文集》(*Essai sur le Système Philosophique des Stoiciens*，1885年，巴黎法文版)；L. 斯坦《斯多葛派心理学》(*Die Psychologie der Stoa*，1886—1888年，柏林德文版，两卷集)〔卡普斯《斯多葛主义》(*Stoicism*，1880年，伦敦英文版)〕。

伊壁鸠鲁(纪元前341—前270年)，出生于萨摩斯岛，一位雅典小学教师的儿子。他在米特林和兰普萨古做过教学工作，后来在纪元前306年在雅典建立他的社团，此社团取名为"花园"(κῆποι，horti；也像其他学派那样依照他们集合的地方取名)。由于他的与人为善的友好品质，作为一个教师很受人爱戴。在他轻易被人扔掉的许多著作中，只有谚语(κύριαι δόξαι)、三封教育信、论文《论自然》(περὶ φύσεως)的一些章节(在赫尔库拉内姆发现的资料)，除此之外还有一些散见残篇，保存了下来；H. 乌森勒系统地搜集和整理成《伊壁鸠鲁》(*Epicurea*，莱比锡德文版，1887年)。

在大量的追随者中，他亲密的朋友兰普萨古的美特罗多鲁在古代最为出色；还有**西当的芝诺**(约纪元前150年)和**费德鲁斯**(约纪元前100年)。(在科叶勒-叙利亚)加达拉的**斐洛德姆斯**，自从他的一部分著作在赫尔库拉内姆被发掘出来以后，据我们看来，他已经变成更为显著的人物(《赫尔库拉内姆出土遗书》，第一套丛书，那不勒斯，第一版，1793年起，第二版1861年起)。最有价值的是，περὶ σημείων καὶ σημειώσεων〔《论信息与推断》〕(参阅，Fr. 巴忽希，利克，1879年；H. V. 阿尔尼姆《斐洛德姆斯》，哈雷，1888年)。

提图斯·**卢克莱茨**·卡鲁斯(纪元前98—前54年)的教育诗《物性论》(*De Natura Rerum*)六卷集，曾由拉赫曼(柏林，1850年)和J. 伯奈斯(莱比锡，1852年)编辑〔该诗篇英文版由芒罗翻译，伦敦版，1886年。参阅J. 马森的《卢克莱茨原子论》(*The Atomic Theory of Lucretius*，伦敦英文版，1884年)〕。

另一些原始资料是西塞罗的著作和狄奥根尼·拉尔修斯所编著作第十卷。

参阅：M. 盖约《伊壁鸠鲁伦理学》(巴黎，1878年法文版)；P. V. 吉楚克

《论伊壁鸠鲁的生平和伦理哲学》(1879 年,柏林德文版);W. 华莱士《伊壁鸠鲁主义》(1880 年,伦敦英文版)〔《大英百科全书》中华莱士所撰写的条目《伊壁鸠鲁》;W. C. 考特尼《伊壁鸠鲁》,载于《希腊文化》〕。

139 **怀疑派**,按其性质而言,不是作为一个严密的学派而是以松散的形式出现①。现在仍值得怀疑的是,怀疑派的系统化者爱利斯的**皮浪**(约纪元前 365—前 275 年)是否在他的家乡城市同苏格拉底-智者学派有着密切的联系。有一个叫作布里索的人,据说是斯提尔波的儿子,被人看作是中间联系者。他随亚历山大旅行了亚洲,随行者有德谟克利特的追随者,名叫阿那克萨古斯。讽刺文学家弗流斯的蒂孟(纪元前 320—前 230 年,该时期的后段在雅典)从皮浪的观点出发,嘲笑哲学家。他的著作的残篇保存在瓦克斯姆的著作《蒂孟》(莱比锡,1859 年)中。参阅 Ch. 瓦丁顿《皮浪》(巴黎,1877 年)。

后期怀疑派的外部关系很不清楚,很不明确。来自索诺斯的**艾奈西狄姆**在亚历山大里亚教学,作过论文《皮浪主义》(Πυῤῥώνειοι λόγοι),但完全没有传下来。他大约生活在纪元前第一世纪,但也有人认为还要晚两个世纪左右。关于阿格利巴的情况完全不知。怀疑派文字上的代表人物是**塞克斯都·恩披里珂**医生。他生活在纪元 200 年左右。关于他的著作,现存的有《皮浪主义纲要》(Πυῤῥώνειοι ὑποτυπώσεις),他的研究成果被搜集在名叫《反对数学家》(*Adversus Mathematicos*)一书中,此书第七至十一卷有关于怀疑派理论的解释,还有许多有价值的历史记载(J. 贝克编,1842 年柏林版)。

参阅:K. 施多伊德林《怀疑派的历史和精髓》(*Gesch. und Geist des Skepticismus*,莱比锡德文版,1794—1795 年);N. 麦科尔《希腊怀疑派》(*The Greek Sceptics*,伦敦英文版,1869 年);L. 哈斯《论怀疑派哲学继承》(*De Philosophorum Scepticorum Successionibus*,维尔茨堡,1875 年)〔欧文《怀疑主义者的晚会》(*Evenings with the Sceptics*,1881 年,伦敦英文版),《大英百科全书》中 A. 塞士所撰写的条目《怀疑派》〕。

开始时在罗马人中哲学之引进遭到强烈反对,但在纪元前第一世纪初,上层的年轻罗马人在雅典或在罗得岛学习,听各学派领袖们讲演,风行一时,

① 因此,要想根据学派领导人的继承次序的先后来确定后期怀疑派的年代表,一切努力都是幻想,徒劳无益。

他们的目的也正如从前雅典人听智者们的讲演一样。要评断马可·土利乌斯·**西塞罗**(纪元前 106—前 43 年)的文学活动必须从他的目的来看;他的目的是要在他的同胞中唤起对一般科学文化的爱好并理解其意义;从这观点出发,他的工作应当得到很高的评价。他的写作技巧和形式的优点弥补了他缺乏应有的哲学推理能力。这种缺点表现在他没有原则性地吸取理论:西塞罗喜爱柏拉图学园的盖然论(参阅第十七节,7)。主要著作有:《目的论》、《义务论》、《土斯库兰的谈话》、《学园问题》、《神性论》、《宿命论》、《占卜论》。〔上述西塞罗著作的英文译文载于博恩文库。〕

他的朋友、著名鸿儒、多产作家马可·特伦底乌斯·**瓦龙**(纪元前 116—前 27 年)更有学识。但是关于他对于哲学史的功绩,留下来的只是一些散见的记载而已。

被称作塞克斯学派的有**奎都斯·塞克斯都**父子和亚历山大里亚的**所提翁**。所提翁似乎就是斯多葛学派的道德学与亚历山大学派的毕达哥拉斯主义的直接联系人,而且通过他,斯多葛学派的道德学给蒙上了具有帝国时代特征的宗教色彩。在叙利亚译文中发现的一些他们的**论断**已由吉尔特迈斯特编辑出来(波恩,1873 年)。

关于整个时期的文献情况,参阅 R. 赫尔泽《西塞罗哲学论文研究》(*Untersuchungen zu Cicero's philosophischen Schriften*,三卷集,莱比锡德文版,1877—1883 年)。

第十四节 圣人的理想 140

亚里士多德以后整个时期哲学所继承的伦理学的主要特点更确切地体现在:在这个沿袭前人并无创造力的时代,形成研究中心的完全是**个人伦理学**。在柏拉图和亚里士多德那里,道德最后达到的伦理社会的、理想的崇高境界对他们的时代来说完全是一首陌生的赞歌,是希腊因之而成为伟大国家的赞歌,是生动活泼的民族意识的赞歌。此种民族意识已经失掉了对人们心灵的控制力量；即使在柏拉图和亚里士多德的学派中，能够找到的同情者也是如此之少，以至学园派学者以及逍遥派学者甚至把个人幸福和德行问题放在突出的地位。从学园派学者克兰托尔的论文《论忧伤》[①]中，或者从提奥夫拉斯特的总标题为《人物素描》的各篇著作中，保留下来的材料，完全立足于这样的哲学观点：对生活中美好事物的正确欣赏是人生的目的。

后来几个世纪，在各派对这些问题无穷无尽的争论中这两位伟大的雅典哲学家的继承人发现他们的看法是一致的，即共同反对新生各派。两者都在经验现实的整个路程中追求实现善的理念。虽然柏拉图所持的纯唯心主义尤其力图超越感官世界，但他们还是欣赏世界财富的相对价值。虽然他们高度评价德行，但他们并不排斥这意见：为了人类的完全幸福[②]，喜爱身外之物的财富、健康、繁荣等等还是必需的；并且他们特别否认犬儒学派和斯多葛学派关于德行不仅是至善（如他们所承认的）而且是唯一的善的理论。

然而，无论如何，他们又煞费苦心想要确定能使人幸福的正确的生活行为。学派的个别成员从事特殊研究，而公共活动，特别是学派的领袖们的公共活动，却旨在刻画**模范人物的形象**。这就是时代要求于哲学的："告诉我们，一个确信自己幸福的人，不管他在此世的命运如何，他应具备什么品质？"这个模范人物必定是能干的，有德行的；他之所以有德行只是由于他有洞见、有知识，因此他

---

① 参阅 F. 卡塞尔（海德堡，1841 年）。

② 亚里士多德的这个观点，老学园的斯皮西普和色诺克拉底完全同意。

必须是“有智慧”的人，这就是产生于苏格拉底学说的先决条件；在整个这一时期中，所有各派均以此为自明之理。因此，大家都力图描述**圣人的理想**，那就是，力图描述这样一种人的理想：他的洞见使他有德行，因而也使他幸福。

1. 在这段时期规定的“圣人”的概念，其最突出的特征是“**恬静**”（**无动于衷**，ἀταραξία）。斯多葛学派，伊壁鸠鲁学派，怀疑派孜 141
孜不倦地将这种**独立于世界之外**颂扬为圣人的优越性（*Vorzug*）：他自由，他是王、是神；无论发生什么事，都不能损伤他的知识、他的德行、他的幸福。这样描述的理想是时代的特征；这个时期的模范人物不是为伟大的目的而工作而创造，而是了解如何把自己从身外世界解脱出来，如何**只在自己身上寻找幸福**。个人内心的孤立，对于一般目的漠不关心，在此得到鲜明的表现：**战胜外在世界**就是圣人幸福的条件。

但是因为他没有战胜他身外世界的力量，他就必须战胜**他身内**的世界；他必须战胜外在世界给予他的影响。这些影响在于外界和生活在一个人身上激起的感情和欲望。这些影响是对于他自己的性格——情绪或者感情（πάθη，affectus）——的干扰。因此，智慧就表现在人对于自己的**感情**所抱的态度上①。那就是根本没有感情或情绪，**冷漠无情**（apathy，ἀπάθεια 是斯多葛的用语）。无动于衷，这便是这种“智慧”的幸福。

① 古代关于感情（*Affect*）这个概念一直延续到近代（斯宾诺莎），它比近代心理学的那个概念要更广泛些。这词解释得最好的是拉丁译文“*perturbationes animi*”、“情绪”，并包括所有人类依赖于外在世界的感觉状态和意志。

伊壁鸠鲁和皮浪介绍这种理论所用的术语直接表明了〔他们〕对于亚里斯提卜和德谟克利特的依赖关系。伊壁鸠鲁[①]把享乐主义学派的原则当作自己的原则，同时把**快乐**当作**至善**，然而他要的是**满足**和**安宁**的持久**心情**，而不要暂时的享受，——这与发生于享乐主义内部的逐渐改造相符合（参阅第七节，9）。享乐主义哲学家也曾在轻微的运动中找到快乐的本质；但是（伊壁鸠鲁认为）那还是“动态中的快乐”；无痛苦的静止状态，没有一切欲望的状态（ἡδονὴ καταστηματική〔沉静的快乐〕），才具有更高的价值。即使享受的精神和热情消逝了，伊壁鸠鲁信徒还是乐于享受各种快乐，但一定不要受刺激，或激动。灵魂的安宁（γαληνισμός，参阅第十节，5）是他希望的一切，他急切逃避威胁他的灵魂安宁的暴风雨——激情。

伊壁鸠鲁认识了犬儒学派曾用以证明**没有需求**是德行特征和幸福特征的逻辑一贯性；但他不像犬儒学派那样真正抛弃快乐。的确，圣人必须了解这点，而且据此行事，只要快乐在事物发展过程中成为必需的。但是圣人满足的程度随着欲望满足的范围的扩大而变得更大。正因为如此，他需要这样的洞见（φρόνησις）：这种
142 洞见不仅使人能估计在特殊情况下可预期的感情所确定的苦乐程度，而且确定一个人是否应该追求个人的欲望，并应追求多少。在此，伊壁鸠鲁主义区分三种欲望：有些是天生的（φύσει），不可避免的，因为得不到满足便完全不可能生存，所以连圣人也不能摆脱这

---

① 德谟克利特的那些年轻的追随者，带有强烈的智者派学说的色彩，他们被称为居间的联系者；特别是一个叫做**脑西芬利士**的人，伊壁鸠鲁听过他的课。

些欲望；另外一些是习惯性的(νόμῳ)，人为的，假想的，圣人应看穿其空无一物而摈弃它们；然而，在两者之间(在此，伊壁鸠鲁反对犬儒哲学的极端的偏见)有大量的欲望，它们虽然具有天生的性质，但的确不是对于生存不可缺少的。因此圣人在必要时可以摈弃它们；但是因为这些欲望得到满足能给人幸福，圣人就会尽可能地满足它们。盛福应归于这样的人——他，在恬静的享受中，充分欣赏所有这些良好事物，而不作任何激烈的斗争。

根据同样理由，伊壁鸠鲁认为精神快乐高于激情的肉体享受。但他追求心灵的快乐不在纯知识中，而在生活的美感中；与友人交，风趣优雅，体贴入微；日常生活，舒适惬意，安排得所。因此，圣人身处恬静中，为自己创造自我享受的幸福，超脱时俗，与世无争。他懂得他能为自己得着些什么；能得者，绝不放弃；但他不至于蠢到为命途乖舛而生气，为得不到不可能得到者而悲伤。这就是他的“恬静”或不动心：一种与享乐主义者类似的享受；但更风雅，更理智，——而且**更自得**。

2. **皮浪**的享乐主义，因为他力求从智者学派的怀疑论中获得实践结论，便走上了另外一条道路。根据他的弟子蒂孟的阐述，他主张科学的任务是研究事物的结构，其目的在于建立人同事物之间的适当关系，并理解人从事物中可能得着的东西①。但根据皮浪的理论，事情变得非常清楚，我们绝不可能知道事物的真正结构，最多只知道事物将我们置身于其中的感情(πάθη)状态(普罗塔

① 欧瑟比乌斯《福音书之准备》XIV. 18，2。在此表现出皮浪学说与时代潮流完全吻合。时代潮流提出这样的问题：“如果没有知识，我们得干什么？”

哥拉,亚里斯提卜)。但是,如果不能认识事物,绝不可能确定,我们对于事物的正确关系是什么,我们的行为会产生什么结果。这种怀疑主义是苏格拉底-柏拉图推论的消极反面。正如在那里,根据前提:没有知识,正确的行为是不可能的,因此要求,知识必须是可能取得的、同样,在这儿的理由是,因为没有知识,正确的行为也就不可能了。

在这种情况下,给圣人剩下的只是尽可能地抵御群氓所习惯的意见和行为的引诱。正如苏格拉底所教导的,一切行为来自我们对事物和事物价值的观念;一切愚蠢的、有害的行为都来自不正
143 确的观点。然而圣人知道,关于事物本身是不可名言的(ἀφασία),意见是不可执著的(ἀκαταληψία)[①],因此他克制自己,尽可能不作判断,从而也尽可能不采取行动。他独善其身、悬(εποχή)[②]而不决,这使他不受感情的干扰,不作不法行为。他找到镇静,内心的宁谧,**恬静**。

这就是怀疑派的美德,其目的使人摆脱尘世。它的局限性只在于:总还有些情况,即使独善其身的圣人有时也必须采取行动;有时根据在他面前出现的形势,根据传统,除了行动以外别无选择。

3. **斯多葛学派**形成了克服人内心世界过程的更深刻的概念。肯定地说,在开始时,他们充分承认犬儒学派对于身外世界一切财富的漠不关心,有德行的圣人的自我克制一直作为一个不可磨灭

---

① 这一词语或许是在批驳斯多葛的概念 κατάληψις〔理智的了悟〕的辩论中形成的;参阅第十七节。

② 根据这个术语,又称怀疑论者为 ἐφεκτικοί〔“吊带”〕,这一术语刻画了他们的特性。

的特征铭刻在他们的伦理学上。但是很快，他们便以带有浓厚的亚里士多德色彩的、感情冲动的、敏锐的心理学，磨掉了犬儒学派激烈的自然主义的锋芒。与个别灵魂的特殊心境和活动相对立，他们比这位斯塔吉拉人（亚里士多德）更加强调各别灵魂的统一和独立。因此，对他们说来，**人格**第一次成为决定性的原则。对他们说来，灵魂的主要力量或灵魂占统治地位的部分（τὸ ἡγεμονικόν），不仅是在感觉中由各别感官受刺激而构成知觉的东西，而且是由于灵魂的认可①，将感情的激励转变为意志活动的东西。根据意识本来的、真正的性质，意识就是理性（νοῦς）；意识的天职就是理解和形成统一体的意识内容。由于感情的激动，意识放任自己仓促认可，值此之心情状态与意识本身的性质和理性相抵触。因此，此种心情状态（affectus）是激情（πάθη）状态，是灵魂的疾病，是灵魂的烦扰，与自然相违，与理性相悖②。因此，如果圣人面临尘世而不能抵御感情的激动，那么他就会利用理性的力量拒绝给予认可，他不允许感情的激动变成热情、情绪。他的美德是**淡漠无情**（ἀπάθεια）。他征服世界即是征服他自己的感情冲动。只有通过认

① 肯定地说，即使根据斯多葛学派，这种认可也依赖于判断；至于感情则依赖于假的判断，然而同时与判断相联的是意志的行为。参阅第十七节，8。

② 狄奥根尼·拉尔修斯所编著作第七卷第110页：τὸ πάθος—ἡ ἄλογος καὶ παρὰ φύσιν ψυχῆς κίνησις ἢ ὁρμὴ πλεονάζουσα〔激情——心灵的不理智的、反本性的运动，或者说，它的无节制的冲动〕。克吕西普特别发挥了情绪的心理学说。芝诺从基本形式上区分了快乐与痛苦，欲望与恐惧。看来，在后期的斯多葛学派中，用作分类原则的，有些是能唤起情绪的观念特征和判断的特征，有些是从其中能产生感情状态和意志状态的特征。参阅狄奥根尼·拉尔修斯所编著作第七卷第111页起；斯托拜欧《自然之牧歌》第二卷，第174、175页。

可，我们才依存于事物变化过程；如果我们克制自己，我们的人格
144 便屹然不动，依存于自身。一个人不能阻止命运给他准备快乐和痛苦，但他可以认为快乐并不是好事，痛苦并不是坏事，从而保持自我满足的自豪感。

因此，对于斯多葛学派说来，美德本身是唯一的善；而激情对于理性的支配是唯一的恶；其他一切事物和关系都被认为是无关紧要的（ἀδιάφορα）①。但是在他们的善行学说中，他们区分值得想望的东西与必须抛弃的东西（προηγμένα 与 ἀποπροηγμένα），从而缓和了这个原则的僵化性。虽然他们在这方面强烈地强调：值得想望的东西的价值（ἀξία）必须与美德本身之善严格区别开来，但是与犬儒学派的片面性相反，他们却从这里得出尘世间财物（Lebensgüter）尚有次要的价值的结论。因为，值得想望的东西之所以被重视是因为它似乎适用于促进善，而在另方面，必须被抛弃的东西的缺点在于它为德行设置路障，所以，早被犬儒学派似是而非的学说掐断了的、在自足的个人与世界的行程之间的连线又被连了起来，而且连得越来越紧。在值得想望的东西与必须抛弃的东西之间绝对不关紧要的东西最后只遗留给予道德不发生任何关系的事物。

正如这些区分由于排除了犬儒学派因素，逐渐使得斯多葛主义更具有生命力，而且可以说使得它在这世界上更行得通了，同

① 由于他们连生命也算在这一类中，他们便得到众所周知的关于保卫自杀或者表扬自杀（ἐξαγωγή）的结论。参阅狄奥根尼·拉尔修斯，VII. 130；塞涅卡《书信集》12，10。

样，在有道德的圣人和邪恶的愚人（φαῦλοι，μωροί）之间我们也看出了类似的改变，在开始时两者之间被弄得尖锐对立，后来取消了这种尖锐对立，斯多葛主义在进行教育上便更有利了。照开始时的说法，圣人完全仁智，而愚人在每件事情上总是照样地、完全地、没有例外地愚蠢、有罪，其中没有中间地带。如果一个人占有理性力量和理性的正确性，他就能借此控制他的激情，于是他因占有此一美德而同时就占有一切个别的特殊美德[①]；这种唯一能使人幸福的占有是不可能丧失的；如果一个人没有这种占有，他便不过是环境的玩物，自己感情的玩物；他的灵魂的这种不治之症将传染给自己整个行为和感情。因此，根据斯多葛学派的意见，少数圣贤是完人，与他们相对立的是广大的愚人、罪人；在多次演说中斯多葛主义者带着自满的古犹太法利赛教徒的悲观主义悲叹人们的卑微。这种最早的观点，将一切愚人一律视为抛弃对象。但与此观点相反，出现了另一种观点：认为愚人们距离理想德行的差距总是明显的，从而在圣人与愚人之间插入了另一种人的概念：他是进步的，是处于**改进**（προκόπτων）状态中的人。而实际上，斯多葛学派死死
抱着这种观点：从这种改进过程到真正美德不存在逐步的过渡；相 145
反，进入完美的境界，是突然转变的结果。但是当研究伦理历程（προκοπή）的各个不同阶段时，有一种状态被认为是最高阶段，在此阶段中虽然达到超然的境界，但还没有充分的把握和自信[②]。

① 斯多葛学派也把柏拉图的基本道德当作他们系统地发展自己的道德学说的基础。斯托拜欧《自然之牧歌》II.第102页起。

② 参阅塞涅卡《书信集》75，第8页起（也许是关于克吕西普的）。

这样一来，死板的交界线多少被抹掉了。

4. 然而，尽管有这些实践上的让步，个人人格的内向反省归根到底是斯多葛生活理想的基本特征。另一方面，这些希腊后裔处世哲学的共同标志没有一个地方像斯多葛学派这样有价值地补充过。就我们所知，怀疑派从来不希望有这样一种积极的补充——补充得很有一贯性。**伊壁鸠鲁学派**追寻的方向表现在非常明晰的形式中——伦理兴趣限制于个人的幸福。对于伊壁鸠鲁和他的信徒们说来，圣人的灵魂逃避世界暴风雨的袭击，灵魂安宁的积极内容最后只是**快乐**。实际上，在这种快乐中他们缺乏带感官性质的强烈快感，亚里斯提卜曾以此将片刻的享受和肉体的欢乐吹捧为崇高的目的；正如我们已经说过的，我们发现，在他们的至善论中，有教养的人审慎权衡过的、自得的享乐主义被宣称为伦理生活的内容。的确，伊壁鸠鲁用心理发生学的解释将一切快乐毫无例外地归结为感官的快感，或者照人们后来说的，归结为肉体的快感①。但是，在批驳昔勒尼学派时，他宣称②，就是这些派生的，因而也是精致的心灵快乐远远高于感官的快乐。他正确地认识到，如果一个人完全独立于外在世界，那么比起物质享受来，他能够更可靠地、更丰富地掌握精神享受。肉体的享受依赖于健康、财富和其他的天赐；但是科学、艺术所提供的东西，高尚的人们的亲密友谊所提供的东西，镇静自若、自足的人们所提供的东西，无忧

① Athen. XII. 546(Us. *Fr.*〔乌森勒尔《残篇》〕409)；Plut. *Ad. Col.*〔普鲁塔克《反科罗底》〕27，1122(Us. *Fr.*〔乌森勒尔《残篇》〕411)；id. *Contr. Epic. Orat.*〔《反伊壁鸠鲁幸福论》〕4，1088(Us. *Fr.*〔乌森勒尔《残篇》〕429).

② Diog. Laert.〔狄奥根尼·拉尔修斯〕X. 137.

无虑摆脱情感的人们所提供的东西——这一切就是圣人牢靠的财富，差不多或者完全不受命途乖舛的影响。因此，有教养的人的**艺术的自我享受**便是伊壁鸠鲁学派最高的善行。这样一来，不用说，享乐主义粗俗的东西、感性的东西消逝了；伊壁鸠鲁花园是人生美好行为、优良道德和高尚职业的培育场所。但是个人享受原则仍然不变，所不同的只是：在民族生活的老年时期，希腊人连同他们的罗马弟子们，比起他们年富力强、丈夫气概的祖先来，享受得更风雅、更理智、更精致。只是内容变得更有价值了，因为这内容是由发展得更丰富、生活得更深刻的文明提供的。满面春风，饮尽人生甘醇，不像过去仓促豪饮，而是从容不迫、口口品味；然而气质不 146
变，依然是唯我主义，无丝毫责任感。因此，在这里，如果我们更加小心谨慎，便会发现圣人对于道德风俗、世俗清规的发自内心的漠不关心；因此，最重要的是，要排除一切可能干扰圣人自我享受自我陶醉的、可能加以责任感的重荷的形而上学观念和宗教观念。

5. 与此相反，**斯多葛**伦理学形成最鲜明的对照。灵魂在理性力量中运用自己特有的本性，拒绝同意感情冲动，——这种思想使我们想起亚里士多德（第十三节，11）；在这种思想中显露出斯多葛主义在人类灵魂生活中所采取的独特的对抗性。正是我们现在可能称作本能冲动的东西（即外在世界通过感官引起的感情激动和意志激动）——正是这些东西，对他们说来，正如上述，好像是违反自然的（παρὰ φύσιν）。另一方面，对他们说来，理性不仅是人的“自然”，而且总的说来是宇宙的“自然”。因此当他们采取了犬儒学派关于有道德的东西同“自然的东西”同义的原则时，这同一词语对他们说来就包含一种完全改变了的思想。灵魂作为世界-理性的一部分,排除了作为对立因素的、感性冲动的规定(犬儒学派曾将道德简化为感性冲动):自然的要求与理性的要求一致,与感官的要求相矛盾。

据此,在斯多葛学派中,道德的积极内容似乎就是**与自然相协调**,同时也是一种**规律**——此规律对于感性的人[①]要求一种规范性的效力。在这个公式中,“自然”用于双重意义[②]。一方面指的是一般的自然,创造性的宇宙力量,按照目的而行动的世界思想(参阅第十五节),逻各斯;另一方面与此意义相符合的是,人的道德从属于自然规律,他的意志服从于世界的行程,服从于永恒的必然性;并因这世界-理性在斯多葛学说中被指定为神,所以,它又服从于上帝,服从于神的规律,也从属于宇宙-目的和天道的统治。完美的个人与其他个别事物相对立,与个别事物通过感官对他发生的作用相对立,他应该反求诸己,自己成为自己的主宰,内心恬静,这样,他的德行就好像皈依于普遍的、主宰一切的某种东西。

然而,因为根据斯多葛学派的概念,ἡγεμονικόν(人类灵魂的生命统一体)是神的世界-理性的一个同质部分,所以与自然协调一致的生活必须也适合于**人性**,适合于人的基本本性。除此之外,在更普遍的意义上说,道德与真正的、完全的人性完全符合,与对一切都同样有效的合理性完全符合。同样在特别的意义上说,每一
147 个人由于履行了自然的命令便发展了自己个人本质最内在的幼

① 在此,智者学派的术语经历一种有趣的变化(第七节,Ⅰ),其中 νόμος〔法令〕和 θέσις〔习俗〕被当作相同之物,与 φύσις〔自然〕对立;而在斯多葛那里,νόμος〔法令〕= φύσις〔自然〕。

② 参阅狄奥根尼·拉尔修斯,VII. 87。

芽。综合这两方面的观点，斯多葛主义者认为，在生活行为中受理性指导的一贯性是智慧的崇高目标，他们发现人生最崇高的任务在于：一个有德行的人应该在生活的每一个转折时期保持与自身完全协调①，并以此当作自己品格的真正力量。希腊人的政治空谈主义就因此找到了自己的哲学公式并变成受到罗马共和政体铁血政治家们热情欢迎的信念。

但是不管斯多葛主义者用什么特殊的词句表达自己的基本思想，这思想本身总不变，——那就是，根据自然、根据理性而生活是一种职责（καθῆκον），是圣人必须履行的职责；是一种法律，是圣人必须服从以对抗感官上的爱好的法律。这种**责任感**，这种对“职责”的严峻意识，这种对高级秩序的认识，是他们理论的精华，有如他们生命的脊骨和脊髓。

根据职责对生活的这种要求，我们有时在斯多葛主义者中遇到以片面的形式出现的这样一种观点：道德意识需要基于理性的东西，禁止违反理性的东西，并宣称除了理性的东西外所有其他的东西都与伦理无关。不需要也不禁止的东西仍与道德无关（ἀδιάφορον）。根据这点，斯多葛学派有时推出不很严格的结论，他们捍卫这些结论言词多于信念（Gesinnung）。但是在这里，理论的系统发展却创造出有价值的中间环节。因为即使**善**是绝对应该取得的，但在更次要的程度上，值得想望的东西也必须认为在伦理上是可取的；虽然真正的卑鄙只在于希图获得绝对被禁止的东西，但是

① 这样一来，惯用语 ὁμολογουμένως τῇ φύσει ζῆν〔与自然和谐一致地生活〕和 ὁμολογουμένως ζῆν〔一以贯之地生活〕归根结蒂有同一含义。斯托拜欧《自然之牧歌》II. 132。

有道德的人也仍应力求避免必须“被鄙弃”的东西。因此，与善行等级相对应，就引出了职责的同类等级，即被区分为绝对的和“中间的”。所以，在另方面，关于人类行为的估价，在稍微不同的基础上，要区别从外部满足理性要求的行为①(此等行为称为“适当的”行为，符合广义的职责)与完全由行善的意志出发而满足理性要求的行为。只有后一种情况②，才算是职责的完美实现；其反面是违背职责的意图，如表现在行为中的罪孽(ἁμάρτημα)。因此，斯多葛学派，从职责意识出发，开始深入地、认真地研究良心学，研究人类意志和行为的伦理价值；我们可以认为，他们最有价值的贡献是这
148 样一种普遍应用的思想：人，以他内在的和外在的整个行为，对高级命令负责。

6. 在理解伦理生活中，伊壁鸠鲁学派与斯多葛学派之间，虽然有不少共同的、广泛而深远的性质，但其巨大差别在各自的**社会**理论和**国家**理论中变得非常清楚明白。的确，在下述理论上他们两派在口头上几乎完全一致：自满于自己德行的圣人，如同其不需要其他任何社会一样，不需要国家③；不但如此，在某种情况下，或为了自己的享受或为了履行职责，圣人甚至应该逃避社会。在这种意义上，斯多葛学派，特别是后期的斯多葛学派，甚至劝人不要家庭生活，不要政治活动。对于伊壁鸠鲁学派说来，婚姻和社会

① ὅσα ὁ λόγος αἱρεῖ ποιεῖν〔凡是理性认为宁愿做的一切事〕；Diog. Laert.〔狄奥根尼·拉尔修斯〕VII. 108.

② 针对斯多葛学派在这里提到的这种对比，康德曾推广两个词语：**合法性**和**德性**；根据西塞罗的先例，拉丁语区别为 *rectum*〔正直〕和 *honestum*〔善行〕。

③ Epic. in Plut. *De Aud. Poet.* 14,37(Us. *Fr.*〔乌森勒尔《残篇》〕548).

活动带给他们的责任心就足以证明对两者(婚姻和社会活动)抱怀疑态度是正当的,特别足以使圣人认为:只有在社会生活不可避免或者有完全可靠的利益时,社会生活似乎才是有益的。总的说来,伊壁鸠鲁主义者坚持他们的先师的格言:在恬静中生活[①],得过且过(λάθε βιώσας),在此,古代社会精神生活的崩溃找到了典型的表现。

在这两种生活概念之间,还有一种更大的区别,表现在:对斯多葛学派说来,人类社会表现为理性命令,此理性命令只偶然为圣人独善其身的任务所压倒;而**伊壁鸠鲁**明确地否认人们中间的所有自然社会[②],因而将每一种社会联合形式都归结为个人功利的考虑。所以,在他的学派里他们非常热情地发誓忠诚于友情,甚至达到多情善感的程度,但这种友谊理论找不到像在亚里士多德光辉的论述里所受到的理想的支持[③],最后这种友谊理论只找到圣人通过社会而提高的文化享受的动机[④]。

特别是,伊壁鸠鲁主义系统地贯彻了智者学派已经发挥过的关于政治社团起源于成员们对自身利益的慎重考虑的学说。国家不是自然结构,而是人们反复思考的结果,是为了从它那里得到期

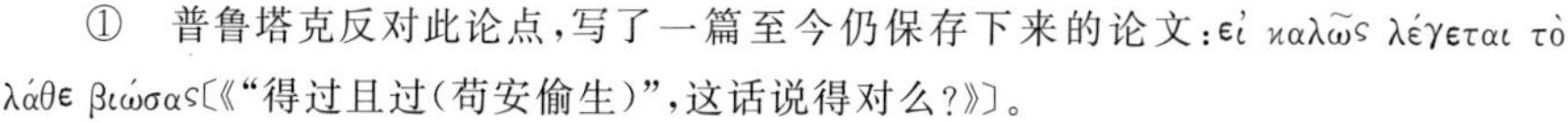

① 普鲁塔克反对此论点,写了一篇至今仍保存下来的论文:εἰ καλῶς λέγεται τὸ λάθε βιώσας〔《"得过且过(苟安偷生)",这话说得对么?》〕。

② Arrian, *Epict. Diss.*〔阿里安《爱比克泰德言论集》〕Ⅰ. 23,1(Us. *Fr.*〔乌森勒尔《残篇》〕525);ib. Ⅱ. 20,6(523).

③ 参阅第十三节,12。关于友谊在这方面的广泛文献标志着时代的特征,其主要兴趣在于个人的人格及其关系。西塞罗的对话录 *Lælius*(《论友谊》)从本质上恢复了逍遥学派的概念。

④ Diog. Laert.〔狄奥根尼·拉尔修斯〕X. 120(Us. *Fr.*〔乌森勒尔《残篇》〕540).

望得到的利益而形成的。国家产生于人们相互约成的契约（συνθή-
149 κη），以免彼此侵害[①]。因此，国家的形成是人类从野蛮状态依靠增长的智慧逐渐成长为文明状态的伟大过程[②]。因此，法律，在每一具体的情况下，都来自有关共同利益的公约。没有一件事物本身是正确的或错误的。因为在形成契约的过程中智慧较高的人当然会按照自身的利益坚持自己的意见，所以立法动机显露出来的大部分就是智慧者的利益[③]。法律的确认和有效性与法律的起源和内容的情况完全一样；法律用以防止痛苦，法律用以导致快乐，此快乐和痛苦的总和便是唯一的标准。伊壁鸠鲁逻辑地发挥了**功利主义社会学说**的主要特点，他根据的是原子论的假说——开始人们单独生活，后来之所以自愿地、有目的地结成社会，只是为了单独个人不可能获得或者不可能保卫的财富。

7. 相反，**斯多葛学派**认为，因为人的灵魂与世界-理性同质，因此人便是自然为了社会而塑造的生命[④]，并根据这个理由，认为人在理性命令下有义务要过一种社会生活——这个义务除了特殊情况，不允许有例外。在这里，友谊是最直接的关系，友谊是有善良品德的人们之间相互的道德联系，他们在共同实现道德律中团结起来[⑤]。

---

① 参阅伊壁鸠鲁的 κύριαι δόξαι〔《谚语集》〕中精练的句子。见狄奥根尼·拉尔修斯所编著作第十卷，第 105、106 页。

② 参阅卢克莱茨《物性论》V. 第 922 页起，特别是第 1103 页起。

③ Stob. *Flor.*〔斯托拜欧《言论集》〕，43，139（Us. *Fr.*〔乌森勒尔《残篇》〕530）.

④ τῶν φύσει πολιτικῶν ζῴων〔天生的社会动物〕：Stob. *Ecl.*〔斯托拜欧《自然之牧歌》〕II. 226 ff.

⑤ 的确，一方面斯多葛学派不得不承认这种建立在社会动力基础上的需要；另方面，他们直言不讳地强调圣人的独立，要使这两者协调起来，对斯多葛学派说来，是异常困难的。

但斯多葛学派很快从这些纯私人的关系过渡到最一般的关系，过渡到作为整体的理性动物。作为这同一的世界-理性的组成部分，神和人一起构成一种伟大的、活的结构，一种 πολιτικὸν σύστημα〔政治社会组合〕，每个个人都是其中必不可少的成员（μέλος），并由此产生人类的理想任务——形成包罗一切成员的**理性王国**。

正如芝诺描述过的那样，斯多葛学派的理想国家（与柏拉图的理想国类似），没有民族界限，或者没有历史国家的限界。它是整个人类的理性社会——一个理想的世界帝国。实际上，普鲁塔克已经认识到[①]，这种哲学理论使曾在历史上为亚历山大大帝所开辟、后为罗马人所完成（正如我们所知）的事业合理化了。但是，一定不可忽视的是，斯多葛学派思想上的这个帝国作为政治权威只是次要的，首要的是这个帝国是知识和意志的精神统一。

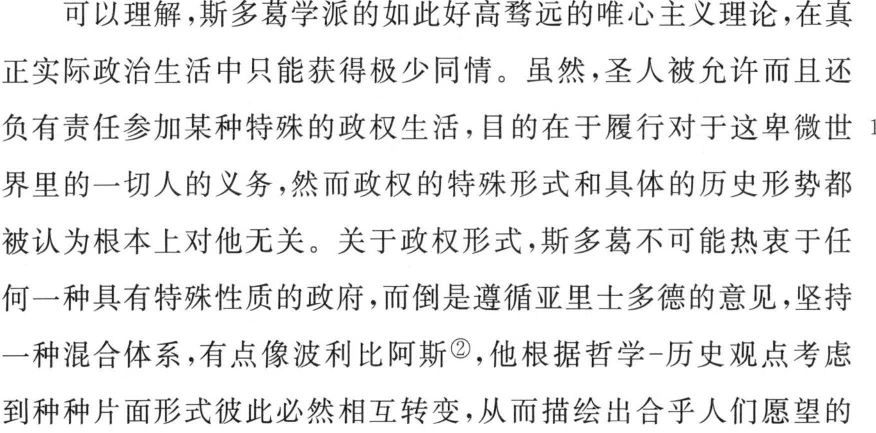

可以理解，斯多葛学派的如此好高骛远的唯心主义理论，在真正实际政治生活中只能获得极少同情。虽然，圣人被允许而且还负有责任参加某种特殊的政权生活，目的在于履行对于这卑微世 150
界里的一切人的义务，然而政权的特殊形式和具体的历史形势都被认为根本上对他无关。关于政权形式，斯多葛不可能热衷于任何一种具有特殊性质的政府，而倒是遵循亚里士多德的意见，坚持一种混合体系，有点像波利比阿斯[②]，他根据哲学-历史观点考虑到种种片面形式彼此必然相互转变，从而描绘出合乎人们愿望的

① Plut. *De Alex. M. Fort.* I. 6.

② 在第六卷尚保存下来的部分中。〔波利比阿斯系希腊历史学家（大约纪元前205—前125年）。——译者〕

国家形式。为了反对将人类分裂为各不同国家，斯多葛主义提出了**世界主义**（世界公民权责）的观点，这观点直接从人类伦理集体观念而来。与这时代的伟大历史潮流相呼应，甚至连亚里士多德[①]也一直坚持的希腊人与野蛮人之间在道德上的差异，都被斯多葛学派作为已经解决的问题撇在一边了[②]。虽然，根据他们的伦理原则，他们对于外在的社会地位关系很不关心，以致不积极参与社会改革，但他们要求，**正义和普遍的人类之爱**（此乃来自理性领域观念的最高职责），也必须充分应用于人类社会最低下的成员——奴隶。

虽然，斯多葛伦理学离开了希腊人的民族国家思想，但光荣仍应属于斯多葛伦理学；这个光荣是：在斯多葛伦理学里，古代伦理生活所产生并借此超越自身指向未来的最成熟最高尚的东西获得了自己最好的表达形式。道德人格的内在价值，克服世界体现于人的自我克服，个人服从于宇宙的神圣规律；人的气质表现于理想的精神统一中，并借此远远拔高于尘世生活；与此相联，强烈的责任感教育人在现实生活中要强有力地履行自己的责任——所有这些都是一种人生观的特征，这种人生观虽然从科学观点看来，似乎是拼凑的而不是从一个原则产生的，但它表现为人类生活概念中最强有力的、意义最深长的创造物之一。

8. 所有这些理论集中地表现在被自然和人人均有的理性所决定的生活规律的概念，即 τὸ φύσει δίκαιον〔出于自然的正义〕中；这

① 亚里士多德《政治学》Ⅰ.2，1252 b 5。

② 塞涅卡《书信集》95，52；参阅斯特拉博，Ⅰ.4，9。从一开始斯多葛学派的私人结合便显然是国际性的。

种概念，通过**西塞罗**[①]，成为制定**罗马法理学**的原则。在西塞罗对所有雅典哲学的伟大人物的折衷主义的依恋中，他不仅客观地以他的全力坚持这种思想：道德的世界秩序以普遍有效性决定理性动物彼此之间的关系；而且他认为：关于这个问题的主观方面—— 151
与他的认识论一致（第十七节，4）——理性命令是一切人同样固有的，它与人们的自存本能不可分离。这种普遍有效的自然律（*lex naturæ*）超越于所有人间的反复无常，超越于历史生活的一切演变，从这种自然律中既发展了一般的道德命令，又发展了特殊的人类社会的道德命令——*jus naturale*。但当西塞罗从这观点出发进而设计政治生活的理想结构时，斯多葛学派的世界国家在他的手中[②]就呈现为罗马帝国的轮廓。在希腊人的政治势力衰颓时他们就提出了世界主义，当时它还是一种遥远的理想，但到了罗马人那里，它就变成了他们历史使命的骄傲的自觉意识。

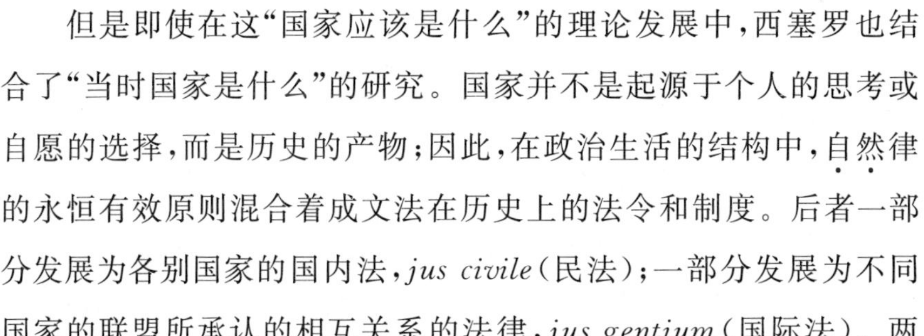

但是即使在这"国家应该是什么"的理论发展中，西塞罗也结合了"当时国家是什么"的研究。国家并不是起源于个人的思考或自愿的选择，而是历史的产物；因此，在政治生活的结构中，自然律的永恒有效原则混合着成文法在历史上的法令和制度。后者一部分发展为各别国家的国内法，*jus civile*（民法）；一部分发展为不同国家的联盟所承认的相互关系的法律，*jus gentium*（国际法）。两

① 在这里谈到的是他的两篇论文：《论国家》与《论法律》；只有其中一部分保存下来了。参阅 M. 弗特《论自然律及其他》（莱比锡，1856 年）和 K. 赫尔登布兰《权利哲学和政治哲学的历史和体系》（*Geschichte und System der Rechts-und Staatsphilosophie*）Ⅰ. 第 523 页起。

② Cic. *De Rep.*〔西塞罗《论国家》〕II. 1 ff.

种成文法在伦理内容方面很大程度上符合于自然法，但它们用大量的在成文法中行之有效的历史因素补充自然法。这样形成的概念之所以重要，不仅是因为它们勾画出不久就要从哲学分出来的一种特殊科学的轮廓，而且它们具有这样的意义：**历史上的**道德价值因为它们而第一次获得了充分的哲学评价。在这一点上，西塞罗知道如何将他的人民在政治上的伟大转变为科学上的创造。

第十五节　机械论与目的论

亚里士多德以后的时期各学派的实践将哲学研究分为三个主要部门——伦理学、物理学和逻辑学（逻辑学在伊壁鸠鲁学派中称为 *Kanonik*〔认识论〕）。三者中主要兴趣总是落在伦理学上。从理论上说，其他两者之被认为重要只是在这样的条件下，即正确行为的先决条件是关于事物的知识，而获得知识的先决条件又是正确方法的明彻性。因此，这个时期物理学和逻辑学的主要倾向无疑取决于伦理观点；通过继承和修改旧的理论就很容易满足实践的需要。但是在科学研究工作中的重大课题，特别是形而上学问题和物理学问题，表现出迷人的力量；因此，我们还是看得出来，这
152 些哲学分支的发展经常不与它们所由产生的伦理学主干的性质完全一致。特别关于物理学，特殊科学的蓬勃发展最后必然使普遍原则保持生动活跃，永远处于流变的状态。

在这方面我们首先注意到，**逍遥学派**的最初几代，就在他们的先师传给他们解释自然的原则中作出引人注目的改变。

1. 据发现，这已开始于**提奥弗拉斯特**。他无疑捍卫了亚里士

多德主义的主要理论,特别是反对斯多葛主义,但他有些地方也自行其是。他至今尚存的形而上学残篇,在种种疑难中,主要讨论包括在亚里士多德宇宙与神的关系的概念中的一些难题。这位斯塔吉拉人认为自然(φύσις)是活着的自我存在(ζῷον),但认为自然的整个运动是神的理性(有目的)作用。上帝,作为纯粹形式,与宇宙分离,超越于宇宙,但是作为赋予生命的第一推动力,上帝又普遍存在于宇宙万物中。提奥弗拉斯特虽然对此事的态度仍然固定于亚里士多德学说的范围内,但他看出了下一个时期的这个主要的形而上学问题。另方面,他在理性与低级的心灵活动之间紧密相关的问题上表现出更加明确的倾向。一方面,νοῦς(被认为是动物灵魂的形式)被认为是固有的,天生的;另方面,在它处于纯粹性的状态时,它是与灵魂本质不同的东西,是从外面进入个体灵魂的。到此时,在这里,提奥弗拉斯特坚决地反对超越性。他还把 νοῦς归属于自我发展活动,包括在宇宙发展过程①的概念之内,包括在运动概念(κίνησις)之内,并将它当作在动物灵魂旁边的不同的东西,不是性质不同,只是程度不同。

斯特拉脱在这同一方向,还更卖劲地前进。他完全取消了理性与更低级的观念活动之间的界限。他教导说,两者形成不可分的整体;不存在没有知觉的思想,同样不存在不伴随思想的感官知觉;两者都属于统一的意识,他同斯多葛学派一样,称此统一意识为 τὸ ἡγεμονικόν〔灵魂的主要力量〕(参阅第十四节,3)。但是斯特

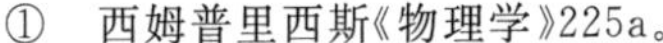

① 西姆普里西斯《物理学》225a。

拉脱将这种贯彻于心理学上的思想也应用于形而上学类似的关系上。自然(φύσις)的 ἡγεμονικόν,即自然的理性,不可认为是与自然脱离的东西。上帝同理性一样,不大可能被认为是超越性的。或者说现在可以表明斯特拉脱并不认为神性的假定是解释自然和自然现象所必需的;或者说现在表明,他主张自然本身就是上帝,但不仅否认自然外部与人相似,而且否认自然有意识①——无论何种情况,从亚里士多德学说的观点看,斯特拉脱主义片面地修正了**自然主义**或泛神论。他否认精神的一神论,否认上帝超越的概念,并因他教导说纯形式同纯物质一样不可思议,他就将亚里士多德形而上学中的柏拉图因素往后推开(此因素在过去恰好保存在理性与物质分离〔χωρισμός〕的思想中),并推得如此之远,以致来自
153 德谟克利特的因素又完全获得了解放。斯特拉脱在世界上所发生的事物中看见的只是自然内在的必然性,不再看见精神的、超越现世的原因的作用。

然而这种自然主义仍然承袭于亚里士多德,因为它不在原子及原子量的规定中,而明显地在事物的原初性质(ποιότητες)和潜能(δυνάμεις)中,去寻求宇宙变化过程的自然原因。如果在其中特别强调热与冷,这就完全是旧的物活论者所主张的**动力论**的概念了。斯特拉脱在阐述世界时的立场迟疑不决,徘徊于机械论和目的论之间,就此而言,他与上述观点最接近了。正是为了这个缘故,这支发展旁线同斯特拉脱本人一起发展下去没有获得进一步的成果,因为从一开始就被斯多葛学派和伊壁鸠鲁学派的物理学超过

① 西塞罗《学园问题》II. 38,121;《神性论》I. 13,35。

了。后两者捍卫阐述自然的内在性观点，但是斯多葛学派是公开的目的论，而伊壁鸠鲁是公开的机械论。

2. 在形而上学和物理学问题的领域里**斯多葛学派**特别复杂的观点来源于各不同因素的合流。处于突出地位的是伦理上的需要，即从最一般的形而上学原则推导出个人道德的内容。〔而个人道德又不能再像希腊极盛时期那样在国家和民族性中去寻找根源，因此出于此种伦理需要便构成这个原则的概念，以使这种推导成为可能。〕但与此相反的是，从犬儒主义承袭来的因素，它坚决不愿将此原则当作超越经验世界的、超感的、非物质的东西。然而更加明确地涌现山逍遥派自然哲学所激发起的思想，这种思想力图将世界理解为按照目的自我运动的生命体。对于所有这些动因说来，**赫拉克利特的逻各斯理论**似乎同样可以解答这个问题；而这点也就成为斯多葛学派形而上学的中心①。

因此，斯多葛学派的基本观点是：整个宇宙形成单一的、活着的、互相关联的整体；所有特殊事物都是在永恒活动中的神圣的原初力量所决定的形式。他们的理论，就其根本原则来说，是**泛神论**，并且是（与亚里士多德相反）有意识的泛神论。它的直接效果是积极努力克服柏拉图-亚里士多德的二元论②，努力消除感官与超感官之间、自然的必然性与根据目的行动的理性之间、物质与形

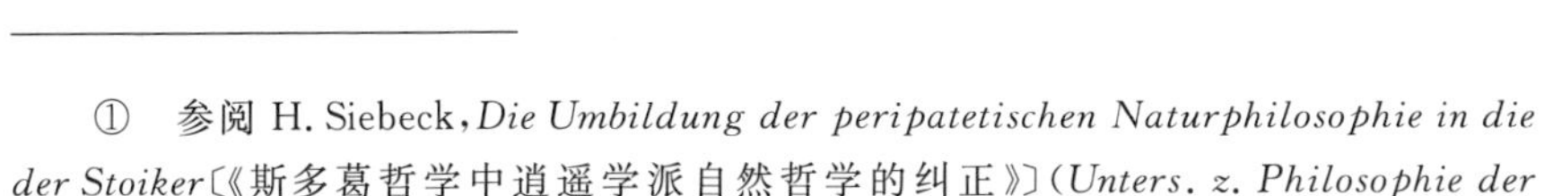

① 参阅 H. Siebeck, *Die Umbildung der peripatetischen Naturphilosophie in die der Stoiker*〔《斯多葛哲学中逍遥学派自然哲学的纠正》〕(*Unters. z. Philosophie der Griechen*〔《希腊哲学研究》〕, 2 Aufl., pp. 181 ff.)。

② 如果我们不得不以同样方式思考亚里士多德与柏拉图之间的关系（第十三节，1—4），那么就在这个问题上，斯多葛的自然哲学在逍遥学派（体现在斯特拉脱身上）所采取的这同一路线上表现出更进一步的发展。

式之间的对立。斯多葛力图做到这点的方法是用简单等同的办法，把那些对立的、确实不能用此法从这世界除掉的性质的概念等同起来。

因此斯多葛宣称神圣的宇宙存在是原始力，其中同量地既包括规律的制约性又包括一切事物一切宇宙变化过程的合目的的确定性——宇宙始基和宇宙灵魂。神作为有积极生产力的结构力量
154 是 λόγος σπερματικός，即**生命原则**；神作为特有的、特殊的 λόγοι σπερματικοί 或**成形力量**在大量的现象中发展。在这有机的功能中，上帝也是有目的地创造着的、起指导作用的理性，并因此对于一切特殊过程说来，又是统治一切的**天命**（πρόνοια）。普遍决定特殊（这构成斯多葛学派占优势的基本信念）是一种完全有目的的理性**秩序**①，并照此形成最高级的**规范**（νόμος），一切个别事物应该根据这规范在自己活动的发展中指导自己②。

但是这决定一切的“规律”对于斯多葛学派正如对于赫拉克利特一样，是强制一切的力量；此力量作为不可违抗的**必然性**（ἀνάγκη），因而也作为不可避免的**命运**（εἱμαρμένη，*fatum*），将每一特殊现象置于不可变动的因果连锁中。世界上没有一件事没有前因（αἰτία προηγουμένη）就会发生的；正是借助于每件特殊事物完全的因果关系，宇宙才具有它有目的的、有关联的整体的性质③。因此，

① 正如柏拉图的《蒂迈欧篇》所教导的。第十一节，10。

② 逻各斯这个概念的规范性甚至在赫拉克利特那里也已是很清楚的了（第六节，12，注释）。

③ Plut. *De Fato*〔普鲁塔克《宿命论》〕11. 574.

克吕西普最起劲地反对偶然性的概念。他教导说，某一个事件表面上看不出原因只说明有某种因果关系还没有为人们所看见[①]。在这**自然必然性**的假设中，甚至连最特殊、最不重要的事件也**不容许例外**——这种信念很自然地也表现在：神圣的天命甚至影响到生活最细微的琐事[②]——，在这点上斯多葛学派甚至口头上也同意德谟克利特。斯多葛学派是古代唯一将这个伟大的阿布德拉人的这个最有价值的思想贯彻于一切理论科学领域中的一个学派。

实际上，在其他各方面，斯多葛学派都站在与德谟克利特对立的立场，而与亚里士多德的关系更密切。因为根据原子论体系，一切事物产生的自然必然性都来自各别事物的运动推动力（Bewegungsantrieb），而在斯多葛那里，自然必然性直接源于**整体的活力**（Lebendigkeit des Ganzen）；与将一切性质差异归结于量的差异相对立，他们坚持性质的实质是个别事物的独特力量，坚持与空间运动相对立的质的改变（ἀλλοίωσις）。他们辩论的方向主要反对用压力和冲力机械地解释自然变化过程。但是在贯彻**目的论**时，他们又从亚里士多德伟大概念的高度坠落了，亚里士多德处处强调在实现形式时成形过程中的内在目的性，而他们却认为自然现 155
象有益之处在于满足赋有理性的“神和人”的需要[③]。特别是他们

① Plut. *De Fato*〔普鲁塔克《宿命论》〕7.572.

② 普鲁塔克让克吕西普说（*Comm. Not.*〔《评注》〕34，5，1076）：即使最细小的事物也不可能具有与宙斯的天命不一致的关系。参阅西塞罗《神性论》II.65，164。斯多葛把神圣天命的**直接**行动限于有目的的对整体的规定，这种对整体的规定由此派生出对特殊的规定，——只有在这种情况下才足以解释这样的词语：如众所周知的 *Magna dii curant，parva negligunt*〔神管理大事而疏忽小事〕（参阅第十六节，3）。

③ Cic. *De Fin.*〔西塞罗《目的论》〕III.20.67；*De Nat. Deor.*〔《神性论》〕，II.53ff.

夸张天与地，以及天地中的一切都是为了**适合于人**[①]而被完美地安排的。他们夸张此事甚至到了可笑的庸俗的地步。

3. 在所有这些理论观点上，也正是在这些理论观点上，**伊壁鸠鲁学派**针锋相对地反对斯多葛学派。在伊壁鸠鲁学派那里，一般说来，运用形而上学和物理学只是为了这样一种消极的目的[②]，即消除圣人在享受安宁之福时可能受到的宗教观念的干扰。因此，伊壁鸠鲁主要关心的是在阐述自然时排除每种容许一般目的主宰世界的现象出现(即使可能出现)的因素。因此，在另方面，伊壁鸠鲁的世界观绝对缺乏一种积极原则。这就说明了伊壁鸠鲁对于一切自然科学问题至少抱着怀疑的蔑视态度：从自然科学得不到任何实践利益。虽然他后来的许多弟子似乎受到更少的限制，似乎考虑问题更科学化，但是这派的成见太深，不可能获得本质上比这更远大的目的。在时间的进程中，目的论的自然概念愈是形成学园派、逍遥派、斯多葛学派所赖以结合的共同基础，伊壁鸠鲁学派就愈是坚持自己孤立的否定观点。从理论上说，伊壁鸠鲁学派本质上是**反目的论的**，在这点上，这个学派不会产生任何积极的新的东西。

伊壁鸠鲁学派之取得成功只是在反对目的论世界观，特别是反对斯多葛学派[③]在人类学方面所带来的弊端(Auswüchse)——

---

① 如果色诺芬的《大事记》是可靠的话，斯多葛在这点上正是把苏格拉底当作他们的前辈。但看来，即使在如不从斯多葛观点加以改造就会有犬儒主义色彩的这个记载中，苏格拉底关于神圣的天命有目的地指导世界的总的信仰也已经下降为琐碎细节了。参阅第八节，8。

② Diog. Laert.〔狄奥根尼·拉尔修斯〕X. 143；Us.〔乌森勒尔〕p. 74.

③ 特别可参阅 Lucret. *De Rer. Nat.*〔特别是卢克莱茨《物性论》〕I. 1021；V. 156；Diog. Laert.〔狄奥根尼·拉尔修斯〕X. 97。

这个任务事实上并不太困难,——但它却不能从原则上创造出相反的理论。的确,为了这个目的伊壁鸠鲁利用了他能从德谟克利特那里得到的唯物主义形而上学的外部资料,但是他远远没有达到后者的科学高度。他追随这伟大的原子论者只能达到这样的地步:他相信他自己也一样,为了阐述世界,不需要任何东西,只需要空间以及在空间中运动的物质粒子——数量无穷,形状和大小无限多样,并且不可分割。他将整个宇宙变化过程、产生而又消亡的一切事物以及事物的体系(世界)归之于这些粒子的运动、冲撞和压力,从而力求从这些纯粹量的关系推导出质的差异[①]。根据这 156
点,他接受了纯**机械地**解释自然变化过程的观点,但明确地否认了这些过程的不受限制的以及无例外的必然性。因此,德谟克利特的理论传给伊壁鸠鲁学派的只是原子论和机械论;至于我们在前面谈到的他的遗产——关于普遍有效的**自然**律的、深刻得多宝贵得多的原则,则传给了斯多葛学派。

同时,正是这种独特的关系最紧密地同伊壁鸠鲁学派的伦理学联系在一起,同他们的伦理学对于物理学的决定性最紧密地联系在一起。的确,可以说,亚里士多德以后的时代的伦理学观点的个体化趋势在伊壁鸠鲁学说中找到了最恰当的形而上学。对于基本内容是个人独立和独善其身的道德学说来,受欢迎的必然是这样一种世界观:它认为现实原始成分彼此完全独立,并独立于统一的力量,而且认为现实原始成分的活动只由它们自己决定。在这个意义上,伊壁鸠鲁将其偏离德谟克利特世界观的观点建筑在人

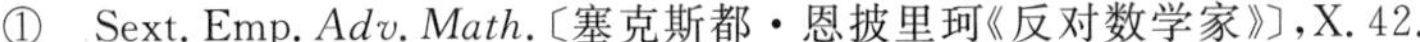

① Sext. Emp. *Adv. Math.*〔塞克斯都·恩披里珂《反对数学家》〕,X. 42.

的自由意志的基础上[①]：通过他，“自由”（从**无因果关系的变化**的意义上说）第一次具有形而上学的意义。然而德谟克利特的理论宣扬一切流变具有不可避免的自然的必然性；此理论准确无误地包含着一种（赫拉克利特的）因素——此因素取消了个别事物的这种意志自由（或独立自主）。正是由于斯多葛学派采取了这种因素，他们的伦理学才超过了犬儒学派理论开始时的片面的前提。更加可以理解的是，伊壁鸠鲁抛弃的正是这种因素；他的世界观与斯多葛恰恰成为对比，其特点是：斯多葛学派认为每一个个体都由整体决定，而伊壁鸠鲁则认为整体是**原始存在着而又最初起作用**的个别事物的产物。他的理论在各方面都是彻底的**原子论**。

这样，德谟克利特主义遭到了不幸：他的理论被这样一种理论体系传下去，从古代到中世纪，这种理论体系保存了他的原子论观点——看问题的方向是将量的关系和宇宙变化过程的机械概念当作独一无二的现实，但却抛弃了他把自然当作受规律支配的互相关联的整体的思想。

4. 伊壁鸠鲁追随后一条路线，给予原子论所主张的世界起源学说以新的形式[②]。也许毕达哥拉斯学派，至少德谟克利特、柏拉图、亚里士多德，持有这样的见解（Einsicht）：在空间本身中运动方

---

① 参阅第十六节，4；也可参阅策勒，IV. ^{b}408，1 的例证〔英译本《斯多葛学派》第446 页〕。

② Ps.-Plut. *Plac*.〔伪普鲁塔克《哲学箴言集》〕I. 3.；*Dox*. D.〔迪耳斯《希腊哲人拾遗》〕，285；Cic. *De Fin*.〔西塞罗《目的论》〕I. 6，17.；Guyau，*Morale d'Epic*.〔古姚《伊壁鸠鲁道德学》〕74.

向只能由中心到边缘或由边缘到中心；与此相反，伊壁鸠鲁却依赖于感官的证言[①]（Aussage）——与他的认识论（参阅第十七节，5）一致——，据此证言，有绝对的上上下下；并且他主张原子由于自
身的重量全部都处在由上到下的“自然的”运动中。但是为了从原 157
子的这种“普遍持续大雨”（“Landregen”）推导出原子群的形成，他假定有些原子自动偏离了笔直的降落线。他根据这偏离解释了原子的冲击和聚集，最后解释了导致形成种种世界的旋转运动；而旧原子论则是根据原子在无规律的运动中的相遇来解释这种旋转运动的[②]。

值得注意的是，伊壁鸠鲁在这样损伤了德谟克利特学说内部一贯性之后，便放弃了将原子的自由选择当作进一步解释自然各别进程的手段；并且从他认为他就这样解释了原子复合体的旋转运动之后，他就只容许有机械的必然性的原则了[③]。因此，他利用原子自动的自我规定只用作解释旋转运动的**开始**的原则，往后这种运动就纯机械地进行了。因此，他利用它，正如阿那克萨哥拉利

① Diog. Laert.〔狄奥根尼·拉尔修斯〕X. 60.

② 参阅第四节，9。后期伊壁鸠鲁学派似乎紧紧抓住这种观念的感官基础不放，但他们愿意排除原子的自动行动，比较彻底地贯彻德谟克利特关于自然符合规律的思想；他们想到一个办法，即根据关于在空间密度更大的原子比“更轻的”原子降得更快的假说来解释原子的聚集（ἀθροισμός）；至少卢克莱茨反对这种观点（《物性论》II. 第 225 页起）。

③ 因此，在某种意义上，根据目前评论的观点可以说，在德谟克利特与伊壁鸠鲁之间的差别只是相对的。前者将每一粒原子一开始就具有的方向当作未经解释的原初事实，而后者则认为未经解释的原初事实是：在某一时刻发生的对于一般原子都一样的降落方向的自动偏离。基本的区别是，对于德谟克利特说来，原初事实是无时间限制的，而对于伊壁鸠鲁说来，原初事实只是在**时间里发生的、一次的**自发行为，这一行为与人类意志无因的自我规定形成显明的对照（参阅第十六节）。

用他的力-物质（νοῦς）一样（参阅第五节，5）。在这形而上学基础上，伊壁鸠鲁建立起他的物理学理论，只承认原子力学毫无例外地解释一切自然现象。而且特别在有机物上贯彻这种观点，他利用恩培多克勒适者生存的思想解释有机物合目的的结构。

最后，德谟克利特自然的必然性原则表现在伊壁鸠鲁体系中，伊壁鸠鲁假定：由于原子的聚集而引起世界不断产生、不断消亡；在其中每一种可能组合，因而每一种世界结构形式，最后必然一再发生。因此，鉴于时间的无限，不可能发生过去未曾以同样方式发生以及将来无望再发生的事物①。在这种理论上，伊壁鸠鲁又与斯多葛学派一致了；斯多葛学者们主张，众多的世界并不共存，但在时间上一个世界紧接着一个世界；可是他们又不得不主张，这些世界必然始终完全相同，甚至连特殊结构、特殊事件的最后细节
158 也相同。由于世界来自神圣的原始的火，因此在预定的期限之后，它每一次又被带回原样：然后在世界大火之后原始力量又开始建设新的世界；这个 φύσις（自然），永远相同，以同样方式按照自己的理性和必然性一次又一次地呈现出来。据此，万物的这种一再重现（παλιγγενεσία 或 ἀποκατὰστασις）的必然结果表现为斯多葛学派把 λόγος〔理性〕和εἰμαρμέκη〔命运〕两种概念交换使用。

5. 因此古代晚期的这两个主要学派的理论观念只在这点上是一致的——他们完全是**唯物主义的**；他们明确地强调他们这个立场正是与柏拉图和亚里士多德针锋相对。他们两者都坚持，现

① Plut. in Euseb-*Dox*. D.〔迪耳斯《希腊哲人拾遗》〕501，19；Us. *Fr*.〔乌森勒尔编辑《残篇》〕266.

实的东西(τὰ ὄντα),因为在行动和激情中表现自己,只能是物质的。伊壁鸠鲁学派宣称只有虚空是非物质的。相反,他们反对柏拉图关于物体的性质本身就是非物质的东西的观点①;斯多葛学派甚至走得更远,宣称连事物的性质、力量和关系,虽然表现在与事物相关的恒变的模式中,也是现实的,它们是"物体"②;他们认为事物性质的出现和变化是这些物体与另一些物体的一种互相掺杂,他们所用的这种思想方式使我们想起阿那克萨哥拉③同素体的来往活动;这个观点产生了一切物体普遍混合和相互渗透的学说(κρᾶσις δἰ ὅλων)。

在贯彻这种唯物主义理论时,伊壁鸠鲁几乎没有产生任何新的东西;相反,**斯多葛的自然学说**表现出许多新的观点,这些观点不仅本身有趣,而且刻画出以后几世纪的世界观的主要线条。

首先,在斯多葛体系中的两个对立面本来应该消除或者在统一的自然概念中合而为一,但是这两个对立面又分开了。神圣的原初本质分为积极的和消极的,分为力和物质。作为力,神性是火,是热的生命气息,即普纽玛(pneuma);作为物质,神性从湿气(空气)部分变为水,部分变为土。因此,火是宇宙神的灵魂,"潮湿"是宇宙神的身体,但这两者形成本身同一的、单一的存在。斯多葛学派在他们的实体变形、再变形的理论中,依附于赫拉克利特,

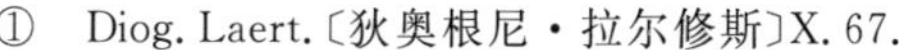

① Diog. Laert.〔狄奥根尼·拉尔修斯〕X. 67.

② Plut. *C. Not*. 50,1085.

③ 柏拉图理念论(柏拉图《斐多篇》,102)的类似的物质化使我们回忆起阿那克萨哥拉,很显然这是由欧多克华士(Eudoxos)制定的,他属于柏拉图学园。Arist. *Met*.〔亚里士多德《形而上学》〕I. 9,991 a 17;还有 Alex. Aphr. *Schol*. in Arist. 573a 12.

159 在他们规定的四元素的特性中主要依附于亚里士多德；他们追随亚里士多德，主要在于阐述世界结构及其运动的合目的的体系；而在他们的物理学中最主要的东西无疑是**普纽玛**学说。

上帝作为创造理性（λόγος σπερματικός）就是这种热的生命气息，是成形的火-精神，火-精神渗透万物并作为积极本原统治万物。上帝被当作有生命物体的宇宙，在自身中自动运动，并有目的地、有规律地发展。所有这一切是斯多葛学派用 πνεῦμα（普纽玛）①这个概念来理解的。这是一个异常浓缩的概念，充满关系——在这个概念里错综复杂地组合了种种意见，这些意见来自赫拉克利特（λόγος），阿那克萨哥拉（νοῦς），阿坡罗尼亚的狄奥根尼（ἀήρ），德谟克利特（火-原子），还有不少是来自逍遥派的自然哲学和生理学②。

6. 在这种组合中被证明为最有影响的因素是斯多葛学派采自亚里士多德的**宏观世界与微观世界**之间的**类比**，宇宙与人之间的**类比**。个别灵魂，也是身体的生命力，使肉体结合在一起并统治肉体，它是火气即普纽玛。但是所有在各器官中很活跃并且控制各器官有目的的功能的各别力量也是这种有生命力的心灵或精神（*spiritus animales*）。在人和动物的有机体内，这种精神活动与血和血液循环相联，这个普纽玛本身（克吕普西说，正因为它也是物体）③与它使

① Stob. *Ecl.*〔斯托拜欧《自然之牧歌》〕I. 374. *Dox.* D.〔迪耳斯《希腊哲人拾遗》〕463, 16：εἶναι τὸ ὄν πνεῦμα κινοῦν ἑαυτὸ πρὸς ἑαυτὸ καὶ ἐξ αὑτοῦ ἢ πνεῦμα ἑαυτὸ κινοῦν πρόσω καὶ ὀπίσω κτλ.〔存在，它是一种（生）气，它出于自己，朝向自己，自己推动自己；或者说，是一种使自己（向）前，（向）后运动的（生）气〕

② 参阅 H. Siebeck *Zeitsch*, *f. Völkerpsychologie*〔《人类心理学杂志》〕, 1881, pp. 364ff. 。

③ Nemesius, *De Nat. Hom.*〔《论人性》〕, p. 34.

之有生命的更低级的因素可以逐节分离，这种分离在死亡时产生。

同时，因为个别灵魂只是普遍的宇宙-灵魂的一部分，所以它的本性和活动完全决定于这个宇宙-灵魂。它与神圣的普纽玛同体，并依存于普纽玛。正是为了这个缘故，世界-理性（λόγος）是灵魂的最高规律（参阅上面第十四节，3）。因此，灵魂的独立只在时间上受到限制。总之，它的最后命运是：在燃起宇宙的普遍大火时又被带回到神的灵魂总部（Gesamtgeist）。关于这种独立性的持续时间，也就是关于个人不朽的界限，在学派内，流行有各种不同意见：有些认为一切灵魂的持续时间到宇宙大火时为止，另外一些认为只有圣人才能如此。

正如宇宙的唯一普纽玛（斯多葛学派把它的所在地有时放
在天上，有时放在太阳里，有时放在宇宙中心）作为给予生命的力
量，注入万物之中，同样，各别灵魂的主宰部分（τὸ ἡγεμονικόν 或
λογισμός，其中有观念、判断、动力等），因为它的所在地被设想在心
脏内，便认为它的特殊分支像“珊瑚虫的触手”遍布生身。关于这
些特殊的“普纽玛”，斯多葛设想有七个——五官，语言才能，生殖 160
力。正如神的原初存在物的统一寓于宇宙中，同样，各别人格居于
身体内。

具有独特特色的是，伊壁鸠鲁学派几乎全部采取了这种心理学观点的外部结构。对于他们说来，灵魂（根据德谟克利特，由最细微的原子组成）是一种火焰般的气息（他们也用“普纽玛”这个术语）；但是在这种气息中他们觉察出某种从外面进入身体的东西，身体紧紧抓住而且机械地与之结合的东西，这个东西在死亡时立即消散。他们还区别灵魂的理性部分和非理性部分，但是不能赋

予理性部分以斯多葛学说赋予过的形而上学的真实价值。在这里，总的说来，他们的理论是贫乏的、不能自立的。

7. 按照斯多葛学派泛神论的假定，**斯多葛学派**的形而上学和物理学也形成一种**神学**，一种基于科学证明的**自然宗教**体系；这一点在学派中用诗的形式表现出来，如克雷安德的圣歌。相反，伊壁鸠鲁主义，从它整个性质说来，是**反宗教**的。它自始至终采取了“启蒙”的观点，认为宗教已被科学所克服，而且认为智慧的任务和胜利就是清除产生于恐惧和无知的迷信幻影。这个学派的诗人用怪诞离奇的线条勾画出宗教给人类带来的邪恶，歌颂科学和知识征服邪恶的光荣[①]。更加有趣的是，伊壁鸠鲁学说开始描述它自己的、自认为无伤大雅的神话。它相信，按照德谟克利特理论对神的普遍信仰还是带有一定程度的真实性[②]；但是它发现，这种正确的观念被虚伪的假想歪曲了。它在神话中发现了这些假想——这些神话虚构神参与了人类生活、干预了事物的进程；甚至在这方面连斯多葛学派对天命的信仰，据他们看来，也不过是一种高雅的幻觉而已。因此，伊壁鸠鲁——他追随德谟克利特的肖像学说（第十节，4）——在神身上看到了与人相似的巨大形象，神在各世界之间的中间地带（*intermundia*）过着静观的、神游的极乐生活，不受万物变幻的干扰，漠不关心芸芸众生的卑微命运；因此，从根本上说，这种理论只不过是伊壁鸠鲁主义企图给自己艺术的自我享受的理想披上神话的外衣而已。

---

① Lucret. *De Rer. Nat.*〔卢克莱茨《物性论》〕I. 62 ff.

② Diog. Laert.〔狄奥根尼·拉尔修斯〕X. 123 f；Us.〔乌森勒尔〕p. 59f.

8. 通俗宗教观念却以完全不同的方式熔融于**斯多葛**形而上学之中。在这时期以前，在希腊思想的发展中，哲学的神学与民间神话离开得越来越远；但是在这里我们第一次看见了要将**自然宗教与传统宗教**协调起来的有计划的图谋。因此，当斯多葛学派迫于需要承认观念的根据普遍存在于整个人类时（参阅第十七节，4），他们的普纽玛学说不仅是受欢迎的工具，而且提供了起决定作 161
用的意见。因为他们观察宇宙得到了教益：神的宇宙力量比个别人的灵魂显然具有更强大的形式和更旺盛的生命力，因此，除了无始无终的唯一的神（他们绝大部分称之为宙斯）外，出现了大量的**"衍生的众神"**。斯多葛学派与柏拉图和亚里士多德一样，首先将群星算作众神。群星，他们也誉为高级智慧，特别誉为原始火的纯粹结构，并进一步，誉为其他自然力的化身——大慈大悲的神意力量显示其中。从这观点出发，我们能够了解到，大规模地解释神话在斯多葛学派中已蔚然成风，他们力图利用形形色色的寓言将人民大众喜闻乐见的人物形象收进自己的形而上学体系中。此外，利用欧希玛拉斯的理论[①]也是同样受欢迎的，这种理论不仅解释、辩明了杰出人物的神化，而且教导说，魔鬼是神，是保卫各别人的精灵。最后，这种信仰调和论神学的蛛丝网还织进了这样一根形而上学的丝——毕达哥拉斯化的老学园（主要是色诺克拉底）曾经着手将神话形式中的等级制度缠在这根形而上学的丝上（参阅上面第十一节，5）。所有这些神学倾向的组合，主要通过波昔东尼，

① 欧希玛拉斯（Euhemerus）是纪元前四世纪希腊神话作家和哲学家。他认为神话中的人物和事迹都是历史人物和历史事件的纪实。他提倡神话即历史、英雄即神的论点。——译者

完成于折衷主义的中期斯多葛。

这样，斯多葛的世界住满了整整一大群高高低低的神衹；但归根结蒂，他们最后都不过表现为唯一的最高宇宙力量的流出物；表现为普遍的普纽玛所决定的从属力量，这些从属力量被认为是统治尘世生活的精灵。因此，这些精灵为斯多葛学派的信仰起着居间调停的机构作用，每一个精灵在各自的领域里，代表世界-理性的生命力和神命；斯多葛学派用传统宗教的礼拜仪式表达自己的虔诚，向他们祷告乞援。人民大众信仰的**多神论**就这样在哲学上重新建立起来了，并作为构成整体所必要的组成部分进入形而上学的泛神论中。

与此联系在一起的是从理论上建立斯多葛体系的**占卜术**的基础；在这里唤起人们巨大兴趣，只有少数几人例外，如巴内修，他考虑问题更冷静。世界变化过程的相互关联以及由神主宰的统一被认为表现在(作为一种显示形式)这种可能性中：彼此没有直接因果关系的不同事物和过程可以凭借微妙关系互相指向，从而能够互作标记。人类灵魂凭借它与主宰一切的普纽玛的关系能够理解这些事实，但要充分解释这些神人感通的天启，还必须要有基于经验的占卜技术和科学。在这基础上，斯多葛主义认为自己有能耐足以从哲学上详细描述古代哲学的占星术。这种情况特别符合于斯多葛年青一代的代表，似乎尤其是波昔东尼。

162　第十六节　意志自由与宇宙尽善尽美

机械论与目的论两种对立世界观的鲜明特色，特别是概念结构的差异(它们在某种程度上共有的关于自然有规律性的思想便是用这些概念结构发展起来的),与支配当时思想的伦理学基本原理和前提联系起来,便导致两个新问题,这两个问题从一开始便具有种种复杂性。它们就是人的意志自由问题和宇宙的尽善尽美问题。这两个问题都起源于在道德需要与为满足此等需要而形成的形而上学理论之间的矛盾。

1. 形成这些新问题的实际策源地就是**斯多葛**体系。这些问题可以理解为存在于这个体系基本原理之间的深刻的根本不可调和的对抗的必然结果。这些原理就是**形而上学一元论和伦理学二元论**。根据斯多葛学派的基本伦理学说人应该用德行克服自己内心冲动的世界;此基本伦理学说预先假定人类学上的两重性——即人性中的矛盾:理性与**反理性的感性**之间的相互对立。没有这种对立,整个斯多葛伦理学就站不稳脚了。但是人类理性命令所赖以解释的形而上学理论却假定宇宙理性有这样一种不受限制的、控制一切的现实性:凡是与理性相反的现实性,不论在人身上或在世界发展进程中,都不能与理性统一起来。从此根源出发便产生了上述两个问题,自此以后人类一直没有停止过对这两个问题进行苦苦思索(grübeln),虽然在这种情况下能够考虑的所有基本观点在当时都或多或少已经清楚地阐明了。

2. 伦理学上的"**自由问题**"在概念上必须以错误行为的自愿性为先决条件;从伦理观点来考虑错误行为的自愿性早由苏格拉底开始,并通过亚里士多德出色的研究,得出了初步的结论①。这

① *Eth. Nic.*〔《尼各马可伦理学》〕,III,1—8.

些思想的动机自始至终是伦理学的，而它们活动的整个范围又只能是心理学的。因此争论的问题本质上是选择自由的问题。毋庸置疑，要肯定选择自由的现实性，必须根据直接感觉，并与人的责任感联系起来；而困难只是起因于苏格拉底的唯理智论观点，苏格拉底使意志完全依赖于认识。这种困难的发展首先在于"自由"的暧昧含义，或者在于像这里所称的"自愿性"（ἑκούσιον）的暧昧含义。自此以后，这种模棱两可、暧昧不明以越来越新的变化形式使对这问题的哲学处理陷入混乱。根据苏格拉底，一切道德上的错误行为都来自错误的观点——被欲望蒙蔽了的观点。因此做错

163 事的人不"知道"他在做些什么；在这意义上，他的行动不是自愿的[1]。那就是，只有圣贤是自由的；坏人是不自由的[2]。在这种意义上，"自由"是一种伦理的价值概念；这种概念考虑到从心理学观点解释"自由"行为与"不自由"行为，便假定对概念的同等依赖性，即"自由的"行为依赖正确的概念，"不自由"的行为依赖不正确的概念。从这里必须在原则上区分**伦理学上**的自由概念与**心理学上**的自由概念（即将选择自由的概念当作在不同动机之间作出抉择的意志能力）。苏格拉底是否曾经准确地作出了这种区分还是一个问题[3]。不管怎样，柏拉图这样做了。柏拉图依靠人的责任心（在伦理基础上的心理决定）明确地肯定了人的选择自由[4]。同

① Xen. *Mem.*〔色诺芬《大事记》〕III. 9，4；*Cyrop.*〔《大居鲁士的教育》〕III. 1，38.

② 参阅 Arist. *Eth. Nic.*〔亚里士多德《尼各马可伦理学》〕III. 7，113 b 14。

③ 根据逍遥派的《大伦理》（1. 9，1187 a 7）中的一句话，的确苏格拉底曾经明确地说过，做好事或做坏事"不在我的权力之内"。根据这点，他否认了心理学上的自由。

④ Plat. *Rep.*〔柏拉图《理想国》〕X. 617ff.

时，他坚持苏格拉底的学说：坏人的行为不是自愿的，即在伦理上坏人是不自由的。他甚至直接地把这两者联结起来：他发挥了这种思想[①]——人可能由于自己的过失而陷入伦理上不自由而心理上自由的境地。

亚里士多德离开苏格拉底的唯理智论更远；对他来说，心理上的自由概念出现得更清楚、更自主。他从这样的立场出发：一般的伦理条件只考虑"自愿的"行为，他首先讨论这种自愿性所蒙受的偏见，有些来自外力（βίᾳ）和心理上的强迫，有些来自对事实情况的无知。那种来自人格本身而又充分理解各种关系的行为，才是完全自愿的行为[②]。坚持这整个研究[③]是从责任感这个观点出发的。已被发现的自愿性概念将导致"对行为负责"（Zurechnungsfähigkeit）这个概念，它内部包含的特点是行为的表面自由以及对事态的了解不为欺骗所蒙蔽。但是，为此，它必须还要进一步受到限制，因为在自愿行为中一个人要负责的只能是那些经过选择（προαίρεσις）[④]的行为。因此，通过考虑目的也考虑手段而进行的**选择自由**，是道德上应负责任的条件。

亚里士多德避免进一步接触动机心理学和这种选择的决定性原因；他满足于确立这样一种立场：人格本身就是（起因于人格的）

① Plat. *Phæd.*〔柏拉图《斐多篇》〕81 B.

② *Eth. Nic.*〔《尼各马可伦理学》〕III. 3，1111 a 73：οὗ ἡ ἀρχὴ ἐν αὐτῷ εἰδότι τὰ καθ' ἕκαστα ἐν οἷς ἡ πρᾶξις〔自主的（行为应该是）这样的（行为），它的始生的原则存在于行为的主体本身之内，而后者对于他的行为所在的环境中的每一个细节都是有所知悉的〕。

③ 正如《尼各马可伦理学》（1109 b 34）在开始谈到刑法时所指出的那样。

④ *Eth. Nic.*〔《尼各马可伦理学》〕4. 1112 a 1.

行为的充足理由[①]。他的学派，特别是提奥弗拉斯特（他写过一篇论自由的论文），坚持这种选择自由的主张。

3. 仅就纯伦理观点而言，在这同一基础上，我们发现还有**斯**
164 **多葛学派**。确切地说，成为斯多葛学派的道德特征的强烈责任感要求他们承认个人的这种自由选择，因此他们用各种方法力求坚持这种主张。

但是困难更大的是，他们关于命运和天命学说的形而上学逼着他们超越这种态度。因为这种命运学说使人（和其他一切动物一样）在所有他的内外结构中、在所有他的所作所为中，都为（给予一切生命的）宇宙力量所决定，所以人格就不再是他的行为的真正基础（ἀρχή）了；像所有发生的事情一样，他的行为看来不过是上帝-自然预定的、不可避免的必然活动。事实上，斯多葛学派在**宿命论**的极端结论面前并不退缩；相反，克吕普西为这理论搜集累累证据。他将这理论放在充足理由律之上（参阅上面第十五节，2）；他证明，只有先假定这理论，关于未来的判断的正确性才能坚持，因为只有内容已经决定了，判断的真伪标准才能确定[②]；他又改变了以下这种论证：因为能被人认识的只有必然的东西，而不是尚未确定的东西，所以神的先知使宿命论的假定成为必需的了；他甚至并不拒绝提出预言的实现是很好的论据。

这个理论从斯多葛的逻各斯学说的观点看来是完全前后一贯

---

① *Eth. Nic.*〔《尼各马可伦理学》〕5，1112 b 31：ἔοικε δὴ…ἄνθρωπος εἶναι ἀρχὴ τῶν πράξεων〔因为看来……人，他是他的一切行为的始生的原则〕.

② Cic. *De Fato*〔西塞罗《宿命论》〕，10，20. 就选言命题而言，伊壁鸠鲁为此也放弃了选言推理之真；Cic. *De Nat. Deor.*〔西塞罗《神性论》〕I. 25，70。

的，这个体系的敌人在这个理论中必然看出了对于意志自由的坚决否定；在这个体系所遭受的反驳中，这件事也许是最经常，同时也是最深刻的了。在无数攻击中最著名的是所谓“*ignava ratio*”或“怠惰的理性”(ἀργὸς λόγος)，此怠惰的理性从关于未来事件是不可避免的这种论断中引出宿命论的结论：我们应该消极地等待事件的来临，——这个攻击，即使克吕西普除了借助于矫揉造作的区分外[①]也不知如何躲闪。另方面，斯多葛关心的是要证明：尽管有这宿命论，或者更确切地说，就是因为有这宿命论，从人应对自己的行为负责的意义上说，人仍然是他自己行为的原因。根据主因和附属因之间的区分(此区分自始至终使我们想起柏拉图的αἴτιον〔原因〕和 ξυναίτιον〔附加的原因〕)，克吕西普证明：意志的每次决定实际上都必然来自人与他的环境的结合，但是就在这里，外在环境只是附属因，而来自人格的赞同是主因；说应对自己行为负责，关键就在这里。然而当人的这种自愿行动的 ἡγεμονικόν(或主宰能力)为普遍的“普纽玛”所决定时，此“普纽玛”在每一特殊存在物身上，呈现出一种独立的、以别于其他存在物的性质，这就应该被认为是真正的 ἀρχή[②](始基)了。特别是，斯多葛学派突出这一 165
点：责任，作为根据行动和品格的伦理性质所作出的判断，是与在世道变化过程中个人或行为是否可能改变完全无关[③]。

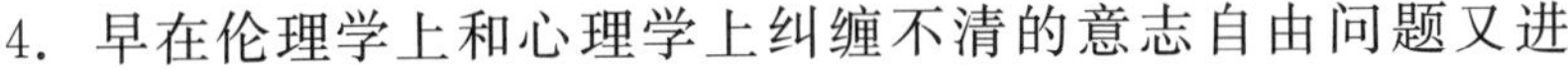

4. 早在伦理学上和心理学上纠缠不清的意志自由问题又进

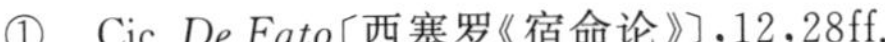

① Cic. *De Fato*〔西塞罗《宿命论》〕，12，28ff.

② Alex. Aphr. *De Fato*〔《宿命论》〕，p. 112.

③ 同上，p. 106。

而在形而上学上和在(斯多葛学派的意义上的)神学上纠缠起来。其结果是,斯多葛学派的敌人**非宿命论**者认为自由概念受到斯多葛派学说的严重威胁,便给予自由概念以新的解释,并给它下了一个轮廓鲜明的定义。因果关系的链锁无处不在,毫无例外,甚至意志功能也应受到因果关系链锁的限制,——这种假定似乎排除了自由选择的能力;但是自从亚里士多德以来,选择自由在各派中都被认为是道德责任心的必不可少的先决条件。根据此理,反对派认为(这给这次争论以强烈的震动):当他们反对斯多葛的命运说,从而反对德谟克利特的自然的必然性原则时,他们是在捍卫伦理利益。如果说,克吕西普求助于充足理由律以建立这个学说,那么,**卡尔尼亚德**(对他说来,意志自由是无可争辩的事实)并不畏惧检验这个原则的普遍的、毫无例外的有效性①。

伊壁鸠鲁走得更远。他发现斯多葛宿命论与形成圣人的道德理想的基本特质的自我决定论是不可调和的,所以他宁愿假定宗教的幻想也不愿相信这样一种对灵魂的奴役②。因此他也否认因果律的普遍有效性,而且将自由和偶然性置于**无因事件**的概念之中。这样,与斯多葛宿命论相对立,**形而上学的自由概念**便产生了;凭借此概念,伊壁鸠鲁将人身上的意志的无因功能与原子脱离直线降落的无因偏离置于平行地位(参阅第十五节,4)。因此,**非宿命论**的自由意味着在不受原因决定的不同可能性之间作出抉择,伊壁鸠鲁认为他借此拯救了道德责任感。

① Cic. *De Fato*〔西塞罗《宿命论》〕,5,9;11,23;14,31.

② Diog. Laert.〔狄奥根尼·拉尔修斯〕X. 133f.;Us. p. 65.

这种**自由无因论**的形而上学概念并不是完全同古代科学思想脱离的。只有斯多葛学派才神圣不可侵犯地坚持因果律原则。连亚里士多德也不把他的一般原则应用在细节上；他满足于他的“大部分”（ἐπὶ τὸ πολύ）。他在假定自然中的偶然性（即无规律、无原因）的基础上放弃全面理解特殊的企图。在这方面，只有斯多葛应 166
被认为是现代自然研究的先驱。

5. 斯多葛主义在贯彻它的目的论中所遭遇到的困难并不更小。泛神论体系——将整个宇宙当作神的理性按照目的而行动的活的产物，并以此找到它解释世界的唯一依据——也必然主张这个宇宙的合目的性、至善、**完美**。与此相反，斯多葛学派往往通过指出宇宙的合目的性、美和完善，也就是，凭借所谓**心理-神学**法，来证明众神和天意的存在①。

这条思想路线在古代遭遇到的攻击的矛头与其说是对准推理的正确性（虽然卡尔尼亚德也批评这点），不如说是对准〔推理的〕前提；与此相反，在世界上很容易看得出来的许多缺点、失调、罪恶和缺德都被用作反理性，反对有关合理的、合目的的宇宙因的假定，反对天意的假定。第一个用尽全力做这件事的自然是伊壁鸠鲁，他问：是上帝愿意铲除世界上的罪恶而不能够，还是上帝能够铲除世界上的罪恶而不愿意呢？还是两者都不是②？——他又指出不公正的种种实例，人生的过程经常使好人不幸，坏人得福③。

---

① Cic. *De Nat. Deor.*〔西塞罗《神性论》〕II. 5，13 ff.

② Lactant. *De Ira Dei*〔《论神之愤怒》〕，13，19；Us. *Fr.*〔乌森勒尔编辑《残篇》〕374.

③ Id，*Inst. Div.*〔《神的创建》〕III. 17，8；Us. *Fr.*〔乌森勒尔编辑《残篇》〕370.

这些反对意见，措辞强烈，处理审慎，是由**卡尔尼亚德**[①]带进争论的战场的。除了事件过程的罪恶和不公正以外，他还加上一条最刺痛斯多葛学派的反对意见[②]：“为什么在这个由理性创造的世界里会出现没有理性以及和理性相反的东西呢？为什么在这个由神的精神赋予生命的世界里会产生罪孽与愚蠢，会产生最大的罪恶呢？”如果斯多葛学派（也许他们顾不上他们的宿命论）[③]希望让自由意志对这些坏事负责，那么进一步的问题又提出来了：为什么万能的世界理性竟自把如此遭人滥用的自由给予人类，而它又为什么还允许这种滥用呢？

6. 在这些问题面前，斯多葛学派由于他们的一元论的形而上学，处境比柏拉图和亚里士多德更加困难得多；柏拉图和亚里士多德还能够分别将这些不合目的的事物和罪恶归之于“非存在”的阻力或“物质”的阻力。尽管如此，斯多葛学派处理这些困难仍然大胆果断，提出了后来**辩神论**一再采用的大多数论点，而且不无灼见。

宇宙至善至美的这个目的论学说之所以能得到卫护不受这些
167 攻击的伤害，是由于它采取的方法或者是否认违反目的性的事实，或者是证明这些事实在合目的的相互关联的整体中是不可缺少的手段或附带产生的后果。两种方法都被斯多葛采用了。

他们的心理学和伦理学理论允许这样的主张：所谓身体疾病并非本身如此，其所以如此，是由于得到了人的同意，因此，如果疾

---

① Cic. *Acad.*〔西塞罗《学园问题》〕II. 38，120；*De Nat. Deor.*《神性论》III. 32，80ff.

② Cic. *De Nat. Deor.*〔西塞罗《神性论》〕III. 25—31.

③ Cleanth. *Hymn.*〔克雷安德《圣歌》〕v. 18 f.

病之类是由事物的自然发展的必然性所造成，那么使之成为疾病是人的过失，正如使事物有害的往往只是愚人对这些事物的错误利用①；而事物本身或者是无所谓好坏的，或者甚至是有益的。同样，根据世道的不公正而提出的异议被如下的主张驳斥了：实际上，对于好人和圣人说来，身体疾病完全不是什么疾病；在另一方面，对于坏人说来，只可能有感官的、虚幻的满足，这种满足不能使他真正幸福，只能使所患的道德疾病恶化、加剧而已②。

另一方面，身体疾病也可以根据这样的理由得到辩护：身体疾病是自然安排的不可避免的结果；自然安排本身适合于自己的目的，它们的目的从不失败——例如，克吕西普就力图在疾病问题上证明这一点③。然而，特别是，邪恶具有道德意义：天意④给人的惩罚有些是为了使人从善，有些是为了有利的时机以锻炼我们的道德力量⑤。

如果表面上的邪恶得以证明是合理的，主要是由于指出了它们的伦理的合目的性，那么，对斯多葛学派说来，使道德罪恶成为可以理解的这件事似乎是一个更加迫切的问题，虽然也是一个更加困难的问题。在这里消极的逃避是完全不可能的，因为绝大多数人都是不道德的这个现实是斯多葛学派的道德说教中特别为人喜欢的演讲课题。这里便是整个辩神论的中心，即证明：在这个由

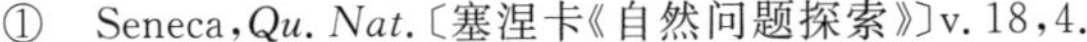

① Seneca, *Qu. Nat.*〔塞涅卡《自然问题探索》〕v. 18, 4.

② Seneca, *Ep.*〔塞涅卡《书信集》〕87, 11 ff.

③ Gell. *N. A.* VII. 1, 7 ff.

④ Plut. *Stoic. Rep.*〔普鲁塔克《关于斯多葛的论辩》〕35, 1.

⑤ Marc. Aurel.〔马尔库斯·奥勒留·安东宁〕VIII. 35.

神的理性所产生的世界里，在赋有理性的生物的冲动、气质、行为中如何可能存在反理性的东西。在这里，斯多葛学派求助于最普遍的原因：他们证明了，整体的完美不仅不包括所有各部分的完美，而且甚至排除它①；他们用这方法证明了他们的主张：上帝必然允许人有缺陷，允许人不道德。他们特别强调：只有通过对邪恶的反抗，真正的善行才会产生，因为如果没有罪孽和愚蠢就不会有
168 德行和智慧②。就这样，当推论出罪恶是善行的必需的衬托时，斯多葛学派提出了最后要考虑的问题③：永恒的天意最后甚至将邪恶转化为善行，永恒的天意将邪恶当作实现自己最高目的的（表面上难以驾驭的）工具④。

第十七节　真理标准

亚里士多德以后的时期在逻辑领域里的哲学成就是微不足道的。像这个斯塔吉拉哲学家的《分析篇》这样有权威的作品（该著作以如此高明的方式用包罗万象的形式将希腊科学的原则带进整个意识），理所当然必定会在一个长时期内统治逻辑思想，而在事实上它的确统治了逻辑思想，直到中世纪之末，甚至还要长一点的时期。这个体系的基础打得非常牢固，开始时一点不动摇，为各学派剩下的活动只是各别组成部分的建设工作。与此活动有关的

---

① Plut. *Stoic. Rep.*〔普鲁塔克《关于斯多葛的论辩》〕44，6.

② 同上，36，1。

③ Plut. *Stoic. Rep.*〔普鲁塔克《关于斯多葛的论辩》〕35，3.

④ Cleanth. *Hymn.*〔克雷安德《圣歌》〕vv. 18 f.

是:就在当时,大量具有颓废时代特征的矫揉造作、华而不实的东西显露出来了。

1. **逍遥学派**早已企图用更详尽的论述,用部分全新的论据,用深入广泛的分类,用更加严格按照规章的格式,朝这个方向系统地发挥亚里士多德的《分析篇》。特别是,**欧德姆斯**和**提奥弗拉斯特**从事关于假言判断和选言判断的研究,以及由于这些判断和前提的出现而引起的三段论理论的延伸。斯多葛学派继续这些研究,他们将这些新型判断(ἀξίωμα)当作复合判断,使之与简单判断相对比①,发挥三段论推理形式的全部细节,特别强调判断的质②,并推演出改变了形式的思想律。总的说来,他们将逻辑规律发展成为枯燥的纲要形式和真正烦琐的形式主义,从而脱离亚里士多德《分析篇》有意义的基本思想越来越远,成为一大堆死的公式。这种毫无成效的机巧对于解答诡辩论的怪题特别有兴趣;在这些怪题里,真正的意义被纠缠在种种形式的矛盾中。

就在各派的这些详细论述中,由亚里士多德创始的**逻辑**科学第一次呈现出纯**形式的**性质,此性质一直保留到**康德**时期。在发挥具体特征方面所采取的形式越迂腐,亚里士多德企望的活生生的思想意识就越被学究式的规则网所代替,——主要目的在于阐述思想,检验思维形式的合法性,但不可能正确对待科学活动的创造力。在智者学派那里,甚至在亚里士多德本人那里,对论证和反驳的重视已处于重要地位,而现在在这里就占据了整个场地。在

① Sext. Emp. *Adv. Math.*〔塞克斯都・恩披里珂《反对数学家》〕VIII. 93.

② Diog. Laert.〔狄奥根尼・拉尔修斯〕VII. 65.

169 古代人们并未获得调查研究的理论；因为我们发现，伊壁鸠鲁学派的后代[①]斐洛德姆斯[②]研究归纳法和类推法结论的筹备工作很差，彼此孤立，毫无值得一提的成果。

2. 斯多葛学派非常重视《范畴篇》学说的整理改写工作，我们理应从中获得更多现实的东西。在此他们引起人们注意，最高范畴（其他范畴只能代表特殊的规定）是**存在**（τὸ ὄν）[③]或**某物**（τὶ）这个范畴；这样做是完全正确的，但却很少有成果。范畴之间的配合协作（至少就列举法而言，这种配合协作是亚里士多德的计划）被有明确系统的次序所取代了；根据这个次序，每一个范畴必须更准确地被下面的范畴所决定。作为一切可能关系的持久基础，"存在之物"（或**存在**）是实体（ὑποκείμενον），是固定性质的母体（Träger）；只就这点而论，它处于流动状态（τὸ πὼς ἔχον）的关系中，并因这种流变状态与其他实体发生相互关系（τὸ πρός τί πως ἔχον）。

就这样从范畴论中产生了**本体论**——即关于实在最一般的形式关系的形而上学理论；在斯多葛学派体系中的这个理论与他们的总倾向一样（参阅第十五节，5）具有一种彻底**唯物主义的**性质。存在物作为实体本身是缺乏特性的物质（ὕλη），在整体的物质以及

① 伊壁鸠鲁本人，他的整个学派也是如此，并不关心形式逻辑的原理。人们也许认为这是表明兴趣和智力之不同，但事实上它只表明对一切不可能有实践利益的东西的淡漠无情。

② 在赫尔库拉内姆（Herculaneum）发现的关于他的论文《论预兆和迹象》，请参阅 Th. 冈伯茨《赫尔库拉内姆出土文物研究》（*Herculanensische Studien*），第一册，莱比锡，1865 年版；Fr. 巴胡施（里克，1829）；R. 菲利普森（柏林，1881）。

③ 逍遥学派也忙于研究这个范畴，这件事为斯特拉脱保存下来的定义所证明：τὸ ὄν ἐστι τὸ τῆς διαμονῆς αἴτιον〔"有"是持续存在的原因〕（Proclus *in Tim*. 242E）。

在特殊的物质中所固有的性质和力量同样是混有物质的因素(大气流)。在这一点上，实体和属性之被考虑既是根据一般概念的观点，也是根据特殊事物的观点；在后者情况下，强调了每一个别事物在本质上都明确地有别于其他事物①。

除这些有关存在的范畴外，我们发现在斯多葛学派中出现了思维与存在的关系所借以表现的概念形式；在这些概念中，早在希腊思想发展中已经酝酿得越来越成熟的**主客观的分离**现在得到了明确的表现。当斯多葛学派认为所有思维的对象是物质时，当他们认为思维活动本身以及它的语言表现②是物质的功能时，他们 170
还是不得不承认**意识内容**本身(τὸ λεκτόν)带有非物质的性质。但是，自从存在与意识内容之间的区分明确地划分之后，便出现了**认识论的基本问题**：应如何思考意识与存在的联系和一致的关系。

3. 此外，由于怀疑派在此期间所经历的生动活泼的发展以及怀疑派反对教条主义体系的比较坚定的立场，这个问题就弄得更加清楚明白了。

到底是皮浪还是蒂孟，这无关紧要；反正大约就在各伟大学派体系得到发展和巩固的时候，他们把所有那些在智者学派时期曾经动摇过对于人的认识能力的朴素信仰的论点都系统化为一个整

① 在开始的两个范畴与最后两个范畴的对比中，名词和动词的语言关系也出现了(用斯多葛学派术语 πτῶσις〔(名词的)格〕和 κατηγόρημα〔(事物的)属性〕)。

② 斯多葛学派非常强调思维与语言之间、理性内部活动(λόγος ἐνδιάθετος〔内存的理〕)与理性通过声音的外部表现(λόγος προφορικός〔名言的理〕)之间的区别性的比较。因此把语言功能假定为灵魂应有的组成部分(参阅第十五节，6)；因此他们详尽地把修辞学和语法学与逻辑学一起处理。

体。虽然克制自己不作判断从而使人独立于命运的那种伦理目的最终还是起决定性作用（参阅第十四节，2），但是这种怀疑主义仍然制定了经过细心阐述的理论性学说。怀疑主义怀疑两种知识形式（知觉形式和思想判断形式）的真实可能性；在它一个个毁灭性地分析了这两种形式之后，它明确地说，正是由于这个原因，两种形式的结合不可能产生任何确定的结论①。

关于知觉，怀疑派利用了普罗塔哥拉的相对主义，在所谓十个"论式"（辩驳法）②中，艾奈西狄姆③以组织得十分不严格的形式提出了怀疑派的理论；在这十个"论式"（辩驳法）中，上述倾向占最宽广的地位。知觉的变化，不仅根据不同种的生物（1），不仅根据不同的人（2），根据他们的惯例（9）以及他们整个发展（10），甚至根据同一个体在不同的时间（3），依赖于身体状况（4），依赖于个人与他在空间的对象的不同关系（5）。知觉的变化还根据对象的不同（7），因此知觉没有资格要求获得事物直接反映的价值，因为它们之产生受到中间媒介（如空气）状态的限制，而我们又无法消除这些中间媒介的作用（6）。因此，无论如何人都不能完全地认识事物
171 （8），并且在大量充满矛盾的印象面前人没有办法区分真的印象和假的印象。这一个并不比那一个更正确。

① 不可指望从合在一起的两个骗子那里获得真理，这种说法完全是正确的。Diog. Laert.〔狄奥根尼·拉尔修斯〕IX. 114.

② Sext. Emp. *Pyrrh. Hyp.*〔塞克斯都·恩披里珂《皮浪的基本原理》〕I. 38 ff.

③ 据古代著作家说，艾奈西狄姆不仅依附于怀疑派，而且还依附于赫拉克利特的形而上学。是否事实果真如此，或者是否把这个关系归之于他是出自错误，这个问题纯粹是古代文物研究的问题。因为如果前者是事实，那只会是思维的现实关系的另一种表现形式，这种表现形式柏拉图早已注意到了。《泰阿泰德篇》152 Eff.。

与人的知觉处于同等关系的是人的意见(δόξαι)。在这方面在皮浪主义中爱利亚派的辩证法的影响突出来了。据证明,对于每一个意见都可以用同样充足的理由树立反对意见与之对立。这**种理由的平衡**(ἰσοσθένεια τῶν λόγων)不容许我们区分真与伪:由于这种矛盾(ἀντιλογία),这个**不**比另一个**更**正确。因此,所有意见所根据的(按照怀疑派采用的智者学派的用语)只是传统和习俗(νόμῳ τε καὶ ἔθει),而不是事物的本性(φύσει)。

后期怀疑派更加猛烈地攻击科学知识的可能性,他们揭露**三段论法程序中的困难**以及亚里士多德根据三段论法所创立的方法中的困难[①]。在这方面卡尔尼亚德似乎带过头,他证明:因为每个论据为了证明自己前提的有效性便要先假定其他论据的成立,照此类推,从而使"*regressus in infinitum*"(由果推因至无穷)成为必要的了,——这个论证对于怀疑论者说来完全是恰当的,怀疑论者不像亚里士多德,他不承认任何东西是直接可知的(ἄμεσον〔无中介的〕;参阅第十二节,4)。这同一论点由**阿格利巴**进一步发展了,他将怀疑论定为五个"论式"[②],比艾奈西狄姆清楚得多,全面得多。他也叫人们注意知觉的相对性(3)和意见的相对性(1);他证明每一个论证如何推至无穷(2:ὁ εἰς ἄπειρον ἐκβάλλων〔无止境式〕);并证明,从假设的前提出发进行论证是如何不合理(4);最后证明:甚

① Sex. Emp. *Adv. Math.*〔塞克斯都·恩披里珂《反对数学家》〕VIII. 316ff.

② 塞克斯都·恩披里珂《皮浪的基本原理》I. 164ff.:(1)意见的矛盾,(2)论证中由果推因,推至无穷,(3)所有知觉的相对性,(4)除了假设性前提的不可能性,(5)三段论的循环。

至在科学中也经常发生这样的事——必须被假设为三段论前提的根据的东西只有用该三段论才可证明(5:ὁ διάλληλος〔循环式〕①)。在后一种情况,必须引起注意的是:在三段论法推论中,从全称命题推到特称命题时,全称命题从一开始只能在特称命题有效的条件下才能证明是合理的②。

因此,由于事物本质是人类知识不可能达到的③,所以怀疑派要求人们尽可能不作判断。关于事物我们无话可说(ἀφασία);我们只能说,这个、那个表面看来是这样、那样;我们这样说,只是表示:我们说的是我们暂时的感觉状态(如昔勒尼学派曾经教导过
172 的,第八节,3)。甚至关于知识不可能性的这种怀疑性主张(为了避免这样的反驳意见:看来在这里至少从反面断言和论证了某种东西④)也只应看作是对于信仰的一种表白而不是一种知识——只应看作是克制住不发表意见,而不是正面的断言。

参阅布罗沙《希腊怀疑派》(*Les Sceptiques Grecs*,1877 年,巴黎法文版)。

4. 怀疑派的攻击非常尖锐地集中在这个原则上⑤:人们不管

① die Diallële,辘轳语:指循环定义及循环设证。——译者

② 塞克斯都·恩披里珂《皮浪的基本原理》II. 第 194 页起。在 J. S. 米尔《逻辑学》(II. 3,2)中得到改造;在 Chr. 西格瓦尔特《逻辑学》(I. § 55,3)中,得到改正。

③ 最后,怀疑论的最简单的表达式是将阿格利帕的五个"论式"变成两个:没有一样东西是直接可靠的(可知的),正因为如此,没有一样东西是间接可知的;从而没有任何东西是可知的。塞克斯都·恩披里珂《皮浪的基本原理》I. 第 178、179 页。

④ Cic. *Acad.*〔西塞罗《学园问题》〕II. 9,28 和 34,109;Sext. Emp. *Adv. Math.*〔塞克斯都·恩披里珂《反对数学家》〕VIII. 463 ff.。

⑤ Sext. Emp. *Adv. Math.*〔塞克斯都·恩披里珂《反对数学家》〕VII. 159.

从哪里得来的各种观念都是欺骗假象，在这些欺骗假象面前没有单义的、准确的知识标志，没有**真理标准**。因此，如果教条主义学派根据苏格拉底关于没有知识便不可能有德行的精神[①]坚持知识的现实性，那么怀疑派的立场〔从反面〕给他们指定了这个任务：确定一种真理标准，而且捍卫达种真理标准，以免受到怀疑派的攻击。**伊壁鸠鲁学派**和**斯多葛学派**都这样做了，虽然他们的唯物主义形而上学和与之相联的**感觉主义**的心理学给他们造成了严重的、从本质上说不可克服的困难。

事实上，所有观念和知识内容只能来自**感官知觉**，这是这两个学派的心理-发生学理论。伊壁鸠鲁学派用德谟克利特的影像说来解释感官知觉的来源（第十节，3）。此学说甚至赋予感官幻觉、梦境等以符合于现实的知觉品格；在这理论的基础上凭借早在客观上存在于影像之间的组合甚至可能解释幻想进行综合活动的种种产物。可是斯多葛学派也认为知觉是身体的变化过程，是外在事物刻在灵魂上的印象（τύπωσις）。据他们看来，由于一切事物普遍的混合，这种可能性是不言而喻的。这种粗糙的感官概念，他们尔后经常用比较法反复表示出来；他们说，灵魂原本像一张白纸，在时间过程中，外在世界将它的印记刻在上面[②]。克吕西普称知觉为灵魂的性质的改变物（ἑτεροίωσις），他的这种称呼听起来使人觉得更精练，然而更不明确，而且绝对的机械，因为对他说

① Diog. Laert.〔狄奥根尼·拉尔修斯〕X. 146f. K. Δ；Us.〔乌森勒尔〕p. 76f.；另一方面，Plut. *Stoic Rep*.〔普鲁塔克《关于斯多葛的论辩》〕47，12.

② Plut. *Plac*.〔普鲁塔克《哲学箴言集》〕IV. 11；*Dox*. D.〔迪耳斯《希腊哲人拾遗》〕400；Plut. *Comm. Not*. 47；此外，参阅 Plat. *Theæt*.〔柏拉图《泰阿泰德篇》〕191. C。

来，不管怎么说，观念〔或精神的表象〕(φαντασία)总是被表象的东西(φανταστόν)作用于身体的产物。

两个学派只用这些印象或部分印象的持续以及它们的组合来解释概念和一般观念(προλήψεις〔内在的观念〕；在斯多葛学派中还有 κοιναὶ ἔννοιαι〔共同意念〕)的出现。因此，他们特别像犬儒学派
173 那样反对柏拉图-亚里士多德的理念论和形式论，①特别反对关于构成概念的独立活动或独立能力的假定，并甚至认为最一般、最抽象的概念的来源在于这些知觉元素(*Wahrnehmungselemente*)的机械作用(关于这点，他们几乎没有进一步的分析)。事实上，斯多葛使借助于井井有条的意识所产生的科学概念与这些自然地、不自觉地(φυσικῶς)产生于经验(ἐμπειρία)的一般观念相对立。但甚至这些科学概念的内容也被认为毫无例外地来源于感觉。在这方面，两个学派均特别强调语言参与创造概念的积极作用。

在此，伊壁鸠鲁主义特别是在后期(斐洛德姆斯)创造了一种独特的学说，这种学说习惯上取名为**符号学**。思维赖以活动的语言词语显然不是影像，而只是词语所指的观念内容的符号；另方面，根据伊壁鸠鲁继承于德谟克利特的关于感官性质的主观性的学说，知觉的观念内容也不是事物的影像，而又只是代表现实本身在量方面的等级差异在质方面所规定的符号。因此，人对事物的认

① 因此，斯多葛学派认为柏拉图的“理念”(类-概念)只是人类心灵的结构(ἐννοήματα ἡμέτερα〔我们的思想〕；参阅 Plut. *Plac.*〔普鲁塔克《哲学箴言集》〕I. 10，*Dox*. D.〔迪耳斯《希腊哲人拾遗》〕309)，从而为以后“观念”一词的主观意义提出第一个意见。参阅第十九节。

识来源于这些符号群(有些是自觉的,有些是不自觉的),来源于这些符号的组合:在这些理论中,伊壁鸠鲁学派和怀疑派一脉相承。

5. 但是现在,只要印象总的内容以及思维本性,人人相同,就必然得出结论:在这种情况下,在理论领域和实践领域里,这相同的一般概念必然由心理的机械作用所形成。特别是斯多葛学派推出了这个结论;他们的整个形而上学有力地迫使他们的注意力集中在心灵功能的共同性质上;这些心灵功能都被认为是来源于神的“普纽玛”。因此,他们教导说,最可靠的真理应该在那样一些概念中去探寻——那些概念按照自然的必然性在一切人中有规律地发展。他们甚至为了科学推理,乐于将这些 κοιναὶ ἔννοιαι 或 *communes notiones*〔共同意念〕当作出发点。他们特别喜欢求助于 *consensus gentium*(万民同意),——关于这个论点,怀疑派只要用经验中的反面例证,是很容易将其有效性攻破的[①]。

因此,在后期的折衷主义文献中这些共同观念被称为是**先天的**(*innatæ*),尤其是**西塞罗**在其中不仅发现了自然同样向一切人表明的东西,而且还发现了自然或神最初用他的理性同时灌输进每个人心里的东西——这些都已不符合斯多葛学派的精神了。西塞罗这样主张不仅是为了道德和法律的基本概念,而且是为了对神的信仰,对灵魂不朽的信仰:特别是,对上帝的认识被强调为只 174
是人对自己真正根源的回忆。这种学说构成柏拉图认识论与斯多葛学派认识论之间最好的桥梁;并任斯多葛学派的 κοιναὶ ἔννοιαι〔共同意念〕的名义下,**理性主义认识论**传了下来,一直传到近代哲

① Cic. *De Nat. Deor*.〔西塞罗《神性论》〕I. 23,62 f.

学的初期。理性主义认识论正借此保留了**心理学上的附属意义**(Nebensinn)——理性认识基于**先天观念**。

6. 斯多葛学派以及伊壁鸠鲁学派都用心理-发生学的观点从根本上将观念的所有内容归源于感官印象,而只有伊壁鸠鲁学派从这里得出一惯性的推论:对真理的认识的标志只能是(知觉用以强加于意识的)必然性的感觉,这种不可抗拒的**透彻性**或**鲜明性**(ἐνάργεια)表现在感官接受外界(Aussenwelt)的功能中。每一知觉本身都是真实的,无可反驳的。可以说,它存在着,像一颗实实在在的意识世界的原子:毋庸置疑,独立自主,不为任何理由所动[①]。如果表面看来同一对象存在着不同的、互相矛盾的知觉,错误只在于指示知觉的意见,而不在于知觉本身;根据知觉不同这个事实就证明了不同的外因引起不同的知觉;据此,相对论丝毫也不能反驳所有知觉的正确性[②]。

同时,意见(δόξαι)必然经常不断地超越感官印象的直接存在,因为行为所需的知识也需要不可直接感知的知识:一方面它需要认识现象的根源(ἄδηλον〔密藏(之因)〕),另方面它需要认识从现象根源可能推论出的未来的可以期待的东西(προσμένον〔报应〕)。但是,根据伊壁鸠鲁学派,心理机制虽有这些更深一层的功能,但只有知觉才是保证。如果概念(προλήψεις〔内在的观念〕)只不过是在记忆里保存下来的感官印象,那么概念在这些印象的透彻

① 伊壁鸠鲁学派在认识论上的原子论与在物理学上、伦理学上的原子论之间的类似是很明显的。

② Sext. Emp. *Adv. Math.*〔塞克斯都·恩披里珂《反对数学家》〕VII. 203 ff.

性或鲜明性中有其确实性——既不可能证实也不可能攻击的确实性①。假说（ὑπολήψεις）——既关于不可感知的事物根源的假说，也关于未来事件的假说——就它们为知觉所证实，至少不为知觉所反驳这一点而论，只是在知觉中找到自己的标准；前者对预测未来有效，后者对阐述理论有效②。因此，伊壁鸠鲁学派根本就没有 175
谈到信念或信仰的独立才能；我们对于任何未来事件的期待是否正确，我们只有在事件发生时才知道。这样，他们在原则上放弃了对一种真正的研究理论的探讨。

7. 从这里很明显地可以看出，伊壁鸠鲁学派可能将他们自己的**原子论**形而上学当作一种不为事实所反驳但又未经证明的假说。的确，他们利用这个假说的根本目的是为了替代那些据他们看来似乎在道德上应该反对的假说。因此他们的教条主义是值得怀疑的；他们的认识论，就它必须处理理性知识而论，是强烈地渗透着怀疑论的。就他们只承认与感官知觉联在一起的东西才是“事实”，而这些事实又是完全确实的而论，他们的观点又得被看作是**实证论**的观点。

这种实证论在古代凭借后起的经验主义的医生学派的理论脱离了伊壁鸠鲁伦理的和形而上学的倾向，更坚定地向前发展了。关于一切不可感知的事物的知识，关于一切理论性的学说，这些医生学派与怀疑派持同一看法；然而另方面，在这些医生学派承认知觉感官的鲜明性方面，他们又与伊壁鸠鲁学派持同一观点。在这

① 正如对伊壁鸠鲁说来，连理智上的善的最后标准也是感官上的快乐；同样，概念的真实的标准也只是感官上的鲜明性（*Evidenz*）。

② Sext. Emp.〔塞克斯都·恩披里珂〕VII. 211.

里观察(τήρησις)被描述为医生技艺的基础,而保存在记忆中的观察又是医生的理论的唯一本质(Wesen):特别是病源学解释在原则上被否定了。

与此有连带关系的是这样一个情况:后期怀疑派在探索研究中处理**因果关系**的概念并发现其中的困难。艾奈西狄姆已经提出一系列这样的诘难①,并在塞克斯都·恩披里珂那里,我们发现这些诘难发展得范围更宽广更全面了②。首先,在他那里,病源学理论的缺点突出来了:病源学理论将已知归源于仍然不可解释的未知;这些理论没有充足理由便在许多可能性中选择一种可能性;它们根据偶尔的反面例证便很不小心地检验经验;最后它们终于根据从知觉得来的,特别简单因而本身很容易理解的样板(Schema)去解释不可能为知觉所认知的东西。此外,他又搜查出妨碍我们取得因果关系的直观概念的所有一般困难。一事物影响另一事物,一事物的运动传至另一事物,——其过程要让人理解:既不能假定作用力是非物质的,也不能假定作用力是物质的;如若认为接触(ἁφή)是发生因果关系过程的必要条件(亚里士多德就曾如此),也不能使其更能说明问题。所以,因果之间的时间关系是极难确定的。但是,在这些辩论中最重要的思想是指出了**因果关系的相对性**:没有一样东西本身是原因或结果;两者中每一个是针对另一
176 个而言;αἴτιον〔因〕和 πάσχον〔果〕是两个互相关联的术语,一定不

① Sext. Emp. *Pyrrh. Hyp.*〔塞克斯都·恩披里珂《皮浪的基本原理》〕I. 180 ff.

② *Adv. Math.*〔《反对数学家》〕IX. 195ff.;参阅 K. Göring, *Der Begriff der Ursache in der griechischen Philosophie*〔戈林《希腊哲学中的因果概念》〕(Leipzig. 1880)。

可绝对地固定。因此(斯多葛的)关于本质上起作用的原因的概念,关于创造万物的神的概念,便被排除了。

8. **学园怀疑派**却从另外方向探索他们已抛弃了的理论知识的确实性的代替物。因为在实践生活中悬疑是不可作为座右铭予以执行的;行动又是不可避免的,并且对于行动说来决定性的观念又是必需的;因此,阿尔凯西劳斯提出这种意见:观念,即使一个人拒不完全同意,但能改变他的意志[①];在实践生活中,一个人必须满足于某种信念或信仰(πίστις),根据这种信仰,某些观念被认为比其他观念有更大的盖然性(εὔλογον),更适合于生活的目的,更合理[②]。

卡尔尼亚德更进一步地发挥了这种**盖然学说**[③],他企图根据逻辑关系将这种"信仰"的具体程度规定得更确切些。程度最低的**盖然率**(πιθανότης)是属于没有进一步关联的单一观念(感官上明澈、鲜明,形式模糊、不完整)。程度高一些的盖然率属于那种可以毫无矛盾地与其他有关观念联结起来的(ἀπερίσπαστος)观念。最后,要检验这样联结起来的观念的整个体系是否完全协调,是否得到经验的证实(περιωδευμένη〔圆净周密的〕)——就在这里信仰达到最高阶段。因此,依据经验得来的信仰从感性上分散的东西上升到科学研究的逻辑体系。但是虽然后一种形式对实践生活说来可能完全够用了(如卡尔尼亚德所假定的),但还不足以导致完全可靠的信念。

① Plut. *Adv. Col.*〔普鲁塔克《反科罗底》〕26,3.

② Sext. Emp. *Adv. Math.*〔塞克斯都·恩披里珂《反对数学家》〕VII. 158.

③ 同上,166 ff.。

9. 与此相反，**斯多葛学派**尽了极大的努力，谋求获得他们形而上学的认识论基础；他们从伦理学上的利益考虑，赋予自己的形而上学以极大价值，不顾心理-发生学上的感觉主义，力求挽救科学的**理性**品格[①]。根据同类为同类所认知的原则，他们的世界-理性学说需要人内心的逻各斯（人的理性）认识心外的逻各斯[②]：在德行和感性冲动之间的伦理上的对立（或二重性）需要在知识与感性观念之间有类似的区分。因此，虽然整个知识材料被认为产生于感性的表象，但是斯多葛学派在另方面指出，在本来的知觉中不包含任何知识，既不能认定为真的，也不能认定为假的。只有当**判断**（ἀξιώματα）已经形成，在判断中关于观念之间的关系有所肯定
177 或否定时，才可以断言真与伪[③]。

然而，斯多葛学派认为**判断**（在这点上，他们采取了一种新鲜的、意义深远的立场，在古代只有怀疑学派在某种程度上接近这种立场）绝不仅仅是形成观念的理论过程和观念的结合。他们认识到判断中的基本特征是**同意**（συγκατάθεσις）、认可、确信的独特行为，心灵借以使观念内容变成自己的内容，借以理解观念内容，并以某种方式占有这个内容（καταλαμβάνειν）。这种认知行为，斯多葛学派认为是意识的独立功能，正如他们同样认为出现在激情中的、对感情冲动的“同意”是意识的独立功能一样。观念之出现犹如感情激动之出现，是一种属于自然必然性的过程，完全独立于人

① 参阅 M. Heinze, *Zur Erkenntnisslehre der Stoiker*〔海兹《斯多葛学派认识论》〕(Leips. 1880)。

② Sext. Emp. *Adv. Math.*〔塞克斯都·恩披里珂《反对数学家》〕VII. 93.

③ Sext. Emp. *Adv. Math.*〔塞克斯都·恩披里珂《反对数学家》〕VIII. 10.

的意志(ἀκούσιον〔非出本愿的〕)。但是这种“同意”(凭借此“同意”,我们把一类变成判断,把另一类变成激情)是一种意识的决断(κρίσις),独立于外部世界(ἑκούσιον〔出于本愿的〕)①。

然而说到圣贤,由于普遍的逻各斯和各别的逻各斯合而为一了,这种同意只出现在有关真实的观念中:因此,灵魂,在领悟这些观念内容时领悟了现实。这种观念,斯多葛学派称为 φαντασία καταληπτική〔物我两契(状态)〕②;他们深信,这样一种观念一定会直接明显地引起有理智的人的“同意”。因此同意本身(συγκατάθεσις)被认为是一种正在思维的灵魂的活动;但是实际上作为同意对象出现的既有个别知觉,也有基于个别知觉的概念、判断、推理的理智活动。

因此如果斯多葛学派把 φαντασία καταληπτική〔物我两契(状态)〕这一词语理解为心灵借以掌握现实的那种观念,它照亮了心灵,使心灵在同意时将现实变为己有,那么,这实际上正确表现了他们为真正观念而树立**必要条件**③,但是这个定义完全不符合构成此定

---

① Sext. Emp. *Adv. Math.*〔塞克斯都·恩披里珂《反对数学家》〕VIII. 39,7.

② 解释这个名词有巨大分歧。根据原始资料,似乎这个观念所指的时而是被心灵所掌握,时而是领悟现实,时而是心灵借以领悟现实,时而指的又是观念如此紧紧掌握心灵,以至心灵必须同意观念。因此,有人设想过,斯多葛学派是有目的地用这种含糊的形式创造这个词语,因为所有这些关系都要在其中协调。也许策勒(IV.[3] 83)〔英译本《斯多葛学派》,第 89 页〕用他的译文“概念的俗念或知觉”(*begrifflich Vorstellung*),有意重复这种含糊不清;在这里有一种附带的逻辑意义,但并不符合斯多葛学派原来的意图。

③ 值得指出的是,在斯多葛给认知的心灵与外部实在的关系命名时,他们绝大部分使用了从触觉领域而来的词语(印象、领悟、理解等等);但在从前,人们更喜欢视觉上的同类词语。参阅第十一节,2。

义所要达到的目的，也就是说，不符合借以认识真理的标志。因为
178 正如怀疑派①所提出的正确异议：主观标志，即同意，可能被证实为关于大量明显错误的虚假观念的心理事实。

这样，在斯多葛学说中人类学方面的不调和甚至表现在自己的认识论的中心概念中。正如根据他们的形而上学不可能解释从世界-理性中产生的各别灵魂如何受到感性冲动的控制，同样，也不可能理解在某种情况下，理论上的“同意”如何竟自委身于虚假的观念。两个难点，从根本上说，有共同的根源。斯多葛学派与赫拉克利特一致：在他们的形而上学中将**事物规范秩序与事物实际秩序**合而为一，虽然与此同时这些概念在雅典人的哲学中已经有了严重的分裂。在他们看来，理性理应如此，事实也如此。理性是νόμος（规范法令），同时又是φύσις（自然）。这种矛盾的正反两面在他们自由论和辩神论中形成严重的对立，这种矛盾是有待于未来解决的问题。

① Sext. Emp. *Adv. Math.*〔塞克斯都·恩披里珂《反对数学家》〕VII. 402 ff.

第二章　宗教时期

J. 西蒙《亚历山大学派史》(*Histoire de l'École d'Alexandrie*,巴黎法文版,1843 年起)。

E. 马特《论亚历山大学派》(*Essai sur l'École d'Alexandrie*,巴黎法文版,1840 年起)。

E. 瓦歇罗《亚历山大学派批判史》(*Histoire Critique de l'École d'Alexandrie*,巴黎法文版,1846 年及以后几年)。

〔J. 德拉蒙德《犹太人的爱》或《犹太亚历山大哲学的发展和完成》(*Philo Judœus, or the Jewish Alexandrian Philosophy in its Development and Completion*,两卷集,1888 年,伦敦英文版)。〕

巴尔特勒米·圣希黎《论学园派与诸派论争兼论亚历山大学派》(*Sur le Concours ouvert par l'Académie, etc., sur l'École d'Alexandrie*,1845 年,巴黎法文版)。

K. 沃格特《新柏拉图主义与基督教》(*Neuplatonismus und Christenthum*,1836 年,柏林德文版)。

乔治《论亚历山大宗教哲学概念中的矛盾》(《历史神学杂志》,1839 年度)〔*Über die Gegensätze in der Auffassung der alexandrinischen Religionsphilosophie* (*Zeitschr. f hist Theol* 1839)〕。

E. 多伊庭格尔《基督教传统精神》(*Geist der christlichen Überlieferung*,1850—1851 年,雷根斯堡德文版)。

A. 里奇耳《早期天主教会的起源》(*Die Entstehung der altkatholischen kirche*,1857 年,波恩德文第二版)。

鲍尔《纪元后头三个世纪的基督教》(*Das Christenthum der drei ersten Jahrhunderte*,1860 年,蒂宾根德文版)。

J. 阿耳措格《教祖遗集大纲》(*Grundriss der Patrologie*,1876 年,弗赖堡因布赖斯高德文第三版)。

〔A. V. G. 艾伦《基督教思想的连续性》(*The Continuity of Christian Thought*,1884 年,波士顿英文版)。〕

A. 施特克《教父哲学时期哲学史》(*Geschichte der Philosophie der patristischen Zeit*,1859 年,维尔茨堡德文版)。

J. 休伯《教父哲学》(*Die Philosophie der Kirchenväter*,1859 年,慕尼黑德文版)。

Fr. 奥弗伯克《论教父文学的起源》(*Über die Anfänge der patristischen Literatur*,《历史杂志》,1882 年)。

A. 哈尔纳克《教义书》(*Lehrbuch der Dogmengeschichte*,三卷集,1886—1890 年,弗赖堡因布赖斯高德文版)。

〔J. 唐纳森《基督教文学与教义批判史》(*Critical History of Christian Literature and Doctrine*)。〕

希腊化-罗马哲学从伦理观点逐渐过渡到**宗教观点**,其内因存

179 在于哲学本身,其外因存在于时代需要的迫切要求。体系与体系之间的接触越广泛,就越明显表现出来:哲学要完成自己给自己提出的任务,能力多么微弱——这任务就是教育人们通过可靠知识达到美德和幸福的境界,达到内心独立于外在世界。怀疑派的思想方式教导我们德行基于舍弃求知的努力而不基于知识本身,当这种思想方式扩散得越来越远的时候,甚至在斯多葛学派中也越来越盛行这样一种观点:刻画得如此苛刻严峻的圣人的理想不会在任何人的身上完全实现,因此在各个方面都使人感觉到:靠个人自己的力量既不可能认知,也不可能有德行和幸福。

因此,如果说在哲学本身中必然要引起一种情绪,即为了达到伦理目的需要更高一级的帮手,那么同样真实的是,当时的理论学说包含有大量的宗教因素。无疑，伊壁鸠鲁学派有目的地排除了此等因素，但斯多葛刚好相反，给这些因素大开绿灯，入口越宽敞，就越自由。在斯多葛学派那里，不仅形而上学要求在神灵指示下寻求道德原则，而且在他们的**普纽玛**理论中，出现一种赋予神话作品以哲学意义的可能性，而这种哲学意义可能是所有崇拜形式都共有的。最后，亚里士多德学说中的精神一神论以及柏拉图在更高的超感世界里探索事物永恒本质的那种理想倾向还没有被人忘却。

最后证明，正是这种短暂的尘世与超感的神界之间的对立的**二元论**如实地反映了存在于暮年的希腊和罗马世界的整个生活中的内部矛盾。以往的对感官享受的渴求也许还在歌颂争权夺利，纸醉金迷。然而〔对此种生活的〕厌恶和恶心产生了新的渴望，渴望着更纯更高的欢乐：随着罗马帝国的社会形势带来了与此形成的强烈的对比，面对此强烈的对比千百万人看到自己被隔绝在世间美好事物之外，他们的眼光如饥似渴地仰望着未来的更美好的世界。因此，在各方面，一种深沉的、强烈的、解放灵魂的要求越来越为世人所觉察，那是一种超越凡尘的饥渴，那是一种无与伦比的宗教热忱。

首先这种**宗教运动**的活力表现在希腊-罗马世界热衷于吸收外来的宗教礼拜仪式，表现在东西方宗教的渗透和融合。但是虽然矛盾在各处得到调整，然而控制人类灵魂的斗争却更激烈了；因此古代文明世界的土地，结出了科学艺术的硕果之后，又变成了宗教的战场。从而在尔后若干世纪，人们的主要兴趣从尘世转向了天上；人们开始在感官世界之外寻求解脱。

但是尽管如此，进行**宗教论争**所采取的形式表明了希腊科学

180 已经变成怎么样的精神力量和理智力量了。古代世界如此明显地表现出患了思想苍白的病，如此强烈地怀着需求知识的感情，因此每种宗教都希望不仅满足感情，而且还要满足理智，因而极欲将自己的生活转变成理论。甚至对于**基督教**说来也是如此，而且实际上基督教的情况正是这样。毋庸置疑，耶稣的宗教取得胜利的真正的力量在于它进入这个衰老、乏味的世界时带着纯洁高尚的宗教感情的青春活力，带着勇于面对死亡的信念。但是基督教之所以能征服古代文明世界却是由于它吸收了整个古代文明并改造了整个古代文明；并且在同旧世界的外部斗争中，形成了自己的组织结构[①]，因而最后变得强大到足以占领整个罗马帝国；同样，在捍卫自身反对古代哲学中，它将古代哲学的概念世界变成自己的概念世界，从而建设起自己的教条主义体系。

就这样，科学的需要和生活的需要碰在一起了。科学谋求在宗教里解答它一直徒劳无益地辛苦探索的问题；生活盼望为宗教的渴念和信念获得科学的阐述和基础。因而，从此开始，经过若干世纪，哲学史与教条主义神学一块儿向前发展[②]；**宗教形而上学**时期便开始了。古代思想的发展描绘出一条独特的曲线：从宗教发端，然后与宗教愈离愈远，直到伊壁鸠鲁学派，完全与宗教分离；于是又稳步地向宗教靠拢，最后完全回到宗教中来。

在这些条件下，有可能理解到：从价值的观点将超感世界和感

---

① 参阅 K. J. Neumann，*Der. römische Staat und die allgemeine kirche bis auf Diocletian*〔纽曼《罗马国家和戴奥克里先以前的一般教会》〕，Vol. I. Leips. 1890 年。

② 当然，必须认识清楚，下述说明已经将一切特别武断的因素撇在一边，除非这些因素与哲学原则不可分离地交织在一起。

官世界分别看作神的完美和尘世的卑贱——使这两个世界作如此分离的**世界观**是构成整个宗教-哲学运动发展的共同基础。实际上这种观点毕达哥拉斯学派已经提出(参阅第五节,7),甚至亚里士多德也坚持过。但是,毫无疑问,这种观点在**柏拉图形而上学**中得到最有力的详尽阐述。因此,正是这后一个体系形成了对于古代思想的宗教发展末期的统治中心。柏拉图主义向宗教方面发展是这个时期的基本特征。

然而这一运动的地理中心是**亚历山大里亚**;这个城市从历史上以及人口上说,最明显地代表了当时各民族、各宗教的杂居混处。在这里,博物馆积极活动,收藏了希腊文化的一切珍宝;所有宗教、膜拜形式都在这熙熙攘攘的商业都市济济一堂,企图用科学来澄清在它们内部汹涌澎湃的感情。

亚历山大里亚哲学的第一条路线叫作**新毕达哥拉斯主义**。这 181
种思想方法来自毕达哥拉斯学派神秘玄义的宗教实践,表面上利用了旧毕达哥拉斯学派的数-神秘主义。他们仿照毕达哥拉斯的名字给自己和自己的著作取名,但却在柏拉图形而上学的变形中为自己逃避现实的、宗教-苦行主义的伦理学找到了理论骨架,这对于下一时期精神本质的概念具有最深刻的价值。宗教创始人**齐阿纳的阿波洛尼**应当被认为是该学派的典型代表。

在罗马帝国时期,**斯多葛**难免不受东方生活和东方思想方式的影响,它在自己的世界观中更加强烈地显露出宗教因素;因此,不仅这个体系的人类学二元论变得很突出,而且更带一神论的思想方式逐渐替代了这个学派原来的泛神论。在这些人身上,如**塞涅卡**、**爱比克泰德**和**马尔库斯·奥勒留**,斯多葛学说完全变成了一种解脱哲学或拯救哲学。

甚至**犬儒主义**也披上宗教外衣作为原始的、大众化的遁世说教而复活了；**德谟纳克斯**被认为是此派最著名的代表人物。

与新毕达哥拉斯学派几乎不可分的是纪元后最初几个世纪的**折衷主义的柏拉图主义**，如喀罗尼亚的**普鲁塔克**和玛达拉的**艾普利亚**。后来出现了阿拉米亚的**鲁门尼亚斯**和格拉萨的**尼可马古斯**，他们在犹太教、基督教的影响下，亲睹两种潮流的汇合。

在所有这些形式中，希腊因素与东方因素相比总是一直占上风，而东方因素在**犹太宗教哲学**中却以还要强大得多的力量出现了。正如埃森教派①来源于新毕达哥拉斯主义与希伯来宗教生活的接触，同样，犹太学者在阐述他们的教义时，也想方设法谋求靠近希腊科学，最后产生了**亚历山大里亚的斐洛**的学说。他对这些动荡不定的思想体系所作的创造性的加工处理，在最重要方面都决定性地影响了这些体系进一步的形成和发展。

基督教哲学在最初几个世纪里，通常被命名为**教父学**，它用比拟的方式大规模地扩展开来。这种使福音哲学世俗化是由**基督教护教士**开始的，他们力图将宗教信仰描述为唯一的真正哲学，其目的是要在知识分子眼中捍卫基督教，使其免受歧视和迫害，从而开始使宗教信仰的内容适合于希腊科学的概念形式：其中最重要的人物是**查斯丁**和**米鲁修·费利克斯**。

182 但是要将信仰（πίστις）变成知识或智慧（γνῶσις）的这种需要在

① 参阅 E. 策勒 V.³ 第 277 页起。〔埃森教派（Sekte der Essener）是古犹太人的一个苦修教派，纪元前二世纪创立于巴勒斯坦，以持戒与禁欲著称。——译者〕

基督教团体中鲜明地表现了出来，甚至没有这方面争论的倾向。**诺斯替教**最初的企图是想为新宗教创立一种适当的世界观；它源自叙利亚各宗教的混合所激起的幻想；虽然它采用了希腊哲学理论，但仍然得出如此怪诞的结构，以至教会在变得更强大更稳定时便不得不将之扬弃了。**沙都尔尼鲁**，**巴西里底**和**瓦兰提诺**应算作此类人中的佼佼者。

这种宗教幻想轻率之举引起强烈反响，在基督教文献中，如**塔提安**、**德尔都良**和**阿罗毕斯**等人的著作中，曾一度开始对于所有基督教信仰的哲学解释和调解抱着强烈的反感。从而一种公开的**反理性主义**思潮便出现了，该思潮认为有必要再回到与之有关的希腊哲学理论中去。但是，**伊里奈乌斯**和他的弟子**希波利特**反对诺斯替教便没有这种片面性，他们更接近于老一代希腊化的基督教护教士。

直到第三世纪初期，经过上述种种尝试之后，一种积极的基督教神学，一种完整概念形式的教义学体系才建立起来了。这件事是由**亚历山大里亚的传道师学派**通过它的领袖**克力门**和**欧利根**得以实现的。特别是欧利根，从哲学的观点来看他应被认为是这个时期基督教最重要的代表人物。

但是在他身旁，从亚历山大里亚哲学学派又出来了这样一个人，他完全是在希腊化的基础上着手解决哲学变成宗教趋势的问题——他是**普罗提诺**，这个时期最伟大的思想家。他企图用宗教原则将希腊和希腊化哲学的所有主要学说系统化，他的这种探讨被命名为**新柏拉图主义**。他的学说是古代所产生的最确定的、结构最完善的科学体系。但是他的弟子**波菲莉**已表现出要想从这种宗教学说中创造出一种宗教的倾向；他的弟子**扬布利柯**被称为叙利亚的新柏拉图主义的领袖，他将该宗教学说转化为**多神论的教条主义神学**；而学者们以及基督教在政治上的敌人，如朱利安皇帝，希图用这种神学复活在当时已处于消亡状态的异教徒的宗教礼拜仪式。这种企图失败以后，以雅典的**普鲁塔克**、**普罗克洛**、**达马西斯**为首的新柏拉图主义的雅典学派最后又回过头来对普罗提诺体系作有计划的、学术的扩充和发展。

这样，希腊化时期要想利用科学建立新宗教的企图仍然徒劳无益。这表现在：学者找不到信徒。与此相反，正统宗教要用科学的理论完善和加强自己的需求却的确达到了目的。教会创造了自己的教义。这种运动的伟大历史过程是：正在作剧烈垂死挣扎的、

183 被击败的希腊主义仍然创造了新宗教借以形成教义的概念。

毕达哥拉斯的神秘玄义在整个古代时期继续流行；此时，科学的毕达哥拉斯主义在合并于学园之后作为正统的毕达哥拉斯学派而言已不复存在了。只有在纪元前第一世纪，毕达哥拉斯主义特有的理论才又被人注目：这些理论出现在毕达哥拉斯主义的著作中，其中，狄奥根尼·拉尔修斯（卷八，第24页起），继亚历山大鸿儒之后，记载了一篇报道，使我们推测到它们本质上受了斯多葛的影响。西塞罗的一位有学问的朋友 **P. 尼吉底·菲古鲁**（死于纪元前64年）也明确地提到过这些理论；这些理论还得到罗马另外一些人的支持。

但是正统的**新毕达哥拉斯主义**开始出现大约是在纪元开始时，当时在亚历山大里亚有一大批著作公之于众，在毕达哥拉斯，或者费洛劳斯，或者阿尔基塔斯，或者其他老一代的毕达哥拉斯主义者的名义下，用文学的形式介绍了这种理论。这些著作的断简残篇给理解真正的毕达哥拉斯主义带来巨大困难。参阅本书第一篇第一章导言末文献。

另一方面，关于新学派的人物，为人知道的很少。唯一显著的人物是齐

阿拉的**阿波洛尼**;关于他的生平和性格雄辩家菲洛斯特拉塔(C. L. 凯泽编辑,1870 年莱比锡版)在第十三世纪初作过传奇式的描述,目的在于刻画一个毕达哥拉斯式人物的生活理想。阿波洛尼生活在纪元后第一世纪,至于他本人的著作,只有一些关于毕达哥拉斯的传记和一篇关于祭祀的论文现在还存在。参阅鲍尔《阿波洛尼与基督》(*Apollonius und Christus*),载于《古代哲学史三篇论文》(*Drei Abhandl. zur Gesch. d. alt. Philos.*,莱比锡,1876 年)。〔特奈德威尔《齐阿拉的阿波洛尼的生平》(*Life of Apollonius of Tyana*,内有完善的著作目录,1886 年,纽约英文版)。〕他的同时代人加德斯的**谟德拉都斯**也许也该提一提。

新毕达哥拉斯理论和斯多葛理论看来在折衷主义者亚历山大里亚的**所提翁**身上融合在一起了。他与塞克斯派人发生关系。他的弟子科洛多拉的**鲁齐乌斯·安涅·塞涅卡**是帝国时期**斯多葛学派**的领袖。他是尼禄①的导师;他之所以有名,是因为他悲惨的命运;他还作为悲剧诗人,展示了他那学派所主张的严峻的生活概念。关于他的著作,除了他的《书信集》(*Epistolæ*,哈泽编辑,三卷集,1852—1853 年,莱比锡版)以外,主要关于伦理学的论文大量地保留了下来。〔《书信集》英译本由 T. 洛奇译(或更确切地说,由他释义),1614 年伦敦版。康米洛特丛书(1888 年伦敦版)选自该书以及莱斯特兰奇的《塞涅卡抽象道德学》(*Seneca's Morals by Way of Abstract*)一书。〕参阅鲍尔《三篇论文》中的《塞涅卡与保罗斯》(*Seneca und Paulus*);见上述。

除了他以外,我们还要提一下鲁齐乌斯·安涅·**科尔鲁都斯**(胡尔鲁都斯),他是斯多葛解释神话的主要代表(Περὶ τῆς τῶν θεῶν φύσεως〔《论诸神的本质》〕,奥桑编辑,1844 年,哥廷根版),还有讽刺诗人**波斯乌斯**,道德家 C. **姆桑尼斯·茹胡斯**,特别是**爱比克泰德**,他生活在杜米仙②时代。他的理论由**阿里安**编辑为两部奢作出版:Διατριβαί〔《玄思录》〕和'Εγχειρίδιον〔《肘后备要》〕(连同西姆普里西斯的评注一起,由 J. 施威格豪塞尔编辑,莱比锡版,1799 年至 1800 年)。〔英译本由 G. 朗译,博恩文库;又由 T. W. 希金森译,1865 年,波士顿版〕参阅 A. 博惠胡尔《爱比克泰德与斯多葛》(*E. und die Stoa*,1890

① Nero(纪元 37—68 年):罗马暴君,在位期间 54—68 年。——译者

② Domitian(纪元 51—96 年):罗马皇帝,在位期间 81—96 年。——译者

年，斯图加特版）。

由于高贵的**马尔库斯·奥勒留·安东宁皇帝**，斯多葛爬上了罗马帝国的御座（161—180 年）。他的《自反录》（Πὰ εἰς αὑτόυ，1882 年，莱比锡版，由 J. 斯蒂奇编辑）是折衷主义-宗教的斯多葛主义的里程碑。〔由 G. 朗译《M. 奥勒留·安东宁皇帝的思想》（*The Thoughts of the Emperor*，*M. Aurelius Antoninus*，伦敦，博恩文库）；W. 佩特《伊壁鸠鲁信徒马利乌斯》（*Marius the Epicurean*，1888 年，伦敦、纽约版）；M. 阿诺德在《评论文集》一书中的论文。〕

在古希腊时期，有一个有创见的人物，那就是游方和尚似的传教士**梯利斯**，他出自**犬儒学派**（参阅 V. 威拉莫费兹-米勒多尔《语言学研究》〔*Philol. Untens*〕，IV. 第 292 页起）。在罗马帝国时代，这个古怪人物经常被人模仿、被人夸张到最可笑的程度。通过琉善而闻名的德麦特里乌斯、卡达拉的奥洛莫斯、德谟拉克斯，以及柏勒格利鲁·普洛修斯都属于这类人物。参阅 J. 伯奈斯《琉善和犬儒学派》（*Lukian und die Kyniker*，1879 年，柏林德文版）。

在与数论保持一定距离的**宗教的柏拉图主义**的代表中可以提一提的是折衷主义评论家**欧多鲁斯**和**阿里乌斯·狄代姆斯**，还有柏拉图和德谟克利特著作的编辑**特拉西路斯**，尤其可以提一提的是喀罗尼的**普鲁塔克**（大约纪元 100 年），除了他著名的传记外，还有一大批其他著作，特别是包含有教义和论战的哲学论文被保存了下来（《道德学》，杜布勒尔编，巴黎，地达特，III. 和 IV. 1855 年）（参阅 R. 福耳克曼《普鲁塔克生平、著作和哲学》，1872 年，柏林
184 德文版）。〔英译本由古得威编译，书名为《普鲁塔克道德学》（*Plutarch's Morals*），五卷集，1870 年，波士顿版；又由施来托（Shilleto）和 C. W. 金（King）翻译，两者均收入伦敦博恩文库中，分别在 1888 年和 1882 年出版。〕我们还要提一提安东宁时代蒂尔的**马克兴姆**；他的同代人，玛达拉的**艾普利亚**也属于这一帮子，这不只是由于他的哲学著作（由 A. 哥尔德巴谢尔编辑，1876 年，维也纳版），也由于他的隐喻讽刺小说《金驴》（参阅赫尔登布朗为他全集所作的序言，1842 年，莱比锡版）。〔《艾普利亚文集》（*The Works of Apuleius*），博恩文库〕；基督教的敌人**凯尔斯**，他的论文《实言录》（ἀληθὴς λόγος，大约 180 年），只是从欧利根的反驳论文《论凯尔斯》（κατὰ Κέλσου）中才被人知道（参阅 Th. 凯木《凯尔斯实言录》，苏黎世，1873 年，德文版）。最后谈一下克劳迪亚

斯·**盖伦**医生，他大约死于200年；毋庸置疑，由于他广泛的折衷主义，既可以被列为逍遥派学者，也可被列为斯多葛派学者（参阅K.斯普日格尔《医药史论文集》，I.第117页起）。在这同一思想范围里，出现了一些著作，它们以**赫姆斯**·特雷斯梅吉塔之名传播开来；这些著作属于第三世纪（由L.梅纳尔译成法文，巴黎，1866年出版，部分由G.帕西发行，柏林，1854年）。

在第二世纪柏拉图主义者之中有阿拉伯格拉萨的**尼可马古斯**，他的著作中只有算术教科书和一本著作（'Αριθμητικὰ θεολογούμενα〔数学的神学〕）的摘录（通过浮修士）传了下来；还有阿拉米亚的**鲁门尼亚斯**，我们知道的有关他的知识主要来源于欧瑟比乌斯，他们都是激进的新毕达哥拉斯主义分子。参阅F.西丁盖（波恩，1875年）。

希腊哲学进入**犹太**神学可以追溯到纪元前第二世纪中叶，从当时**亚里士多布鲁斯**（Aristobulus）的《圣经》解说中可以看得出来；它当时以一种特别显著的方式，以一种非常接近亚历山大里亚学派思想领域的形式，出现在伪造的所罗门的《智慧之书》（*Book of Wisdom*）中。但是这些都只不过是亚历山大里亚的**斐洛**重要创作的不关紧要的先驱；关于斐洛的生平只知道在39年他已达高龄，他是本地社团派往喀利古拉皇帝①的大使馆的一个成员。他为数很多的著作（有许多不是真实的），由曼格编纂（伦敦，1742年），莱比锡影印（1851—1853年，八卷集）〔英译本由C.D.扬翻译，四卷集，伦敦，博恩文库〕。

F.德勒《犹太-亚历山大里亚宗教哲学》（*Die jüdisch-alexandrinische Religionsphilosophie*，1834年，哈雷，德文版）。

A.格胡诺勒《斐洛与亚历山大里亚通神学》（*Philon und die alexandrinische Theosophie*，1835年，斯图加特德文版）。

M.沃尔夫《斐洛哲学》（*Die Philonische Philosophie*，1858年，哥德堡德文版）。

埃瓦尔特《人民以色列史》（*Gesch. des Volkes Israel*，VI.第231页起）。

① Caligula（Gaius Caesar，纪元12—41年）：罗马皇帝，在位期间纪元37—41年。——译者

奥托编辑的《二世纪基督教护教士全集》（耶拿，1842 年起）搜集了**基督教护教士**的著作，其中最著名的有西克木的殉道者**弗拉维斯·查斯丁**，他生活在第二世纪中叶。两篇护教著作和一篇与犹太人特利弗的对话录保存了下来〔英译本编入前尼西亚会议文库，由罗伯茨和唐纳森编辑，爱丁堡，1867 年—〕。K. 塞米施（两卷集，布雷斯劳，1840—1842 年）和 B. 奥伯（巴黎，1861 年）处理他的作品。出自希腊文化界的护教士还有**亚里士提底**（他的论文，发现是用亚美尼亚文写的，印有拉丁文译文，威尼斯，1878 年）、雅典的**亚典拉哥拉**（πρεσβεία περὶ Κριστιανῶν〔为基督徒而出使〕，致马尔库斯·奥勒留，大约在 176 年）、安条克的**提奥费鲁斯**（一篇论文，致奥托里古，大约在 180 年）、沙丁斯的**麦利托**、海拉波利斯的阿波林拉利，以及其他人。——拉丁文献特别介绍**米鲁修·费利克斯**，他的对话录《屋大维》大约写于 200 年（由哈耳姆编入《拉丁教会作家全集》，维也纳，1867 年）。修辞学家**费尔米安鲁·拉克坦修斯**（大约 300 年）也应属于这一派。他的主要论文是《神的制度》〔上述作家英译本编入前尼西亚会议文库，见上〕。

关于**诺斯替教派**，我们的知识主要来自他们的敌手**伊里奈乌斯**（140—200 年；他的论文 Ἔλεγχος καὶ ἀνατροπὴ τῆς ψευδωνύμου γνώσεως〔《伪知识驳议》〕，由 A. 斯提楞编订，莱比锡，1853 年）、希波利特（Κατὰ πασν αἱρεσεων ἔλεγχος〔《驳一切学派之说》〕，由东克尔和施奈德威编订，哥廷根，1859 年）、德尔都良（《反驳瓦兰提诺主义》）等人。〔上述著作英译本编入前尼西亚会议文库，见上。〕关于诺斯替教派论文现存的只有一篇，由一个不知名的作家写的，即
185 Πίστις σοφία（《信仰〔即〕智慧》，由彼得曼编订，柏林，1851 年）。在这学说的主要代表人物中有活跃在第二世纪上半叶的安条克的**沙都尔尼鲁**、叙利亚人**巴西里底**和亚历山大里亚的**卡波克拉底**；接近第二世纪中叶的有他们当中最重要的人物**瓦兰提诺**（大约死于 160 年）；接近第二世纪之末的有美索不达米亚的**巴底桑勒**。——A. W. 尼安德《诺斯替体系讲述》（*Expositions of The Gnostic Systems*，柏林，1818 年）〔由托利译成英文，波士顿，1865 年〕E. 马特（巴黎，1843 年），Chr. 鲍尔（蒂宾根，1835 年），A. 里尔根费尔德（耶拿，1884 年）和同一个作者《巴底桑勒——最后一个诺替斯教徒》（*Bardesanes, der letzte Gnostiker*，莱比锡，1864 年，德文版）。——A. 哈尔纳克《诺斯替教历史起源批判》（*Zur Quellenkritik der Geschichte des Gnosticismus*，莱比锡，1873 年，德

文版)〔H. L. 曼塞尔《诺斯替异端邪说》(*Gnostic Heresies*,伦敦,1876 年,英文版)〕。

希腊科学最激进的敌手是亚述人**塔提安**,他的论文 Πρὸς Ἕλληνας〔《关于希腊人》〕大约出于 170 年,但是后来他自己变成了瓦兰提诺主义诺斯替教的信徒。容易激动的基督教护教士奎·塞卜提米·佛劳罗伦斯·**德尔都良**(165—220 年,曾一度在迦太基做长老),同样终于站在蒙泰那斯教派①立场上反对天主教。他的著作已由奥勒尔(Fr. Oehler)编订(三卷集,莱比锡 1853 年至 1854 年),最近又由 A. 奈菲尔谢德和威索瓦编订(卷一,维也纳,编入《拉丁教会作家全集》,1890 年)〔英译本编入前尼西亚会议文库〕。参阅 A. W. 尼安德《反诺斯替教——德尔都良思想》(*Antignosticus*,*Geist des Tertullian*,1849 年,柏林,德文第二版)等〔英译本,博恩文库,1851 年〕;A. 豪克《德尔都良的生平和著作》(*T.'s Leben und Schriften*,埃尔兰根,1877 年,德文版)。属于同类丛书但时间在稍后一点的有非洲修辞学家**阿罗毕斯**的七卷集《反种族》(*Adversus Gentes*),此书大约作于 300 年(由 A. 奈菲尔谢德编订,收入《拉丁教会作家全集》,维也纳,1875 年)。

关于亚历山大里亚的**克力门**的著作,有三篇论文保存了下来,即:Λόγος προτρεπτικὸς πρὸς Ἕλληνας〔《为希腊人陈词》〕;Παιδαγωγός〔《伴读与师保》〕;Στρωματεῖς〔《杂文集》〕(由 J. 帕特编订,牛津,1715 年)〔英译本收入前尼西亚会议文库〕。从他的学派(参阅论亚历山大里亚早期基督教学派的著作,葛利克著,哈雷出版,1824 年至 1825 年;哈塞尔巴赫著,什切青出版,1826 年)中产生了基督教神学奠基人**欧利根**,外号“金刚石”。185 年欧利根出生于亚历山大里亚,受过那个时代最充分的教育,他很早出来当教师;由于他的学说,他陷入与宗教议会的冲突中,被宗教议会撤职,后来居住在凯撒利亚和蒂尔,254 年死于蒂尔。关于他的著作,除了上述反对凯尔斯的论文外,《论初始的原则》(Περὶ ἀρχῶν)是最重要的;它几乎只存在于拉芬鲁斯的拉丁译文中(由雷德彭宁编订,莱比锡,1836 年)〔英译本收入前尼西亚会议文库〕。参阅 J. 赖恩肯斯《亚历山大里亚克力门长老》(*De Clemente Presbytero AL.* 布雷斯

① Montanus 系小亚细亚弗利吉亚(Phrygia)人,在第二世纪中叶创立蒙泰那斯教派,系旧基督教派之一。——译者

劳，1851 年）；雷德彭宁《欧利根——他的生平和学说》（*O.，Darstellung seines Lebens und seiner Lehre*，波恩德文版，1841—1846 年）〔参阅比格《亚历山大里亚基督教柏拉图主义》（*The Christian Platonists of Alexandria*，牛津，1887 年）；A. 哈尔纳克论文《欧利根》（*Origen*），载于《大英百科全书》〕。

J. P. 米涅曾发行这一时期所有教会作家的原始资料全集：《教父论文全集》（*Patrologiæ Cursus Completus*，巴黎，1840 年起）。

根据古代传说，**新柏拉图主义**的奠基人是一个叫作**阿芒尼乌斯·撒卡斯**的人，但未发现任何证据足以证实这个传说。他的弟子中有普罗提诺、欧利根、修辞学家**朗金诺**（213—273 年），作品《论崇高》（Περὶ ὕψους）人们认为是他写的，还有另一个**欧利根**。

这个学派的真正奠基人是**普罗提诺**（204—269 年）。他出生于埃及的里科坡利斯，在亚历山大里亚受教育。他为了进一步研究宗教，参加了反对波斯人的远征。大约 244 年他在罗马当教师，获得高度的成功，死在康潘尼亚的一个农村庄园。他的著作写于晚年，由他的弟子波菲莉，分为六个"九章集"①。由 H. 米勒编订，附德文译文（莱比锡，1878—1880 年）〔英译本有一部分由 Th. 泰勒翻译，伦敦，1787、1794、1817 年；法译本由布埃累译，巴黎，1857—1860 年〕。参阅 H. 基尔赫纳《普罗提诺哲学》（*Die Philos. des Pl.*，哈雷，1854 年）。——A. 里克特《新柏拉图研究》（*Neuplatonische Studien*，哈雷；1864 年起）。——H. v. 克来斯特《新柏拉图研究》（*Neuplat. Studien*，海德尔堡，1883 年）。——〔A. 哈尔纳克撰写的条目《新柏拉图主义》（*Neo-Platonism*，载于《大英百科全书》。〕

亚历山大里亚新柏拉图主义还要算上亚美利亚的井提良诺·**亚美利乌斯**和蒂尔人**波菲莉**（大约 230—300 年）。在现存著作中，除了普罗提诺和毕
186 达哥拉斯的传记外，还该提一下《思维之源》（Ἀφορμαὶ πρὸς τὰ νοητά）——普罗提诺体系箴言体式的节本（载于普罗提诺著作克洛泽尔版本，巴黎，1855 年）；论文《论节制》（περὶ ἀποχῆς τῶν ἐμψύχων〔《论戒（杀）食有生息之物》〕，其重要性在于它利用了提奥弗拉斯特的 περὶ εὐσεβείας〔《论虔敬》〕；参阅 J. 伯奈

① 波菲莉将普罗提诺的五十四篇论文分为六个部分，每个部分有九篇文章。——译者

斯,柏林,1866 年);以及评论文《范畴引论》(Εἰσαγωγὴ εἰς τὰς κατηγορίας,由巴塞编辑,柏林,1877 年,也载于《亚里士多德》柏林版,第四卷)。

叙利亚新柏拉图主义由叙利亚卡尔塞士的**杨布利柯**创建(大约死于 330 年),他是波菲莉的旁听生。他的著作主要是对希腊化和东方的神学的评注。下列各篇部分地保留下来了:《毕达哥拉斯生平》(Περὶ τοῦ Πυθαγορικοῦ βίου,由威斯特曼编订,巴黎,1850 年)、《爱智忠言》(Λόγος προτρεπτικόσς εἰς φιλοσοφίαν,由克斯林编订,莱比锡,1813 年)、《数理通论》(Περὶ τῆς κουνῆς μαθηματικῆς ἐπιστήμης,由维罗森编订,威尼斯,1781 年)〔英译本《毕达哥拉斯的生平》由泰勒翻译,伦敦,1818 年;他又译《埃及秘密宗教仪式》(*Egyptian Mysteries*),契斯威克,1821 年〕。

这派的门徒中,**德克西卜**对亚里士多德的《范畴篇》作了评述(由 L. 斯彭格尔编订,慕尼黑,1859 年),**撒鲁斯修**写了一本形而上学概要(由奥奈利编订,苏黎世,1821 年),**提米斯修**(大约 317—387 年)作为亚里士多德著作的释义者和评论者而享有盛名。从这一派人中披露了论文《论埃及秘密宗教仪式》(*De Mysteriis Ægyptiorum*,由 G. 帕塞编订,柏林,1857 年;参阅哈利斯,慕尼黑,1858 年)。

这个运动由于**朱利安**皇帝就位在政治上得到暂时的成功。他想凭借这个运动改革旧宗教,代替基督教。他的反对基督徒的著作曾由 K. J. 诺依曼编订,并附有德文译文(莱比锡,1880 年)。参阅 A. W. 尼安德《论朱利安大帝和他的时代》(*Über den Kaiser J. und sein Zeitalter*,柏林,1812 年)。D. Fr. 斯特劳斯《叛教徒朱利安——登上皇位的浪漫派人物》(*J. der Abtrünnige, der Romantiker auf dem Throne der Cäsaren*,曼海姆,1847 年)。A. 弥克,《历史资料中的朱利安》(*J. nach den Quellen*,哥达,1866—1868 年)。

雅典新柏拉图主义的奠基人是雅典的**普鲁塔克**(死于 430 年以后),还有他的弟子**叙利安诺**和**赫罗克利斯**。所有这些人,加上下面提到的那些人,都对柏拉图、亚里士多德或毕达哥拉斯等著作作过评注,其中有一些保存了下来。更重要的是**普罗克洛**(411—485 年),他的作品中最重要的是 Περὶ τῆς κατὰ Πλάτωνα θεολογίας〔《论柏拉图的神学》〕(他的著作由 V. 库辛编订,巴黎,1820—1825 年)〔英译本由 Th. 泰勒译〕。参阅 H. 基尔赫纳《普罗克洛的形而上学》(*De Procl. Metaphysica*,柏林,1846 年)。K. 斯坦哈特撰写的条目,载于埃尔希和格雨伯尔主编《百科全书》。

柏拉图学园最后一个头头是**达马修斯**；在他的著作中，一篇论文（περὶ τῶν πρώτων ἀρχῶν〔《论最初始的原则》〕）的开头和《**巴门尼德**评注》一文的结尾保存了下来（由 J. 科普编订，梅茵河畔法兰克福，1826 年；参阅《斯特拉斯堡人哲学论文集》〔*Strass. Abhdl. für Philos.*，1884 年〕中 E. 海茨的文章），还有他的老师伊西多鲁斯的一篇传记也保存了下来。在这个时代的评注家中，**西姆普里西斯**是最卓越者（《物理学评注》，威尼斯，1526 年；前四册，迪耳斯，柏林，1882 年；《〈论天〉评注》，卡斯登，乌特勒克，1865 年；《〈论灵魂〉评注》，海都克，柏林，1882 年）。

后两人带着他们最亲近的伙伴曾一度向波斯流浪，当时在 529 年，查士丁尼皇帝封闭了学园，扣留其财产，禁止讲异教哲学，从而在客观上确定了学园的封闭。

第十八节　权威与天启

亚里士多德以后的哲学认为，圣人应追求毫不动摇无动于衷的自信和自制，而且在某种程度上圣人必须具备这种坚定的自信和自制；但是随着时间的推移，这种坚定的自信和自制却如此深深地被动摇了，代之而起的是理论上和伦理上的**急需援助之感**（*Hilfsbedürftigheit*）。进行哲学思考的个人不再相信凭借自己的力量就能得到正确的知识或者得到灵魂的拯救，因而他寻求外援，有些在有永久价值的伟大的作品中去寻找，有些在神灵的**启示**中去
187 寻找。这两种趋向，从根本上说都基于同一基础：因为对于过去时代的人物和作品的信赖只是由于这些人物和作品被认为是盛装上天灵启的容器。因此，**权威**之所以有价值是由于它是间接的启示，是在历史上经过验证的可靠的启示，而神明对于个人的启发是作为

直接的启示来补助权威的。对两者之间的关系的看法虽然各有不同,但是所有亚历山大里亚哲学的共同标志是:它认为**神灵的启示是最高的知识源泉**。在这种认识论的革新中,我们发现了这个时期对于**人格**的高度评价,而人格又被认为是在感情中透露出来的。这个时代渴望:真理能在人与最高存在的内在交流的体验中求得。

1. 在希腊哲学和希腊化哲学中,经常只是为了证实和加强作者自己的观点才**援引权威**,并不把权威当作决定性和总结性的论据。在各学派的次要成员中,jurare in verba magistrl(以先师之言发誓)可能是很通常的现象[①];但是这些学派的头头,以及一般从事独立研究的人们,对于过去时代的学说更多的是坚持一种批判的态度,而不是无条件的服从[②]。虽然在一些学派中,主要是学园派或逍遥派,对于学派奠基人的评注的惯例养成了一种倾向,即把奠基人的学说当作不可侵犯的财宝来捍卫和维护,但是在真理标准的所有争论中,从来都没有人提出过一种原则,说某事必须相信,因为那是某某伟人曾经这样说过的。

但是在后来一段时间,整个亚历山大里亚文坛杜撰窜改,风行一时,从这里我们可以看出对于权威的需要又是多么强烈。窜改者的所作所为也许多数出于良好的信念,因为他们认为他们的思想只是过去理论的发展和继续;很明显,他们相信他们要使自己的作品获得听众或者读者,他们没有更好的办法,只有给自己的作品

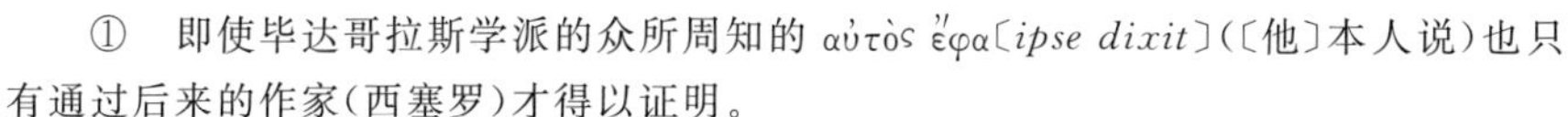

① 即使毕达哥拉斯学派的众所周知的 αὐτὸς ἔφα〔*ipse dixit*〕(〔他〕本人说)也只有通过后来的作家(西塞罗)才得以证明。

② 甚至对苏格拉底说来,虽然后来所有学派都一致敬仰他,但这种敬仰本身并没有使他被人认为是确定的哲学学说的有效权威。

安排一个圣者之名，安排一个亚里士多德、一个柏拉图或者一个毕达哥拉斯的名字。这种现象在新毕达哥拉斯学派中最为广泛，他们主要关心的只是给自己的新理论的头上罩上古人智慧的光辉。但是这样树立起来的信念带上宗教色彩越多，就越有必要将这些权威人士本人当作宗教启示的拥有者；因此可以在他们内心中去寻找所有这些能标志出他们是这种人的特征，或者甚至把这些特征硬加在他们身上。但是晚期的希腊人，不满足于此，他们确信他
188 们能从东方宗教中给自己的哲学、给自己的整个文明获得更高的神力(Weihe)。因此鲁门尼亚斯①毫不迟疑地主张：毕达哥拉斯和柏拉图所表达的只不过是婆罗门、古波斯僧、埃及人和犹太人的古老智慧。其结果，著作界权威的范围极大地扩大了，晚期的新柏拉图主义者，杨布利柯和普罗克洛，不仅评注希腊哲学家而且评注整个希腊神学和未开化民族的神学②，轻信地吸收了这些原始资料中的神话和离奇故事。

东方文学以完全相同的方式表明它对希腊主义的高度敬仰。在斐洛的先驱者中亚里士多布鲁斯特别喜欢引用奥尔弗斯③和莱纳斯，荷马和希西阿德④的诗文；对于伟大的犹太神学家斐洛本人说来，除《旧约全书》以外，希腊哲学的伟大人物也作为智慧的拥有

---

① In Eus. *Præp. Ev.*〔欧瑟比乌斯《福音之准备》〕IX，7.

② Marinus. *Procl. Vit.*〔《普罗克洛生平》〕22.

③ Orpheus(或译俄甫斯)：希腊神话人物，阿波罗(Apollo)之子，善弹琴，鸟兽木石为之感动，为音乐之祖。后世以神秘宗教诗附会之，尊为神秘教派奥尔弗斯教(orphism)之始祖，俨为历史人物。——译者

④ Hesiod(或译海希奥德)：古希腊彼奥提亚的田园诗人，歌颂农民生活和叙述神话故事。——译者

者出现。

对权威的需要很自然地最强烈地表现在对宗教文献无条件的信仰上。在此,《旧约全书》从一开始就是犹太教从而也是(正统的)基督教的科学和哲学的牢固基础。但是在基督教会中,需要编纂一部确切规定信仰体系的文集,这种需要首先由马西扬提出,后来《新约全书》的完成满足了这种需要。对于伊里奈乌斯和德尔都良说来,新旧约全书都已具有教会权威的充分价值和有效性。

2. 如果说,这样一来由于受怀疑论的破坏作用,科学思想就不再相信自己还有真理力量,心甘情愿投身于古代权威和宗教制度的控制之下,那么事情仍然不可能达到我们想象的程度。确切地说,这种关系在各条战线上以这样的形式表现出来:把产生于新宗教运动的科学理论从权威性的原始资料中抽出来或者把这种科学理论硬塞进那些资料中去①。但是他们这样做时,有些地方并不公开采用在当代整个文献中以及在新毕达哥拉斯主义中有时发现的那些窜改手法;他们却用**比喻解释**作为自己的工具。

我们首先在犹太人的神学中碰到这种情况。实际上在比喻的神话解释中就有这种典范,最早出现在希腊文献中,为智者学派所利用,为斯多葛学派广泛地运用。亚里士多布鲁斯用之于宗教文件,但是只有**斐洛**②才系统地将它贯彻执行。他出于这种信念:对

① 甚至如喀罗尼亚的普鲁塔克,他信奉柏拉图的著作就像信奉宗教文献的天启一样,他毫不迟疑地将亚里士多德和斯多葛的理论以及他自己的宗教观点塞进他老师的学说中去。

② 参阅 Siegfried, *Philon v. Alexandria als Ausleger des alten Testaments*〔《亚历山大里亚的斐洛——旧约全书的解释者》〕(Jena,1875)。

189 于基督教《圣经》，必须区分字面上和精神上的含义，必须区分它的躯壳和灵魂。上帝为了用他的敕令教育由于感官的限制而不能完全认识神明的广大群众，在大启中采用神人同形的形象，在此形象后面，只有精神上成熟的人才能真正领悟其真义。此真义只可在隐寓于历史外壳之内的哲学概念中寻得。因此，从斐洛开始，神学的任务就一直是将**宗教文献解释成科学理论体系**；如果说，他为达到此目的利用了希腊哲学，并在希腊哲学中发现了《圣经》的更高含义，那么他解释这种关系所根据的理由就是：希腊思想家的思想就是从摩西文献中汲取来的①。

诺斯替教派以他为榜样，力图用比喻解释的方法将东方神话转化为希腊思想，并想借此发挥使徒传统的神秘学说，——护教士主张基督教义与希腊哲学教条之间的调和，——甚至像伊里奈乌斯和德尔都良之流也在《新约全书》上下工夫，——最后，**欧利根**懂得了如何使基督教哲学同基督教文献一致起来。这个伟大的亚历山大里亚神学家，与最初企图创建基督教神学的诺斯替教派一个样，区别宗教记载中的肉体（人体）、心灵与精神（圣灵）三种概念，——这与当时的形而上学-人类学观念相呼应（参阅下面第十九节）。对他说来，字面上的历史传统只产生“凡人的基督教”（χριστιανισμὸς σωματικός），而神学的任务就是要从这“凡人的基督教”中走出来，通过“通灵的”读物所透露的道德意义达到《圣经》的理想内容，此理想内容必然会以自明的真理启发读者。只有掌握了这理想内容的人才是圣灵的（或精神的）读者；也只有对于

① Phil. *Vit. Mos.*〔斐洛《摩西生平》〕657a.（137m.）.

他们，由此而揭示出来的**永恒福音**才显示出来。

从宗教传统汲取哲学意义范围最广泛地表现在新柏拉图主义中。杨布利柯运用这种方法，以斯多葛为样板，利用了东、西方各种神话；普罗克洛也明白宣称，神话掩盖真理，不让耽于感官的人们认识真理，耽于感官的人们不配认识真理①。

3．然而，在所有这些理论中，科学势力（在基督教的学说中，γνῶσις〔智慧〕）最后战胜了信仰势力。这些理论改造哲学以适应当时所感到的宗教权威的需要。因此，**权威和理性知识根本的一致性**作为基本前提而风靡流行；这种一致性流行到如此程度，只要它似乎受到威胁时，便有人用比喻解释的一切手段来拯救它。然而科学所抱着的按照宗教文献内容继续发展本身内容的这种信心，本质上是基于这样的信念：历史权威和科学理论只不过是同一 190
神力的不同**天启**。

我们看出来了：这段时期对权威的信仰是由于灵魂迫切需要拯救和援助而造成的。这种信仰另一种心理根源是：**人格**的重要性被大大提高了，这生动地表现在对过去伟大人物的崇拜上，比如我们在斐洛身上、在柏拉图主义的各个方面部可发现这种崇拜；不亚于此的，还表现在门徒对老师的无条件的信赖，特别在新柏拉图主义的后期，这种信赖堕落为对学派头头的过分敬仰②。这种同样的动机作为世界的力量以最崇高的形式表现在对于耶稣人格的那种惊人的、压倒一切的印象中。对耶稣的信仰是胜利地团结早

① Procl. *In Remp*.〔普罗克洛《柏拉图〈理想国〉评注》〕369.

② 根据文明史的观点，我们在对罗马皇帝无限的神化中可以看出这种类似情况。

期基督教各种流派的纽带。

然而这种心理动机证明自己有理，是出自这样一种看法：被崇敬的人物的训言和生活被认为是神灵的宇宙智慧的启示。此事的形而上学上的根据和认识论上的根据在柏拉图主义中，特别是在斯多葛主义中已经具备了。根据柏拉图主义关于知识是回忆的理论，连同西塞罗明确宣称的正确的知识是由上帝置于灵魂之中、是灵魂内部固有的说法，以及贯彻执行斯多葛的逻各斯理论及包含于其中的关于灵魂的理性部分是神灵的世界-理性的同体放射的理念——所有这些都导致这样的认识：每一正确的知识形式都是体现在人身上的神圣天启①。正如鲁门尼亚斯所说②，一切知识都是发自照亮宇宙的巨光的星星之火。

特别是，**查斯丁**就是根据这个观点来设想他所主张的、旧哲学与基督教义之间的关系，同时设想后者的优越性。上帝用自己的形象创造了人，他通过人的理性③（σπέρμα λόγου ἔμφυτον〔天赋的理性种子〕）从内部显露自己，正如他通过自己的创造物的完美从外部显露自己一样。但是这种**普遍的**，潜在的而不是现实的天启，其发展受到魔鬼和人的感官冲动的阻挠。因此，上帝为了帮助人，便使用了**特殊**的天启，这种天启不但出现在摩西及诸先知中，而且
191 出现在希腊科学家中④。查斯丁称遍及全人类的天启为λόγος σπε-

① 在罗马帝国时代斯多葛学派中哲学同样是治疗有病灵魂的良药（爱比克泰德《争辩》III. 23，30），他们也认为哲学是神通过圣贤之口的训诫。（同书，I. 36）。

② In Euseb. *Præp. Ev*〔欧瑟比乌斯《福音之准备》〕XI. 18，8.

③ *Apol.*〔《护教论》〕II. 8；参阅 Min. Fel. *Oct.*〔米鲁修·费利克斯《屋大维》〕16，5。

④ 肯定地说，在另一方面，查斯丁与斐洛借用犹太宗教，推导出希腊哲学。

ρματικός〔繁殖生息的原则〕。但是从前出现过的东西，消散了，经常晦涩不明，不是完全的真理：完整的、纯粹的逻各斯在基督身上，即在上帝的儿子身上，在第二个上帝的身上，显示出来。

另一方面，在基督教护教士那里，在这种学说中，占上风的是企图将**基督教义解释为真正的、最高的哲学**，并企图证明基督教义把在早期哲学中发现具有持久价值的所有学说融合于自身[①]。基督被称为导师（διδάσκαλος），这个导师就是理性本身。通过这种方式基督教义便与理性哲学尽可能地接近了。哲学的知识原则就弄得与宗教原则基本上等同了，与此同时就得出这样一种结果：对于查斯丁以及类似的护教士如**米鲁修·费利克斯**等人来说，宗教内容本身的概念变得非常理性主义化了：宗教特有的因素显得更受压制了，而基督教义带有鼓励德行的自然神论[②]的品格，在自然神论中基督教义与宗教的斯多葛主义极其相似[③]。

另一方面，在这种关系中，基督教义的自我意识最清楚地表达出来；因为它自己有了**完美**的天启，便认为所有其他类型的天启，无论是普遍的或者特殊的，都是多余的。在这一点上，护教士的理论很自然陷入矛盾，如特别表现在**亚典拉哥拉**身上。在这里天启也仍被认为是真正合理的，不过正因为如此，此合理性不可证明，只能相信罢了。哲学家没有找到完全的真理，因为他们不愿或不

① Just. *Apol*〔查斯丁《护教论》〕II. 13；ὅσα παρὰ πᾶσι καλῶς εἴρηται ἡμῶν Χριστιανῶν ἐστιν〔天下的一切至理名言都属于我们基督徒〕。
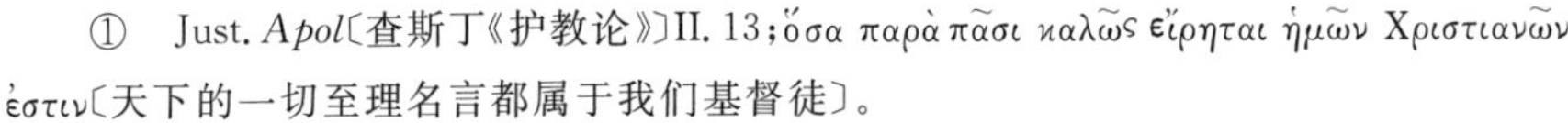

② Deismmus：旧译理神论。——译者

③ 参阅 Min. Fel. *Oct.*〔米鲁修·费利克斯《屋大维》〕第 31 页起。在那里基督教的爱的团契似乎正是斯多葛的哲学家的世界国家。

能从上帝本人那里认识上帝。

4. 这样，在护教士的理论中虽然理性的东西被看作超自然的显露，但逐渐就形成了**天启与理性知识之间的对立**。诺斯替教派在发挥他们的神学的形而上学时，离开基督教信仰的基本要义愈远，**伊里奈乌斯**①就愈要警告大家提防世俗哲学的臆测，**塔提安**就愈带着东方人对希腊人的鄙视猛烈地痛斥经常自相矛盾的希腊哲学的虚幻，每一个希腊化哲学的大师总要把自己的意见抬高到定律的高度，而基督徒却一概服从于神灵的天启。

在**德尔都良**和**阿罗毕斯**那里，这种对立变得还要尖锐。正如塔提安在有些地方曾经这样做过的一样，德尔都良在形而上学方面采用了斯多葛唯物主义，但是得到的只是纯感觉论的认识论的逻辑结论。阿罗毕斯贯彻这个观点用了最有趣的方法；为了反对
192 柏拉图和柏拉图化的认识论，他证明：一个人从出生起便与世完全隔绝，他的心灵必定是空虚的，而不会得到更高的知识②。因为人类灵魂本性就只限于感官的印象，因此，只靠自己的能量绝不可能获得神的知识或者获得超越此世的自己的任何命运。正是为了这个原因，它需要天启，而且发现只有相信这点它才能得到拯救。所以感觉主义第一次在此证明了自己是**正教的基础**。人的本能的认识能力愈低，它就愈局限于感官，看起来就愈需要天启。

因此在**德尔都良**那里，天启的内容不仅**高于理性**，而且只要把“理性”理解为人的本能的认知活动，在某种意义上天启甚至与**理**

---

① *Ref*.〔《反驳》〕II. 25ff.

② Arn. *Adv. Gent*.〔阿罗毕斯《反种族》〕II. 20 ff.

性对立。福音不但不能用理性理解，而且还必然与世俗见解相矛盾："彼之可信，盖源其昧；彼之必然，盖源其不可能；余信之者，实为其妄诞无稽也"①。按照他的意见，基督教义与哲学无关，耶路撒冷与雅典无关②。哲学作为自然知识是无信仰的；因此不存在基督教哲学。

5. 然而理性主义观点也发现很有必要**在天启与自然知识之间划出界线**。如果两者合而为一，则真理标准就可能不存在了。在宗教如此动荡之时，自命为天启者，数量又非常之多，这就有必要确定真正的天启，而真正天启的标准又不能反而求之于个人的理性知识，否则天启原则就会因而受损了。这难点特别是在希腊化思想路线中使人十分注目。例如，普鲁塔克认为所有知识都是天启，他仿照斯多葛，将神学分为三类(即诗人的神学，立法者的神学和哲学家的神学)，他情愿将关于宗教真理的最高决定权让给科学(或哲学)③，极力地宣称自己反对迷信④(δεισδαιμονία)；但是，他自己表现得跟他的时代一样天真，一样轻信，因为他将各种预言，各种奇迹的故事收进自己的著作里。后期的新柏拉图主义者，即一个叫做扬布利柯的人和一个叫做普罗克洛的人，以难以置信的 193

① 拉丁文原文是"*credibile est quia ineptum est*；*certum est*，*quia impossibile est——credo quia absurdum*."或译为："此事可信，因为它是荒谬可笑的：此事可靠，因为它是不可能的——我相信它，正因为它是荒谬的。"

② 德尔都良：《论基督的肉体》5；《论关于异教徒的条令》7。在后面段落里，他直言不讳地将批判的矛头指向代表斯多葛基督教教义的人或者代表柏拉图基督教教义的人。他极力反对教义希腊化，毫无妥协余地。他是个急性子，主张对天启无条件地服从。阿罗毕斯用更通俗的方式，提出自然知识无济于事(《反种族》II. 第74页起)。

③ *De Isid*.〔《论伊西多鲁斯》〕68.

④ *De Superst*.〔《论迷信》〕14.

无批判能力处理此事；这种令人吃惊的无批判能力表明它本身是思想家放弃自己的见解的合乎逻辑的结果——从一开始，对天启的需要就随之带来了这种放弃态度。

当时教会处于组织的过程中，教会的发展一开始就带来它的**传统**原则和**在历史上公认的权威**。它认为《新约全书》和《旧约全书》是完全的而且也是唯一的**神所授意**的宗教文献。它认为作者在记录这最高真理时，永远处于纯粹的感受神灵的状态中①；它发现，要证实这种神明的起源，不能根据这种真理与人类理性知识的一致性，而本质上应该根据所含**预言的应验**以及**预言依照时间顺序的有目的的关联**。

预言证据（Weissagungsbeweis）对于进一步发展神学变得异常重要，它之产生是出于这种需要：必须找到区分真假天启的标准。因为人通过认识的自然过程不能得到关于未来的知识，因此预言家验证了的预言便是**灵感**的标志，他们根据这些标志提出自己的理论。

除了这个论点还有第二个论点。根据教会学说（主要的是伊里奈乌斯支持这点②），《旧约全书》和《新约全书》有下述关系：在时间进展过程中，同一个上帝按照人的接受能力，用越来越高、越来越纯的方式向人显示自己：对于整个民族他用理性显示自己（的确，理性可能被滥用）；对于以色列人民则用严厉的摩西法规显示自己；对于全人类则用耶稣宣讲的爱和自由的规律显示自己③。

---

① Just. *Apol.*〔查斯丁《护教论》〕I. 31.

② *Ref*〔《反驳》〕, III. 12；IV. 11 ff.

③ 作为天启的第四阶段还有亚历山大里亚神学——“永恒的福音”，这要用圣灵（“普纽玛”学说）来解释《新约》才能求得。参阅拉辛的《人类教育》，其中贯彻了这些思想。

在**预言家**的这种互相关联的**连锁**中发挥了**神明的教育计划**，根据这个计划，《旧约全书》的天启必须认为是为《新约》准备条件，而《新约》又转而证实了这些天启。在这里，在教义文献中，预言的验证也被认为是天启的各个不同阶段之间的联系纽带。

神圣天启用这些思想形式为基督教会固定下来，成为基督教会**历史上的权威**。但是在这过程中起积极作用的基本心理力量仍然是忠诚于对耶稣本人的信仰；耶稣作为神圣天启的总体，形成基督教生活的中心。

6. 在**希腊化哲学**中，天启论朝着完全不同的方向发展。在这 194
里科学发展缺乏与教会社团有机的联系，因而缺乏历史权威的支持；因此，在这里，天启本来是对天生的认识能力的补充，却必须在**神对个人直接的启发**中寻找。由于这个原因，天启在这里就被认为是**对神圣真理的超理性的领悟**，这种领悟只有个人同神本身直接接触（ἁφή）才能逐渐获得：因为必须承认，只有极少数人才能达到这个境界，甚至这些少数人也只有在很少时刻才能达到，所以一种确切的、经得住历史考验的、对一切人都有权威的天启在这里被否定了。这种天启的概念后来叫做神秘的概念。在这一点上，**新柏拉图主义是后来一切神秘主义的根源**。

然而对于**斐洛**来说，还必须再探寻这种概念的根源。因为他曾经教导过，一切美德只有通过神的逻各斯在我们心中起作用才能产生、发展；又说过，认识上帝只基于否定自我，——牺牲个性，融化于神灵的原始存在之中①。认识最高存在就是与他的生命合

① Phil. *Leg. All.*〔斐洛《比喻法则》〕48e.；55d.；57b.（53—62M.）.

在一起，——直接接触。想见上帝的心灵必然**本身会变成上帝**①。在这种状态中灵魂的行为纯然是被动的、承受的②。它不得不弃绝一切自我活动，一切自己的思想，一切自身反省。甚至 νοῦς（理性）为了让领悟上帝的洪福降临于人，也必然缄默无言了。按照斐洛的意见，在这种**天人感通**（ἔκστασις）的状态中，神灵寓于人的心中。因此，在这种状态中，他就是一个神的智慧预言者，一个先知，一个奇迹的创造者。正如斯多葛曾经认为占卜术的根源是由于人的精神与神的精神（πνεύματα）同体，同样，亚历山大里亚人也根据人与世界的根源本质合一的观点来理解这种人的"神化"。普罗提诺教导说，一切思想都低于这种天人感通的状态；因为思想是运动——一种探求知识的欲望。而天人感通是对上帝的绝对信仰，是人内心幸福的安宁③。一个人只有当他将自己完全提高到神的地位，他才能分享神灵的 θεωρία〔静观〕（亚里士多德）。因此，天人感通是一种超越个人自我意识的境界，因为它的对象超越了一切特殊的规定（参阅第二十节，2）。它沉溺于神圣的本质中，完全丧失自
195 我意识：它完全为神所占有；它的生命与神合二为一，它嘲弄整个描述，整个知觉，整个抽象的思维可能构思的东西④。

这种境界如何达到？在任何情况下，它是神给予的礼物，是无限给予的恩赐，无限将有限融于自身，但人具有自由意志，他不得

① Ἀποθεωθῆναι〔被神化〕在炼金术著作中也可找到；*Poemand*. 10，5 ff. θεοῦσθαι（*deificatio*，神化）后来成了神秘主义的一般术语。

② 参阅 Plut. *De Pyth. Orac.*〔《论毕达哥拉斯预言》〕21 ff.（404 ff.）。

③ Plot. *Ennead.*〔普罗提诺《九章集》〕VI. 7.

④ Plot. *Ennead.*〔普罗提诺《九章集》〕V. 3.

不使自己配得上这种神化。他必须丢掉自己的一切感性，自己的整个意志；他必须背弃众多的、个人关系的纠缠，走向自己纯洁、朴实的本质（ἅπλωσις）[①]。根据普罗克洛，通向此境界之路是爱情、真理和信仰。但是只有通过最后一条超越整个理性之路，灵魂才能与上帝完全结合，才能找到幸福狂欢的宁谧[②]。祷告[③]和宗教崇拜的一切仪式[④]都被推崇为准备接受这种神圣的恩典的最有效的途径。如果这些行动不是每一次都能得到神的最高的天启，至少（正如艾普利亚[⑤]在此之前说过的）可以得到低一级的神、幽灵、圣人和保护神的安抚和有益的启示。所以在晚期的新柏拉图主义中，斯多葛曾经教导过的预言的狂喜表现为为神化的最高级狂欢而准备的低级形式。因为，归根结蒂，对于新柏拉图主义者说来，一切礼拜仪式都象征着个人与上帝的直接结合的演习。

这样一来，在基督教和新柏拉图主义中，灵感学说分成两种完全不同的形式。前一种，神灵的天启定为历史上的权威；后一种，神灵的天启被视为个人摆脱外部一切干扰、沉浸于神的本原中的一种过程。前一种是中世纪**经院哲学**的根源；后一种是**神秘主义**的根源。

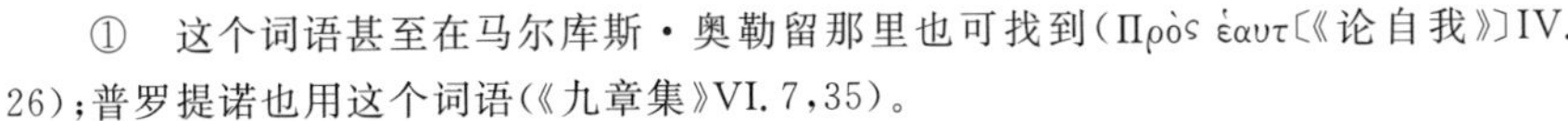

① 这个词语甚至在马尔库斯·奥勒留那里也可找到（Πρὸς ἑαυτ〔《论自我》〕IV. 26）；普罗提诺也用这个词语（《九章集》VI. 7，35）。

② Procl. *Theol. Plat.*〔普罗克洛《柏拉图神学》〕I. 24 f.

③ Jambl. in Procl. *Tim.*〔《柏拉图〈蒂迈欧篇〉评注》〕64C.

④ *De Myst. Æg.*〔《论埃及秘密宗教仪式》〕II. 11（96）.

⑤ 〔Apuleius：纪元后二世纪罗马哲学家及讽刺家。——译者〕Apu. *De Socr.*〔艾普利亚《论苏格拉底》〕6ff.

第十九节　精神[1]与物质

对于天启的急需在亚历山大里亚哲学中得到发展，在所依据的论点中，没有一个论点有下述论点那样深刻，这个论点是从这样一个前提出发的：禁锢于感官世界的人只有依靠超自然的力量才能认识高级的精神世界，在这里便表现出**宗教二元论**，形成此时期的基本观点方式。它的根源，部分是人类学的，部分是形而上学的：斯多葛关于理性和反理性之间的对立同柏拉图关于永恒不变的超感世界和永恒流变的感官世界之间的区分联系起来了。

精神的（或心灵的）东西与非物质的东西的同一，这个问题，在
196 柏拉图那里，虽然为此准备了条件，但绝没有完成，后又被亚里士多德限制于神的自觉意识中。与此相反，不管站在伦理学和认识论的角度来看理性与感性之间多么对立，所有人类的精神活动和心灵活动甚至被柏拉图当作属于现象世界（γένεσις）的东西，并因此总被排斥于非物质存在（οὐσία）的世界之外。在亚里士多德的奴斯（νοῦς）学说中相互交错的敌对因素中，曾经有人试图将理性当作从外部进入动物灵魂的非物质的要素，而逍遥派（参阅第十五节，1）的继续发展又很快将此思想抛在一边。然而，就在伊壁鸠鲁和斯多葛的学说中，心理性质和心理活动自觉的物质化竟表现得最为强烈。

[1] 〔德文“*Geist*”既相当于“mind”（心灵）也相当于“spirit”（精神），用在这个时期，有时倾向于这种意义，有时又倾向于那种意义。鉴于此时期的观念所具有的最流行的宗教性质，在这一节里我通常总译成“spirit”（精神），有时又译成选择式的“mind or spirit”（心灵或精神）。〕

另一方面，伦理二元论尽可能突出地将人反省的**内在本性**划分出来以与感官的外在世界相对立；这种伦理二元论被人强调得越来越激烈。同时，它越采取宗教形式，势必就越趋向于一种将此种对立当作自己的形而上学原则的世界观。

1. 也许，这种关系以最清楚不过的形式出现在**后期斯多葛学派**的词句中，他们强调人类学上的**二元论**，强调得如此强烈，以至明显地陷入该派的形而上学的矛盾中。斯多葛学派迄今所教导过的人性的完整性事实上已被波昔东尼怀疑过，他发表柏拉图式的意见——激情不可能产生于 ἡγεμονικόν〔灵魂的领导力量，理性〕，但必然产生于灵魂的非理性部分①。然而我们却在塞涅卡身上②发现**灵魂**与"**肉体**"之间赤裸裸的对立：身体是躯壳，是心灵的枷锁、监狱。爱比克泰德也是这样，他称理性和身体是人的两个组成要素③。虽然马尔库斯·奥勒留将人的感性区分为粗糙的质料和使之有生气的灵气或普纽玛，可是他的目的是，更加清楚地从后者区别出作为一种非物质存在的、真正的灵魂，即理性精神或智力（νοῦς和 διάνοια）④。与此相对应的是，在所有这些人中，我们发现这样一种神的观念，它从斯多葛概念中只保留理智的标志，而将物质看作与神对立、与理性敌对的本原⑤。

① 参阅 Galen, *De Hipp. et Plat.*〔《论希波克拉底和柏拉图》〕IV. 3 ff.

② Senec. *Epist.*〔塞涅卡《书信集》〕65, 22; 92, 13; *Ad Marc.*〔《致马克函》〕24, 5.

③ Epict. *Dissert*〔爱比克泰德《言论集》〕I. 3, 3.

④ Marc. Aur. *Med.*〔马尔库斯·奥勒留·安东宁《自反录》〕II. 2; XII. 3.

⑤ Seuec. *Ep.*〔塞涅卡《书信集》〕65, 24; Epict. *Diss.*〔爱比克泰德《言论集》〕II. 8, 2; Marc. Aur. *Med.*〔马尔库斯·奥勒留·安东宁《自反录》〕XII. 2.

斯多葛学派的这些变化，也许是由于**新毕达哥拉斯主义**不断加剧的影响所致。新毕达哥拉斯主义在开始时就使柏拉图二元论
197 及其伦理的和宗教的价值原则成为自己体系的核心。这种理论的追随者用最激烈的方式强调灵魂与身体之间的本质区别①。与此最紧密地联系在一起的有两个方面②：一方面同这样一种理论联系在一起——崇拜上帝只是精神上的，把上帝当作纯精神的存在③，崇拜的方式是用祷告和有德行的意念，而不是用表面的仪式；另方面同完全的**苦行主义道德**联系在一起——目的是把灵魂从物质的陷阱中解放出来，并把灵魂领回精神的老家，用的方法是洗涤和斋戒、禁忌某些食物（特别是肉）、禁欲、克制一切感官冲动。神是善的本源，与神相对立的是物质，物质（ὕλη）被认为是万恶之源，偏好物质是人特有的罪孽。

这同一概念，在伦理学方面我们在埃森教派中碰得见，在理论方面我们在**斐洛**学说中到处都碰见。斐洛也区分灵魂与普纽玛；灵魂是身体机能的生命力，寓于血液中；普纽玛是纯精神的放射物，构成人的真正本性④。他又发现后者被囚于身体之中并受到身体的感官本性（αἴσθεσις）的阻挠而得不到发展；因此，由于人的

① Claud. Mam. *De Stratu Anim*. II. 7.

② 在此，人也被当作微观世界。Ps.-Pythag，in Phot. *Cod*. 249，P. 440 a.

③ Apollonius of Tyana（περὶ θυσιῶν）〔《论祭献》〕in Eus. *Præp. Ev*.〔欧瑟比乌斯《福音之准备》〕IV. 13.

④ 在这方面，斯多葛学派、亚里士多德学派和当时的柏拉图学派称作 νοῦς（奴斯）的东西，斐洛称之为 πνεῦμα〔普纽玛〕。参阅策勒 V.[3] 395，3。但是，在斐洛那里又出现另外一些词语，其中完全用斯多葛学派的方式，普纽玛表现为一种具有最精致的物质实体意义的空气。参阅西伯克《心理学史》I. b，第 302 页起。

普遍罪孽[①]的根源即在此,灵魂要从这种罪孽中解脱出来必定只有消灭所有感性欲望才可求得。对于他说来,物质是肉体的基础,此基础为神所安排以形成合目的的、善的世界,可是同时又是丑恶与缺陷的根源。

2. 基督教护教士的思想与此有关系,但又不同。在他们那里,亚里士多德关于将神当作纯理智或纯精神(νοῦς τέλειος)的概念与关于上帝从无形的物质中创造了世界的理论结合起来了:但是在此物质不是直接作为独立的本原,而邪恶的根源倒要在犯罪的人和唆使他犯罪的魔鬼对自由的滥用中去寻找。在这里,当时二元论的伦理性质、宗教性质完全清楚地表现出来:物质本身被当作中立性质的东西,它只有通过精神力量对它的作用才变得善良或丑恶。希腊化柏拉图主义者,如**普鲁塔克**,以同样方式,从物质是无形的非存在的概念出发,不在物质中去寻找罪恶的本原,而在与善良的神性相反的力量中去寻找[②],——这种力量,在某种程度 198 317
上,为物质的结构与神争斗。普鲁塔克在各种不同的宗教神话中发现了这种思想,但他也可能提醒过人们关于柏拉图说过的**罪恶的宇宙灵魂**与善对立的那段话[③]。

与此同时,将善和恶之间的对立与心灵(或精神)和物质之间的对立等同起来的趋势也在这里表现了出来,根据的事实是:邪恶

---

① 也有典型意义的是:人皆有罪——这个理论与旧斯多葛关于实现圣人的理想的信念完全相反,这个理论被帝国时代的斯多葛学派普遍承认,并视为需要超自然的援助的动因。参阅 Seneca, *Benef*.〔塞涅卡《论仁慈》〕I. 10; VII. 27; Epict. *Dissert*.〔爱比克泰德《言论集》〕II. 11, 1。

② Plut. *De Isid*.〔普鲁塔克《论伊西多尔》〕46 ff.

③ Plat. *Laws*〔柏拉图《法律篇》〕896 E.

的本质又要在对感官、对肉体——对物质的爱好当中寻找；与此相反，善要在对纯精神的神圣的爱当中寻找。这不仅是早期基督教道德的基本特征，而且它以同样的形式存在于上述柏拉图主义者的理论中。对于普鲁塔克来说也一样，接受神的恩赐是人生的目的，而从躯壳中解脱出来便是接受神的恩赐的必要预备条件。鲁门尼亚斯又进一步贯彻他的理论，他教导说：在宇宙中，也在人身上，善与恶两种灵魂互相斗争[①]，然而他也在肉体和肉欲中寻找邪恶灵魂的老窝。

在这些理论中，我们发现，处处强调的不仅是上帝的精神性的非物质性，而且同样强调的是个别灵魂或心灵的非物质性。在普鲁塔克那里，这一点再一次用这样的形式表现出来：他将 νοῦς〔心智〕与 ψυχή〔灵魂〕分开；νοῦς是理性精神，ψυχή则具有感觉本性和激情，还有使身体运动的能力。**伊里奈乌斯**[②]也是一样，他区分心理的生命气息（πνοὴ ζωῆς）与赋予生命的精神（πνεῦμα ζωοποιοῦν），前者是暂时的本性，与身体结合在一起，而后者就其本性说，是永恒的。

这些观点不言而喻处处表现出与灵魂不朽学说有关，说得更确切些，与灵魂前生和灵魂轮回学说有关；与（亚当与夏娃犯罪）下凡（sündenfall）有关，（灵魂堕落）作为惩罚，人被置于物质之中；并与斋戒学说有关，通过斋戒人又从物质中解放出来。正是在这一点上，各方有关问题越来越有力地结合起来了：因为永远不变的永

① Jamb. in Stob. *Ecl.*〔斯托拜欧《自然之牧歌》〕Ⅰ. 894.

② Iren. *Adv. Hær.*〔伊里奈乌斯《反哈里希姆》〕V. 12，Ⅰ.

恒(柏拉图的 οὐσία,存在)在精神中被认识;而可灭者、可变者则在物质中被认识。

3. 在这些关联中,我们发现,原来在灵魂概念里统一起来的两种特征,即生理学特征和心理学特征,生命力的特征和意识活动的特征,逐渐分开了。正如过去亚里士多德所规定的和斯多葛学派所阐明的 ἡγεμονικόν〔理性,灵魂的统治力量〕与物质的灵魂(πνεῦμα)之间的区别一样,现在除了推动身体活动的"灵魂"外,还出现了作为自我生存的、独立的本原——"精神";在这精神里不再仅仅
找到一般的理性活动,而且还找到个人(也如神的)**品格**的真正本 199
质。人的三分法,即分为肉体、灵魂和精神,以种种不同的表达方式[①]进入各个领域。很容易理解,在这种情况下,一方面,灵魂与肉体之间的界限,另方面在更大程度上灵魂与精神之间的界限,是异常摇摆不定的;因为灵魂在这里扮演了在两个极端(物质和精神)之间的居间角色。

这种情况的直接结果是:从**意识活动**可能得到新的、更深刻的观念。意识活动现在作为"心灵的"或"精神的"东西从灵魂的生理功能中分出来了。因为,精神在本质上一经脱离物质世界,无论是在它的活动中还是在它活动的对象中,都不能认为是依存于感官

---

① 关于这些理论用以表现的种种不同术语(ψυχή,*anima*,πνεῦμα,*spiritus*,*animus* 等等),其范例在上面已经提出了,还可以轻而易举地列出很多。欧利根用特别有趣的方法发挥了这个理论(《原理论》III. 1—5),在那里,灵魂一部分被当作动力,一部分被当作观念作用的能力和欲望;反之,精神被表述为这样一种原则——一方面判断善与恶,另方面判断真与伪。欧利根教导说,人的自由就在这里。对于普罗提诺来说,这相同的三分法看来与他的整个形而上学结构联系在一起(《九章集》II. 9,2. 参阅第二十节)。

因素了。在整个希腊哲学中，认识曾一直被认为是对客观事物的静观和摄影(Anschauen und Aufnehmen)，思维活动是被动的，而这时心灵或精神概念作为独立的、有创造力的本原而出现了。

4. 这种思想在**新毕达哥拉斯**学说中已开始萌芽；在该学说中首先提出了**非物质世界的精神性**。柏拉图形而上学的非物质实体(理念)不再表现为独立的本质，而表现为**构成理智或精神活动的因素**；而当理念对于人类认识说来仍然是客观存在的、有决定力量的东西的时候，它们就变成了**上帝的原始观念**[①]。这样，经验世界的无形原型被吸进心灵的内在本性。理性不再只是属于 οὐσία(存在)的东西或者只与 οὐσία 类似的东西；它是整个 οὐσία 本身。**非物质世界被认为是心灵或精神的世界**[②]。

与此一致的是，理性精神或理智(νοῦς)**普罗提诺**[③]定义为本身包含“多”的统一体，即用形而上学的语言说，定义为由统一体所规定而又包含一连串的流出物的二元性(参阅第二十节，2、7)，用人类学的语言说，定义为从更高级的统一体产生众多的**综合**功
200 能。从这种一般的观点看，**新柏拉图主义**在**意识活动**原则指导下贯彻了认识的心理学。因为根据这个观点，高级灵魂不再认为是被动的而必须认为在所有功能中基本上是主动的[④]。所有灵

① 参阅 Nicomachus, *Arithm. Intr.*〔《算术入门》〕I. 6。

② 柏拉图的理念论带着这种变化过渡到未来，普罗提诺以及因他而带动的整个新柏拉图主义接受了它。但是这件事之发生不无阻力。至少朗金诺提出反对它的异议。他的弟子波菲莉写了一篇波菲莉自己的论文 ὅτι. ἔξω. τοῦ νοῦ ὑφέστηκε τὰ νοητά〔《论思维的东西出于心智》〕(波菲莉《普罗提诺的生平》，第 18 页起)。

③ Plot. *Enn.*〔普罗提诺《九章集》〕V. 9，6；3，15；4，2.

④ Porph. *Sentent.*〔波菲莉《关于智慧的意见》〕10，19 *et al*.

魂的智力(σύνεσις)依赖于各种因素的综合[①](σύνθεσις);甚至在认识涉及感官现象时,只有肉体是被动的,而灵魂在变得有意识时(συναίσθησις〔意识〕和 παρακολούθησις〔理解〕)是主动的[②];对于感官的感觉和激情来说,也是一样。因此,在感性领域里,激动状态与对此激动的有意识的知觉之间有区别:前者是肉体(或者也是低级灵魂)的被动或接受状态;后者,已处于有意识的知觉中,是高级灵魂的行为,普罗提诺把它描述为"思想后弯"——反省(ἀνακαμπτεν——Reflexion)[③]。

当**意识**就这样被认为是对心灵自己的状态、功能、内容的主动观察时(根据斐洛波诺的意见,这种理论,特别为新柏拉图主义者普鲁塔克所贯彻),就在普罗提诺那里产生了**自觉意识**(παρακολουθεῖν ἑαυτῷ)的概念[④]。仿照亚里士多德将理性分为"主动"和"被动",普罗提诺这样来理解自觉意识的概念:心灵(Geist)作为主体,它是主动的、处于活动中的思维(νόησις);作为客体,它是静止的、客观的思维(νοητόν)。在这里,作为认识的心灵和作为客体的心灵合二为一了。

然而自觉意识的概念也带有符合于当时时代思想的伦理-宗

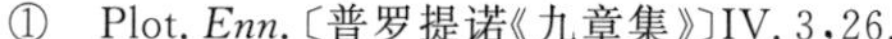

① Plot. *Enn.*〔普罗提诺《九章集》〕IV. 3,26.

② Plot. *Enn.*〔普罗提诺《九章集》〕IV. 4,18 f. 人们发现,συναίσθησις这个术语(它的意义使我们想起亚里士多德的 κοινὸν αἰσθητήριον〔共同的知觉〕,最后使我们想起柏拉图的《泰阿泰德篇》,第 184 页至第 185 页。)在亚历山大·阿弗诺底西亚的著作里已有同样的用法(*Quæst.* III,7,第 177 页);所以,盖伦也用 διάγνωσις〔意识〕一词来指对身体器官中的变化的意识过程,该变化与变化本身形成对照。

③ 普罗提诺《九章集》,I. 4,10。

④ Plot. *Enn.*〔普罗提诺《九章集》〕III. 9.

教色彩。σύνεσις〔智力〕同时也是 συνείδησις——**良知**，即人的知识，不仅是关于他自身的状态和行为的知识，而且是关于那些状态和行为的道德价值的知识，以及决定此价值的戒律的知识(此道德价值的评价取决于此戒律的贯彻执行)。因此，自觉意识学说在基督
201 教父的理论中得到发展，不仅作为人对自己罪孽的认识，而且作为人在积极与罪孽作斗争中的**忏悔**(μετάνοια)。

5. **心灵或精神作为自身主动的、有创造力的本原**的这种概念其意义并不止于心理学、伦理学和认识论，而且当古代世界结束时，这种概念上升为**宗教形而上学的主导思想**。因为，由于力图从这种有创造力的精神推导出物质，这种概念就提供了一种最后克服二元论的可能性——这二元论形成当时整个宗教思想运动的前提。

因此，成为古代哲学最后、最高问题的是：将**宇宙作为精神产物**来理解，甚至将物质世界及其一切现象作为在根源上和内容上都基本上是理智的或精神的来理解。**宇宙精神化**是古代哲学的最后结论。

基督教和新柏拉图主义，欧利根和普罗提诺都同样钻研这个问题。实际上，只要他们不得不处理现象世界的问题，特别是当他们处理伦理问题时，精神和物质的二元论对于他们来说都一直继续存在。感官的东西仍然被认为是邪恶的东西，异于上帝；灵魂为了转而与纯粹精神结合必须从感官中把自己解放出来。但是甚至这黑暗地带也必须被永恒之光照亮，物质必得认为是精神的创造物。古代哲学的这种最后观点就是**精神一元论**。

然而在解决这个共同的问题时，基督教哲学和新柏拉图主义

哲学人相径庭；因为神的精神发展进入了现象世界，甚至往下发展直至物质形式，很明显地必然受到所流行的关于上帝的性质以及上帝与宇宙的关系的种种观念所决定；正是在这一点上，古希腊主义发现自己处于与新宗教理论完全不同的前提之下。

第二十节　上帝与宇宙

形而上学一元论与伦理-宗教二元论之间的那种特殊的悬而未决规定了整个亚历山大里亚哲学的性质；它将当时各种观念聚在一起，并将这些观念凝成最困难的问题——上帝与宇宙的关系问题。

1. 由于亚里士多德哲学与斯多葛哲学之间的对立，这个问题已经从纯理论的角度提出来了。亚里士多德哲学主张上帝的超越性，即上帝与宇宙完全脱离；而斯多葛哲学则主张上帝内在的理论：即上帝完全潜存于宇宙之中。他们坚持各自的主张，坚持得同等强烈。这个问题和解决这个问题的基本倾向早在逍遥派宇宙论和斯多葛学派宇宙论的折衷混合中就可被认出①；被认为典型范
例的是伪造的亚里士多德论文《宇宙论》②。在这里，与亚里士多 202
德关于**上帝本质**必然远远高于自然（作为被推动的万物总和），特别是高于尘世生活浮沉万变的理论相联系的是：斯多葛学派努力

① 斯特拉脱主义作为亚里士多德理论向着泛神论的内在性转化，此转化与斯多葛理论同源，这些已经在上面第十五节，1 中讨论过了。

② 此书（载于亚里士多德著作中，第 391 页起）可能出现在纪元后第一世纪。阿布流士将它译成拉丁文。

追随神力效应，越过全宇宙，甚至进入每一个细节，因此，斯多葛学派认为宇宙是上帝本人；而亚里士多德则在宇宙中看见一个合目的地被推动着的生物，只是由于渴望永恒不动的纯**形式**而使其最外层不断运转——这种运转，越来越不完善地传给更低层的区域，——在这里，宏观世界表现为处于相互同情关系中的个别事物体系，在其中超越现世的上帝作为生命的原则，在千变万化的形式下，统治着一切。有神论与泛神论之间之所以获得调和，部分地是由于区别了本质与上帝威力，部分地是由于将神的活动分为等级——从恒星的穹苍到尘世。普纽玛学说与亚里士多德的上帝概念之所以能结合起来，是由于将大**自然**生命的力量想象为纯粹精神的作用[①]。

然而，这种转变只增加了亚里士多德关于神作用于宇宙的理论固有的困难。因为这种作用被认为是基于物质运动的，因此，要将这种神的作用物质化与构成神的本质的纯精神性协调起来就十分困难了。因此甚至连亚里士多德也没有十分弄清楚关于不动的推动者与被推动者之间的关系究竟如何（参阅第十三节）[②]。

2. 当宗教二元论变得越来越明显时，这个问题就变得更加严重了。宗教二元论不满足于将上帝当作精神与物质对立，不满足于将超感性区域与感性区域对立，而倾向于将神拔高，高于一切可

---

① 主要参阅第 6 章，397 b 9。

② 亚里士多德问题中的这些困难集中在 ἁφή〔接触〕这个概念上。因为如果推动者与被推动者之间的“接触”被认为是运动的状态，那么就必然也该谈到上帝与恒星天体之间的“接触”。但这往往由于神的纯精神本质而遭到反对，在这种情况下，ἁφή就获得一种受限制的、在心灵上改造过的含义（“直接关系”）。参阅亚里士多德《论生灭》(*De Gen.. et Corr.*)I. 6，323 a 20。

能经验的东西，高于每一个确定的内容，从而使**高于宇宙的上帝也是高于心灵（或精神）的上帝**。在**新毕达哥拉斯主义者**那里，这种观点我们已经找到了。在他们当中，在他们用数的象征主义的表现方法后面，潜藏着二元论不同阶段之间的摇摆。当“一”和“不定二元性”被认为是本原的时候，后者实际上意味着物质是不纯的东西，是缺陷和邪恶的根源；而“一”时而被当作纯形式、被当作精神，时而又被当作比整个理性更高的“众因之因”，——被当作原始存 203
在，引起从它自身派生的“一”和“二元性”的对立，引起精神和物质的对立。在这种情况下，第二个一，即最先生出的一（πρωτόγονον ἕν），表现为完美的形象，也正好是最高的“一”的形象[①]。

由于心灵或精神被认为是神的产物，虽说是第一个而且是最完美的产物，但这种企图导致了将神的概念甚至提高到**完全缺乏一切性质**的境地。这点在**斐洛**身上已经体现出来了；他强调上帝与一切有限物之间的对立，强调得如此激烈，以至他明确地表示神没有性质（ἄποιος）[②]：因为上帝高于一切，关于他能够说的只是，人类理智已经认识的有限属性他一个也没有；没有名字能命名他。这种思想类型后来叫作“消极神学”。我们在思想上受到斐洛影响的基督教**护教士**中，特别是在查斯丁[③]那里也能找到这种思想类型，同样，这种思想类型有一部分在**诺斯替教派**中也可以找到。

① Nicomachus, *Theol. Arithm*〔《数学的神学》〕p. 44.

② Phil. *Leg. Alleg.*〔斐洛《比喻法则》〕47a；*Qu. D. S. Immut.*〔斐洛《上帝是永恒的》〕301 a.

③ Just. *Apol.*〔查斯丁《护教论》〕I. 61 ff.

在**新柏拉图主义**中我们碰到的这类情况也许表现形式还要更加强烈。如在炼金术著作中①，上帝被认为是无限的和不可思议的、无名的、高于整个存在的，是存在和理性的根源，存在和理性直到上帝创造了它们时，它们才存在。普罗提诺也是这样，他认为，神是绝对超自然的最初存在，这种存在被誉为心灵之上的完美的统一体；心灵作为已经包含在统一体中的“繁多”的本原（参阅第十九节，4），一定来源于上帝（并且不是永恒的）。这个一（τὸ ἕν）先于整个思维，整个存在；它无限，无形，并且“超越”（ἐπέκεινα）理性世界以及感性世界，因而没有意识，没有活动②。

最后，普罗提诺仍然将这个不可表达的第一（τὸ πρῶτον）指定为一（一是整个思想、整个存在之因），指定为善，指定为一切“生成”的绝对目的；即使这样，也不能满足这个学派的后期成员。杨布利柯在普罗提诺的ἕν〔一〕之上又安置了更高的、完全不可用言语形容的一（πάντῃ ἄρρητος ἀρχή）③；在这一点上普罗克洛仿效他。

204　3. 与这种辩证法的精细分析相反，**基督教思想在教会中的发展**，由于坚持**上帝的概念是精神的人格**，保存了其给人以深刻印象的力量。它之所以如此，不是出于哲学思考和哲学推理的结果，而是由于与教会会社有生气的信念直接接触的结果。基督教思想之具有心理力量、具有世界史力量正在于此。这种信仰渗透着《新约

---

① *Poemand*. 4 f.

② 很容易理解，一种没有意志、没有意识、提高到高于理性的天人感通境界，在人类与超理性的高于一切行为、意志和思想的上帝-存在的关系上，显得多么需要。参阅上面第十八节，6。

③ Damasc. *De Princ*.〔达马修斯《论始基》〕43.

全书》，这种信仰为教父神学的一切支持者所捍卫，并处处以这种信仰规定基督教理论的极限以反对希腊人解决宗教哲学中主要问题的方法。

人格，无论用多么纯粹的精神方式去思考它，古希腊主义总在其中看出一种有限东西的局限和特征，与最高存在保持远距离，而只容许与特殊的神和人接近。基督教作为有生命力的宗教，要求一种**被视作最高人格的宇宙本原与人之间的个人关系**。基督教在关于耶稣是**上帝的儿子**的思想中明显地表露出这种要求。

因此，如果说人格这个概念作为内在的精神性（*geistiger Innerlichkeit*）从根本上表现了一种崭新的成果，为了产生这种成果在希腊思想和希腊化思想中交织着理论的和伦理的因素，那么，继承这古代思想遗产的正是基督教，而**新柏拉图主义**又回到这样的
陈旧观念，这种观念在人格中只看见**非个人的总体生活**的暂时产 205
物。基督教世界观的基本特点是：认为人，和人与人之间的相互关系是现实的本质。

4. 虽有这一重大分歧，但亚历山大里亚哲学的各条路线都面临同一问题：将取自感官世界的神置于宗教需要所要求的关系中。因为感到上帝与世界之间的矛盾愈深，要想克服这种矛盾的渴望就愈强烈——克服这种矛盾的方法是**认识**，即通过上帝理解世界；和**生活**，即走出世界回到上帝。

因此，上帝和世界的二元论以及精神和物质的二元论不过是从感情出发，是亚历山大里亚哲学的前提：亚历山大里亚哲学，无论在理论上，或实践上，其目标都是克服这种二元论。这段时期的下述特点正在于此：它急于想在认识上和意志上弥缝在感情上发

现的这个裂缝。

的确，这段时期也产生了各种宇宙论，其中**二元论**表现得很突出，甚至成为它们不可动摇的基础。属于这一类的主要有柏拉图主义者，如普鲁塔克；他不仅把物质当作除神以外的原初的本原，因为神绝不可能是邪恶的根源，而且在这种中立的物质形成宇宙时又在上帝之侧假定了"邪恶的宇宙灵魂"作为第三个本原。但是在此特别需要考虑的是一部分**诺斯替教派体系**。

这是第一次幻想建立基督教神学的尝试，这种尝试自始至终受到罪孽和赎罪两种思想的控制。诺斯替主义的基本性质就基于：从这些统治思想的观点出发，将希腊哲学思想与东方宗教神话联系起来。因此在**瓦兰提诺**那里，除了洋溢于精神形式之中的神以外还出现了亘古以来原初存在的虚空(τὸ κένωμα)。在形式之侧出现了物质，在善之侧出现了恶。虽然由于神的自我发展(参阅下段，6)形成了整个精神世界(神"洋溢"于其中)，但是物质世界被认为是堕落的依昂①(参阅第二十一节)的产物，它将自己的内质造成物质。**沙都尔尼鲁**也是这样，他认为物质是撒旦的领地，它与上帝的光明王国相对立，并将尘世视作被争夺的边界区域，为了占领这个区域善的精灵与恶的精灵力图用自己的行为影响人类。**巴底桑勒**的神话用同样的方式编排，在"生命之父"的侧边安置一位女神作为构成宇宙时的承受力量。

然而二元论达到顶峰是在一种混合的宗教里，这种宗教起源

① Æon(柏拉图哲学和诺斯替哲学)：指从古存在的力量，最高的神的流出物，永恒的本质。——译者

于第三世纪，受到诺斯替教体系的影响，还掺杂着古代的波斯神话，——这种宗教就是**摩尼教**[①]。善与恶，光明与黑暗，和平与斗 206
争，两种领域在这里彼此对立，并像它们各自的君王（上帝与撒旦）一样永恒不灭。在这里也一样，这个尘世的结构被想象为善的因素和恶的因素的混合物——这是由于善与恶彼此侵犯了分界线造成的。善的灵魂属于光明的领域，恶的灵魂来自黑暗，在人的身上，被假定发生了善的灵魂与恶的灵魂的斗争，在人的身上期待一种定会将两种领域重新分开的超度。

因此，在这个时期末尾表现得最清楚的是：当时的二元论主要基于伦理-宗教因素。这些思想家，采取价值判断作为他们理论解释的观点，据此价值判断，人类、万物和关系都被区分为善与恶的特征；借此，他们追溯这种划分的宇宙根源，追溯到两种不同的原因。按照价值判断这概念的本来意义，其中只有一种原因即“善”的原因应看作正面的东西，并取得“神”之名；但从理论方面说，另外的一个原因也有充分权利坚持具有形而上学的本原和永恒性（οὐσία）。但即使从这种关系出发，也可以看得出来，只要改变形而上学关系使之完全适应伦理学关系，势必导致二元论的终结。

5. 事实上，二元论从其自身特有的因素中产生一系列观念，通过这些观念准备了自我克服的条件。因为，精神上帝与物质世

① 创始人摩尼（也许240—280年）认为他的学说是基督教义的圆满结局，是圣灵的启示。他虽成为波斯祭司迫害的牺牲品，但不久他的宗教大大发展，并一直继续蓬勃发展到中世纪。关于这种宗教在奥古斯丁那里我们得到这种宗教的最好的资料。奥古斯丁本人曾一度就是此教的追随者。参阅：鲍尔《摩尼教宗教体系》（*Das manichäische Religions syslem*，蒂宾根，1836年，德文版）；O. 弗吕格尔《摩尼和他的学说》（*Mani und seine Lehre*，莱比锡，1862年，德文版）。

界之间的对立愈尖锐，人与人的宗教渴念的对象之间的距离也愈大，也就愈需要用**中间纽带**将彼此分离的这两者重新结合起来。这种情况的理论意义在于使神对于（不同于他，并且与他不配的）物质的作用可以为人理解，无人反对。在实践上，这些纽带具有的意义是：起着人与上帝之间的调停者的作用，具有一种力量，将人从感官的罪恶深渊中引导出来走向最高的存在。不论在理论上或在实践上，两者都使我们想起斯多葛学派曾经利用过的方法，斯多葛在自己的自然宗教里利用人们普遍对于低级神的信仰。

这种调停理论首先是由**斐洛**按照一个规模宏大而又彻底的计划着手进行的。斐洛赋予这种理论以明确的方向，他将此理论一方面与新毕达哥拉斯主义的理念论紧密地联系起来，另方面又与他的宗教的“天使论”紧密联系起来。斐洛考虑这调和力量时，在他心目中考虑得更多的是上帝对宇宙的影响的理论意义和解释；他根据在自己研究中观点的改变，将这种调和力量时而称为理念，时而称为作用力，时而又称为上帝的天使。然而与此相联的往往是这种思想：这些中间成分既参与上帝又参与宇宙；它们属于上帝，又与上帝不同。因此，一方面，按照新毕达哥拉斯模式，理念被认为是上帝的观念，上帝智慧的精髓；另方面，仿照前期柏拉图学
207 派的思想，理念又被认为是上帝创造的、只能凭思维能力去认识的原型世界：如果这些原型同时应认为是按照有目的的意图改造无规律的物质的作用力，那么在此情况下这些力量有时就表现为构成世界保存世界的、独立的势力，其结果就避免了上帝与世界的整个直接联系；有时这些力量又表现为附属于神性、代表神性的东西。最后，作为天使，这些力量实际上是真正的神话中人物，被认

为是上帝的仆人、特使、信使；但在另一方面它们又代表神性的不同面、不同性质；毋庸置疑，神性作为整体来看，就其深处说来，是不可知、不可言传的，但却正显露在这些力量之中。受此体系基本思想制约的双重性质随之带来如下后果：这些想象中的力量具有一般概念内容的意义，而同时具有人格的一切标志。正是这种科学思维方式与神话思维方式的糅合，正是这种笼罩着整个学说的闪烁的曙光，其中寓有本质意义和世界历史意义。

同样真实有效的是斐洛用以结束这条思想路线的最后结论。全部理念、力量和天使本身又是一个整个世界，“多”与运动统治其中。在此世界与不动不变的神之间还须有更高的中间联结物。正如理念与个别现象之间发生的关系一样，最高理念（理念之理念）与理念之间必然发生同样的关系；正如力量与感官世界活动之间发生的关系一样，一般理性的宇宙力量与力量之间也必然发生同样的关系：天使世界在大天使身上找到自己统一的总结。斐洛用斯多葛的**逻各斯**概念描述神在宇宙中活动的这种总体。由于这个缘故，在他看来，此逻各斯出现在摇曳不定的光影里。一方面逻各斯是停留于自身的神的智慧（σοφία—λόγος ἐνσιάθετος〔智慧—内存的理〕），是最高存在产生理性的力量；另一方面，它是来自神的理性（λόγος προφορικός，“明言的理”），独自存在的肖像，初生子；他既不像上帝没有起源，也不像精灵和人类有起源；他是**第二个上帝**①。

① Philo in Eus. *Præp. Ev.*〔欧瑟比乌斯《福音之准备》〕VII. 13，1. 在查斯丁《护教论》一书中可以找到这个同一的、不过更加强调人格的概念规定。*Dial. c. Tryph.*〔《与特利弗的对话》〕56 f.

通过他，上帝创造了世界。他又是大祭司，通过他的居间调解、代人祈祷，建立和维持了人与神之间的关系。他是可知的，而上帝自己因高于一切规定，总是不可知的：但就上帝制定世界生活原则而言，他就是上帝。

因此，上帝的超越性和内在性分成为两种独立的神力，然而仍然是统一的。逻各斯是宇宙之中的上帝，是宇宙之外的上帝的“行宫”。对抽象思维说来，这种关系所采取的形式愈难于理解，斐洛用以描述的意象就愈丰富①。

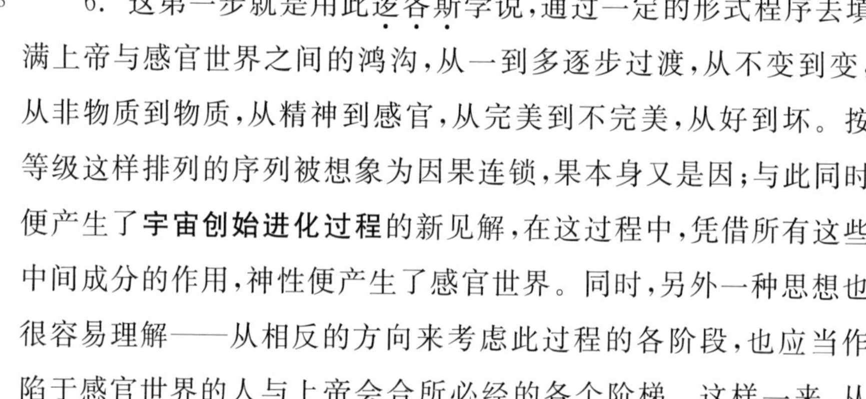

208 6. 这第一步就是用此逻各斯学说，通过一定的形式程序去填满上帝与感官世界之间的鸿沟，从一到多逐步过渡，从不变到变，从非物质到物质，从精神到感官，从完美到不完美，从好到坏。按等级这样排列的序列被想象为因果连锁，果本身又是因；与此同时便产生了**宇宙创始进化过程**的新见解，在这过程中，凭借所有这些中间成分的作用，神性便产生了感官世界。同时，另外一种思想也很容易理解——从相反的方向来考虑此过程的各阶段，也应当作陷于感官世界的人与上帝会合所必经的各个阶梯。这样一来，从理论上和实践上说来，克服二元论的道路都打开了。

这样，一个问题又重新提出来了，这个问题柏拉图在他的毕达哥拉斯主义化的最后时期曾经想到过；最早的柏拉图学园的成员也一样，当他们借助于数论谋求理解理念和事物是如何从神圣的

① 与这些学说相联的是，在斐洛那里，在经验世界里，精神的东西在非物质与物质之间所占据的地位是不明确的：人的**奴斯**（νοῦς）（思维能力和意志）是神的逻各斯的一部分（按照斯多葛的类比，甚至精灵也指定为 λόγοι），而它又被描述为最精细的普纽玛。

"一"产生出来的时候，也同样考虑过这问题。但是在当时表明了：从一发展为多的这种体制在与价值属性的关系方面，容许有两种相反的解释，即色诺克拉底捍卫的柏拉图观点——一是善，是完美，从一推衍出来的东西不完善，本质上是坏的；与此相反的是斯皮西普主张的与之对立的理论——善是发展过程的最后产物而不是它的起点，相反，起点应在不确定的东西和不完全的东西当中去探寻①。按照惯例人们习惯于将上述两种理论区别为**流出体系**和**演化体系**。第一个术语产生于这样一个事实：在这个体系里（这个体系明显地盛行于亚历山大里亚主义的宗教哲学中），创造世界的逻各斯的特殊结构（Sondergestaltungen）往往被斯多葛称之为神性的"流出物"（ἀπόρροιαι）。

然而亚历山大里亚哲学并不缺乏对于**演化体系**的尝试。尤其是，这些演化体系特别接近**诺斯替主义**，因为诺斯替主义强调精神与物质的二元论，强调到很高的程度，其结果此种体系必然 333
宁愿在自身分为对立面的中立始基中探寻一元论的出路。因此，在诺斯替教派追寻超越二元论的地方（他们大多数的人是这样）他们不仅设想了宇宙起源的过程，而且设计了**神统发展过程**，据此，神从它原质的黑暗中自我发展，通过对立发展到完全的显示。因此，在**巴西里底**那里，无名的始基被称为尚未存在的上帝（ὁ οὐκ ὢν θεός）。据闻，此始基产生宇宙种子（πανσπερμία）；精神力量（υἱότητες）在宇宙种子里同物质力量（ἀμορφία）不依次序地潜伏在一起。这些力量，由无秩序到有秩序，由无形到有形，是由它 209

① 参阅 Arist. *Met.*〔亚里士多德《形而上学》〕XIV. 4，1091 b 16；XII. 7，1072 b 31。

们对于神的渴念而得以完成的。与此过程相联系，各种不同的“子对父的关系”(*Sohnschaften*)即精神世界(ὑπερκοσμία)，与物质世界分离开来；在这发展过程中，这样发展了的神的一切领域最后分离开来；每一个达到被指定的地点，争斗的动荡停止了，神化的宁谧统治着整体。

两种体系的动因(演化的动因和流出的动因)在**瓦兰提诺**学说里尤其显得混合在一起。因为在他那里，精神世界(πλήρωμα)或“依昂”体系(永恒的本质)一部分作为黑暗和神秘的原始深渊(βῦθος)发展到自我显示，另一部分发展的方向是逐步减少产生不完美的形式。在这里虚构的模式是东方式的男性神与女性神的婚配。在这最高级的婚配或“结合”中，除始基外还出现“沉默”(σιγή)，“沉默”又称为思维(ἔννοια)。由于原始存在与知觉能力的结合便产生初生子即精神(在此称为 νοῦς)，精神在第二对结合中以“真理”作为对象，真理即概念的世界，理念的领域。这样，神得到完全显示后，在第三对结合中采取的形式是“理性”(λόγος)和“生命”(ζωή)，在第四对结合中神作为“圣人”(ἄνθρωπος)和“社团”(ἐκκλησία，教会)变成外部启示的原则。这递降过程一经开始，便不断下降：从第三、第四对结合以下还要产生更低的依昂(Æonen，永恒本质)，此等依昂连同神圣的数目“八”(*Achtzahl*)便形成整个灵界(*Pleroma*)，但隔始基却愈来愈远了。正是这最后一个依昂，“智慧”(σοφία)，由于罪恶地渴念始基，便引起与这种渴念分离并被抛入物质的虚空(κένωμα)，以致在那里引起尘世世界的形成。

如果我们注意到潜存于这些极端暧昧不明的神话结构后面的

哲学概念，我们就很容易理解瓦兰提诺学派分裂成各种不同的学说。因为在当时，没有其他任何体系具有二元论和一元论两者兼备的因素：演化体系以及流出体系如此复杂地交织在一起。

7. 在**普罗提诺**的学说中，如果在概念上得到澄清，又从神话结构中解脱出来，同样的因素也就呈现出来了，不过是以这样的方式出现的，即在贯彻整体中，**流出**原则差不多完全排挤掉另外两种原则①。

普罗提诺探索超越性和内在性的统一又表现在这样的方向上：上帝的本质仍保持为绝对的一，不可变者，而繁多和可变性则属于上帝的创造②。关于高于一切规定、高于一切矛盾的“第一”，严格说来，不能具有任何类型的属性（参阅本节，2）。只是在不恰当的意义上，在对宇宙的关系上，才可能将“第一”称之为无限的一，称之为善，称之为最高的权威或力量（πρώτη δύναμις），而构成宇宙的这种 210
力量的创造物不应认为是“第一”这个实体的分支和成分；从而在确切的意义上说，也不能说是“流出物”，而应认为是溢出的副产品，丝毫也不能改变实体本身，纵使它们出自实体本质的必然性。

普罗提诺为了陈述这种关系，采用了比喻的形式，他利用了**光**的类比——这个类比转而影响他确定自己的概念。光，自身本质毫不受损，自身也不运动，却照亮了黑暗，在它周围产生光雾，从光源的起点，光雾愈来愈稀薄，最后自动消逝在黑暗中。同样，一和善的

① 指演化原则和流出、演化共存的原则。——译者

② 我们发现，希腊形而上学开始时的爱利亚学派和赫拉克利特的问题，在此化为宗教形式，——这个问题也决定了柏拉图主义的性质。

创造物隔它们的根源愈来愈远，通过种种各别的区域，变得愈来愈不完美，最后突然变成黑暗的、邪恶的反面——物质。

根据普罗提诺，神的这种活动的第一境界是**心灵或理性精神**（νοῦς），其中崇高的统一分化为思想与存在的二元性，也就是，分化为意识和意识对象。在心灵里，神性保持为思维功能（νόησις）的统一体；因为这个与存在同一的思维不能将之当作似乎与对象同变的、开始的或终止的活动，而应当作永远不变的、以自身为内容的、永恒的概念，其本质与自身同一。可是与现象相对立的这个内容，这个理念世界，这个永恒的存在（按柏拉图的意义，οὐσία），作为概念世界（κόσμος νοητός），同时又是“多的”本原。因为这些理念不仅是概念和原型，而且同时又是低级现实的动力（νοῖ δυνάμεις）。因为作为持续、生成和流变的本原，统一与变化在这个概念世界中结合起来而又分开了，所以这个世界的基本概念（范畴）就是这么五种①，即：存在（τὸ ὄν），静止（στάσις），运动或流变（κίνησις），同一（ταὐτότης）和差异（ἑτερότης）。于是，心灵作为具有确定内容并本身带有“多”的机能，是一种形式；神性通过这种形式使整个经验现实从神性自身中出现：上帝，作为生产力原则，作为世界本原，是心灵或理性精神。

然而为了从自身创造世界，精神需要以同样方式发射出自己光芒；精神最直接的产物就是**灵魂**，而灵魂又从事于将物质造成形体。因此，“灵魂”的独特地位基于：灵魂凭借静观，接受精神的内

① 众所周知，来自《柏拉图全集》中的对话录《智者篇》。参阅第 254 B 页起。

容——**理念**世界，并仿照这个原型创造感官世界。灵魂，与创造
性精神相比，是被动的本原；与物质相比，又是主动的本原。这
种向上、向下的关系的二重性在这里强调得如此强烈，以至于正如
“精神”之被分为思维与**存在**，灵魂（对于普罗提诺来说）也直截了 211
当地增加了一倍。当灵魂沉没于对**理念**的极乐的静观中时，它是
高级灵魂，也是本来的灵魂，是狭义上的 ψυχή〔灵魂〕；当作为造形
力量时，它又是低级灵魂，是 φύσις（相当于斯多葛学派的 λόγος σπερματικός〔创造理性〕）。

所有这些规定一方面应用于一般的灵魂（宇宙灵魂——柏拉图），另方面应用于个别灵魂；个别灵魂作为宇宙灵魂所呈现的特殊形式，来自宇宙灵魂；因而特别应用于人的灵魂。**自然**的成形力量 φύσις，区别于纯粹的、理想的宇宙灵魂；从后者放射出众神，从前者放射出魔鬼。人的认知灵魂返回它的老家——精神，在人的认知灵魂之下存在创造身体的生命力。这样，在灵魂概念的特征中出现了分离——这种分离本质上从二元论发展而来（参阅第十九节，3）——在这里形而上学体系的有机整体从形式上需要这种分离。

在这方面，灵魂对于物质的作用必然被想象为有目的的，那就是，被想象为适合于目的，为目的而改变的，因为它将最终返回精神和理性（λόγος）；但是因为那只是低级灵魂的工作，便被认为是朝着只随自然的必然性而前进的、无计划的、不自觉的方向。正如光线的外圈钻进黑暗，灵魂本性也是用它得自精神、得自“**一**”的光辉照亮物质。

然而此**物质**(这是普罗提诺形而上学最本质的特点之一)绝不可认为是在一之侧的自我存在的有形体;更确切地说,它是无形体的自我,无实质①。物体当然是由物质造成,但是物质本身不是形体;因为从物质本性说,它既非精神又非形体,所以它不可能用任何性质(ἄποιος)来决定。但是对于普罗提诺说来,这种认识论上的不确定性同时具有形而上学的不确定性。物质,在他看来,是绝对的消极性,是完全的贫困(στέρησις),绝无存在,绝对的**非存在**:它之与一的关系犹如黑暗之与光明,空虚之与充实。新柏拉图主义者的这个物质(ὕλη)并不是亚里士多德的或者斯多葛学派的物质,而是柏拉图式的物质;它是**空的、黑暗的空间**②。在古代思想中,爱利亚学派主张虚空与非存在等同,后来此学说又由德谟克利特和柏拉图进一步发展,到现在为止又有发展:在新柏拉图主义那里,空间是理念在感官的现象世界中发现增殖的前提。因此,在普罗提诺那里,低级灵魂或 φύσις,是可分性的本原;低级灵魂的职责是将它的光辉洒在物质上;而高级灵魂则具有同理性精神相似的不可分性③。

212 在这完全的消极性中存在一种可能性的根源,有可能用价值属性确定这种没有性质的物质;它就是**邪恶**。作为绝对的贫困(πενία παντελής),作为一和存在的否定,物质也是**善**的否定(ἀπουσία

① ἀσώματος〔无形体〕:*Ennead*.〔《九章集》〕III. 6,7.

② *Ennead*.〔《九章集》〕III. 6. 18. 一般的虚空为物体的存在提供可能性(ὑποκεί-μενον);而在另方面,特殊的、空间的规定为物体的本性所制约,II. 4,12。

③ *Ennead*.〔《九章集》〕III. 9.

ἀγαθοῦ〔善的缺乏〕)。但是,用这种方法引荐邪恶概念,物质便获得一种特殊的结构:邪恶本身并不是正面存在的东西;它是贫困或缺乏;它是**善**的缺乏,是**非存在**。这样形成的概念给普罗提诺提供了**辩神论**的受人欢迎的论点:如果邪恶不**存在**,它就不需要我们为之辩护。所以,从这样决定的纯然虚构的思想便得出这样的结论:凡存在的东西都是善。

因此,对于普罗提诺来说,感官世界本身不是邪恶的,正如它本身不是善良的;但是因为在感官世界里光亮照进黑暗,因为它表现出的是存在与非存在的混合体(柏拉图的概念 γένεσις在这里又有力量了),所以它(感官世界)是**善**的,只要它是上帝或善的一部分,也就是,**只要它存在**;另一方面,它是**邪恶**的,只要它是物质或恶的一部分,也就是,**只要它不存在**〔不具有真正的、实际的存在〕。本来的恶,真正的恶(πρῶτον κακόν)是物质,是否定;有形世界之所以称为邪恶,就是因为它是由物质构成:它是次级的邪恶(δεύτερον κακόν);只要灵魂沉湎于物质之中,灵魂便有"邪恶"这个属性。的确,渗入物质是灵魂本身的基本特性;灵魂构成的领域正是神灵的光辉照进物质的那个领域;因此,对灵魂说来,这种对邪恶的参与是自然的必然性,必须将此必然性理解为灵魂从理性精神出来以后的继续[①]。

普罗提诺由于区分了感官世界与物质,也能公正地处理现象中的积极因素[②]。因为创造力是通过精神和灵魂作用于物质的,所以

① 因此,虽然普罗提诺在他的伦理学中强烈地强调在责任感意义上的自由,但是他的形而上学思想的极大趋势却正在于:他并不使这种"相反的力量"的自由成为他的解释原则,相反,他力图将"世界本质进入邪恶"作为形而上学的必然性。

② 在这方面,很有代表意义的是他写的一篇论文(《九章集》II.9),它旨在反对诺斯替教派所表现的对自然的粗暴的蔑视。

凡是在感官世界里真正存在的东西明显地就是灵魂和精神。以此为根据，便产生物质世界的精神化以及宇宙的理念化，这就形成普罗提诺所主张的自然概念中的独特因素。材料只是外壳，在材料后面存在真正积极的现实：灵魂和精神。物体或有形的实体是理念的摹本或影子，理念在物体中具体化使之适合于物质。物体的本质是呈现在感官形象（*Sinnenbild*）中的这种精神或理智因素。

这种崇高的本质亮透感官现象就是**美**的实质之所在。凭借精神的光辉洞照物质，整个感官世界变得美丽了；仿照原型而成形的个别事物也美在其中了。在这里，在普罗提诺论美的论文中（《九章集》，1、6），我们在世界观的各种基本概念中首次碰见这种概念；那是第一次对形而上学美学的尝试。迄今为止，美只作为善和完

213 美的同义词而出现。在柏拉图《筵话篇》中已有些轻微迹象，它企图将这种概念分出来使之独立，而现在又被普罗提诺第一次重新提出来了。过去美学，如在亚里士多德《诗学》的残篇中很清楚地表现出来的那样，范围只限于艺术论，认为美本质上应从它的伦理效果来考虑（参阅第十三节，14）。为了导致希腊文明具有最风雅、最高级的内容的科学意识，必须完成古代生活运动和在宗教时期所经历的生活深刻化的全部过程。因此，用以表述此事发生的概念就是从中涌现出此概念的发展过程的特性的典型表现。希腊人所创造并享受的美此时被认为是精神在使其感官现象具体化中取得胜利而感自豪的力量。这种概念又是精神的胜利；精神在开展活动中最后认识了自己的本性，并将它当作世界本原。

至于现象世界，普罗提诺采取的观点称之为**用心灵生活解释**

自然。事实证明：古代思想描述这种对立过程从一个极端走向另一个极端。最古的科学认为灵魂只是并列的许多**自然**产物之一。——但对于新柏拉图主义说来，**自然**整体被认为只有在它是灵魂时它才是真实的。

然而用这种唯心主义的原则来解释感官世界中的个别事物和个别过程，自然研究中的一切严肃性和清澈性就告结束了。代替有规则的因果联系，出现的是宇宙灵魂神秘的、梦幻般不自觉的活动（Weben），出现的是神鬼的一统天下，出现的是表现于万物的奇异关系中的对万物的精神同情。一切形式的预言、占星术、迷信奇迹，有如潮水涌进这种观察自然的模式中；而围绕着人的只是高超的神秘力量：这个精神创造的、充满灵魂的世界像一个**妖术的**魔圈紧紧缠着他。

据此，宇宙从神发展而来的整个过程表现为不受时间限制的、永恒的必然性。虽然普罗提诺也谈到同一特殊结构的周期循环，但对他说来宇宙行程本身是无始无终的。正如永远照进黑暗是光的本性一样，如果没有光芒普照（或放射，Ausstrahlung）——上帝借此普照从物质中创造世界——，上帝是不存在的。

在这种**普遍的精神生活**中，个人的人格作为附属的、特殊的现象，消逝了。个人人格由于对虚浮事物有罪的倾慕，作为无数发展形式之一从整体灵魂中解脱出来，从纯洁的生前状态中被抛出，进入感官的肉体。它的任务就是使自己与肉体疏远，与一般的物质本质疏远，使自己“净化”，不受肉体玷污。只有当它在这点上获得成功时，它才可能有希望回头跨过它过去从神那里走出来所经过的各个阶梯，并最终回到神那儿去。走向这崇高境界，坚定

的第一步是获得做公民的美德和政治上的美德；有了这种美德，
人就可以有权宣称自己是现象世界中的理性的创造性力量。但
是，因为这种美德只有在有关感官的对象中才能表现出来，所以
214 知识的逻辑推理的美德远远高出于它（参阅亚里士多德），——
灵魂借此知识的逻辑推理的美德沉浸在自己精神的内在生活
中。普罗提诺颂扬对美的事物的静观，视之为促进这种美德的
有力助手。美在感官事物中预感到**理念**，并在战胜物质爱好中从
感官美升华为精神美。但是即使这种逻辑推理的美德，这种美感
的 θεωρία〔观照〕和精神的自我静观，也不过只是达到那种天人感
通的狂欢的第一步，在此狂欢中，个人失掉意识，开始与世界本原
结成统一体（第十八节，6）。个人的超生和幸福就在于他沉浸在这
种**万有合一**中。

关于这种升华作用，后期的新柏拉图主义者（开始是波菲莉，以后还有扬布利柯和普罗克洛）远远比普罗提诺更加强调个人在正统宗教中和在宗教崇拜仪式中发现的助手作用。因为这些人大量地增加了宇宙从**一**出发所经过的阶段的数目，而且他们利用一切或多或少武断的比喻将这些阶段和众神的种种形式等同起来。因此，因为灵魂必须通过同样的阶段才能上达天人感通的神化境界，所以联系到灵魂回到上帝就很自然地要求居下的众神的支持。这样一来，新柏拉图主义者的形而上学就蜕化为神话，他们的伦理学就蜕化为妖术。

8. 因此，总的说来，照普罗提诺陈述的宇宙来自上帝的概念，不管它如何使**自然**理念化、精神化，总是仿照自然过程的**物理**模式。万物从**原始力**（*Urkraft*）放射出来，是基于此**原始力**本质的、

永恒的必然性。天地万物是有目的的创作，不过是无意识的、无计划的罢了。

然而与此同时，一种**逻辑**因素在这里开始起作用了；逻辑因素的根源存在于前期柏拉图主义作为类概念的理念品格中。神与理念的关系正如理念与感官个别事物的关系，共相与特殊的关系。上帝是绝对的共相。按照形式逻辑的规律：概念随着外延的扩大，其内涵变得愈来愈贫乏，因此内涵 0 与外延∞相对应。绝对共相也就是概念"第一"，没有一切内容。但是如果从这个第一开始发展首先是概念世界，然后是心理世界，最后是感官世界，那么，这种形而上学关系就与**规定**或**分划**的逻辑程序相对应。根据这种观点，更一般的东西始终被认为是更高级的、在形而上学上更原初的现实，而特殊的东西在形而上学的现实性上是更普遍的东西的派生产物，——这个观点是使亚里士多德的三段论演绎法具体化的结果（参阅第十二节，3）。这个观点在前期新柏拉图主义者中，主要是**波菲莉**在他的对亚里士多德范畴的评注中表达出来。

同时，**普罗克洛**着手有条不紊地贯彻这种流出论的逻辑模式，并出于对此原则的重视，将许多简单的，而且不可知的"henads"〔单一〕置于最高的、全无性质的 ἕν（一）之下。他这样做，发现自己不得不需要一种适当的**逻辑原则**来解释这种从共相到特殊的逻辑程序。这样一种模式主义，这位希腊文化的系统化者在普罗提诺 215
曾作为宇宙从神发展而来的理论根据的逻辑形而上学的关系中找到了多产生于一的这个行程所牵涉到的问题，首先是特殊与共相相似，从而意味着：结果寓于原因之中；其次，这种产物与产生它的

东西相对照是一种新的自我存在的实体，来源于同一东西；最后，正是由于这种对立关系，个体力图回归自己的根源。因而，**停留、前进、返回**（μονή，πρόοδος，ἐπισροφή），或者同一、差异、差异者的联合，是辩证发展过程的三个**契机**。凭借这种流出发展理论的公式，每一个概念都应想象为存于本身——出于本身——回到本身；普罗克洛强行将他那整个形而上学和神话两相结合的结构放入这个公式中——他在这个结构中按照他的概念规定律把各种不同宗教的神的体系安排在神秘的和有魔力的宇宙中，安排在不断被三分的系列中①。

9. 与此相反，**基督教哲学**的特点本质上基于：在理解上帝与宇宙的关系上，它力图自始至终利用自由的创造活动的伦理观点。因为从宗教信仰的立场出发，它坚持**原初存在的人格**，所以它将上帝创造世界的过程不是想象为上帝本质显现的物理的或逻辑的必然性，而是想象为**意志的活动**；其结果，世界的创造并不认为是一种永恒的过程，而是在**时间上只发生一次便了结了的事实**。不过，这些思想因素所集中表现的概念是**意志自由**的概念。

这种概念开始具有这种意义（在亚里士多德那里）：允许有限的人格在**已有的**种种可能性之间在伦理上有决断的能力，不受外在的影响和强制。后来这种概念在伊壁鸠鲁那里，获得了形而上

① 就个人而言，普罗克洛的特点是将过度的、轻信的虔诚和顽固坚持到迂腐程度的逻辑形式主义混合在一起；这种综合，在心理学上是极端有趣的。正是为了这个原因，他也许是这个时期关于将炽热的宗教信仰置于科学体系中的最显著的典型。

学意义：个别事物的活动没有因果关系。此概念适用于绝对物，并被当作上帝的性质，它在基督教哲学中发展成为“万物创造于无”的思想，发展成为**从上帝的意志创造世界**的不受原因支配的思想。每一种解释宇宙的企图从而都被排除了；宇宙存在是因为上帝要它存在，它之所以像现在这个样子是因为上帝要它这样。新柏拉图主义与正统的基督教义之间的矛盾没有一点比这点更尖锐的了。

同时，这个意志自由的同一原则被用来克服由此而带来的种种困难。因为万能的上帝不受限制的创造能力比其他宇宙论更有力地推动“辩神论”问题继续发展，——这个问题是：世界上存在邪恶这个现实如何与上帝的至善至美统一起来。**乐观主义存于创世说**中，而**悲观主义存于对赎罪的迫切需求**中；宗教信仰的理论因素 216
和实践因素，形而上学因素和伦理因素相互激烈争斗。然而信仰，为责任感所支持，找到逃脱这些困境的途径，它假定上帝给他自己创造的精灵和人的灵魂提供了与自己的自由类似的自由；并假定由于他们的罪孽，邪恶进入美好的世界①。

这种罪孽，基督教的思想家发现，实际上并不基于对物质或感官事物的爱慕；因为物质既然是上帝创造，其本身绝不可能是邪恶②。自由精灵的罪孽倒是基于他们对上帝意志的叛逆，基于他

① 亚历山大里亚的克力门在理论上抽象地表达过这种意思（《杂文集》，IV. 13，605），他用的是这种公式：邪恶只是行为而不是实体（οὐσία），因此邪恶不可认为是上帝所作。

② 正是为了这个缘故，诺斯替教派的形而上学二元论就其原则来说必然是非正统的；尽管它带有不少东方神话和希腊化的抽象思想，它总是非正统的——即使在它推得的伦理结论中，它也有很大一部分与教会学说相吻合。

们渴望自决的无限权力，其次才基于他们转而爱慕上帝的创造物，爱慕世界，而不是爱慕上帝本人。因此，在这里，在邪恶这个概念的内容上，占上风的是远离上帝和背弃上帝的消极因素①。但是宗教意识的整个热忱表现在：对上帝的这种背叛不仅认为是缺乏善，而且认为是意志的实际上的堕落行为。

据此，上帝和宇宙的二元论，精神和物质的二元论，实际上深深卷入基督教的宇宙论中。上帝和精神的永恒生命，宇宙和肉体的短暂生命——这些也形成十分尖锐的对立。与神的普纽玛相对立，感官世界充满"物质的"精灵②，邪恶的魔鬼，他们使世人陷于囹圄。他们这种举动出于对上帝的仇恨；并扼杀人内心里出现的普遍的天然启示的声音，从而使特殊的启示成为必要的了。因此对于早期的基督教伦理学说来，如果不与邪恶的精灵脱离关系，不与感官世界脱离关系，要拯救灵魂是绝不可能的。

然而这种二元论不可认为在本性上是必需的或者原始的。这种二元论不是上帝与物质之间的对立，而是上帝与堕落的精灵之间的对立，是**无限意志与有限意志之间纯内在的对立**。在这方面，基督教哲学通过**欧利根**完成了感官世界形而上学的**精神化**和内在化（或理念化）。其中物质世界表现出完全被精神作用所浸透着和
217 维持着，——的确，正如在普罗提诺那里一样，物质世界转化为精神作用。但是在这里，这些精神作用的基本因素是**意志**关系。正如由上帝过渡到宇宙并不是物理的必然性而是伦理的自由，同样，

---

① 在这个意义上甚至欧利根也称邪恶为 τὸ οὐκ ὄν〔非有〕(in *Joh*. II. 7,56)。

② Tatian, *Orat. ad Græc*.〔塔提安《告希腊人书》〕4.

物质世界也不是精神和灵魂的最后流出物，而是上帝为了惩罚和制服罪孽而创造出的创造物。

的确，欧利根在发挥这些思想时，采用了与新柏拉图主义同出一源的动机，这种动机使他与教会的流行思想方式发生了冲突。虽然他强硬地坚持神的人格的概念，坚持关于创造是神的善意的自由行动的概念，但是他十分强烈地要想认识“行为基于本质”的这种科学思想，以至不允许他认为这种创造是在时间上一次发生就了结了的无因果关系的行为。上帝的永恒的、不可变的本质所要求的倒是这种思想——上帝是从永恒到永恒的创造主，不创造他就绝不可能存在，他创造，无始无终①。然而这种**永恒**意志的创造只能是与永恒存在有关的创造，与精神世界（οὐσία）有关的创造。所以欧利根教导说，在这种永恒的状态中，上帝生出永恒的儿子——**逻各斯**，作为他的宇宙思想（ἰδέα ἰδεῶν）的整体，并通过逻各斯产生**自由精灵的领域**，此领域本身有限，围绕在神的周围有如永远活着的外衣。那些继续存在于创世主的知识和爱中的精灵仍然与创世主一起享受永不消逝的幸福，而那些变得消沉委靡、粗心大意、虚荣骄矜、背离了上帝的精灵，为了给他们以惩罚，被弃之于物质之中，物质就是为此目的而被创造的。这样，就产生了感官世界。因此，感官世界绝不是自在的东西，而只不过是精神机能象征性的具体化（*Veräußerlichung*）。因为在感官世界中可以认为是实在的东西并不是个别物体，而是在物体中出现、结合、变化的精

① Orig. *De Princ*.〔欧利根《论原理》〕I. 2；III. 4，3.

神理念①。

218 所以，在欧利根那里，柏拉图主义与创造意志的理论结合起来了。暂时的和感官（γένεσις〔流变世界〕）的本原是精灵的恒变意志。形体的存在起源于精灵的罪孽，并经过改造和涤罪而消逝。这样，意志和**人格彼此间的关系**，特别是有限的人格和无限的人格之间的关系，被认为是整个现实最基本、最深刻的意义。

第二十一节　世界史问题

宗教伦理通过基督教保证了对宇宙形而上学的胜利，与此相联，出现了更深一层的问题，为了解决此问题，曾有人作过一些重

① 东正教会最有影响的神父**尼萨的格雷戈里**（331—394 年）根据柏拉图模式详细地论述过这种感官世界观念化。他的主要论文是 λόγος κατηχητικός〔《教理问答》〕。他的著作由莫奈鲁士出版（巴黎，1675 年）〔英译本收入沙弗和瓦斯编辑的尼西亚会议和尼西亚会议后教父文库第五卷，牛津、伦敦、纽约、1890 年〕。参阅 J. 鲁普《尼萨主教格雷戈里的生平和信念》（*G. des Bischofs von N. Leben und Meinungen*，莱比锡，1834 年）。——这种将自然转化为心理学术语的过程在诺斯替教派中找到极有诗意的阐述，特别是他们当中最有才华的人**瓦兰提诺**。在他的叙述神谱和宇宙起源的诗歌作品中，对感官世界作了如下描述：最下层的依昂（Æon），智慧（σοφία），焦心渴想，很想投入原初本原的怀抱中，后被量的精灵（ὅρος）带回到她的老地方；在此时，崇高的上帝从她身上取走她的作为一种叫做"阿卡莫士"（Achamoth）的低级智慧（κάτω σοφία）的热情渴念（πάθος），并将它放逐于"虚空"中（参阅第二十节，4）。然而这种低级智慧为了谋得拯救与量的精灵结合，生出了创物主（Demiurge）和感官世界。因此，"智慧"炽热的渴念表现在这个世界的所有形体和形态中。构成现象的本质的就是她的感情。她的受压与哀诉在整个自然的生命中颤动。她的眼泪汇成清泉、溪流和海洋。她闻神言而惊呆，便出现岩石与山峦。她企望拯救，便出现光明与穹苍——水乳交融，笼罩大地。在诺斯替教派的作品《崇拜智慧》（Πίστις σοφία）里，"智慧"的哀鸣和忏悔的歌声深刻地传达了这诗情意境。

大努力——这问题就是**历史哲学**问题。

1. 与希腊宇宙观相对立，在这里出现了原则性的**崭新的**东西。希腊科学从一开始就将问题指向 φύσις(自然)，指向不变的本质，而这种出于理解自然的需要而提出问题的方式如此强烈地影响了形成概念的过程，以至事件发生的年月顺序过程往往被当作次要的东西，没有自己的形而上学意义。在这方面，希腊科学不仅将个人，而且将整个人类及其一切遭遇、行为和经验都当作基本上不过是一出插曲，当作根据同样规律自我重复的、宇宙变化过程的特殊结构。

这一点在希腊思想的宇宙论初期表现得朴素而又壮丽。甚至在人类学思潮已经在哲学中得势之后，这种思想作为人生艺术每一个蓝图的理论背景，仍然发生作用；因此人类生活，由于来自自然界永恒不变的过程，必然重新流入同一过程中(斯多葛)。柏拉图确实要求过尘世生活的最后终结，而亚里士多德研究过政治生 349
活结构有规律的连续。但是探索**人类历史的整体意义**(Gesamtsinn)，探索历史发展的系统关联，这个问题还从未有人提出过，当然更说不上古代思想家们曾想到过在这当中去认识世界原来的本质。

然而就在这方面新柏拉图主义的处理方法最具有典型意义。新柏拉图主义形而上学也追随宗教的指导动因(Leitmotive)；但是它赋予这种动因以真正的希腊风格，它认为，从完美产生不完美的过程是一种永恒的、天然的、必要的过程；在这过程中人类个人找到了自己的地位并认为他的命运就是**单独地、独立地**通过回到 219
无限以求得自己的幸福(Heil)。

2. **基督教**从一开始就在**伟大人物的经验**中找到整个世界发展的本质，对于基督教说来，外部自然只不过是人与人之间的关系的发展的舞台，特别是有限精神与神之间的关系的发展的舞台。除此之外，作为进一步决定力量的还有爱的原则、人类的团结意识、对“普遍罪孽”的深刻信念，以及对共同赎罪的信心。所有这一切导致人们认为“灵魂堕落”和“灵魂拯救”的历史就是世界现实真正的形而上学含义。因此成为基督教形而上学内容的不是自然的永恒变化过程，而是作为自由意志活动的事件洪流的**世界史**戏剧。

要证明**拿撒勒的耶稣**的人格所留下的印象力量，也许没有比下一事实更好的证明了：无论所有基督教学说在其他方面，在哲学方面或者神话方面，分歧多大，但是在耶稣身上，在耶稣形象上寻求**世界史的核心**，在这一点上它们是一致的。善与恶的斗争、光明与黑暗的斗争由耶稣定夺。

但是这种胜利意识（基督教因此意识而信仰其救世主）还有另外一面：邪恶被耶稣征服了，但拥戴此邪恶的其他宗教还有的是。因为当时基督教的观点绝不否认异教神这个现实；它将它们视作邪魔，视作堕落的精灵，它们勾引人们、劝诱人们崇拜它们，其目的在于阻止人们皈依真正的上帝①。

出于这种思想，发生在亚历山大里亚时期的这种**宗教冲突**在基督教思想家的眼中获得了一种形而上学含义：各种力量的斗争形成世界史，这些力量就是各种宗教的众神，而这种斗争史就是整个现实的内部含义。又因为以毕生精力从事伦理工作的每个个人

① 连欧利根也如此。参阅《反凯尔斯论》III. 28。

陷入此种巨大的、复杂的过程中，因此个人人格的重要性就远远高于感官生活，升入形而上学现实性的领域中。

3. 据此，对于差不多所有基督教思想家说来，世界史表现为内在事件**一次发生便终结了**的过程，招致感官世界的发生和命运。从根本上说，只有欧利根才坚持希腊科学的基本性质，甚至讲授宇宙过程的永恒性。在基督教因素和希腊因素之间，他找到了一条回避之路：他使一串短暂世界产生于永恒的精神世界，他认为精神世界是上帝直接的创造物，并主张这些短暂世界的起源是由于一些自由
精灵的背叛和堕落；在这些自由精灵得到拯救和回归原位（ἀποκατάσ- 220
τασις）时，短暂世界便终结了①。

相反，基督教思想的基本趋势是将精神堕落和拯救的历史戏剧描述为一次发生的互相关联的一系列事件：这事从低级精灵自由抉择罪孽的道路开始，而又在赎罪的启示中，在神的自由的决断中找到转折点。与希腊思想的自然主义概念相对立，**历史被理解为人物一次产生的自由行为的领域**；而这些行为的性质，与当时整个时代意识合拍，具有本质上的宗教意义。

4. 现在我们可以看出，非常有趣的是：在**诺斯替教派**神话-形而上学的虚构中，基督教与**犹太教**的特殊关系披上宇宙起源学的外衣表现出来。在诺斯替教派的圈子里，所谓的异教归化基督教的趋势占了上风，这种趋势极想限定新宗教使之尽可能尖锐地与犹太教对立；而这种趋势恰恰是通过希腊化哲学发展到与犹太教

---

① Orig. *De Princ*.〔欧利根《论原理》〕III. 1，3. 这些世界，因为它们由自由创造，因此彼此一点也不像，而是极其千差万别。同书 II. 3，第 3 页至第 4 页。

最公开的敌对。

为此而采用的神话形式是：《旧约全书》中制定摩西法律的上帝被认为是感官世界的创造者（大多数用的是柏拉图哲学用语——造物主 *Demiurge*），并在宇宙形式（Æonen）的等级组织中以及在宇宙史中，给他安排了符合于这种职能理应归于他的位置。

在开始时，这种关系还不是明显的对立关系。有一个名叫**克林托斯**的人（大约纪元 115 年）曾经区别犹太人的上帝 *Demiurge* 与尚未为物质所玷辱的至高无上的上帝，而且教导说，与犹太人的上帝制定的“法律”相对立，耶稣带来了至高无上的上帝的启示[①]。在**沙都尔尼鲁**那里也一样，犹太人的上帝表现为七行星精灵的头子。他们是精神界最低级的流出物，他们极想统治，便撕脱一部分物质，使之构成感官世界，并指定人为感官世界的管理人。但是争斗开始了，因为撒旦为了夺回他的国土的这一部分，便派遣妖魔和低等的“物质”的人种来反对人。在这场争斗中，造物主（*Demiurge*）的先知们证明是无能为力的，直到至高无上的上帝派遣了依昂（*Æon*，νοῦς）作为救世主，其目的是要他将有灵魂的人、造物主（*Demiurge*）和他的精灵从撒旦的权威下解放出来。**巴西里底**也教导说，犹太人的上帝也同样得到这种拯救，他提起犹太人的上帝
221 用的名字是“伟大的总裁”作为神的宇宙种子的流出物，作为感官世界的堕落的头子；并这样描述他：在耶稣身上带来的至高无上的上帝的拯救人类的旨意使他战栗，并使他深深忏悔自己不应有的

---

① 这种区别，鲁门尼亚斯也采用过，很明显是在诺斯替教派的影响下。参阅 Euseb. *Præp. Ev.*〔欧瑟比乌斯《福音之准备》〕XI. 18。

崇高地位。

同样，在**卡波克拉底**那里，《旧约全书》中的上帝属于堕落的天使，天使们受托创造世界，根据自己的心意造成了世界，并创立了各别分开的领域，他们在里面使自己受到下属精灵和人们的崇敬。但当这些特殊的宗教像它们的上帝一样相互争斗时，至高无上的神便在耶稣身上，正如在伟大的教育家，即一个叫做毕达哥拉斯的人和一个叫做柏拉图的人身上，显示出这唯一真实的世界宗教，这宗教以耶稣作为自己的对象。

叙利亚人**克尔多**更坚决地反对犹太主义，他进一步区别《旧约全书》的上帝与《新约全书》的上帝。摩西和先知所宣称的上帝作为世界的有目的的创造者，作为正义的上帝，甚至是同自然知识相通的（斯多葛的概念）；通过耶稣显圣的上帝是不可知的，是好的上帝（斐洛的概念）。**马西扬**①（大约 150 年）使用了限定得更加鲜明的同样规定，他从极端苦行主义观点来理解基督徒的生活，他把基督教徒的生活当作反对造物主的斗争，当作捍卫通过耶稣而显示的至高无上的上帝的斗争②。马西扬的弟子**阿斐里斯**甚至将犹太人的上帝当作魔王（Lucifer），他将肉欲的罪孽带进最高的天使善良的造物主所创造的感官世界中；因此，应造物主的请求，至高无上的上帝便派遣了救世主反对他。

① 参阅福克玛《哲学论坛和马西扬》（《神学年鉴》，蒂宾根，1854 年）；同一作者《马西扬福音书》（莱比锡，1852 年）。

② 在**拜蛇教**教派中流传的一种神话，是这种思想的极端有趣的变种。他们向希伯来人传述下凡的故事：在天堂里教人食智慧果的蛇第一个将真正的上帝显示给在造物主统治下已经堕落的人。人因此受到造物主的怒斥；这样天启就成功地出现在耶稣身上。因为蛇所想教的知识就是人的真正的灵魂拯救。

5. 与这种观点相对立，我们发现有一种理论，不仅罗马的克力门的《认可集》①（大约出现于纪元 150 年）曾坚决主张过，而且在基督教学说整个正统的发展中也坚决地主张过，这个理论就是：至高无上的上帝和创世主是同一的，《新约》的上帝和《旧约》的上帝都是同一个上帝。但是与此同时还设想了一个**计划周密的、有教育意义的、神的天启的发展**；并在这短时间的发展中探索耶稣救世的史实，即探索世界内在历史。根据使徒保尔的书信中的建议②，查斯丁，特别是伊里奈乌斯采取了这个立场。天启论只有在这历史哲学中找到这种精心细致的阐述后才得以完成（参阅第十八节）。

222 基督显示的预知，一方面出现在犹太人的预言中，另方面出现在希腊哲学中；从这个观点看来，这些预言被视作为基督教义而进行的**教育方面的准备**。因为按照基督教观点，对罪人的拯救构成了世界史唯一的意义和价值；因此，对于除上帝以外的整个现实说来，**上帝启示活动的计划周密的次序**表现为世界事件的整个过程中最本质的东西。

按照天启论，耶稣救世活动主要分为三个阶段③。按照内容来分，首先就有普遍-人类的启示，客观上由自然的目的性提供，主观上通过心灵的理性天赋提供；第二，通过摩西律法和先知们

---

① 由吉尔斯编订（莱比锡，1838 年）。参阅：A. 希尔金费尔德《克力门主义的认可和布道》（A. Hilgenfeld, *Die clementinischen Recognitionen und Homilien*，耶拿，1848 年）；G. 乌尔诃《克力门布道与认可》（G. Uhlhorn, *Die Homilien und Recognilionen des Cl. R.* 哥廷根，1854 年）。

② 将"摩西律法"当作规范基督的"导师"（παιδαγωγὸς εἰς Χριστόν〔导向基督的蒙师〕）；Gal. 3，24。

③ 根据希波利特的说法，诺斯替教派至少巴西里底有些地方已经这样做了。

的预许传给希伯来人的特别天启；第三，通过耶稣，救世真理(*Heilswahrheit*)的完全开展和完全确证。按照时间来分，与这些阶段相对应的有三个时期：从亚当到摩西，从摩西到基督，从基督到世界的末日①。对古代基督教说来，这种三分法，越觉得显而易见，容易理解，就越强烈地相信：由于救世主的出现而开始的最后一期的救世活动很快就要结束了。**末世论**的希望是早期基督教形而上学的主要组成部分，因为将耶稣作为世界史转折点的历史哲学寄希望于：钉死在十字架的人（耶稣）重返尘世，审判世界，完成光明战胜黑暗的胜利。不管这些观念，由于时间的推移，由于初衷的失望，变得多么千差万别；不管二元论和一元论的思潮多么顽强地表现自己，认为上帝的最后审判不是善与恶的断然分离，就是善对恶的完全征服（在欧利根那里是 ἀποκατάστασις πάντων〔整个的重建〕）；不管对于幸与不幸、天堂与地狱采取的唯物观点和唯心观点在这里如何互相影响——总之，上帝的最后审判就是赎罪活动的最后的结论，从而也是上帝救世计划的完成。

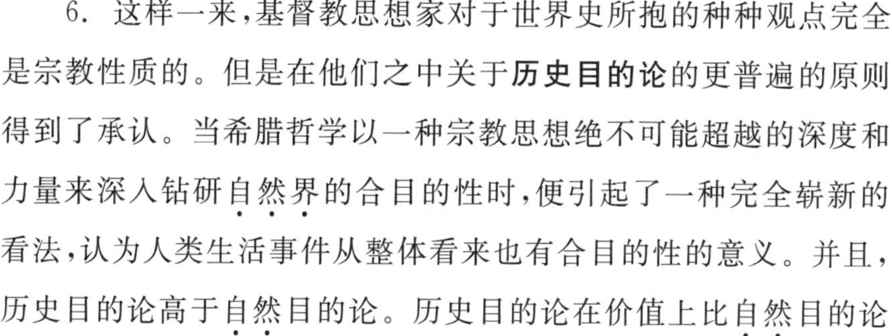

6. 这样一来，基督教思想家对于世界史所抱的种种观点完全是宗教性质的。但是在他们之中关于**历史目的论**的更普遍的原则得到了承认。当希腊哲学以一种宗教思想绝不可能超越的深度和力量来深入钻研自然界的合目的性时，便引起了一种完全崭新的看法，认为人类生活事件从整体看来也有合目的性的意义。并且，历史目的论高于自然目的论。历史目的论在价值上比自然目的论 223

① 末世学的后期的（异教徒的）发展在这三个阶段之外，通过"圣灵"的出现，还加上了第四个阶段。例如，参阅 Tertullian，*De Virg*. *Vel*. 1，P. 884，O.。

更高；自然目的论是用来为历史目的论服务的。[①]

这样一种概念，即从成熟的结论出发回顾伟大历史发展的活生生的回忆，可能只是暂时的，罗马帝国的世界文明产生于各民族命运的相互交错中，它在深刻化的自我意识中开始领悟到这种民族命运交融中的有目的的预感。特别是绵亘一千年之久的**希腊文学**传统产生了这种浩大过程的概念。从这整个古代文明发展而来的宗教世界观赋予上述思想以这种形式——历史发展的意义必须在上帝为拯救人类而做的种种准备工作中去寻找。由于古代文明的各民族认为他们有效工作的时间已经结束，因此完全可以理解，他们相信历史的终结就在他们前面，在历史结束之时，他们全盛时期的太阳就降落了。

但是，与在人类历史中计划周密的统一这种观念连在一起的是超越时空的**人类统一**的思想。公共文明的意识，冲破民族界限，在全人类共有的天启和拯救全人类的信仰中得到完成。由于拯救全人类被认为是神的世界规划的精髓，所以看起来在此规划条款中最重要的是人类全体成员通过对赎罪的共同信仰而被召在一起的团契（ἐκκλησία〔信徒公会〕）。与宗教历史哲学联系在一起的是由基督教会社生活而形成的**教会**概念。因此，在教会各种基本特征中普遍性或一般性（Katholizität）是最重要的特征之一。

7. 这样一来，**人类和人类的命运**就成了宇宙中心。这种**以人类为中心**的特性是基督教世界观与新柏拉图主义世界观根本分歧之处。新柏拉图主义实际上将崇高的形而上学地位分给个人，它

---

① 参阅 Irenæus, *Ref.*〔伊里奈乌斯《反驳》〕IV. 38, 4, P. 702 f. St.。

甚至认为个人的心理-精神本性是可能神化的。它从对人有用的(斯多葛)观点来看待自然有目的的总体结构,但是新柏拉图主义绝不会同意宣称人是整体的目的,因为它认为人是体现神的效能的现象的一部分。

然而,教父哲学的情况正是如此。根据**伊里奈乌斯**,人是创造物的目标和目的:人是有认知能力的生物,上帝向人显示他自己。为了人,上帝创造出自然界其他东西,创造出整个自然界。又是人,由于滥用了上帝赐予他的自由,使得进一步的天启和赎罪成为必要的了。因此,正是为了人,也才有整个**历史**。按照尼萨的格雷戈里所教导的,人作为心灵生活的最高表现,他是创造物的顶峰,
是创造物的主人和君王:要他观察和思考的是创造物的命运,并将 224
创造物带回原来的灵性之中。但在欧利根那里,人不过是堕落的精灵,为了惩罚他让他改过,将他置身于感官世界之中:自然只为了有罪而存在,当历史进程由于所有精灵回归上帝而终止时,自然也就不存在了。

人类学运动最早进入希腊科学时不过是为了转移兴趣,不过是为了改变提问题的方式,但到了希腊化-罗马时期越来越发展成为考虑世界的真正原则了,最后与宗教需要联合起来占领了整个形而上学领域。人类已经获得了人类历史结构的统一体的意识,并认为(耶稣)**救世史**(*Heilsgeschichte*)是衡量一切有限事物的标尺。在时空中产生和消亡的东西,只要纳入人与上帝的关系中,便具有真正的意义。

存在与流变是古代哲学在开始时提出的问题,到古代哲学结束时,它的概念就是上帝与人类。

第 三 篇 225

中世纪哲学

鲁斯洛《中世纪哲学研究》(*Études sur la Philosophie du Moyen Âge*,1840—1842 年,巴黎法文版)。

B. 奥雷奥《经院哲学》(*De la Philosphie Scholastique*,1850 年,巴黎法文版)。

B. 奥雷奥《经院哲学史》(*Histoire de la Philosophie Scholastique*,1872—1880 年,巴黎法文版)。

A. 施特克尔《中世纪哲学史》(*Geschichte der Philosophie des Mittelalters*,1864—1866 年,美因茨德文版)。

当民族迁移摧毁罗马帝国时,罗马帝国没有政治力量足以抵御北方的野蛮人,科学文明便沦入彻底毁灭的危险中;因为当时掌握王权的种族对于哲学的精细结构比希腊艺术的轻松形式还更不能欣赏和理解。并且,古代文明本身已土崩瓦解,生命力已彻底丧 226
失,似已无能将粗俗的征服者引进学派中来。

因此,如果在旧世界崩溃的过程中,没有一种新的精神力量成长起来,这新的精神力量能使北方儿女们五体投地地用坚强的手臂在毁灭的年代里力挽狂澜,为人类的将来拯救和保存文明的财富,那么,希腊精神的辉煌成就会付之东流,无望挽救。这种力量就是**基督教会**。国家政权做不到的,艺术和科学办不到的,宗教做到了,办到了。日耳曼人对于艺术的想象和抽象的思维的精心创作还格格不入，然而福音的说教却在他们感情的最深处紧紧扣住了他们的心弦，福音以它崇高朴素的全副力量深深地打动了他们。

因此，只有从宗教的激励这点出发，今日欧洲民族吸取古代科学的过程才可能开始；只有凭借教会之手，新世界才可能进入旧世界的学校之门。但是这种关系的天然结果是，开始时在古代文明的精神内容中只有纳入基督教会学说的那一部分才得以保存，掌握教育权者完全硬性地排斥了其他一切，特别是排斥了反对基督教教义的一切。毫无疑问，由于采取了这种措施，便有效地防止了这些民族的幼稚心灵里的混乱，否则他们是不可能理解和吸收消化许许多多各式各样的资料的。但是正因为如此，整个精神生活的各个领域便沦入深渊，只在很久以后，经过艰苦斗争才从深渊中拯救出来。

首先，教会逐渐把教育任务接过来，成为欧洲各民族的教育者，因为教会开始时是一个很不令人注目的宗教社团，但它却以坚定不移的逐步增长的力量发展成为一种统一的组织，趁政治生活崩溃之机，以坚强的和自信的唯一权威出现。并且由于这个组织受这种思想支配：教会是上帝所指派的拯救全人类的工具，因此对野蛮民族进行宗教教育就是教会本身的性质所规定的任务。因为教会在其内部生活中，经过无数曲折的道路从不动摇地前进并达到了理论体系的统一和完整，因此教会就更加有能力将此任务掌握在手。除此之外，还有特别有利的条件：在跨入新时代的门槛上碰到第一流的思想家，他将全部信念献给教会，他将教义发展成为彻底的科学体系，——他就是**奥古斯丁**。

奥古斯丁是中世纪真正的导师。他不仅将基督教和新柏拉图的思想线路，与欧利根和普罗提诺的概念联结在一起，他还以创造性的精力集中了当代关于救世的需要以及教会实现这种需要的整个思想。他的学说就是**基督教哲学**。与此同时，他以严格的统一性，制定了一种体系，使之成为科学地训练欧洲民族的基础；并以 227
这种形式，罗马民族和日耳曼民族开始走上继承希腊文明的道路。

但是由于这个原因中世纪又顺着希腊人走过的有关科学的道路走了回来。在古代，科学起源于对知识本身纯美感的乐趣，只是逐渐地才走向为实践需要、为伦理任务以及为宗教渴念服务。中世纪开始时有意识地将科学从属于信仰的伟大目标。开始时它在科学中只看见理智的任务是用抽象的思维来澄清并表达它在感情和信念中准确而无可非议地掌握的东西。但在这项工作的过程中，对知识本身的乐趣复苏了，开始时胆小畏怯，摇摆不定，继而这种乐趣以日益增长的力量和自信发展起来了。开始这种乐趣不成熟地显露在那些似乎远离信仰的无可非议的观念领域里；最后当科学开始与信仰划清界限，哲学开始与神学划清界限，并自觉采取独立的立场时，这种乐趣便胜利地脱缰而骋了。

因此，中世纪哲学史提出来的对**欧洲民族的教育**是以基督教教义为起点，并以发展科学精神为目标的。古代的理智文明以它结束时所采取的宗教形式传给近代民族，并在近代民族中逐渐发展成熟为名副其实的科学活动。

在这种情况下，很容易理解，此教育史唤起对心理学的兴趣，唤起对文明史的兴趣，并不提供哲学洞见的新颖而独立的成果。后生们个人独具的品格在对传统资料的反感（Abneigung）中到处都可以表现出来。因此，古代哲学中的问题和概念，在溶入新民族的精神中时，在许多地方发现有微妙的改变。中世纪在锻造新的拉丁术语的过程中，机智和深邃往往与迂腐和枯涩作斗争。但是在基本哲学思想方面，中世纪哲学还是停留在希腊哲学和希腊化-罗马哲学的概念体系的范围内——不仅在提出问题方面，而且在解决问题方面。虽然我们必须高度评价中世纪哲学对于欧洲民族进行理智教育所付出的艰苦劳动，但是它的最高成就归根结蒂只不过是初学者的，而不是哲学大师的光辉作品，——这些作品只有用最精细、最详尽的调查研究的眼睛才能发现新思想的萌芽，但就整体而言，这些作品也只不过证明是对过去古老年代的思想界的抄袭。就其整个精神来说，只有中世纪哲学才是希腊化-罗马哲学的延续，两者之间本质上的差异是：在纪元最初几个世纪还有争议的东西，对于中世纪说来已成定论，并在主要方面被当作完整的、确定的东西。

今天的人类社会在当时还处于求学时期，这个时期持续了整
228 整一千年，在这一千年中，似乎是，科学教育通过计划周密的教育步骤以**逐渐增加古代文化资料**的方式不断向着科学前进。从出现在这种资料的矛盾中产生了哲学问题，而已吸取的那些概念继续发展便形成了中世纪流行的科学的世界观。

在这种传统中，*新柏拉图主义*与奥古斯丁所捍卫的基督教教义之间，存在着一种原始的分歧——这种分歧当然不是在各处都一样尖锐，因为奥古斯丁在非常根本的地方还是受新柏拉图主义的控制；但是这种分歧在哲学与信仰的关系的根本性质上达到对立的程度。奥古斯丁体系集中了*教会*的概念。为了教会，哲学的主要任务是将教义作为科学体系去陈述、建立和发展：就教义进行这项任务而论，中世纪哲学便是教会的教育科学（*die kirchliche Schulwissenschaft*），**即经院哲学**。另一方面，新柏拉图主义走的方向是领导个人通过知识达到生活与神合一的路线：就中世纪科学将此定为自己的目标而论，它便是**神秘主义**。

据此，经院哲学与神秘主义彼此补充，互不排斥。正如神秘主义的直观可能成为经院哲学体系的一部分，同样，神秘主义者的天人感通（Verzückung）也可以把经院哲学庞大的学术体系假定为它的背景。因此，在整个中世纪，神秘主义比经院哲学更有变成异端的危险。但是如若因此而认为在这里便看出了区分这两者的主要标志，便是错误的。无疑，经院哲学，就其主要观点来说，完全是正统的。但是，在处理正在形成过程中的教义方面，经院哲学的各个学说不仅分歧很大，而且很多经院哲学家在科学地研究传统的学说时走向完全异端的理论，此异端学说的表达使他们内内外外陷入或多或少的严重的冲突中。关于神秘主义，新柏拉图主义的传统往往构成秘密的或公开的反对教会独霸宗教生活的理论背景①。但是在另一方面我们又碰见一些满腔热情的神秘主义者，他们自己感觉被神召唤，以真正的信仰防御经院哲学的越轨行为。

这样说来，笼统地称中世纪哲学为“经院哲学”似乎是不恰当的。根据更确切的估计，倒是可以证明，在维持科学传统中以及在消化和改革后来有效的那些哲学理论中，有一部分属于神秘主义，

① 参阅 H. Reuter，*Geschichte der religiösen Aufklärung im Mittelalter*〔《中世纪宗教启蒙史》〕，2 vols.（柏林，1875—1877 年）。也可参阅 H. v. Eicken，*Geschichte der mittelalterlichen Weltanschauung*〔《中世纪世界观史》〕（斯图加特，1888 年）。

229 其作用至少与经院哲学所起的作用一样大；而且可以证明，在另一方面要严格区分这两种思潮，对于中世纪最卓越的哲学家说来，是不实际的。

最后，必须还要说明的是，即使当我们把经院哲学与神秘主义放在一块时，我们也绝没有说完中世纪哲学的特征。当我们用这两种思潮与宗教的思想前提的关系来确定这两种思潮的本性时——一边是教会已成定论的理论，另一边是个人的虔诚——，与此并行不悖的，特别是在中世纪后期（虽在早一点时期就已经可以觉察到），还有一股世俗的支流，它以逐日增长的程度带来希腊、罗马世俗经验的丰硕成果，将此成果带给重新建立起来的科学。在这里，开始时，有系统地将这广泛的材料以及其中的主导思想形式引入经院哲学体系，获得了成功；但是当思想领域的这一部分愈益发展成为独立的意义时，科学世界观的整条路线就愈益改变方向。当宗教感情与外界隔绝，孤立地进行概念化和合理化时，哲学知识开始为自己重新划出纯理论研究的范围。

古代科学用传统的千丝万缕相互交织的细丝编织自己的织物，以此进入中世纪；从这种复杂性中，我们可以理解这一千年的哲学在历史研究面前所呈现的丰富多彩。在友好的和敌意的接触交流中，这些传统因素一世纪一世纪地在内容和范围上不断变化，前后流传，形成日新月异的彩图。当这些因素交织在一起时，光明与阴影相间，色彩调和，显现出惊人的纤细与美感，这样，在思想活动中也表现出生活多姿，表现在大量的有趣人物身上，表现在大量的文学作品上，表现在科学争论的热情洋溢的激动中。

然而这种生动的多姿多彩各处都从未受到文学-历史研究的

充分的公正待遇①。不过这种发展的主要路线对于哲学原则说来，摆在我们面前的足够清楚、足够明显了；哲学史在这个时期找到的是瘦瘠的土壤，理由正如上述。我们的确应该小心防范，不要将这段历史过程的复杂运动简化为太简单的公式，不要忽视大量 230
的正面的和反面的、在古代传统各因素之间来回变换形式的各种关系，古代传统因素在连续几个世纪里，一阵阵地渗入中世纪的思想。

总的说来，中世纪欧洲各民族的科学发展过程沿着下述路线前进。

首先**奥古斯丁**深刻的理论并不是在哲学意义上，而是在对基督教教义作权威性的阐述上初见成效。与之并行不悖的是新柏拉图主义的神秘主义，科学训练局限于不重要的简明手册，局限于亚里士多德逻辑片段。然而从钻研逻辑中却提出了很重要的逻辑-形而上学问题，围绕这个问题开展了有高度生命力的思想运动；但是由于缺少形成思想内容的知识，这种思想运动就有坠入空洞的形式主义的危险。与此相反，奥古斯丁的心理学开始逐步表现出强大的力量；与此同时，**同阿拉伯**科学接触后的初见成效的作用也

① 这种原因一部分的确是由于一些长期阻碍对于中世纪的正确评价的偏见，此等偏见已逐日消逝；但这种原因同样存在于文学本身。对于调查研究详尽的，然而绝大部分是枯燥无味的冗长啰唆，方法上计划性的单调、千篇一律，论点论据经常性的重复、转变，对矫揉造作、幼稚愚昧问题的滥用机智，毫无趣味的学派妙语，——凡此种种都是中世纪哲学所提出的学习、掌握和实践等过程的必然的特点；但是随之带来的后果是，在研究这一部分的哲学史时，材料的堆砌以及刻苦钻研所付出的辛劳却很不利于得到真实的结论。所以曾发生过这样的事：那些勤奋地、坚持不懈地深入钻研中世纪哲学的人往往不禁对他们研究的对象表示粗鲁的愤懑。

显露出来了；阿拉伯科学，至少从主要方面来说，激励西方接触现实，并进一步扩大和改变它的视野。这种发展主要通过一些狭小的渠道结识了亚里士多德整个体系而得来的。与亚里士多德体系结识的直接结果是，基督教教义的结构在各个部分都是利用亚里士多德基本的形而上学概念用最堂皇的风格，煞费苦心地设计出来的。同时，亚里士多德哲学已被阿拉伯人（和犹太人）所接受；不仅在他们的拉丁译文中，而且在他们的评注中，在他们受**新柏拉图主义**的强烈影响的解释中，都表现出阿拉伯人接受了亚里士多德哲学。按此方式，到目前为止的传统中新柏拉图主义因素沿着不同方向得到了有力的加强，而在另一方面，**奥古斯丁主义形而上学**的特定因素被迫不得不用更尖锐、更有力的言辞，激烈反对新柏拉图主义。这样一来，科学思想中的内部裂痕便开始形成了，这具体地表现在神学与哲学的分离。此裂痕由于一种新的、复杂性不减以往的变动弄得更扩大了。对医学和自然科学的**经验研究**从东方流传进来与亚里士多德主义联合在一起；现在它也开始在欧洲各民族中兴起；它统治了整个**心理学**领域，并且还得到奥古斯丁主义思潮的帮助，它有利于发展与教会的亚里士多德形而上学方向远离的亚里士多德逻辑。当传统交织的细丝向各方面散开的时候，新开头的细丝已经织进这个松散的织物中来了。

古代哲学思想就这样，带着如此不同的互相支援又互相阻碍的关系，带着如此众多的阵线转变，在中世纪中前进。但最重要的、决定性的转折点无疑是**接受亚里士多德主义**，这项工作大约完成于 1200 年。这就很自然地将此领域分为两段，这两段的哲学
231 内客彼此联系很紧，第一阶段的兴趣、问题、矛盾与运动在第二阶

段里又以更广而且更深的形式重新出现。因此这两段的关系在这种情况下一般不能认为有实质性的差异（*sachliche Verschiedenheit*）。

第一章　第一段时期

（大约截至1200年止）

W.考里希《经院哲学史》(*Geschichte der scholastichen Philosophie*，第一篇，布拉格，1863年，德文版)。

368

奥古斯丁学说规定了中世纪哲学基本上所遵循的思想路线，规定了中世纪哲学继承和发展古代哲学原则的思想路线。他第一次将古代科学在整个发展结束时期不断准备的**内在性**(*Innerlichkeit*)原则搬进哲学思想的控制一切的中心位置，他在哲学史上理应据有的位置就是新的发展路线的创始人的位置。他之所以能够做到将当时的教义哲学和希腊化哲学的各条路线溶化在一起，只是由于这些路线自觉地在即将形成未来哲学的胚胎中联合起来。这个未来指的是更远的未来：他的哲学的独创性对他的同代人和紧接着的几世纪毫无影响。在古代文明的范围内，思想的创造力已经熄灭了，新民族只能逐渐地习惯于科学活动。

寺院和宫廷学府成为新开始的精神文明的场所；在其中为了训练僧侣使之获得最必需的技能，不得不逐步地允许受到**辩证法**的教育。在中世纪最初几个世纪里，他们受到的最基本的逻辑教育只是亚里士多德《工具论》中最不重要的两篇论文：《范畴篇》和

《解释篇》，用的是拉丁文译本，载有波菲莉的《绪论》，还有许多新柏拉图主义时代的评注，特别是鲍依修斯的评注。他们用古代马西亚诺·卡佩拉、卡西奥多和塞维利亚的伊西多尔所撰的概论手册之类的书当作（四科①的）学习材料。关于古代哲学伟大原著中为人知道的只有卡尔希鸠士翻译的柏拉图著作《蒂迈欧篇》。

在这种形势下，学校科学活动的主要目标是学习和练习形式逻辑的公式；甚至在处理知识的客观材料时，特别是处理在本质上完整、内容上无懈可击的宗教教条的客观材料时，所采取的方向是遵循亚里士多德-斯多葛逻辑的规律和形式，以钻研和阐述自古传下
来的东西。在这过程中，主要侧重点必然是落在形式的规则上，落 232
在类概念的形成和区分上，落在正确的三段论结论上。早在东方，通过约翰·达马森诺，古代的学校逻辑已被用来为严格地有条有理地阐述基督教义服务，现在在西方学校里这同样的事也发生了。

同时，这种以传统条件为基础的研究活动，不仅在消化资料中具有脑力锻炼的教育价值，而且还获得这种结论：独立思考的开端必然采取的方向是，探询关于**逻辑关系的现实意义**；因此我们发现很早在西方文献里，就出现了研究概念的关系，——一方面是概念与词的关系，另方面是概念与事物的关系。

这样形成的问题被一种特殊的复杂性变得强化了。在基督教教义侧边，神秘地传播着以新柏拉图主义形式出现的基督教，这种神秘的传播，一边得到默认，一边又受到诅咒，然而还是坚持下去。

---

①　四科（Quadrivium）：中世纪大学的四门学科，即算术、几何、天文、音乐。——译者

这种神秘的传播追溯到第五世纪出现的一些著作，这些著作有人说是雅典最高法院法官狄奥尼修写的；到了第九世纪**约翰·司各脱·厄里根纳**翻译了这些著作，便得到更广泛的传播；厄里根纳将这些著作作为他自己的学说的基础。这学说的要点是：抽象的不同程度与形而上学现实性的不同阶段合二为一。这一点，在旧柏拉图主义和新柏拉图主义中早已经提出来讨论了（参阅第二十节，8）。

由于这些激励的结果，关于**种概念**（Gattungsbegriff）**的形而上学含义**问题在后来的几个世纪中变成了哲学思想的中心。围绕这个问题，集中了其他一些逻辑问题和形而上学问题；对这个问题的回答便决定了个别思想家的派性立场。人们认为这个运动是**对于共相的争论**。在各种形形色色的观点中，主要有三种流派：**唯实论**，主张种和属独立存在，是坎特布里的安瑟伦和尚波的威廉等人的学说，是正统的柏拉图主义者的学说，其中最卓越的是夏特勒的贝尔纳德；**唯名论**，在共相中只看见共有的名称或词，在这一时期，主要代表是洛色林；最后一派是折衷派，叫作**概念论**或**训诫主义**，主要的是和阿伯拉尔的名字联在一起。

这些矛盾冲突的结局集中在巴黎大学永无休止的争论中。这些争论成为欧洲在这个时期延续到下个时期的科学生活的中心。以辩证法的技巧进行的这些斗争给予这个时代使人着魔的力量，有如智者学派与苏格拉底学派之间的论争给予希腊人的使人着魔的力量一样。这里也和那里一样，在更广阔的生活范围内，人们着迷于狂热地追求知识，着迷于热切盼望参加迄今为止很不习惯的精神游戏（Geistespiel）。这样觉醒的求知欲破土而出传播开来，远远超过了从前传播科学遗产的牧师们的狭窄圈子。233

然而辩证发展的这种过度旺盛的精力同时碰到许多阻力。事实上，其中潜伏着一种严重的危机。抽象思维表现于其中的这种光辉活动缺乏真实知识的整个基础。它表现出的杰出的特色和推论有如在露天表演魔术，这使正常的理智能力有益地活动起来，但是虽有各种转变和曲折，它不可能得到实质性的知炽。因此从阿拉伯人的经验科学那里已经取得知识的明智的人们，如格尔贝特，发出警告，要放弃学院的形式主义，要转变方向认真地研究自然界，要解决实践科学所提出的任务。

但是当这呼声的回响还不大为人所听见的时候，在信仰虔诚方面，在教会权威方面，辩证法碰到更强烈的反抗。不可避免的结局是，逻辑地处理教会信仰的形而上学以及围绕共相问题的斗争所发展的结果（开始时不带任何宗教色彩）就陷入与教会教义的矛盾中。这事重复的次数愈多，就愈表现出辩证法不仅对于具有朴素的虔诚的头脑是多余的，而且对于教会利益是危险的。在这种意义上，辩证法受到攻击，有时受到**正统的神秘主义者**极其猛烈的攻击，其中最好斗的是克莱沃的贝尔纳德；与此同时，维克多学派由清除滥用辩证法所造成的危害和弊端而转向研究奥古斯丁，力图发掘奥氏著作中内在经验的丰富宝藏，将其心理学基本思想从形而上学领域转移到经验领域。

奥略里·奥古斯丁（354—430 年）出生于卢米底亚的塔加斯特，在那里，也在迦太基的马多拉，受法律教育，他青年时代有段时期，放荡不羁、动摇不定，接受过当时科学和宗教运动的各种观点。他的父亲帕特里修士属于旧教

派，他的母亲孟尼卡信奉基督教。开始时，他力图在摩尼教中探求在宗教上减轻使他十分痛苦的疑虑；后来他便堕入他早就从西塞罗那里吸取到的学园学派的怀疑主义中去了，从此逐渐过渡到新柏拉图学说，最后米兰主教安布洛斯为了基督教把他争取过来，他就成为基督教的哲学家了。

他在希波地方开始当牧师，后来当主教。他孜孜不倦地致力于为基督教会和教义的统一而进行实际的和文学的活动。他的理论体系特别是在多那忒和披雷杰的争论中得到发展。在他的著作中（载于米涅所编文集中，16卷，巴黎，1835 年起〔英译本由多兹译，15 卷，爱丁堡，1871—1877 年；也载于沙夫文库，尼西亚和后尼西亚教父作家文集，布法罗，1886—1888 年〕）最重要的哲学论文有他的自传《忏悔录》，还有《驳学园派》、《论生活的幸福》、《论
234 秩序》、《论灵魂》、《论自由意志》、《论三位一体》、《独白》、《论灵魂不灭》、《上帝之城》。

在鲍依修斯的译著里，波菲莉的《亚里士多德范畴篇导论》（Εἰς αγωγὴ εἰς τὰς κατηγορίας，布塞编订，柏林，1887 年）提供了引起共相争论的外因。除此之外，**鲍依修斯**（470—525 年）用他的对于亚里士多德两篇论文的译文和评注以及对西塞罗几篇著作的评注，影响了早期中世纪。除他的书外，还有另外一些书以奥古斯丁之名广泛流传。参阅：普朗特《西方逻辑史》（*Gesch. d. Log. im Abendl*. II.）；A. 乔丹《关于亚里士多德拉丁文译本的年代和来源的批判研究》（*Recherches critiques sur l'âge et l'origine des traductions latines d'Aristotle*，巴黎，1843 年，法文第二版）。

在古代的**科学百科全书**中，马西亚诺·卡佩拉（出生于迦太基，第十五世纪中叶）在他的《讽刺》（由埃森哈特编订，莱比锡，1866 年）一书中怪诞的绪论《论水神之婚礼与语言学》之后，讨论了学校设置的七门自由文艺；众所周知，其中语法、修辞学和辩证法构成“三学”，算术，几何，天文学和音乐（包括诗歌）构成“四学”。后来司各脱·厄里根纳写了一篇对于卡佩拉有价值的评论（由 B. 奥雷奥编订，巴黎，1861 年）——元老院议员卡西奥多（480—570 年）的《神学课与世俗课的教育》和《论自由文艺的艺术和规范》（全集，巴黎，1588 年，拉丁文版）以及伊西多尔·希斯帕伦西（死于 636 年）的《语源学或词源学》都建立在神学的基础上。**约翰·达乌森诺**（大约 700 年）在他的《智慧之源》（Πηγὴ γνώσεως，《文集》，威尼斯，1748 年，希腊文版）一书中在利用古

代学校逻辑使基督教教义体系化方面提供了典型的范例。

当民族大迁移的风暴猛烈袭击欧洲大陆时，科学研究便转移到英伦三岛，特别是转移到爱尔兰，后来在圣彼得①领导下在约克学院曾兴旺一时。由于查理大帝的敦促，通过阿昆②，文化教育又从英伦三岛传回大陆。在教会学校和寺院学校旁边，又兴起了皇宫学院，院址在巴黎由秃头查理③指定。最重要的寺院学校在虎塔和都尔。拉邦·莫茹（美因茨的，776—856 年；《论宇宙》，二十二卷）在虎塔寺院学校工作过。在那里工作过的还有奥塞尔的埃里克。在第九世纪末，从这里出去的有奥塞尔的雷米吉斯，大概还有评注《论波菲莉》的作者（载于库辛《阿伯拉尔未出版的著作》，巴黎，1836 年）。在都尔，阿昆的继承者是弗雷德吉斯方丈，他的信《虚无与黑暗》保存了下来（载于米涅所编文集，105 卷）。后来，圣高尔寺院（诺特克尔·拉贝奥，死于 1022 年）成了科学传统主要所在地。

文学方面也可参阅《法国文学史》（*Histoire Litteraire de la France*）。

在被认为是雅典最高法院法官〔狄奥尼修〕所写的著作（参阅《使徒事迹》，17:34）中最重要的有 περὶ μυστικῆς θεολογίας〔《论神秘的神学》〕和 περὶ τῆς ἱεραρχίας οὐρανίου〔《论天上的长老职务》〕（载于米涅所编文集；德文本由黑格尔哈特译，苏尔兹巴哈，1823 年）。这些著作表现出基督教哲学和新柏拉图哲学的混合；在东方经常出现同样情况（欧利根影响的结果），特别有代表性的是森涅修斯主教（大约在 400 年；参阅福耳克曼《昔勒尼的森涅修斯》〔*Synesios von Cyrene*〕，1869 年，柏林德文版）。上述伪狄奥尼修的作品也许出在第五世纪，第一次为人提到是在 532 年，其真实性是有争议的。但是马克兴姆-康费塞（580—662 年；《论教父狄奥尼修斯和格雷戈里之种种奥义》，奥勒编，哈雷，1857 年）坚决主张它是真实的。

随着这种神秘主义的发展，出现了中世纪第一个重要的科学人物：约翰·
司各脱·厄里根纳（有时叫耶路根纳，出生于爱尔兰，大约 810—880 年）；关 235

① 圣彼得（Venerable Bede，673—753 年）：英国神学家、历史学家。——译者

② 阿昆（Alcuin，735—804 年）：英国神学家。——译者

③ 秃头查理（Charles the Bald）（823—877 年）：于 840—877 年为法王，称查理一世；875—877 年为神圣罗马帝国皇帝，改称二世。——译者

于他的一生，准确知道的是，他被查理大帝召至巴黎宫廷学府，在该地曾活跃一段时间。他翻译过雅典最高法院法官的作品，写过论文《论神的预定说》(*De Prædestinatione*)反对哥特沙尔克，并将自己的理论贯彻在自己的主要著作《论自然的区分》(*De Divisione Naturæ*)一书中(德译本由诺阿克译；莱比锡，1870—1876年)。其作品构成米涅所编文集第122卷。参阅J.胡伯尔《约翰·司各脱·厄里根纳》(慕尼黑，1861年)。

坎特布里的**安瑟伦**(1033—1109年)出生于阿俄斯塔(Aosta)，很长时间活跃于贝克的诺曼底寺院。1093年被召至坎特布里当大主教。关于他的著作(载于米涅所编文集，第155卷)，最著名的哲学著作除了论文《神为何成人?》外，还有《独白篇》,《论道篇》。后两部著作由C.哈斯编订(蒂宾根，1863年)，附僧侣高尼洛(在图尔附近马尔莫底寺院里)的反驳和安瑟伦的回复。参阅Ch.雷缪扎《安瑟伦，十一世纪寺院生活及宗教与世俗权力之争的概况》(*A. de C., tableau de la vie monastique et de la lutte du pouvoir spirituel avec le pouvoir temporel au llme siècle*，巴黎法文第二版，1868年)。

尚波的威廉(1121年死时是马恩河畔夏龙的主教)是一个教师。在巴黎大教堂学院很负盛名；他在那里，在圣维克多的奥古斯丁修道院奠定学术研究的基础。关于他的哲学观点我们知道的主要来源是他的敌手阿伯拉尔。他的逻辑论文已遗失。

中世纪早期的**柏拉图主义**本质上依附于《蒂迈欧篇》，在新柏拉图主义的解释的影响下，赋予理念论一种新的形式，与原来的意义不完全一样。这个学派最有影响的人物是**夏特勒的贝尔纳德**(在第十二世纪上叶)。他的著作《论宇宙万物或大小宇宙》已由C.S.巴拉哈编订(因斯布鲁克，1876年)。**孔歇的威廉**(《论自然大哲学》,《哲学初探》)和蒙塔涅的**瓦尔特**被认为是他的弟子。巴思的**阿德拉尔德**也以同样观点写作(《论同一与差异》,《自然问题》)。

阿尔摩尼加(不列塔尼半岛)的**洛色林**在不少地方当过教师，特别是在罗克门拉；在那里阿伯拉尔听他的课，并不得不收回他在苏瓦松宗教会议(1092年)上的意见。关于他的著作，只有他给阿伯拉尔的一封信保存了下来。(载于《伯尔学院论文集》，1851年。)他的理论的出处来自安瑟伦、阿伯拉尔和**索尔斯伯利的约翰**。

阿伯拉尔，是这个时期思想家中最有影响、最有活力的人物，1079年出生于兰提斯州的巴勒；他是尚波的威廉和洛色林的弟子。他当教师的活动是在梅龙和科尔贝尔，最成功的地方是在巴黎大教堂学院和圣几内威逻辑学院。他与亚罗伊兹众所周知的关系使他陷入不幸，他的学说使他陷入与教会权威激烈的冲突中，这主要是在克莱沃的贝尔纳德的唆使下造成的，后者毫不容情地迫害他（1121 年在苏瓦松的宗教会议上，1141 年在桑斯的宗教会议  236
上）；这种不幸和冲突不容许这个得不到安宁的人清醒一下头脑，迫使他在不少修道院里去寻找安息之所。1142 年他死于索恩河畔夏龙附近的圣马塞尔。参阅他的著作 *Historia Calamitatum Mearunm*〔《我的受难史》〕，和他与亚罗伊兹的通信（M. 卡利埃尔《阿伯拉尔与亚罗伊兹》，吉森，第二版，1853 年）。他的作品由 V. 库辛编辑成两卷（巴黎，1849—1859 年）；其中最重要的是《辩证法》、《神学初步》、《基督教神学》、《哲学家、基督徒和犹太人之间的对话》、论文《是与否》和伦理学论文《自知之明》。参阅德·雷缪扎《阿伯拉尔》（两卷集，巴黎，1845 年）。

好些无名作家的论文（由 V. 库辛出版）与阿伯拉尔有密切关系。其中有一篇关于《解释篇》的评注，还有两篇论文《论理智》和《论种与类》（后者很可能出自约塞里诺，一位苏瓦松的主教，死于 1151 年）。牵涉到阿伯拉尔的还有**吉伯特·得·拉·坡瑞**①（吉伯杜斯·坡瑞丹诺，1154 年死时是普瓦提埃的主教）的哲学-神学地位，他在夏特勒和巴黎教学，与克莱沃的贝尔纳德发动的迫害阿伯拉尔的事件有牵连。除评注《论三位一体》和伪鲍依修斯的《论基督有两性（天性和人性）》外，他还写了《论六原则》，此书后来受到很多批评。

“辩证法”引起教会反对的影响，很早就显示了出来，特别是在图尔的**贝伦伽里**（999—1088 年）那里；他的圣餐理论遭到**兰法朗克**（1005—1089 年，安瑟伦在贝克和坎特布里的先驱）的反对。兰法朗克可能是《包含整个神学纲领的说明或对话》这篇论文的作者，这篇论文以前被认为是安瑟伦写的，并收入他的作品中。在这本简明手册中，第一次出现了为重新规定教会已经确立的整个范围而作的努力，该手册采取了教科书的形式，编排符合逻辑，排除了

---

① 英名：Gilbert of Poitiers；法名：Gilbert de la Porreé；拉丁名：Gilbertus Porretanus。——译者

辩证法的革新。从这里出发，后来出现了**总结主义者**的作品〔取此名是由于他们的著作采取“总结”形式，概述神学〕；其中最重要的是**彼得·隆巴德**（1164年死时是巴黎的主教）。他的著作《箴言四书》成为米涅所编文集第192卷。在早期人物中也许还可以提一下罗伯特·普莱恩（罗伯杜斯·普鲁斯，死于1150年），在晚期人物中有**普瓦提埃的彼得**（死于1205年）和**利尔的阿兰**①（死于1203年）。参阅鲍姆加特纳关于他的评论（蒙斯特，1896年）。

格尔贝特（1003年死时是教皇西尔威斯特二世）的功绩在于着重指出学习数学和自然科学的必要性。他在西班牙和意大利时接触了阿拉伯人的著作，获得大量知识，这使他成为同时代人惊异和怀疑的对象。参阅K.沃纳《奥利拉克的格尔贝特及同时代的教会与科学》（*G. von Aurillac, die Kirche und Wissenschaft seiner Zeit*，维也纳，1881年，德文第二版）。他的弟子胡尔贝特（1029年死时是夏特勒的主教）与他一样，号召人们从辩证法回到朴素的虔诚；拉瓦丁的**希尔德伯特**也积极宣扬同一精神（1057—1133年，图尔主教）。

十二世纪正统的**神秘主义**大规模地干着同样的事。**克莱沃的贝尔纳德**（1091—1153年）是这派的最热情的拥护者。他的作品中最著名的有《论轻视世俗》和《论谦德等级》（由马比龙编订最后一版，巴黎，1839年至1840年）。参阅尼安德《圣贝尔纳德和他的时代》（*Der heilige B. und seine Zeit*，1865年，德文第三版）；莫里森《圣贝尔纳德的生平和时代》（*Life and Times of St. B.*，伦敦，1868年，英文版）；〔R. S.斯托尔斯《克莱沃的贝尔纳德》（*B. of C.*，纽约，1892年）〕。

圣维克多学派中神秘主义在科学上的硕果累累。他们是巴黎圣维克多寺院学院的主持。其中最重要的是**圣维克多的雨果**（1096年出生时是哈尔茨的布兰肯堡的伯爵，死于1141年）。在他的著作中（载于米涅所编文集第175—177卷），最重要的有《论基督徒信仰圣礼》；关于神秘主义的心理学最重要的著作是《灵魂独语》、《论诺亚方舟》和《论世俗之虚幻》，除此以外，还有
237 百科全书性质的作品《博闻教学》。参阅A.利布勒尔《圣维克多的雨果与他的时代的神学方向》（*H. v. St. V. und die theologischen Richtungen seiner Zeit*，莱比锡，1836年，德文版）。

---

① 英名：Alain of Lille；法名：Alain de Lille；拉丁名：Alanus ab Insulis。——译者

他的学生**圣维克多的理查**(苏格兰人,死于 1173 年)写有《论状态》、《论人内心的培育》、《论静观的心灵准备》和《论静观之恩赐》,他的作品集成为米涅所编文集第 194 卷。参阅考里希《圣维克多的雨果和理查的学说》(*Die Lehren des H. und R. von St. V.*,载于《波希米亚科学史论文集》,1863 年至 1864 年)。他的继承人圣维克多的瓦尔特出众之处在于他反对异端辩证法缺乏科学性的论战(《反法兰西四迷津》)。

在这个时期结束时,在**索尔斯伯利的约翰**(约翰尼斯·沙利斯伯利希斯,1180 年死时是夏特勒主教)身上表现出人文主义反对学派活动的片面性的开端。他的作品《政体改革论》和《实质逻辑》(载于米涅所编文集第 199 卷)是研究当时科学生活有价值的原始资料。参阅 C. 沙尔施米特《索尔斯伯特的约翰的生活、科研、著作和哲学》(*J. S. nach Leben und Studien, Schriften und Philosophie*,1862 年,莱比锡德文版)。

第二十二节　内在经验的形而上学

在奥古斯丁的作品中没有一部作品能表现出这位伟大的基督教导师的整个哲学思想体系;确切地说,在他处理各种问题(主要是神学问题)时,他的哲学便在他整个写作活动的过程中附带地发展起来了。但是从这活动的整体看来,我们得到这样一种奇特的整体印象:这些丰富的思想内容是从两个方向展开活动的;只是凭借此伟人的强大人格才将此等丰富思想糅合在一起。作为一个神学家,奥古斯丁在他整个科研中自始至终将**教会概念**当作准则记在脑海里;作为哲学家,奥古斯丁将他所有的观念集中在**意识的绝对的、直接的确实性**(*Selbstgewissheit*)**原则上**。通过与这两个固定的前提的双重关系,一切问题处于生动活泼的洪流中。奥古斯丁的思想世界有如椭圆形的体系,围绕两个中心运转;这内在双重性往往是矛盾的双重性①。

哲学史的任务是将奥古斯丁远远超越他的时代以及而后的几个世纪的那些观念从这种复杂的体系中分离出来。奥古斯丁由于这些观念成为**近代思想的奠基人**之一。但是，所有这些观念的终极根源和内在联系在于**内在经验的直接确实性**（*selbstgewissen Innerlichkeit*）这个原则上，奥古斯丁第一个以彻底的明确性表达了这个概念，并用以当作哲学的出发点。在伦理兴趣和宗教兴趣的影响下，形而上学兴趣逐渐地、几乎不可觉察地从外部领域转入内部生活的领域。精神概念作为宇宙概念的基本因素取代了物质概念。有待奥古斯丁去做的事是充分利用和自觉利用欧利根和普罗提诺早已完成的事实②。

238 对于**内在经验**的倾向构成了奥古斯丁独特的文学特性。他在自我观察、自我剖析方面是位艺术能手。他善于描绘精神状态，其技巧之精湛有如他在反省中分析精神状态、揭露最深的情感和冲动因素所显示的才能一样令人钦佩。正是因为这个原因，他的形而上学用以力求理解宇宙奥秘的观点几乎完全出于这个根源。因此，与希腊哲学相对立，开始了一种新的发展过程；在整个中世纪时期，的确这种发展几乎没有超过奥古斯丁最初取得的成就，一直到了近代，这种过程才得到充分的发展。

---

① 准确无误的是，奥古斯丁本人在他的自我发展过程中，将他人格的重心越来越多地从哲学的重心转向教会的重心。这一点表现得特别显著的是在他回顾自己的写作活动（*Retractationes*）时。

② Aug. *De Ver. Rel.*〔奥古斯丁《论真正的宗教》〕39，72. *Noli foras tre*；*in te ipsum redi*：*In Interiore Homine habitat veritas*.〔别往外走；回到你自身：真理自在人心〕。

1. 这一点已经在奥古斯丁关于哲学知识的**出发点**的理论中清楚地表现出来。按照他个人的发展过程，他力求通过怀疑达到确定；在这过程中开路的必然是怀疑论本身。的确，开始时，由于他热情的本性对幸福的难以克制的渴望，他用苏格拉底关于幸福的必要条件是掌握真理以及真理是可以得到的假定将怀疑压制下去了（如果没有真理的假定，盖然性也就不存在了），但是他更强调地指出，即使那些怀疑论者否认知觉内容的外在现实性或者至少认为知觉内容的外在现实性不可确定，他们也不能怀疑到感觉本身的内部实在性。但是奥古斯丁，不但不满足于对此事实作相对主义的和实证主义的解释，反而从此基础出发继续前进直到得到胜利的确实性。他指出，连同感觉在一起的不仅有感觉的内容（此感觉的内容很容易受到来自这个方向的怀疑），而且还有感知主体的现实性；首先意识本身所具有的这种确实性即从怀疑这个事实而来。他说，当我怀疑时，我知道，我，这个怀疑者，存在；就这样，正是这种怀疑本身包含**有意识的生物的现实性**的有价值的真理。即使我在其他一切事情上有错，但是在这一点上我不可能有错；因为为了犯错，我必须存在①。

这基本的确实性同样适用于所有**意识状态**（*cogitare*），奥古斯丁力图证明各种类型的意识状态都已包括在怀疑这一行为中。怀

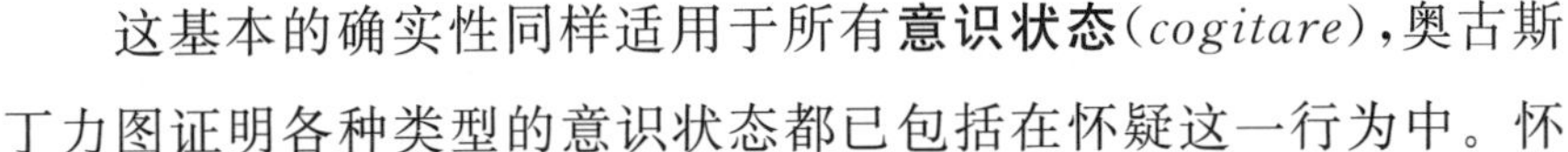

① 奥古斯丁认为这种论证有根本的意义；他经常运用这种论证（*De Beata Vita*〔《论生活的幸福》〕，7；*Solil.*〔《独白》〕II. 1ff.；*De Ver. Rel.*〔《论真正的宗教》〕，72 页至 73 页；*De Trin.*〔《论三位一体》〕X. 14，etc.）。然而，在希腊文献中，并不是完全没有这种论证，在以《赫奈尼奥斯的形而上学》之名流行的汇编中有一段（III. 第 6、7 页）证实了此事。这段文章的出处还没有发现，但很可能来自后期的斯多葛学派。关于这点，参阅 E. 海茨在《柏林学院会议记录》（1889 年，第 1167 页起）的论述。

疑的人不仅知道他活着，而且知道他记得、他知道、他有意志：因为
239 他怀疑的根据基于他过去的观念；在估量怀疑的**契机**时，便发展了思想、认识和判断；他的怀疑的动机只能是：他追求真理。奥古斯丁对于这点并未作特殊的考虑或据此而得出更进一步的结论，他在此例证中只证明他对于心理生活深刻的洞见，因为他不认为各种不同的心灵活动是属于不同领域，而认为是同一行为的不同方面，不可割裂地联结在一起。对于他说来，灵魂（在这点上他高于亚里士多德，也高于新柏拉图主义者）是**个人存在**的活的整体，个人存在的生命是一个统一体；通过自我意识，人就断定自己的现实性是最可靠的真理。

2. 然而从这个第一个确实性出发，奥古斯丁学说很快走得更远。不仅他的宗教信念，而且他的深刻的认识论见解，使他认为上帝的观念直接牵连到个人意识本身具有的确实性。在这里，怀疑这个基本事实也起决定性的作用；同样，在这里，怀疑这个基本事实**内在地**已经包含充分的真理。奥古斯丁问道，如果我们除此以外从其他地方并没有掌握我们可以据以权衡和检验这些知觉的真理标准和原则，那么我们为什么要怀疑以如此不可抗拒的力量加在我们身上的对外在世界的知觉呢？谁怀疑，谁就必然会认识真理：因为正是为了真理的缘故他才怀疑①。这位哲学家继续说道，事实上，除了感觉（*sensus*）以外，人拥有更高的**理性**（*intellectus*, *ratio*）能力，即直接感知精神真理的能力②。奥古斯丁所理解的精

---

① *De Ver. Rel.*〔《论真正的宗教》〕39,72f.

② Aspectus animi, quo *per se ipsum* von per corpus verum intuetur〔对灵魂外貌的直观不是通过真正的肉体而恰恰是通过灵魂本身〕：*De Trin.*〔《论三位一体》〕XII. 2, 2. 参阅 *Contra Acad.*〔《驳学园派》〕III. 13. 29。

神真理不仅是逻辑律，而且是善和美的规范。总的说来，一切不能用感觉得到的真理是吸收和判断已知事物所必需的，——这些真理是判断的原则①。

这些理性规范在怀疑中有如在所有意识活动中表现为判断的准则；不过它们是比个人意识更高的东西，它们超越了在时间的进程中它们渗进的个人意识：它们对于所有用理性思维的人都是一样，在它们这一点品质上没有任何改变。因此，个人意识在自己的功能中认识到自己与**普遍有效**、广泛而深远的东西联系在一起②。

但是，真理**存在**，这就是真理的本质。奥古斯丁也从这基本概念出发，——这是古代的基本概念，也是一切朴素的认识论的基本概念。但是既然普遍的真理从本性上说绝对是精神的，那么它们的存在只能被认为是**上帝的理念**的存在——仿照新柏拉图主义的方式；它们是一切现实的不变的形式和规范（*principales formæ vel rationes rerum stabiles atque incommutabiles, quæ in divino* 240
*intellectu continentur*③）。并且是神的心灵的内容规定。在上帝身上，全体普遍真理都包含在最高的统一体中；上帝是绝对的统一体，是包括一切的真理；上帝是最高的存在，最高的善，完全的美

① 起初奥古斯丁完全用柏拉图的方式给这种人类意识对于这些只能靠理性而不能靠感性理解的真理的认识行为取名为 ἀνάμνησις（回忆）。正是这种习俗的反对灵魂先于肉体存在的假定的顾忌，使得他认为理性是认识精神世界的直观能力。参阅 J. 斯托尔茨《圣奥古斯丁哲学》（J. Stortz, *Die Philosophie des hl. Augustinus*，弗赖堡因布赖斯高，1882 年）。

② *De Lib. Arb.*〔《论自由意志》〕II. 7 ff.。

③ 事物的主要形式，或者说，事物固定的、不可更改的理性，都存于神的智慧中。

(*unum*，*verum*，*bonum*)。一切理性认识归根结蒂是对上帝的认识。当然，连奥古斯丁也承认，在尘世生活中，人类的洞见不可能完全认识上帝。也许，在我们关于上帝的概念中只有消极因素是完全肯定的；特别是，我们不能恰当地知道，理性所观察到的神灵真理的各种不同因素是如何在上帝身上联结起来形成最高的现实的统一体。因为他的精神的、不变的本质(*essentia*)远远超越人类思维的一切关系形式和结合形式；甚至实体这个范畴和其他范畴一样，很难应用在上帝身上①。

3. 虽然这些见解直接来自新柏拉图主义②，但是这些见解的基督教品格还是保留在奥古斯丁的阐述中——作为绝对人格的神性的宗教观念与作为整个真理的总和和本质的神性的哲学概念不可分离地融合在一起。正因为如此，整个奥古斯丁形而上学是建筑在有限人格的自我认识上，也就是建筑在内在经验这个事实上。因为只要人认识神的本质是完全可能的，那就只能按照人的自我认识来类比。这点就证明了下述的内在生活的基本结构：精神存在的持续寓于意识内容总体或可再生的观念之中；精神的运动和活力(*Lebendigkeit*)体现于这些因素在判断时进行结合和分离的过程中，而这种运动的推动力是意志，是指望获得至高幸福的意志。因此，心理现实的三个方面是**概念**(*Vorstellung*)、**判断和意**

---

① 在这里主要之点是这种认识：在认识自然界时获得的范畴不适合于精神综合的特有性质(神的本质应按照精神综合来思考)。但是内在性的新范畴在奥古斯丁那里还只处于发展的过程中；参阅下面。

② 事实上，奥古斯丁自始至终力图将普罗提诺的 νοῦς 和欧利根的 λόγος 合而为一；但是由于他在新柏拉图主义中取消了 νοῦς 的发射物和独立自主的获得性，也就取消了对于心理的东西有利的、有普遍效能的物理模式。

志：*memoria*〔记忆〕、*intellectus*〔智力〕、*voluntas*〔意志〕①。奥古斯丁公开地反对将这种人格特有的功能方式当作身体的特性。同样，这些功能方式也不是人格的不同阶层，或不同领域，而是在它们不可分解的统一体中构成灵魂本身的实体。按照在人类精神生活中作如此理解的这些关系，奥古斯丁不仅力图获得三位一体这个奥妙的类比的概念，而且在 *esse*〔存在〕、*nosse*〔知〕和 *velle*〔欲〕
中认识一切现实的基本规定。存在、认识和愿望包括一切现实；而 241
神的全能、全知、至善囊括全宇宙。

关于物理的（亚里士多德的）范畴有不足之处的这种坦率意见使我们想起新柏拉图主义：新柏拉图主义的概念范畴（参阅第二十节，7）及其整个形而上学模式都是彻头彻尾属于物理的。正是奥古斯丁，他第一个热衷于将具有内在本性的特有关系形式提高到形而上学的原则。此外，他的宇宙论完全沿着新柏拉图主义铺平的道路前进，没有一点特点值得提一提。两个世界的理论及其在人类学上的相互关系构成这里的前提。感官世界通过知觉去认识，概念世界通过理性去认识，而知识的这两个已知组成部分又是由理智思维（ratiocinatio）将它们并在一起而发生彼此之间的关系。为了理解自然界便产生了受理念论限制的目的论。物质世界也是凭借神的力量、智慧、仁慈从无中创造出来，并在美和完善中表现出这种根源的迹象。罪恶（包括道德上的罪恶；参照下面）原来也不是真实的东西；它不是一种事物，而是一种行为；它没有**作用因**②，只有**缺失因**③；它的根源不能在积极的存在（上帝）之中去寻找，只能在有限物缺乏存在（Seinsmangl）中去寻找；因为有限物由于是被创造出来的，其现实性是削弱了的，因而也是有缺陷的。因此，奥古斯丁的辩神论的立足点基本上就是欧利根和普罗提诺的辩神论的立足点。

① 对心理活动同样的三分法可在斯多葛学派中找到。

② 作用因（*causa efficiens*）：此处指直接产生罪恶的原因。——译者

③ 缺失因（*causa deficiens*）：此处指造成罪恶是由于缺乏了什么。——译者

4. 在奥古斯丁那里，将哲学置于自觉的人类学基础之上，其更深远的和本质上的后果是在他的世界观中他赋予**意志**以中心地位。这件事的主要动机无疑是人自身的经验；人的本性热忱，意志坚强，当他深深反省自己的人格时，他将意志当作最深的核心。因此，对他说来，在一切事物中意志是最本质的因素：意志存在于灵魂的一切状态、一切运动中；甚至可以说，灵魂的一切状态、一切运动都是意志的表现形式（*voluntates*）。

在他的心理学和认识论中，这一点特别表现在下述事实上：他在各方面力图表明，在整个形成概念和认识事物的过程中意志占据控制一切的地位①。关于知觉，新柏拉图主义者过去曾经区分肉体受刺激状态与对此状态的意识（参阅第十九节，4），而奥古斯丁凭借精确地分析视觉行为，表明了所谓“意识到”这种行为实质上是一种意志的行为（*intentio animi*）。因此，正如对物体的注意是一种意志行为，同样，内部感官（*sensus interior*）的行为表现出对于意志也有完全类似的依赖性。究竟我们是否将自己的心情状态和行为本身归结为意识活动，这完全取决于自觉的反省，正如有意地思考我们记忆中的东西取决于自觉的反省一样，正如对于集中于一定目标的幻想的联想行为取决于自觉的反省一样。最后，对理性（*ratiocinatio*）的思维以及理性的判断和推理，完全是在意志的目的的指引下形成的；这是因为意志必然决定方向和目的，内在的和外在的经验材料就是按照这些方向和目的被置于理性认识

---

① 主要参阅《论三位一体》第十一卷，此外，特别要参阅 W. 卡尔《奥古斯丁、邓斯·司各脱与笛卡儿的意志优先学说》（W. Kahl, *Die Lehre vom Primat des Willens bei Augustinus, Duns Scotus und Descartes*，斯特拉斯堡，1886 年）。

的普遍真理之下的。

至于这些**理性认识**本身，关系呈现出还稍微更复杂的形式，因 242
为面对这种更高级的神的真理，人的心灵活动不可能获得像理性对于外部世界和内部世界那样的自由活动范围（*Spielraum*）。这一点即使根据哲学原理也是真实的，因为按照基本的形而上学模式，在因果关系中，积极作用应属于更普遍的东西，更普遍的东西是更高的、更有效力的存在（*Sein*）。人类心灵对此真理（此真理从形而上学上说是更高级的）的关系总的说来只能是被动的。对于奥古斯丁说来，认识概念世界从本质上说就是启发，就是启示。在这里，心灵在创造者面前缺乏创造性的主动性，甚至缺乏接受性的主动性。奥古斯丁绝不认为对于概念真理的直观认识可能是心灵从其自身的本性中独立产生的东西；事实上，他甚至不能赋予心灵以与他赋予内在知觉和外在知觉的经验认识一样的自发性——“注意”的自发性和指导意识（*intentio*）的自发性：相反，他认为神的真理对于个人意识的启发本质上是一种恩赐的行为（参阅下面），在此情况下，个人意识只具有一种期待的、纯粹被动的态度。这些形而上学因素，根据新柏拉图主义也是完全可能的，在奥古斯丁那里，由于他在神学中强调了神的恩赐，这些形而上学因素得到了大力的加强。对理性真理的认识是幸福的要素；人之所以有幸福，不是由于自己的意志，而是由于上帝的意志。

然而奥古斯丁在这里也力图保留个人意志的某种协助作用，至少开始时是如此。他不仅强调，上帝将真理的启示赐予这样一种人——他通过善行和德行，即通过他的意志的性质，表现出他是值得接受天启的对象；而且他也教导说，促使获得神的真理的不是

知识而是**信仰**或信念。然而，信仰或信念，作为观念化和“同意”的结合，虽然不是认识行为，但实际上就预先假定了信仰对象的概念，并在不受理智约束的“同意”中包含确定判断的、原始的意志行为。奥古斯丁认为，此事的意义扩大得非常广泛，不仅在神的事物或永恒事物中，而且在人的事物或尘世的、暂时性的事物中，这种由意志直接产生的信念生长出思想最根本的因素。从这些因素中，凭借理智的综合思考便产生能思考、能理解事物的洞见。因此，甚至在最重要的事物中，即在救世问题中，对于神灵启示的信仰，对于神灵启示在教会传统中的统治（*walten*）的信仰，善的意志所决定的信仰，一定先于知识，先于用理智获取、用理智领悟的知识。在职位上完全的理性洞见固然身居首位，但在时间的先后上对天启的信仰名列第一。

5. 在奥古斯丁所有这些思想因素中，中心点是**意志自由**的概念，意志自由是意志的决断、选择和赞同，与悟性的功能无关，不受认识动机的限制，反而决定这些动机，不以意识作为其行动的根据。
243 奥古斯丁忠实地致力于这种概念，反对各种不同的异议。他在这里所要捍卫的，除了道德的、宗教的责任感外，主要的是神的公正的事业。在另方面，他的大多数困难来自想将无因行为（其反面，也一样有可能性，客观上也一样是可以想象的）与神的预见结合起来的企图。在这里他找到解脱之法，即区分永恒（*Zeitlosigkeit*）与时间。在一次极端深入细致的研究中①，他主张：只有在内在经验的机能进

① 《忏悔录》第十一卷。参阅 C. Fortlage, A. *De Tempore Doctrina*〔《关于时间的理论》〕(Heidelburg, 1836)。

行衡量和比较时，时间才具有真正的意义，也只有在此之后才产生时间对于外在经验的意义。所谓本身不受时间限制的神的预知对于未来事件并没有决定性的力量，正如记忆对于过去的事件没有决定性的力量一样。在这些关系上，奥古斯丁配称为自由意志的最热忱、最有力的保卫者之一。

但是与此观点相对立，基本上还是运用以前的哲学武器，在奥古斯丁体系中，出现了另一条思想路线，在工作的过程中越来越得势，此思想路线的根苗存在于**教会**的概念中，存在于教会有拯救众生的力量的学说中。在这里，历史的普遍性原则与个人心灵的绝对确实性原则胜利地相会了。奥古斯丁是基督教教会最强大有力的战士，基督教教会的观念基于这种思想——整个人类需要赎罪。然而后一种观念排除了个人的完全不受限制的自由意志；因为后一观念需要这样的前提，即每个个人必然是有罪的，因此需要赎罪。在这种思想的强大压力下，奥古斯丁除了在他的哲学著作中非常广泛地贯彻的意志自由学说之外又提出另一个理论；这第二种理论自始至终与第一个理论背道而驰。

奥古斯丁渴望解决关于罪恶根源的问题，这问题对他个人说来，非常重要，而解决这个问题（与摩尼教①相反）采用的是意志自由的概念，目的在于维护人类的责任和神的公正。但是在他的神

① Manichäismus（或译善恶对立说）：摩尼教为波斯先知摩尼（Manes，大约216—276年）所创立，主张善与恶两种对立的力量统治着宇宙，在目前这两种力量互相混合，但在将来就要分开，各自回到自己的老家。摩尼教徒必须过禁欲生活以促进这种分离。此宗教在亚洲和地中海沿岸广泛流行，西方在六世纪已经销声匿迹了，但直到十四世纪还是东方的主要宗教。此宗教影响了早期基督教的几种异端。——译者

学体系中，他似乎认为将自由意志限于人类第一人亚当就足够了。关于人类在实质上的统一(*Einheitlichkeit*)的观念(这个观念促进了救世主拯救全人类的信念)同样容许这样一个理论——在亚当一人身上，已种下人类有罪之根。由于第一人滥用了自由意志，整个人性便如此堕落腐化，以至只有犯罪一条路(*non posse non peccare*)。由亚当产生的整个人类，毫无例外，全都丧失自由。每个人将堕落腐化的本性随身带进这个尘世，此本性靠自己的力量或意志是不可能变好的；此种继承罪是对原罪的惩罚。据此可知：人毫无例外都**需要**赎罪，都**需要**教会祈求神的恩赐的方法(Gnadenmittel)。不是人人都应该受到这种恩赐的。因此，奥古斯丁认为，无一人有权要求得到恩赐，上帝不赐福于所有人，只赐福于一些人，这并不

244 是不公正的；至于赐福予谁绝不为人所知。但是，在另方面，神的公正则要求：至少对于有些人，对于亚当堕落的惩罚应该长期延续下去，因此这些人应永远无恩赐之缘，无赎罪之缘。最后，由于他们已腐化的本性的影响，他们一样有罪，一样不可能自拔，因此，上帝选择受恩典的人不是根据他们是否应受恩赐(因为在恩赐发生前无一人是值得受恩赐的)，而是根据上帝不可探究的判决。对于他要拯救的人，他用一种不可抗拒的力量赐予天启；对于他不选择的人，是绝不可能被赎免的。人以他自己的力量甚至绝不可能向上帝走近一步：一切善来自上帝，而且只有来自上帝。

因此，在**宿命论**(宿命是此理论的哲学因素)中，上帝的至高无上的因果关系扼杀了个人的自由意志。个人的自由意志被剥夺了形而上学的独立性，也被剥夺了行为的自发性。对个人来说，要不就是他的本性决定他去犯罪，要不就是神的恩赐使他走向善路；就

这样，在奥古斯丁体系中，有两股强大的思想之流猛烈地互相冲击。永远使人惊异的事实是，这同一个人，他把他的哲学建筑在个人自觉精神的、绝对的、独立的确实性上，他最深入细致地检验内在经验的最深处，在意志中发现了精神人格的生命基础，而这同一个人却发现自己为了神学上的论争的利益所逼，走向一种灵魂拯救论的学说，认为个人意志行为是为普遍堕落或神的恩赐所决定的不可更改的结果。在这里，在心灵现实的概念中，**个性与一般性**处在激烈冲突中，它们不调和的矛盾几乎不能用“自由”这个词的不明确的含义所掩盖；“自由”一词一方面可根据心理学含义去理解，另方面可根据伦理宗教的含义去理解。然而思想的这两方面的因素的斗争在这里不可调和地并列在一起，在哲学后来的发展中发生重大影响，直到中世纪以后很久，这种影响才消逝。

6. 根据宿命论，奥古斯丁用基督教早期教父哲学的方式和精神刻画出人类历史发展的宏伟蓝图，但色调黯淡，轮廓僵硬。因为，如果不仅救世的整个过程，而且在奥古斯丁的体系中每个个人在其中所占据的地位，都早已由神的天意所决定，那么，每个人都摆脱不了这样一种阴郁的印象——在历史上所有人的有意志的生活，连同对拯救的一切渴望，都沉沦于鬼影摇晃、木偶熙攘的幻景中；其结局，从一开始便准确无误地规定了。 389

对奥古斯丁说来，精神世界通过整个历史过程分裂为两个领域——上帝的领域和魔鬼的领域。属于上帝的领域的是尚未堕落的天使和得到上帝恩赐的选民；而魔鬼的领域包括邪恶的精灵以及那些命运注定要赎罪而又被上帝弃之于罪孽深渊的人们：一个世界在天上，另一个世界在人间。这两个世界在历史上的关系有 245

如两个不同的民族，只在表面上的行为中混在一起，然而在内部，他们却严格地两相分离。上帝选民的社团在尘世上没有家乡。他们生活在笼罩着神的恩宠的高级的统一体中。但是被上帝贬谪者的社团由于不和而发生内部分裂；他们在尘世的王国里为各自虚妄的权势而互相斗争。在这个历史发展阶段，基督教思想很少掌握这个尘世所呈现的现实（Weltwirklichheit），因此奥古斯丁在国家形成的过程中只看见被上帝贬谪、敌视上帝、互相争吵的罪人社团的领域。事实上，对他说来，上帝的天国还不属于这个世界；对他说来，教会是天国在尘世生活中拯救人类的机构。

在这些前提下，**世界史过程**被理解为两个世界之间的分离，在历史的过程中这种分离越来越尖锐，终至于完全的决定性的分离。与摩西宇宙起源学说的宇宙创造日相对应，与以色列历史年代相联系，奥古斯丁将世界史分为六个时期。在这过程中，他既很少理解希腊文明的本质，又贬抑罗马文明的价值。据他看来，历史发展的决定性关键是救世主的出现，由于救世主的出现，不仅获得恩赐的选民得以完成赎罪，而且带来了他们与此世儿女的永久分离。最后的世界时期就以此开始，其终结就是上帝的最后审判日：到那时，经过艰苦的斗争之后，到来了安息日，到来了上帝的和平——不过只是选民的和平，对于命运注定不受拯救的人来说，那时将是与圣贤永久分离的时候了，并将完全沉沦于不幸的苦难中。

不管在这里表现出的幸福和苦难在精神上是多么崇高（虽然绝不会没有附带的肉体上的意象）——一想到不幸是由于神缺乏因果性而引起存在衰减，这种崇高性就特别显著——，对于奥古斯丁说来，善与恶的二元论明显地是世界史的最后结局。这个受到如此之多的思想动机的冲击的人还没有克服他年轻时候信仰中的**善恶对立说**；他还将此收入基督教教义之中。在摩尼教徒中，善与恶的对立被认为是原始的，不可磨灭的：在奥古斯丁看来，这种对立一经产生便不可根除了。全能、全知、大慈大悲的上帝创造了一个世界，这个世界永远分为他自己的天堂和撒旦的地狱。

7. 在奥古斯丁主义所包含的复杂问题和具有普遍历史意义的观念中，还有一个问题需要提出来。这问题存在于他的**幸福**概念本身，在这概念中交织着他的思想的一切动机。虽然奥古斯丁在意志中强烈地认识到人性最深处的动能，虽然他深刻地洞察到追求幸福是一切心灵活动的鞭策动力，然而他坚定地相信，对于所有这些热望和冲动的满足只能在**对神圣真理的直观**（*Anschauung*）
中找到。至善是上帝；但上帝是真理，人要直观真理并停留于对真 246
理的直观中，才能获得真理。意志的所有活动只不过是通向宁静的道路，而意志便休止于此宁静中。意志的最后任务是在神圣天启的恩赐活动（Gnadenwirkung）中保持沉默——当意志感到来自上天的真理幻影降临在它身上时它仍保持沉默。

在这里，基督教关于上帝的绝对因果关系的观念与新柏拉图主义者的静观的神秘主义，结合起来共同反对意志个人主义。来自这两方面的同一趋势起着同一作用，产生关于人的圣洁的概念，人的圣洁是上帝在人身上的作用，是最高真理占据、照亮了人整个心灵，是对于“一”，对于无限的存在的无意志的静观。的确，奥古斯丁着重制订出了恩赐活动在尘世生活中应有的实践结论——性格的净化和生活行为的严肃性——，恰恰在这里表现出他个人本性和精神境界的全面的广度。他生性不屈，精力饱满，并将此化为自己的伦理学，而新柏拉图苦行主义，厌倦人生，与此相距遥远。他的伦理学将人置于善与恶决战的全球性的战场上，人是为天国而英勇战斗的战士。但是对于奥古斯丁说来，召唤此战士为上帝而战的最高奖赏不是意志的永无休止的活动而是静观中的宁谧。对于**短暂人生**，奥古斯丁要求灵魂不断战斗，不断行动，永无休止地奋斗。对于永恒他却许以沉浸在神圣真理中的宁谧。事实上，他认定受福者的境界是最高的德行，是爱[①]（*charitas*）；但是在永恒的幸福中，就不再需要克服对尘世的抗拒，对有罪意志的抗拒；爱就再没有什么欲望需要满足；在那里，爱就只能是沉醉于对上帝的静观中。

在奥古斯丁伦理学二重性中，新与旧紧紧相联。随着尘世生活需要紧张的意志活力，随着伦理判断被运用于内在信念（*Gesinnung*），现代人便出现了；但是在人生最高目的这个概念中，古代心灵静观的理想仍保持着优势。在这里，在奥古斯丁学说本身，潜伏着一种意志的个人主义的矛盾。在这里，在关键性的地方，显示出一种亚里士多德主义的、新柏拉图主义的因素。这种内部矛盾在形成中世纪种种问题的过程中显露出来。

第二十三节　关于共相的争论

约翰·萨奈斯伯里恩希士《实质逻辑学》（*Metalogicus*，第二章，第17页起）。

---

① 在他的体系中，三种基督教德行，即信仰、希望和爱，被置于希腊伦理学中的实践德行和逻辑德行之上。

J. H. 洛伊《中世纪唯名论与唯实论的斗争及其沿革》(*Der Kampf zwischen Nominalismus und Realismus im Mittelalter, sein Ursprung und sein Verlauf*, 布拉格, 1876 年, 德文版)。

中世纪初期各民族开始进行科学活动时不得不接受形式逻辑的训练,这种训练随着有关类概念和种概念(*universalia*〔共相〕)的逻辑-形而上学的含义问题而变化发展。但是如果假定此问题 247
只有教育上的意义,只是一门脑力训练的学科,由于这门学科的训练几个世纪以来愈来愈多的新的学生们受到概念思维、分类、判断、推论的规律的陶冶——如果这样假定,就是一种严重的错误。与此相反,中世纪的科学顽强地坚持探讨此问题而陷入永无休止的争论中(值得注意的是,在东方亦如在西方,中世纪科学独立成长),此顽强性本身就证明了:在此问题中一个非常现实的、非常困难的问题摆在我们面前。

事实上,**经院哲学**初露头角时胆小畏怯,出现在波菲莉为亚里士多德《范畴论》所写的一篇《绪论》中,其中有一段阐明了这个问题①,经院哲学把这一段当作自己最初的思想意图的出发点;它以本能的睿智准确地击中了曾经成为希腊哲学伟大时期的兴趣中心的同一问题,自从苏格拉底规定科学的任务是用概念对世界进行思考之后,这个关于类概念或属概念与现实的关系问题第一次成

① 在鲍依修斯的译文中,这个问题是这样阐明的:"关于类和种——它们或者本身自个存在,是为有形实体的客观存在,或仅置存于人的理性中,是为无形实体的客观存在;它们或从可感知的诸事物分离得来,或置存于可感知的诸事物之内,同时并存于此诸事物之间及其周围。"

为哲学的主要主题。这问题产生了柏拉图的理念论和亚里士多德的逻辑。如果后者以形式论作为自己的主要内容（参阅第十二节），根据此理论特殊依存于一般，那么很容易理解，即使中世纪早期可以利用的有关这理论的遗物和断简残篇非常之少，这同一问题也会以充沛的力量出现在新民族的面前。同样很容易理解的是，这古老的令人迷惑不解的难题以作用于希腊人的同样方式作用于在思想上未受过锻炼的、朴素的中世纪人们的头脑。事实上，在十一世纪以后巴黎各院校发展起来的对逻辑辩论的乐趣，作为一种社会现象，只有在雅典哲学家们的争论中才能找到其摹本。不少轶事说明，在雅典哲学家们的争论中，与理念论有关的共相的现实性问题起着主导作用。

然而这个问题是在从根本上说来更为不利的情况下重新提出来的。当这个问题出现在希腊人面前时，希腊人掌握了丰富的确切的科学经验和大量的真实情报和知识；这些经验和知识，虽不是每次如此，但就绝大部分和整体而言，使得希腊人不至于把自己的讨论只当作形式逻辑的抽象化游戏。但是中世纪科学，特别是在开始时，恰恰缺乏这种平衡力量，因此由于力图从纯逻辑的思考中树立形而上学，就不得不长久地围绕一个圆圈兜圈子。

这种争论，从前主要在柏拉图与犬儒学派之间进行，后来又在柏拉图学园、亚里士多德学园与斯多葛学派之间进行，这次又轮到
248 中世纪，这个问题是如此顽强地坚持争论下去。这件事之所以发生，不只是由于中世纪思想家几乎一点不知道前辈那些争论的这种历史性的缺陷，而且还有更深一层的原因。对“人格”特有的内在价值的感觉已强有力地表现在基督教教义中，特别表现在奥古

斯丁学说中，这种感觉正好在即将担负新文明的种族中唤起最愉悦的回响、最强烈的同情；并在这些民族的心灵里洋溢着青春的喜悦，沉没于丰富多彩的现实中，沉浸于生动活泼、形象奇异的幻景中。但是从基督教教义那里他们承袭了一种哲学——带着希腊人适度的宁谧，他们认为万物本质寓于普遍的关联中，这种形而上学将逻辑普遍性的不同阶段与具有不同价值的存在的不同强度等同起来。在这里，隐藏着矛盾，即使在奥古斯丁主义中也是如此；这种矛盾是哲学思维经常性的促进因素。

1. 关于个体存在根源的这个问题，中世纪思想从未摆脱过，特别是在中世纪初期，新柏拉图主义形而上学在基督教神秘主义的薄纱掩盖下越发顽强地表现出来，解决这个问题的迫切要求也就越发显而易见了。没有任何东西比**司各脱·厄里根纳**用以贯彻**新柏拉图主义唯实论**的基本思想的高度一贯性更适宜于引起天然的个人主义的反对了。也许没有一个哲学家比他更清楚、更坦率地表达出这种形而上学结论——这种形而上学，从苏格拉底-柏拉图关于真理（因而也是存在）必须在共相中探寻的原则出发，将普遍性的各阶段与存在的强度和优先性的各阶段等同起来。共相（类概念或逻辑类）在此表现为本质的、原始的实在，这种实在**从自身产生特殊、包含特殊**（种属、最后个体）。因此，共相不仅是实体（实在；因此称为“唯实论”），而且与有形的个别事物相比，共相是产生一切、决定一切的更原始的实体；共相是更实在的实体，**越普遍也就越现实**。因此，在此概念中，概念的逻辑关系直接变成形而上学的关系；形式秩序（Ordnung）包含现实的含义。逻辑从属关系变成“一般”产生和包含“特殊”；逻辑区分和规定变成“共相”在

“特殊”中成形并展现自己。

这种提高到形而上学含义的概念金字塔，其顶峰就是作为普遍之极的“神”的概念。但是这种抽象化的最后产物，这种绝对的普遍是没有规定性的东西(参阅第二十节，8)。因此，这种学说变得与旧的“消极神学”等同了，按照这种神学的说法，上帝的属性只能是“他不是什么”(was er nicht ist)①。这点与普罗提诺的思想完
249 全一致，最高存在被指定为“不被创造而自己能创造万物的自然”。因为这最普遍的存在从自身产生万物，因此，万物的内容只能是最普遍存在的表现，万物与最普遍存在的关系正如特殊的样本或事例与类的关系；万物存在于最普遍的存在中，并且只能作为存在的表现形式而存在。这些假定的结论就是**逻辑泛神论**：宇宙万物是“神的显现”；宇宙是发展成为具体、由自身而成形的上帝(*deus explicitus*)。上帝和宇宙是同一的。这同一个“自然”(φύσις)，作为创造万物的“一”，是上帝；作为被创造的“多”，是宇宙。

发展(*egressus*)过程在逻辑普遍性的分级中进行。从上帝首先产生作为“被创造而又创造万物的自然”的概念世界，即共相的领域，即构成感官的现象世界的作用力的理念(如柏拉图意义上的νοῖ)的领域。理念是按照普遍性(也即存在强度)的各种不同等级而排列的天上的**等级制度**；基督教神秘主义也就以这种思想仿照新柏拉图主义的模式构成天使学说。但是在神话掩盖下，普遍地

① 在贯彻斐洛思想(参阅第二十节，2)时，基督教神父利用过一种思维过程，即不断地抽象化以达到没有任何规定性的上帝的概念。比如，参阅亚历山大里亚的克力门《杂文集》V. 11(689)。

积极活跃着一种重要的思想：现实的依存性基于逻辑的依存性(Abhängigkeit)；从一般推论到特殊的逻辑结论不正确地替代了因果关系。

因此，即使在感官世界中，真正起作用的只是共相：有形万物，从整体说来，构成“被创造而本身不能创造的**自然界**”①。在感官世界里，个别事物并不积极活跃，个别事物之活跃程度按照体现于其中的普遍属性的程度而定。据此，感官的个别事物具有最轻微的**存在**力量，具有最微弱、完全缺乏独立性的现实性：司各脱·厄里根纳不折不扣地保存了新柏拉图主义的**理念主义**。

与发展的阶段相对应，不过次序刚刚相反，是万物回归上帝(*regressus*)，个别形体世界化为永恒的原始**存在**，宇宙神化。这样思考之后，作为一切发展变化的最后目标，作为一切特殊事物的灭迹，上帝被规定为“既不被创造也不创造的**自然**”：这是“静止的统一”的理想，这是宇宙发展过程结束之后的绝对宁谧的理想。一切“神之显圣”的理论必然注定要归结于神的**整个存在**(*Allwesen*)的、无差别的统一。因此，即使在事物的最终命运中，囊括一切特殊的共相也显示出极其强大的现实性(übermächtige Realität)。

2. 在这里正如在古代(参阅第十一节，5)一样，由于努力保证共相的真实性和现实性，将**存在**分为等级的思想出现了。人们教导说，一些事物(共相)多于另一些事物(特殊)。“**存在**”，像其他性 250
质一样，被认为可以比较，可以增减；一些事物比另外一些事物具

① 很明显，只需简单提一下这种“**自然**的划分”就会使人想起亚里士多德对于不被推动的推动者、被推动的推动者和既不推动也不被推动的东西之间的区分。参阅第十三节，5。

有更多的存在。所以人们习惯于认为：存在(*esse*，*existere*)这个概念与“**存在着**的东西”(*essentia*)这个概念之间有一定关系，这种关系是一种不同程度的强度的关系，正如其他特征和性质与其所附着的物体之间的关系一样。正如一件物体具有或多或少的广延性、力量、持久性，同样，它也或多或少具有“存在”这个属性；正如它可能获得或损失其他性质，同样，它也可能获得或损失“存在”这个性质。这条唯实论特有的思想路线一定要记在心头以便理解中世纪大量的形而上学理论。首先，这条思想路线解释了唯实论制订的最重要的理论——由坎特布里的**安瑟伦**所提出的**上帝存在的本体论证**。

普遍性越多，现实性便越多。从这里便可推论出：如果上帝是最普遍的存在，他也是最现实的；如果他是绝对的普遍的存在，他也是绝对的现实的存在(*ens realissimum*)。因此根据上帝的概念，上帝不仅有相对的最伟大的现实性，而且有绝对的现实性；那就是，大于、高于这种现实性是不可思议的。

然而透过古代所采用的这条思想路线的整个发展过程，我们发现**完善**这个价值属性与存在这个概念混在一起不可分离。存在的程度即是完善的程度；任何事物越存在，也就越完善；反之，任何事物越完善，也就越存在①。因此，最高存在的概念也就是绝对完善的概念；那就是，不可能想象得更崇高、更伟大的完善的概念：*ens perfectissimum*〔最完善的存在〕。

---

① 这个原则是奥古斯丁辩神论和新柏拉图主义的基础；在这一点上，两者都认为存在着的东西本身就是善，相反，邪恶被认为不是真正存在着的东西。

按照这些假定，安瑟伦的结论是完全正确的，他在结论中说，从上帝是最完善、最现实的存在这个唯一概念出发，推论出上帝的存在一定是可能的。但是要做到这一点，他尝试了各种不同的论证方式。在他的《独白篇》一书中，他仿效旧的宇宙论论据——因为存在毕竟存在，因此必须假定一个最高的、绝对的存在，根据此绝对存在其他一切存在之物才具有存在，而此最高的、绝对的存在根据其自身的本性（*aseïtas*），只能由其本身而存在。每个个别现存实体可以被想象为非存在，因而其本质的现实性不来自它自身而来自另外的东西（绝对的东西）。最完善的存在才可能被想象为唯一存在或存在着的东西，并因此由于它自身的本性的必然性而存在着。上帝的**本质**（只有上帝的本质）必然包含他的存在。因此，这种论证的核心归根结蒂就是爱利亚学派的基本思想：ἔστιν εἶναι，存在存在，存在只能想象为存在或现存着。

然而，当安瑟伦打算简化这种思想并想使之独立时，他却使这种思想陷入特有的错综复杂之中。在他的《论道篇》中他开始讨论（用确切的意思应叫本体论的）论证，主张只有最完善的存在概念 251
包含现实性，不涉及其他事物的存在。因为这概念是被思维的，因此它就具有心理上的现实性：最完善的存在作为意识内容而“存在”（*esse in intellectu*）。但是如果它只作为意识内容而存在，不同时作为形而上学现实性（*esse etiam in re*）而存在，那么很明显，还可能想象到一种更完善的存在，它不仅应该具有心理上的现实性，还应该具有形而上学上的现实性；这样一来，前者就不会是可能的最完善的存在了。据此，属于最完善的存在的概念（*quo majus cogitari non potest*）的是那种存在：它不仅具有思想上的现实性，

而且具有绝对的现实性。

很显然，在这种表述式中，安瑟伦所选择的方法并不很妙，在他脑海里盘旋的只是一种非常笨拙的表现法。因为用不着什么锐敏的眼光就可以看出，安瑟伦证明的只是，**如果**上帝被认为是（最完善的存在），他必然也被认为是存在着的东西，不可能被认为是非存在的东西。但是在《论道篇》中的本体论论证根本没有证明，上帝（即最完善的存在）是一定要被思维的。但是对于安瑟伦个人来说，坚持这种理论的必要性不仅是由于他对自己信仰的信念，而且也为了《独白篇》的宇宙论论证。当他相信他可以不要这种假定，只凭上帝的概念就可以证明上帝的存在时，他就以典型的方式举例证明了唯实论的基本观念，这种基本观念赋予概念以真理的品格即现实性的品格而不涉及人类心灵中的起源和基础。也只有根据这个理由他才可能力图从上帝概念的心理上的现实性推论到形而上学上的现实性。

事实上**高尼洛**的反驳在某些方面击中了要害。他辩论道，根据安瑟伦的说法，无论什么观念的现实性，比如一个岛屿的现实性，只要它内部包含有完善的特征的话，都可以用完全相同的方法予以证明。因为最完善的岛屿如果事实上并不存在的话，很明显在完善性方面就会被具有其他同样特征的真正的岛屿超过，前者在存在这个属性上低于后者。但是在安瑟伦的答辩中，他不但没有照大家所期待他那样表明：所谓的完善的岛屿的概念是一个完全不必要的武断的杜撰，或者表明这个概念包含内在矛盾，而最现实的存在的概念是必然的、不矛盾的；他反而进一步详细论述他的论点：如果最完善的存在存于理智中，那么必然也存于现实中。

安瑟伦将绝对存在的概念当作思想的必然性，而自己又不承认；但对于不将绝对存在的概念当作思想的必然性的人说来，这种已被尝试的证明多么没有说服力，虽然如此，这种本体论论证作为中世纪唯实论的特征仍然很有价值，这种本体论论证构成中世纪唯实论最有一贯性的表达方式。因为最高存在具有现实性只由于 252
自身的本性，因而这种现实性，必然只能根据它自身的概念来证明——这种思想是下述理论的必然结论，这种理论把知觉中的事物的存在追溯到参与"概念"，并在概念内部根据作为标准的普遍程度建立现实性的等级次序。

3. 当共相的现实性的性质问题、共相与感官所认识的个别事物的关系问题提出来的时候，中世纪的唯实论发现自己陷入与柏拉图的唯实论相同的困境中。在前段时期必然产生的关于第二个更高的、非物质的世界的思想现在在中世纪作为一种完满的、差不多自明的理论被接受下来；而新柏拉图主义的理念概念作为神的精神内容很可能投合带有宗教情调的思想。**夏特勒的贝尔纳德**仿照柏拉图的《蒂迈欧篇》（此文采用的神话阐述的方式有利于这种概念），草拟出一部稀奇古怪、富于幻想的关于宇宙起源的诗作；并且我们发现，他的兄弟**狄奥多里**出于同一机缘企图设计数字符号论，该理论不仅同意（如在其他情况下发生的事一样）发展三位一体的信条，而且还同意从统一、相似和不相似等因素中进一步发展基本的形而上学概念①。

除了这个关于在上帝心中的理念原型的现实性问题外，还有

① 参阅奥雷奥《经院哲学史》摘录 I. 第 396 页起。

这样一个问题：在被创造的世界中应给予理念什么意义呢？正如**尚波的威廉**在开始时曾经主张过的，极端的唯实论也主张在这个世界中的类概念的充分实质性。共相作为不可分的本质，体现于它的一切个体中，无处不与自身完全同一。据此，类表现为统一的实体，从属于它的个体的特定标志表现为该实体的偶然性。阿伯拉尔的反对意见是，根据这种理论，相互矛盾的偶然性势必归于同一实体，这就首先迫使唯实论的捍卫者放弃这种极端立场而将自己局限于捍卫下面这个命题：类存于个体(更个体化，*individualiter*①)中；那就是，类的普遍的、同一的本质以特殊的实体形式潜存于每一个特殊的范例中。这观点涉及鲍依修斯和奥古斯丁曾坚持过的、前后时期之间的文献中也偶尔提到过的新柏拉图主义者的观点，这种观点用上亚里士多德的名词术语就很容易阐述了；根据这个观点共相表现为更不确定的可能性，这种可能性通过个体以个体的特有**形式**而实现。这种概念就不再是严格意义上的实体了，而是在各别实例中以不同形式出现的共有的基质。

253 **巴思的阿德拉尔德**和**蒙塔涅的瓦尔特**力图用另一种方法排除这种困难，他们规定类的个体化是种，种的个体化是个别事物，基质即以此进入各种不同状态(*status*)，但他们将这些状态视作共相**实际上**进行特殊化的规定。

然而在这两条思想路线中，唯实论很难从最后的结论后退一步，此最后结论开始时绝不符合唯实论正统派的意志。共相与特

① 关于变体词“indifferenter”，参阅 Löwe，*op. cit*，49 ff. 和 Cl. Bäumker，*Arch. f. Gesch. d. Ph.*〔《哲学史文库》〕X，257。

殊的关系可视为基质在个别形式中的自我实现或视为共相特殊化为个别状态，——无论哪种情况，沿着抽象概念的上升线最后都可达到 *ens generalissimum*（最普遍的存在）的观念，它的自我实现，或者说它的变异状态，以下降线构成类、种、个体；那就是，最后达到这种理论——在这世界的一切现象中可得以认识者只有一种神的实体。**泛神论**，由于新柏拉图主义的血统，根深蒂固地存在于唯实论的血液中，并总是在各处出现；敌手们如阿伯拉尔做到了公开反对唯实论，扔掉这种结论。

同时，在这时期唯实论的泛神论并未有人公开主张；另一方面，唯实论在共相论中找到建立一些基本教义的工具，因而得到教会的认可而感到欢欣鼓舞。关于逻辑类的实质性的现实性的假定不仅似乎使合理地阐述三位一体理论成为可能，而且，正如安瑟伦和坎布雷的奥多（奥达尔都）所指出的，还证明是继承罪理比和〔基督〕代人类受苦赎罪的理论的合适的哲学基础。

4. 基于同样理由，首先我们发现降临在**唯名论**身上的逆运。唯名论在这时期仍然是比较受压抑和郁闷的。唯名论开始时①力量是不够大的。它产生于亚里士多德的残篇，特别是他的著作《范畴篇》。在这书里，经验中的个体被指定为真实的“第一”实体，在这里，提出了逻辑-语法规律：“实体”不能在一判断中作谓词：*res non predicatur*。因为共相的逻辑意义，从本质上说，是在判断中（以及在三段论中）提供谓词，所以似乎可以推导出这样的结论（关

① 参阅 C. S. Barach, *Zur Geschichte des Nominalismus vor Roscellin*〔《洛色林以前的唯名论史》〕(Vienna, 1866)。

于这点，《论波菲莉》这篇评述早已说明了)：共相不可能是实体。

那么，共相是什么呢？从马西亚诺·卡佩拉那里我们可以读到：共相是用一个名字(*nomen*)、用同一个词(*vox*)理解许多特点；但是，鲍依修斯曾将词定义为“舌头产生的空气流动”。在这里极端唯名论的论纲的全体要素都显露出来了：共相只不过是集合名词，不同事物的共同称号，声息(*flatus vocis*)，它们都被视作形形色色的实体的符号或实体的非本质的属性的符号。

254 以这种极端形式出现的唯名论必然无视引起这些集合名词的真正原因；实际上不再可能确定在那段时期内①在多大程度上提出了和辩护了这样阐述的唯名论②。但是与这一种知识理论相配合的**个人主义形而上学**却清楚地、坚决地向我们宣称，只有单个个体才能被认为是实体，才能被认为是真正现实的。毫无疑义，这一点**洛色林**表现得最为明显，他从两方面阐述这个观点：正如用一个名称去理解许多个体只不过是人们的指定一样，个别实体中各部分的区分也不过是人们为了分析思想和思想交流③。真正现实的是个体，而且只有个体。

然而个体存在于感官现实的世界中；因此，对这种形而上学说来，知识只存在于感官经验中。不仅安瑟伦，而且阿伯拉尔也保证

---

① 此事肯定在唯名论初期尚未发生(在奥塞尔的埃里克那里，在评注《论波菲莉》的作者那里，以及在其他作家那里)，因为在那些作家那里，我们同时发现有鲍依修斯的词句：类(*genus*)类似于实体，是思维能力从各不同种类的事物中吸取而来。

② 索尔斯伯利的约翰说(《政体改革论》VII. 12；参阅《实质逻辑》II. 17)，这种意见连同其创始人洛色林又一齐消逝了。

③ 在这方面，阿伯拉尔(*Ouvr. Inéd.*〔未出版过的著作〕471)用房子和房子的墙壁作例证。这个例证的确是所能想到的最不合适的例证。这些思想与早期希腊思想比起来多么低下啊！

说：随这种唯名论之后，出现了**感觉主义**，有这么一些人，他们完全用形象思考各种问题；但是这些人是谁，他们怎样贯彻自己的理论，我们不得而知。

由于图尔的贝伦伽里和洛色林将这种理论应用于神学问题，这种理论便变得严重了。第一个人在圣礼论中否定实体在保存原来的非本质的属性的情况下还有转化的可能性；第二个人得出这样的结论：神的三位一体中的三人要视为三种不同的实体，它们只在某些性质和作用方面一致(三神论)。

5. 在这些矛盾在哲学著作发展过程中，唯实论作为柏拉图理论而流行，唯名论作为亚里士多德理论而流行。后者显然比前者更多地被人所歪曲；但是当我们考虑到遗留资料的缺陷，我们就会理解这样的事实：唯实论与唯名论之间的**中间思潮**主动出面为调和古代这两个伟大思想家而努力。在这些努力中主要有两点值得

提及：从唯实论引出所谓的**信仰无差别论**[①]，从唯名论引出阿伯拉 405
尔的学说。

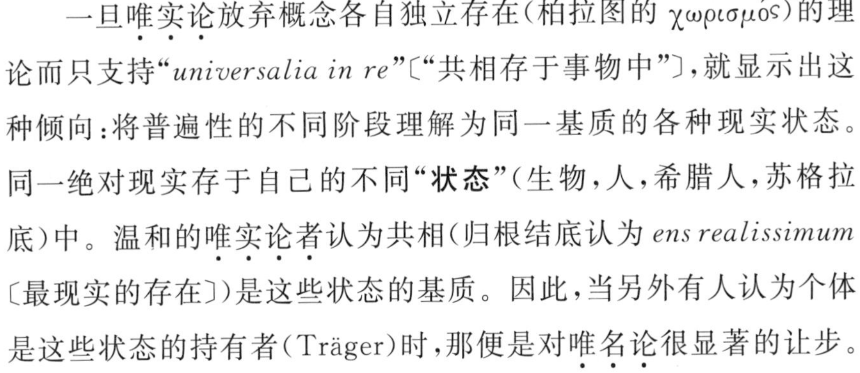

一旦唯实论放弃概念各自独立存在(柏拉图的 χωρισμός)的理论而只支持“*universalia in re*”〔“共相存于事物中”〕，就显示出这种倾向：将普遍性的不同阶段理解为同一基质的各种现实状态。同一绝对现实存于自己的不同“**状态**”(生物，人，希腊人，苏格拉底)中。温和的唯实论者认为共相(归根结底认为 *ens realissimum*〔最现实的存在〕)是这些状态的基质。因此，当另外有人认为个体是这些状态的持有者(Träger)时，那便是对唯名论很显著的让步。 255

① Indifferentismus(或译冷淡主义)：认为宗教信仰不同无关紧要。——译者

这些人承认，真正存在物是个体，但个体内部具有某种或某些与其他个体共有的性质作为自己本性的基本规定。这种真实的相似(*consimilitudo*)是所有这些个体中的无差别的(“不是不同的”)因素，因此，类出现于种，种出现于(**更无差别的**)个体实例。巴思的阿德拉尔德作为这条思想路线的主要拥护者出现，但是这条思想路线范围一定更广，也许还带着稍浓一点的唯名论特色[1]。

6. 但正是阿伯拉尔[2]，由于他的全面活动，形成了共相争论活跃的中心。他是洛色林和尚波的威廉的学生，又是他们的敌手。他反对唯名论和唯实论，利用一个反对另一个。因为他拿起攻击的武器，一时从这一边杀过来，一时又从另一边杀过去，因此只能得到这种结局——他的立场应该从相反的方向来解释和判断[3]。然而〔他的〕这种立场的轮廓在我们面前是清楚明白的。在他反对各种唯实论的辩论中，关于唯实论的逻辑结论是泛神论的这种思想一再出现得如此频繁、如此强烈，以至在其中我们看见的不仅是在当时基督教教会环境中普遍使用的适当的武器，而且更重要的，我们看见个人主义信念的表现，这种信念在一个如此坚强、自觉、自豪而自信的人的身上找到是很容易理解的。但是这种个性的最内在的本质又隐寓于清澈的、激烈的理智活动中，隐寓于地道的法国人的明智中。因而此种个性在反对唯名论的感觉主义倾向方

① 根据论文《论类和种》(*De Generibus et Speciebus*)中的叙述和阿伯拉尔在他的入门评注中的通报。尚波的威廉最后也似乎倾向于信仰无差别论。

② 参阅 S. M. 多伊奇《彼得·阿伯拉尔——十二世纪的一位批判神学家》(*Peter Abaelard, ein kritischcr Theolog. des zwölften Jahrhunderts*, 1883 年，莱比锡，德文版)。

③ 因此里特把他当作唯实论者；而奥雷奥(Hauréau)把他当作唯名论者。

面，坚强有力，毫无逊色。

阿伯拉尔教导说，共相绝不可能是事物，同样也不可能仅仅是词。词（*vox*）作为音素的复合体的确是独特的；它之能获得普遍的意义只是间接的，只是在变成谓词（*sermo*）之后。词这样用作谓词只有通过概念的思维（*conceptus*）才有可能；概念思维，依靠比较知觉内容才获得在本性上适合于作谓词的东西（*quod de pluribus natum est prædicari*）①。因此，共相是概念的谓词（*sermonismus*）或概念本身（*konzeptualismus*〔概念主义〕）②。但是如果共相本身首先是在思维和判断中获得存在，在通过思维和判断才有可能的谓词中获得存在，而且只在那里存在，那么，共相与绝对现实性就不是完全无关的。如果在事物的本性中，并不存在我们在共相中认识到和论断到的东西，那么共相就不可能像它们事实上确实所是的那样，是一切知识的不可缺少的形式。这一点东西就是个别实体基本特性的相同处或相似处（*conformitas*）③。共相存在 256
于**自然**中，不是作为数值的或实质的本体，而是作为受同一定义规定的同类性质的复合（Mannigfaltigkeit）；只有当共相为人的思想所理解和思考的时候，共相才可能变成使判断成为可能的统一的概念。然而，甚至阿伯拉尔解释存于无数个体中的这种性质相似性也基于这种假定：上帝按照他脑子里（*noys*）的原型创造世界。

① 参阅 Arist. *De Interpr*.〔亚里士多德《解释篇》〕7. 17 a 39。

② 阿伯拉尔似乎在不同的时候强调不同的方面，有时强调这一方面，有时又强调另一方面，也许他的学派根据这两条路线也向着不同的方向发展。

③ 另外一些人，如**吉伯特·得·拉·坡瑞**，他们基本上有同样思想。他们得助于亚里士多德对于第一、第二实体的区分，或者实体与存在物之间的区分；而吉伯特利用的是后者的术语，它们与阿伯拉尔所用的这些术语相比意义有些改变。

因此，按照他的意见，共相首先**在事物存在之前**作为理性概念(*conceptus mentis*)存在于上帝；其次，作为个体基本特点的相同性**存在于事物中**；第三，**在事物存在之后**作为人类理智通过比较思维而获得的概念和属性存在于人类理智中。

这样，当时的不同思想路线在阿伯拉尔身上结合起来了。但是他发挥这种理论的个别因素只是随便的，时而结合自己的辩论，时而强调这个因素，时而又强调那个因素：他从未提出对整个问题的系统的解答。在争论的实质性问题上，他走得太远，在阿拉伯哲学家们(阿维森纳①)所接受的公式"*universalia ante multiplicitatem, in multiplicitate et post multiplicitatem*"〔共相先于复合，寓于复合，后于复合〕中，成为统治理论的基本上就是他的理论。共相同等地具有一特征：对于神的精神，*ante rem*(先于事物)；对于自然，*in re*〔寓于事物〕；对于人类认识，*post rem*(后于事物)。后来托马斯和邓斯·司各脱基本上赞成这种观点，所以这个尚未解决的共相问题②便暂

① Avicenna(980—1037年)：伊斯兰教医生和哲学家。——译者

② 即使根据经院哲学的模式，关于共相问题也只限于类概念的现实性，但这个问题在后来的发展中经过本质上不同的新的演变阶段，还不能说已被今天的科学立场最后解决了。然而，在这个问题的后面，还有一个更普遍、更困难的问题：所有阐述性的科学都基于对那些共相规定的认识。而那些共相规定有些什么样的形而上学意义呢？参阅H.洛茨《逻辑学》(*Logik*，1874年，莱比锡，德文版)，从第313—321节。〔B.波桑克英译本，1888年，牛津和纽约版。〕

因此，对今天的研究者说来，如果他们把共相争论看成过时的理论，抛进破烂堆里，或者视为早已克服的小儿毛病，只要他们不知道怎样确切而清楚地叙述我们称之为**自然律**的东西的形而上学现实性和有效性基于什么，我们仍然必须向他们高呼："*mutato nomine de te fabula narrata*"。也可参阅O.来布曼《论现实性分析》(*Zur Analysis der Wirklichkeit*，1880年，斯特拉斯堡，德文第二版)，第313页起，第471页起；《思想与事实》(*Gedanken und Thatsachen*，第一册，1882年，斯特拉斯堡，德文版)，第89页起。

时搁置起来了，直到唯名论再兴时（参阅第二十七节）这个问题才又突出来。

7. 然而比起共相争论的中心观点来，阿伯拉尔还具有更重大的意义，因为就在他本人身上，他用典范的形式表现出当代精神生活中与那种争论有关的**辩证**态度。只要有可能，在他的时代的思想范围内，他表现出是自由科学的代言人，是重新唤起走向真正而独立的知识动力的先知。阿伯拉尔（还有吉伯特）首先是**理性主义者**；对他说来思想是真理的规范。辩证法有区分真伪的任务。的确他可能受到传统启示的约束，但是，他说，我们之所以相信神的 257
启示只是因为它是合理的。因此，照他的说法，辩证法的任务不再是安瑟伦追随奥古斯丁所规定的任务了，安瑟伦规定辩证法的任务是使信仰的内容能为理性所理解。阿伯拉尔还〔进一步〕要求辩证法在有争议的地方根据自己的规律拥有**批判的**决定权力。因此在《是与否》这篇论文中，他辩证地使基督教教父们的意见互相对立，最终互相瓦解；其目的是为了最后发现：只有可能证明的东西才是值得信仰的。所以，在他的《对话篇》中，认知的理性以法官的身份出现，裁决各种宗教。当阿伯拉尔把基督教当作宗教史上理想的最高峰时，在他的作品[①]中出现一些词句，把基督教教义的内容归纳为最初的道德律，而耶稣又以其精华重新建立此道德律。也正是从这种观点出发，阿伯拉尔第一个在解释古代方面，获得自由的、不偏不倚的观点。虽然他不大理解希腊人，但是他是希腊人的

① 参阅路透《中世纪启蒙史》（*Gesch. der Aufklärung im M.-A.* I. 183ff.）中的引证。

崇拜者。他在希腊哲学家中看见了基督教以前的基督，并把像苏格拉底和柏拉图之类的人物视作受神启示的人。他问道（与基督教教父们的思想相反，参阅第十八节，3）：宗教传统是否有一部分可能由这些哲学家所创造？他认为，基督教教义是平民化的希腊哲学。

阿伯拉尔与几乎所有中世纪"启蒙学家"一样[①]，是基督教忠顺的儿子。但是如果我们却因此而对于此人物在上述思想路线上的重要性有所误解的话（指宗教文化史上的重要性而不是指产生哲学上新的东西），那么想一想他所遭受到的打击就足够了。事实上，他同克莱沃的贝尔纳德的争论是知识与信仰的斗争，是理性与权威的斗争，是科学与教会的斗争。如果说，阿伯拉尔在这样一场斗争中要想制敌获胜而最后却失掉人格的重力，失掉人格最内在的立足点[②]，那么我们应该从另一方面来考虑一下：十二世纪可能出现的科学即使不受到这样一个伟大而高尚的人物的支持，也一定敌不过信仰的强大的内在力量（还不算教会当时已经占有的外部权势）；因为〔科学的〕那样大胆的、充满远景的关于只有不带偏见的科学洞见才应决定信仰的设想，当时的科学用什么手段来实现这种设想呢？它的唯一手段是辩证法的空洞的规则，而且这种科学要表现的内容又正是它自己用理智批判的传统。这种科学**缺乏客观的实际的力量**来贯彻自己认定的义不容辞的使命。可是这种科学却给自己提出了一个问题，而它自己又不能解答这个问题，这个问题便从此不再从欧洲诸民族的记忆中消逝了。

① A. Harnack, *Dogmengeschichte*〔《基督教教义史》〕, III. 322.

② 参阅 Th. Ziegler, *Abaelard's Ethica*〔《阿伯拉尔伦理学》〕, in *Strassburg. Abh, z. Philos.*〔《斯特拉斯堡哲学论文集》〕（弗赖堡，1884 年），p. 221。

因此，我们的确听到有些人的喧闹之声，他们对于每件事都要“科学地”①处理。在安瑟伦时代之后，人们对于“时代精神”(*Zeitgeist*)日益增长的理性主义，抱怨连天；抱怨那些坏人，他们只相信他们能够理解、能够证明的东西；抱怨智者们，他们利用灵活的技巧知道如何利用〔互相对立的〕“赞成和反对”(*pro et contra*)去争论；抱怨那些“反驳者们”，据说他们从理性主义者变成了唯物主义者和虚无主义者——但是这些人(与上述描述相符的那些人)的名字一个也没有留下来，更不要说他们的理论和学说了。正是由于缺乏本身应有的资料，辩证法运动(阿伯拉尔是此运动之主)，虽有其热忱和敏锐，终于无影无踪地消逝了，没有产生什么直接的成果。 258

第二十四节　肉体与灵魂的二元论

根据这些理由，可以解释，在十二世纪，甚至在十一世纪一段时期，我们发现辩证法毫无成果的感觉相当普遍，其普遍的程度恰如想通过它而获得真知的狂热的程度。在这时期除了热烈追求知识的欲望外，还有一种幻灭之感的迹象。辩证法(甚至像安瑟伦这些人也如此)认为自己有义务将信仰最后的秘密建筑在理性基础上；但有些人由于对辩证法的纤细烦琐不满，便从无成果的理论中走出来投身于实践生活中，投身于时代的潮流中，投身于万物流变的滚滚洪流中(“in das Rauschen der Zeit, ins Rollen der Bege-

① “*Puri philosophi.*”

benheit"）；有些人投身于神秘主义超理性的狂欢作乐中；最后，还有一些人投身于孜孜不倦的经验研究中。理智活动（主要是逻辑活动）可以转变为所有这些对立面；这些对立面在辩证法旁边不断发展，并且结成或多或少不可分割的联盟去反对辩证法，——它们是实践，神秘主义和经验主义。

首先从这里产生了一种对于科学传统的特殊歪曲的关系。亚里士多德只被认为是形式逻辑之父，辩证法大师；由于对此事的无知，他被认为是用纯理智思考世界的英雄。相反，柏拉图被部分人认为是（按照新柏拉图主义的方式不知不觉地窜改的）理念论的创始人；部分人，由于《蒂迈欧篇》保存下来了，认为他是自然哲学的奠基人，他的自然哲学目的论的基本性质在宗教思想中找到最热情的赞许。**格尔贝特**最初曾对辩证法作过一些不大成功的尝试，他为阿拉伯人的范例所鼓舞，从事于对自然的研究，这很符合他个人对于积极生活的精力充沛的实践态度。当他反对辩证法的骄横并提议将**自然的研究**当作平衡力时，赞成他这种努力的人只能是那些像他一样有意扩大客观知识并想借此掌握古代研究成果的人。这样，**"回到古代去"**作为反对亚里士多德逻辑的客观知识的根
259 源，第一次在这里出现了，——这是第一次微弱的文艺复兴，一半人文主义的，一半自然主义的，其目的在于取得活的知识内容①。格

① 意大利的蒙特卡西诺修道院是形成这种运动的主要场所之一。（大约1050年）康士坦丁诺·阿非加诺修道士在这儿工作，据说他与柏拉图主义者巴思的阿德拉尔德一样，搜集自己在东方旅行的见闻，特别积极地翻译赫波克拉底和盖伦所写的医学论文。在这修道院里活动的效果不仅表现在文学上，而且表现在十二世纪中叶著名的萨莱诺学派的建立中。

尔贝特的弟子胡尔贝特(死于纪元 1029 年)创办了夏特勒学校,该学校在下一时期成为与研究自然有密切关系的柏拉图主义的中心地。狄奥多里兄弟和夏特勒的贝尔纳德在这里工作;孔歇的威廉的观点即来自这个学校。在他们的作品中,古代经典著作强有力的激励与对于积极的、朝气蓬勃的自然知识的兴趣结合在一起。在这里我们看见发生在文学史上最独特的转变之一。柏拉图和亚里士多德交换了他们扮演的角色:后者扮演抽象的概念科学的典范;前者扮演具体的自然知识的起点。在中世纪这段时期的科学里我们碰见的外部现实知识是与柏拉图的名字联在一起的。假如说在这个时代还有自然科学的话,那么那就是柏拉图主义者的自然科学,即夏特勒的贝尔纳德、孔歇的威廉以及他们的伙伴们的自然科学①。

但是对于经验现实的这种务实态度使中世纪的**柏拉图主义者**与辩证学家好高骛远的形而上学对比起来特别惹人注目,这种务实态度还具有另一种更有价值的形式。虽然不可能从外部经验获取比近在手边的传下来的希腊科学更好的成果,但中世纪的经验冲力将其目标直接指向精神生活的研究并在内部经验的领域——**心理学**中发挥其现实观察和敏锐分析的充沛精力。这是中世纪获得最有价值的成果的科学工作领域②。在这个领域里,实践生活

---

① 中世纪早期的人文主义的自然科学毫无鉴别地采用古代传统。比如,如果我们还可以相信圣维克多的瓦尔特的记载(布拉斯文摘,米涅所编文集第 190 卷,第 1170 页),孔歇的威廉认为原子论的自然概念能和柏拉图主义结合起来(米涅所编文集,第 90 卷,第 1132 页起)。

② 关于这个观点和下面的观点(以及后来在第二十七节中的观点),参阅 H. 西伯克论文《哲学史文库》(*Archiv für Geschichte der Philosophie*)1—3 卷以及《哲学和哲学评论杂志》(*Zeitschrift für Philos. u. philos. Krit.*,1888—1890 年)第 93、94 卷。

经验以及最崇高的虔诚的经验充满着实质内容，并以此与辩证法的概念游戏相对立。

1. 这个领域的领袖自然是**奥古斯丁**，他的心理学观点起着统治作用，一方面，他的观点与当时宗教信念结合得越紧，此种统治作用就越大；另方面，亚里士多德的心理学被人知道得越少，此种统治作用也越大。但是奥古斯丁在他的体系中坚持完全的二元论：认为灵魂是非物质的实体，而人是肉体和灵魂两种实体的结
260 合。正是因为这个原因，他并不希冀从灵魂与肉体的关系中取得灵魂的知识，却利用充分的意识采取**内在经验的观点**。

只要逍遥学派的一元论形而上学心理学还不为人所知，从这种形而上学前提中所产生的新的方法原则就可能不受阻碍顺利地向前发展。而那些迫使中世纪重视心理学的需要又着重地促进了这种发展。为了达到拯救灵魂的目的，信仰追求对灵魂的认识；而此种灵魂拯救又只有在超世活动中才能找到；灵魂通过超世活动脱离肉体，力求进入更高的世界。因此，主要是**神秘主义者**，他们力求探出内在生活的秘密，从而自己变成了心理学家。

在这条思想路线上所提出的个别理论往往非常古怪而又模糊；比较起来，下述事实更重要更富有哲学意义：利用这些关系和有关理论，**感性世界和超感世界的二元论**得到全力的坚持，因此构成对于新柏拉图主义一元论强有力的平衡力量。但只是到了后来这种二元论才得以发挥形而上学作用：开始，这种二元论以比较有限的、肉体与灵魂的**人类学二元论**的形式成为**内在经验科学的心**

理学的起点①。

因此，一种非常值得注意的现象是，作为“内部感官的自然科学”（如后来称呼它那样）的心理学的支持者恰恰是那些忠实地尽心尽力要想从所有可以利用的材料中获得外部世界知识的人们。他们抛弃辩证法之后，追求经验中现实的东西的知识，追求自然哲学。但是他们把自然哲学分为两个完全分离的领域：肉体的自然（*physica corporis*）和灵魂的自然（*physica animœ*）。在柏拉图主义者中，占优势的是对于研究外部自然的偏爱；在神秘主义者中，占优势的是对于内部自然的偏爱②。

2. 但是我们应该把这种努力当作这种经验心理学独特的、崭新的、有益的标志——这种努力不仅将心理活动和心理状态分类，而且在心灵生活的河流中了解那些心理活动和状态，了解它们的**发展运动**。这些人沉浸在虔诚的感情中，沉浸在他们为享受神的恩赐的斗争中，他们意识到一种内在**经验**，意识到灵魂的历史，他们受到内心的鞭策不得不写下这部历史；他们这样做的时候，利用了柏拉图主义、奥古斯丁主义和新柏拉图主义的杂烩来表达个 261
别事实；但是本质的决定性的东西是：他们从事于揭示内在生活的

① 也可参考：K. 沃纳《中世纪经院哲学的宇宙论和自然学说以及孔歇的威廉的特殊关系》（*Kosmologie und Naturlehre des scholastischen Mittelalters, mit specieller Beziehung auf Wilhelm von Conches*），和《中世纪心理学从阿昆到圣亚伯特·马格鲁的发展过程》（*Der Entwicklungsgang der mittelalterlichen Psychologie von Alcuin bis Albertus Magnus*）〔两书分别摘自维也纳学院的《会议报告》第 75 卷和《备忘录》（*Denkschriften*）第 25 卷的单行本，1876 年〕。

② 然而必须提一下的是，圣维克多的雨果在他的《博闻教学》中不仅表现出他的百科全书式的知识，而且表现出他通晓古代医学学说，特别是生理心理学的理论（解释知觉、性情等等），甚至到最精确的程度。

发展。

这些神秘主义者并不追求形而上学，不过在他们的信仰中已经具有一种形而上学，他们并不关心这样一个问题（这问题后来变得非常重要）：应该如何理解肉体和灵魂的二元论。**圣维克多的雨果**事实上意识到：虽然灵魂在精神世界中地位最低而在物质世界中地位却最高，然而两者在素质上如此对立，以至它们的结合（*unio*）总是一个难解之谜。但是他认为就在这件事中，上帝已经指示了或者亟望指示：对于他来说，没有一件事是不可能的。神秘主义者不但不用辩证法在这个问题上绞脑汁，他们反而假定这种二元论为先决条件，目的在于把灵魂孤立起来以便作科学的研究，观察灵魂的内在生活。

然而对于神秘主义说来，这种生活是灵魂奔向上帝的旅程，因此，这个**内部感官心理学的第一个形式是个别灵魂得到拯救的历史**。神秘主义者认为，从本质上说灵魂是情感（*Gemüth*）〔“心脏”——情绪和感情的所在地，而不是理智的所在地〕。他们指出灵魂的生命过程发自**感情**，并在描述感情状态和感情运动时表现出自己在文学上的精湛造诣。他们在以下几方面又是奥古斯丁真正的继承者：他们在分析这种过程时，检验**意志的动力**；他们研究意志判断，信仰凭借意志判断制约认识过程；最后，他们认为“神秘地静观上帝”是灵魂发展的最高阶段，“神秘地静观上帝”无疑在这里被认为与爱同体。这至少是圣维克多学派两个成员雨果和理查的活动，他们完全受科学精神的鼓舞；而对于克莱沃的贝尔纳德说来，对意志的实践因素要强调得多。贝尔纳德孜孜不倦地谴责纯粹为知识而追求知识的动机，他谴责这种对一切德行和邪恶一视同仁的动机为异端；然而即使对他说来，谦卑的十二个阶段的最后一个阶段也是神化的天人感通，个人因此而消逝在永恒的本质中，“有如酒桶中一滴水”。

圣维克多学派的认识心理学也建筑在奥古斯丁的路线上。人生来就有三只眼睛，——肉眼认识物质世界，理性眼认识本性中的自我，静观眼认识精神世界和神。因此，根据雨果的意见，认识（*cogitatio*）、思维（*meditatio*）、静观（*contemplatio*）是理智活动的三个阶段，但他强调想象（*imaginatio*）在各种认识中的协助作用，他强调的程度是很有趣的而且也是他人格的特征。甚至静观也是一种心智的注视（*visio intellectualis*），只有它能把握不受歪曲的最高真理，而思维不可能做到这一点。

这样，在圣维克多学派成员的著作中，新与旧的不同形式混杂在一起。在对心灵功能作最深入细致的观察和最精密细腻的描述中蕴涵着神秘的狂欢的幻想。无疑，这种自我观察的方法在这里会陷入导致**狂热**（*Schwärmerei*）①的危险。但在另一方面，它却获得自己的丰富成果，它为未来的研究开辟了疆域，特别是，它标示 262
出近代心理学应当发展的领域。

3. 这门新科学从完全不同的方向得到支持和丰富：共相之争的附带成果（那也不是最坏的成果）帮助了它。当**唯名论**和**概念论**反对共相本身存在的理论并宣称种和类是进行认识活动的人脑的主观产物时，它们就有责任弄清楚这些共相观念在人脑里产生的过程。这样一来，它们发现自己不得不直接投身于研究经验中的

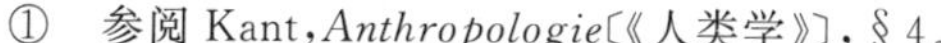

① 参阅 Kant，*Anthropologie*〔《人类学》〕，§ 4。

观念发展过程并以十分冷静而又更加合乎人们愿望的成果补充神秘主义者崇高的诗文。正因为此问题需要展现纯主观思想内容的根源——此思想内容又得被解释为人在时间内发展的产物，所以这种研究可能成为对于内在经验的心理学的贡献。

正是极端唯名论的这个命题给它的敌手提供了一种处理词与思想之间的关系的机会，而在阿伯拉尔那里便导致深入研究语言与思维发展之间的合作活动。关于符号和名称在观念运动中的意义问题又借此重新提出来了。在《论理智》(*De Intellectibus*)一文中，关于理智与知觉之间的必然联系的研究更深入地探讨了理论心理学的核心。在这里指出了作为**模糊观念**(*confusa conceptio*)的感觉如何进入知觉(*imaginatio*)，知觉掌握住感觉并将此感觉和其他感觉合在一起，并利用想象永久保持再生的能力；然后指出了，理智如何利用这些多样化的材料连续加工(推论活动)制作出概念和判断；并指出了，在这些条件被实现后，意见、信仰和知识是如何产生的——在此，理智最后在单一的知觉总体(或直观活动)中认识自己的对象。

索尔斯伯利的约翰以同样方式提出心理发展过程，但是在他那里，奥古斯丁的灵魂概念特有的倾向表现得极为强烈——这种倾向认为活动的不同形式不是相互重叠的层次，也不是相互依旁的层次，而是同一生命体自我表现的不同活动方式。他已经在感觉中，更大程度上在知觉(或想象)中，看出一种判断行为。想象，作为新产生的感觉与再生的感觉的结合，同时包含恐惧和希望的感情状态(*passiones*)。因此，从作为心理基本状态的想象中便发展出意识状态的两条路线。在理论路线上首先出现了意见，比较不同意见则出现了知识和理性信念（*ratio*），两者都与精明（*prudentia*）相联系——精明是意志的作用；最后，由于追求安宁的智慧（*sapientia*），我们获得理智的静观知识。在实践路线上——在人生恒变的状态中，出现千差万别的苦乐之感。

这样，在约翰那里，指出了后来发展的联想心理学的全部纲 263
要；正是他的同胞因此成为此学科的领导者。他可被尊为同胞们的典范，不仅在他提出的问题上，而且在他处理问题的方式上。他从不接触辩证法的玄想，也同样不接触神秘主义者不着边际的梦想。他念念不忘的是知识的实践目的；他渴望在人类生活的世界上，特别是在人类现实的内在生活中，探索自己的道路。他把世人的处世教养（weltmännische Feinheit）和心灵自由带进哲学里来，在当时除他以外，哲学还没有这方面的内容。他之所以有此成就在很大程度上是由于他受过古典文学研究所提供的健全的世界主义思想教育和审美教育；在这一点上，他的同胞们也仿效他——这对他们毫无损伤。他是英国启蒙运动的先驱，正如阿伯拉尔是法国启蒙运动的先驱一样①。

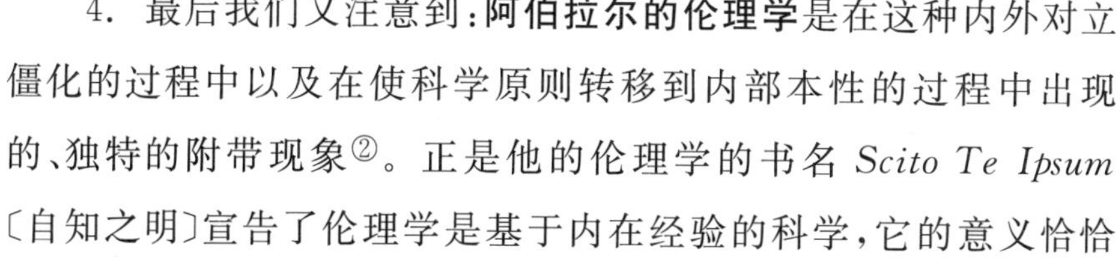

4．最后我们又注意到：**阿伯拉尔的伦理学**是在这种内外对立僵化的过程中以及在使科学原则转移到内部本性的过程中出现的、独特的附带现象②。正是他的伦理学的书名 *Scito Te Ipsum*〔自知之明〕宣告了伦理学是基于内在经验的科学，它的意义恰恰

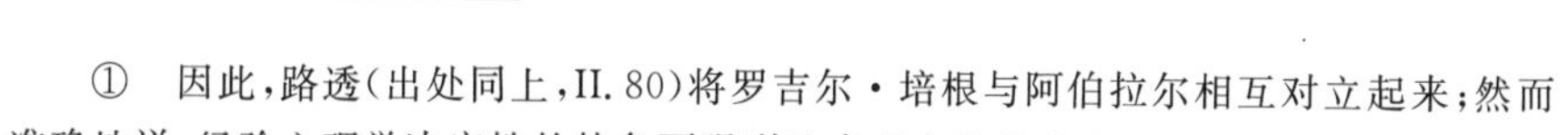

①　因此，路透（出处同上，II. 80）将罗吉尔·培根与阿伯拉尔相互对立起来；然而准确地说，经验心理学决定性的特色更强烈地表现在约翰身上。

②　参阅齐格勒的评论文章，载于《斯特拉斯堡哲学论文集》（*Strassburger Abhadl. z. Phil.*，弗赖堡，1884 年）。

基于：伦理学又第一次被当作哲学的直属学科，并摆脱了教条主义-形而上学的羁绊①。这样说，对于这种伦理学是适合的，虽然这种伦理学也是把基督教的罪孽意识作为基本事实而发展起来的。但是，它立刻就点到问题的本质。它说：善与恶不基于表面行为，而基于行为的内因。善与恶也不基于意志决定之前的思想（*suggestio*）、感情和欲望（*delectatio*），而只基于对此行为本身的决定或同意（*consensus*）。因为基于整个天生气质和一部分身体结构所形成的意向（*voluntas*）可能导致善或恶，但按严格意义上说，此意向本身不是善或恶。过失或错误（*vitium*）——阿伯拉尔把继承罪归纳为过失或错误——只有通过“同意”才会变成罪孽（*peccatum*）。但是，如果“同意”出现了，罪孽便随之而完整地出现在那里了；至于身体力行的行为连同其外部后果，从伦理上说，没有给他的罪孽增添什么。

因此，道德本质完全被阿伯拉尔置于意志决定（*animi intentio*）之中。但是现在要问，根据什么准则规定这种意志决定为善或恶？在这里，阿伯拉尔轻蔑地鄙弃了法律所决定的外部的和客
264 观的规定：他唯独在下决心的个人的内心里发现这种伦理判断的准则，这种准则基于：本乎**良心**或者违背**良心**（*conscientia*）。符合行为者自己善良的信念的行为是善的，只有与此相反的行为才是恶的。

那么什么是良心？当阿伯拉尔作为一个哲学家，作为一个名

---

①　当阿伯拉尔偶尔仔细地将“善”的形而上学概念（完善＝现实）与只跟伦理学有关的善的伦理概念分离开来时，他的思想的清澈性便令人惊异地显露出来了。他在这里表现出：他识破了历史上最复杂的问题症结之一。

副其实的理性主义的辩证学家向人们进行教育的时候，对他说来，良心(仿照古代范例——西塞罗)是天然的道德律，理解程度虽各有不同，但人人有之；阿伯拉尔确信，此天然的道德律被人的罪孽和弱点蒙蔽之后在基督教中被唤醒而达到清澈如镜(参阅上面第二十三节，7)。但是对于这位神学家说来，此天然律(*lex naturalis*)就是上帝的意志[①]。因此，服从良心就意味着服从上帝；违背良心办事就是鄙视上帝。但是只要对天然律的含义有怀疑的地方，个人唯一依靠的就是凭良心作出决定，也就是凭他对于神灵指示的认识作出决定。

以辩证学家和逍遥派学者为首提出的这种**意志伦理学**[②]证实自己是奥古斯丁关于内在化原则和意志个人主义原则的提高，它从这个伟大的教士的体系中发展出来并超过此体系的范围，向着未来奋力前进，产生很有成效的作用。

① 在阿伯拉尔的神学形而上学中，他似乎有时甚至把道德律的内容归之于神灵意志的独裁(Willkür)(《关于〈致罗马人书〉的评论》II. 241)。

② 这里提出的教会理论和实践在各方面的重要对比，在此不能阐明。

第二章　第二段时期

（大约纪元1200年以后）

卡尔·沃纳《圣托马斯·阿奎那》（*Der hl. Thomas von Aquino*，三卷集，雷根斯堡，德文版，1858年起）。

卡尔·沃纳《中世纪后期经院哲学》（*Die Scholastik des späteren Mittelalters*，三卷集，维也纳，1881年起，德文版）。

在追求辩证法的最初热潮消逝之后，控制整个西方科学的是对于真正知识的需求，这种需求很快就在意想不到的范围内得到满足。**东方文明**开始时胜利地抵住了**十字军**东征的冲击，后来与西方接触向欧洲各民族展现出精神生活的新天地。阿拉伯科学同随之而来的犹太科学进入了巴黎。它们比西方寺院更直接、更全面地保
265 存着希腊思想、希腊知识的传统。涌进巴格达和科尔多瓦的科学资料的洪流比涌进罗马和约克的来势更汹涌、内容更丰富。但是前者带进的新的东西并不比后者多。事情倒是，关于发现原则和树立原则的思想，中世纪东方哲学比欧洲哲学还贫乏。只是在传统的广度上、数量上，只是在学术资料的范围上，在科学知识的传播上，东方远远领先；而这些财富现在又转变为基督教各民族的财产了。

作者相信他可以放弃，也应该放弃专门陈述中世纪的阿拉伯哲学和犹太

哲学的企图。应该放弃,是指他在这里绝大部分不去深究原始资料,因而发现自己不得不复制别人间接的转述;然而,说可以放弃,是因为我们发现在传入欧洲科学的庞大文献中具有重大影响的因素(在阐述这部将哲学作为整体的发展史时可能要处理的只有这种因素),除极少数例外,都是古代精神财富,都是希腊哲学或希腊化哲学的精神财富。因此,在此仅提出 266

中世纪阿拉伯哲学和犹太哲学的梗概

这段时期从文学-历史观点来看比从哲学观点来看的确更为有趣。但对这整个时期至今尚无恰如其分的描述。通过研究也还没有把问题彻底澄清,不过在有关文献中必须着重指出的有:

穆罕默德·阿尔·沙勒斯坦尼《阿拉伯人中的宗教派别和哲学派别史》(*History of Religious and Philosophical Sects among the Arabs*,由哈尔布里克译成德文,哈雷,1850 至 1851 年);A. 施米尔德尔《阿拉伯哲学文献》(*Documenta Philosophiœ Arabum*,波恩,1836 年)和《论阿拉伯人哲学流派》(*Éssai sur les Écoles Philonophiques chez les Ar.*,1842 年,巴黎法文版);Fr. 底特利希《十世纪阿拉伯哲学》(*Die Philosophie der Ar. im zehnten Jahrhundert*,八卷集,莱比锡德文版,1865—1876 年)。还可参阅哈姆-普耳格斯脱《阿拉伯文学史》(*Geschichte der arabischen Litteratur*)。

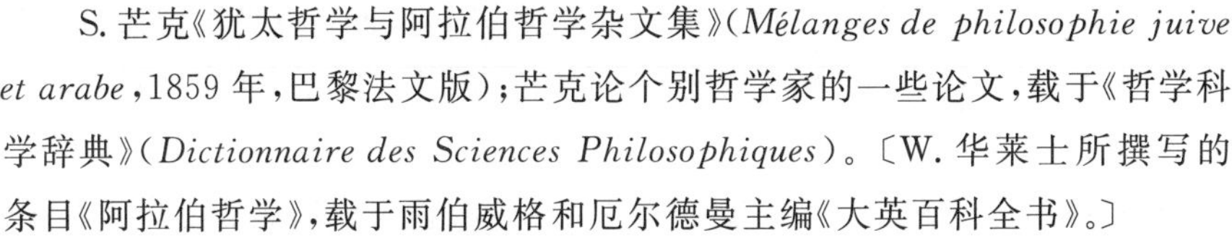

S. 芒克《犹太哲学与阿拉伯哲学杂文集》(*Mélanges de philosophie juive et arabe*,1859 年,巴黎法文版);芒克论个别哲学家的一些论文,载于《哲学科学辞典》(*Dictionnaire des Sciences Philosophiques*)。〔W. 华莱士所撰写的条目《阿拉伯哲学》,载于雨伯威格和厄尔德曼主编《大英百科全书》。〕

M. 艾塞尔《中世纪犹太哲学家讲座》(*Vorlesungen über die jüdischen Philosophen des Mittelalters*,三卷集,维也纳德文版,1870—1884 年)。M. 乔尔《哲学史资料》(*Beiträge zur Geschichte der Philosophie*,布雷斯劳,1876 年,德文版)。还可参阅费尔斯特《犹太人丛书》(*Bibliotheca Judaica*),以及格雷茨和盖格所著犹太教史。

这两种有文化的闪米特民族的哲学对于他们的宗教的关系虽然非常密切,但是**阿拉伯科学**之所以具有其独特的性质主要是由于阿拉伯科学的奠基人、拥护者与西方不一样,他们大多数不是僧侣或牧师,而是**医生**(参阅 F. 维斯登费尔特《阿拉伯医生和博物学家历史》〔*Geschichte der arabischen Aerzte und Naturforscher*〕，哥廷根，1840 年，德文版）。因此，从一开始，古代医学和自然科学的研究就与哲学研究紧密地联系在一起。赫波克拉底和盖伦的作品之被翻译被阅读（部分通过叙利亚人的媒介），其数量之多有如柏拉图、亚里士多德和新柏拉图主义者的作品。因此，在阿拉伯形而上学中，辩证法与自然哲学之间总是取得平衡。然而，虽然这件事配合得很好，足以向科学思想提供认识事物更广阔的基础，但是我们却不应过高估计阿拉伯人在医学和自然科学方面独立的成绩。在这里，中世纪科学本质上也是继承古代的学术。阿拉伯人后来可能传交给西方的知识有其根源，根源主要来自希腊人的书；甚至实验知识，通过阿拉伯人自己的工作，在范围上也没有根本变动；只在有些领域里，例如像化学、矿物学以及医学的一些部门如生理学，显得更有独立性。然而在他们的方法上，在他们认识宇宙的原则上，在他们整个哲学概念体系上，就我们现在所掌握的关于这个问题的知识而言，他们完全置身于亚里士多德主义和柏拉图主义两者综合的影响之下；这种情况对于犹太人说来也完全适合。也不能认为，在他们消化这种材料时显示了他们的民族特性。情况倒是这样：这整个科学文化被人为地移植于阿拉伯文明之中，但并未真正生根，开花，很短一段时间便毫无生气地凋谢了。在整个科学史上，它的使命只是将西方精神发展暂时失掉的延续性部分地还给西方精神而已。

从这事件的性质看来，对古代科学的吸收、同化，也完成得很缓慢，反复不定。新柏拉图主义在叙利亚传统中仍很流行并因它的宗教色彩博得好感。阿拉伯思想家即从新柏拉图主义开始，往后追溯到更有价值的原始资料；但其结果总脱离不了通过普罗提诺和普罗克洛的眼镜去认识亚里士多德和柏拉图。在阿巴西达统治时期，特别是在九世纪初，由于卡里芬·阿尔马姆的倡导，巴格达的科学活动非常活跃。新柏拉图主义者，优秀的评论家，几乎所有亚里士多德的含有教育意义的著作，以及柏拉图的《理想国》，《法律篇》，《蒂迈欧篇》，都通过翻译为人们所认识了。

在显著的初露头角的人物中有**阿尔肯底**（大约死于纪元 870 年）和**阿尔伐拉比**（死于纪元 950 年）。从他们的著作中，几乎无法把他们同阐述亚里士多德的新柏拉图主义者区别开来。更重要的是**阿维森纳**（伊本·西纳，980—1037 年），他的《法规》成为西方和东方中世纪医学的基础课本，而且他为数众多的哲学著作，特别是他的《形而上学》和《逻辑学》，曾产生强有力的影响。他的学说与纯亚里士多德哲学又更接近了，也许是阿拉伯人中最接近纯亚里士多德哲学的。

但是伊斯兰教的正统派用妒忌的目光睥睨着这些哲学观点的传播；这种科学运动在第十世纪遭受残酷的迫害，迫使它在“真诚兄弟会”这个秘密团体中避难。阿维森纳本人也受迫害。上述团体将当时知识的极端宏伟的范围体现在许多论文里（关于此事见上面迪特利希著作），然而这些论文与阿维森纳形成对照，似乎表现出对新柏拉图主义更强烈的倾向。

一方面，关于他们的敌手的科学成就，我们了解到有正统的**穆特卡勒敏**的奇异的形而上学，他反对亚里士多德学派和新柏拉图学派把自然当作活的整体的观点，他发挥了一种理论极端夸大上帝的唯一因果关系，并在形而上学的极度困窘中求助于被歪曲了的原子论。另一方面，在**阿尔加泽耳**（1059—1111 年）的著作（《哲学的毁灭》）中，出现了一种对于哲学的怀疑的、神秘的分析。

在伊斯兰教的精神威望降落得越快的地方，后面这些倾向在东方便越轻易地取得胜利。在**安达鲁西亚**身上可以找到阿拉伯科学的延续，在那里，可以找到伊斯兰教文明短暂的后开之花。在这里，在更自由的环境里，哲学发展成为精力充沛的自然主义，并又带上强烈的新柏拉图主义的烙印。 267

在**阿维拔士**（死于纪元 1138 年）的《孤独者的行为》一书中，可以找到对这种哲学中的认识论的典型描述；同一思想在阿布巴塞尔（伊本·托伐耳，死于纪元 1185 年）那里达到最高峰，他有趣地对自然宗教与正统宗教作了比较。后面这个作者的哲学小说《活着的人——醒着的人的儿子》（*Der Lebende, des Wachenden Sohn*），描述了一个住在孤岛上的人的理智发展过程，他与一切历史和社会完全断绝关系；这部书由波科克译成拉丁文，书名为《自我教育的哲学家》（牛津，1670 年和 1700 年，——在狄福的《鲁宾逊漂流记》问世前不到二十年），由艾奇火译成德文，书名为《自然人》（*Der Naturmensch*，柏林，1783 年）。

然而在阿拉伯思想家中最重要、最有独立性的是**阿维罗依**，纪元 1126 年出生于科尔多瓦，曾做法官，后来又做回教国王（哈里发）的御医，后来受到宗教迫害，被放逐到摩洛哥，1198 年逝世。他在亚里士多德旧的版本中，用释义、长长短短的评论，处理了几乎所有亚里士多德的有教育意义的作品，他奉亚里士多德为真理的最高导师。在他自己的作品（威尼斯，1553 年，有些现只有希伯来译本）中，批驳阿尔加泽耳的文章《毁灭的毁灭》，是最重要的。有两篇论哲学与神学的论文曾由 M. J. 米勒译成德文出版（慕尼黑，1875 年）。参阅 E. 雷南《阿维罗依和阿维罗依主义》（*Averroès et l'Averroisme*，1869 年，巴黎，法文第三版）。

由于阿拉伯人被驱逐出西班牙，他们的哲学活动的踪迹也就消失了。

中世纪的**犹太哲学**，总的说来，不过是阿拉伯哲学的附属品，依存于阿拉伯哲学。唯一例外的是犹太教神秘哲学，这种奇异的神秘学说（事实上后来经过大量的改造）的主要精神，像基督教的诺斯替教一样，表现出东方神话与希腊科学概念独特的混合，并回复到同一时代，同一（宗教融合而产生的）激荡的思想环境（Vorstellungskreise）。参阅：F. 弗兰克《犹太教神秘哲学体系》（*Système de la Kabbale*，1842 年，巴黎法文版；由杰林尼克译成德文，1844 年，莱比锡版）；H. 乔尔《索哈尔宗教哲学》（*Die Religions philosophie des Sohar*，1849 年，莱比锡德文版）。另一方面，犹太哲学的主要著作的原文是用阿拉伯文写的，直到相当晚近的时期才译成希伯来文。

沙雅·伐约米（死于 942 年）的《论宗教和哲学》（*Concerning Religions and Philosophies*）一书的目的是为犹太学说辩护，此书与最早的阿拉伯的亚里士多德主义有关系，并与具有自由思想的伊斯兰教神学家们（所谓的 Mutazilin①）有更加亲密的联系。在新柏拉图主义这条线上我们碰见**阿维塞布朗**（伊本·格毕罗耳，十一世纪一个西班牙犹太人），他的《生命的源泉》的希伯来文译本和拉丁文译本现还存在。**摩西·迈蒙尼德**（1135—1204 年）被认为是中世纪最重要的犹太哲学家。就他的教养和学说而言，他属于以阿维罗依为中心的阿拉伯科学阶段。他的主要论文《迷途者的指南》（*Guide to the Perplexed*，*Doctor Perplexorum*）用阿拉伯文和法文出版，附有芒克的评论（三卷集，巴黎，1856—1866 年）〔由弗来德、特雨布尔译成英文，伦敦版〕。与阿维罗依有更密切联系的是**杰尔逊尼底**（勒维·本·杰尔逊，1288—1344 年）。

犹太人，利用自己广泛的商务关系，出售和翻译东方哲学著作，因而是将

① 伊斯兰教两大教派之一，名叫什叶派（Shiite），创立于第八世纪。——译者

东方哲学传进西方的最有贡献的人。特别是在十三世纪和十四世纪，他们在法国南方的学校成为这种影响深远的活动的媒介。

最后，基督教科学大约在1200年继承到的阿拉伯人和犹太人的文献中，268
有许多**假名**著作和**无名**著作，这些著作出现在新柏拉图主义的最后时期，有一部分也许还要更晚一点。其中主要的有：《亚里士多德神学》(*Theology of Aristotle*，由迪特利希译成阿拉伯文和德文，莱比锡，1882—1883年)；还有《论原因书(论全善之实质)》，摘自普罗克洛的 στοιχείωσις θεολογική〔《神学要旨》〕的一篇选文，由O.巴登赫尔用阿拉伯文、拉丁文和德文出版(弗赖堡因布赖斯高，1882年)。

然而从哲学的观点来看，与东方接触后头等重要的事是，巴黎科学现在不仅认识了整个**亚里士多德**逻辑，而且认识了亚里士多德哲学可能提供的实质知识的所有成分。这"新逻辑"将新鲜血液输进了濒临死亡的辩证法的血管中。当用理性来解释信仰所持的世界观的这个任务又重新受到猛烈的攻击，受到更成熟的思想技巧的攻击时，在那种形而上学-宗教体系中同时出现了几乎无法估计的、需要整理的知识资料。

对于提到如此高度的任务，中世纪思想表现出已经具有充分的准备。英诺森三世带来了教皇制度发展史上最光辉的时代，在其影响下中世纪思想解决了这个任务。新柏拉图-阿拉伯的亚里士多德主义在开始时看来只利用自己自然主义的结论鼓起辩证法的理性主义勇气达到胜利的自豪，但它却以令人惊羡的快速成功地屈膝于教会，为教会体系效劳。当然，这件事之所以成为可能只是由于在这种符合于教义学(Glaubenslehre)的、现今已完全系统化的哲学的发展中，奥古斯丁思想中的唯理智论因素和与新柏拉图主义同源的唯理智论因素占决定性优势的缘故。在这种情况下，并没有任何真正新的哲学原则作为动力以促进形成体系而进行的创造性活动，便完成了历史上所见到的规模最大的惊天动地的种种思想的协调和调整。这个体系的思想上的创始人是**博尔什帖特的阿尔伯特**[①]。这个体系的结构全面严整，其文献的编纂整理，以及历史命名，都应归功于**阿奎那的托马斯**，而对此体系富有诗意的描述则体现在**但丁**的《神曲》中。

然而当希腊化科学和基督教信仰似乎完全统一于阿尔伯特-托马斯主义（Alberto-Thomismus）中的时候，它们之间的矛盾又立刻更激烈地爆发出来了。在阿拉伯学说的影响下，与*唯实论*的逻辑结论有关的**泛神论**从可能性变成更大范围的现实性；紧接托马斯之后，他的多米尼克教派同僚**艾克哈特**长老把经院哲学的唯理智论发展为**理念主义的神秘主义**的异端邪说。

因此可以理解，托马斯主义也遭遇到柏拉图-奥古斯丁思潮的抵抗，后者的确乐于扩充自然界知识（与以往一样），乐于完善逻辑工具，但是它排除唯理智主义形而上学并更加起劲地发展奥古斯丁主义的相反因素。

这种思潮在**邓斯·司各脱**这个基督教的中世纪最敏锐、最深刻的思想家身上达到力量的高峰。邓斯·司各脱使包含在奥古斯丁体系中的意志哲学幼芽得到重要的初步的发展，从而从形而上
269 学角度推动哲学思想路线的全面改变。从他开始，在希腊化哲学中早已开始融合在一起的宗教利益和科学利益又开始分离了。

---

① 英名：Albert of Bollstädt，又名 Albert the Great〔大阿尔伯特〕；拉丁名：Albertus Magnus〔大阿尔伯特〕；德名：Albert der Grosse〔大阿尔伯特〕；本名：Albert Graf von Bollstädt〔阿尔伯特·冯·博尔什帖特〕。——译者

中世纪最后一世纪的理智运动以一种极端有趣的逻辑推测(Kombination)最后达到**唯名论的复活**,而唯名论复活以更持续的力量导致上述同一结果。已经重新获得控制权、在各式各样的辩论中扬扬得意的辩证法,在自己的逻辑教科书中,发挥了亚里士多德的公式主义。此事特别表现在语法方面;从而发展了一种理论,此理论将判断论和三段论与将概念(*termini*)当作客观存在的个别事物的主观符号的观点联系起来。这种**名称论**与阿拉伯-亚里士多德的认识论中的自然主义倾向在**奥卡姆的威廉**身上结合起来了;它们结合起来反对托马斯主义和司各脱主义都同样主张的所谓温和的唯实论。但名称论又与奥古斯丁的意志论结合起来成为强有力的个人主义,从研究发展史的经验心理学开始达到某种内在经验的唯心主义,用占领越来越多领域的自然研究达到在将来有丰硕成果的经验主义。就这样,在经院哲学表层下长出新思想的幼芽。

在这极端繁复纷纭的运动中,随处可见,人们枉然指望自己能创造出宗教形而上学的理论体系,到了后来,一个十分重要的人物,**库萨的尼古拉**[①]徒劳无益地力图将新的世俗科学的所有这些因素硬放回半经院主义半神秘主义的唯理智主义权威之下:正是根据他的体系,所有这些因素对将来起着更加强大的影响。

吸收**亚里士多德哲学**一事发生在纪元 1150—1250 年(这个问题主要参阅 A. 乔丹的作品,引于第 234 页)。自《工具篇》中从未被人知道的、更有价值的部分(*vetus—nova logica*〔旧—新逻辑〕)开始,继而到形而上学、物理学

① 英名:Nicolas of Cusa;拉丁名:Nicolaus Cusanus;德名:Nikolaus v. Kues。——译者

和伦理学书籍，每本书总附有阿拉伯释义的导言。教会慢慢地接受了这种**新逻辑**，虽然辩证法却因此而又被置于可取可舍之间；因为教会不久就确信了，借助于三段论法所引进的新方法对于阐述自己的学说是很有好处的。这种**经院哲学的方法**的本来意义如下：用作讨论基础的经文通过分类和阐述，被打散为许多命题，并附有问题和可能的答案；最后，为维护或反驳这些答案而提出的论据用一串三段论推理表达出来，最后导致这个问题的定案。

这种模式首先由**哈利斯的亚历山大**（死于纪元1245年）在他的《神学大全》（*Summa Universæ Theologiæ*）一书中使用，技巧精湛，内容丰富，线条清晰，结论准确，远远超过早期的总结主义者（Summists），甚至连后来也很难超过。

博韦的文森特（文森修斯·伯罗梵生希斯，大约死于纪元1265年），在他的《四倍照窥镜》（*Speculum Quadruplex*）一书中，对于实用百科全书中自然科学资料作出过类似的方法上的改进。约翰·菲当萨，被称为**圣波纳文都拉**（1221—1274年），为神秘主义的理论，特别为圣维克多学派的理论做过同样的工作。在圣波纳文都拉的著作中，《艺术归于神学》一书有特殊的典型意义。参阅K. 沃纳《圣波纳文都拉的心理学和认识论》（*Die Psychologie und Erkenntnisslehre des B*. 维也纳，1876年，德文版）。

270 对于亚里士多德的《形而上学》和《物理学》，教会的态度更加踌躇不定，因为这些作品与阿维罗依主义①有密切关系，并且因为通过阿维罗依从司各脱·厄里根纳以来没有完全被人忘却的新柏拉图神秘主义立刻发展为公开的**泛神论**。大约在纪元1200年出现了这种体系的捍卫者：夏特勒附近贝那的**阿玛尔里希**和**迪南的大卫**；关于他们的学说，我们只是从后来的作家（特别是阿尔伯特和托马斯）那里得知一些。在纪元1215年拉特兰宗教会议之后，阿玛尔里教派遭受火与剑的迫害，与这流传广泛的教派有联系的还有弗洛里斯的阿基姆的**“永恒福音”**。参阅J. N. 施奈德论此事的文章（迪林根，1873年）。

对于阿维罗依主义的泛心论②（参阅第二十七节）的罪行判决开始也适

---

① 阿维罗依主义（Averroism）：为阿拉伯哲学家Averroës所创的学说，认为上帝分出各种较低的智力，如感觉、想象、记忆、推理等；这些智力也返归上帝。Averroës（1126—1198年）为亚里士多德学说的注释者。参阅本书第417页。——译者

② 泛心论（Pan-psychism，或译万有心灵论）：认为宇宙全体即使其中最小部分也有心，也有灵魂。——译者

用于亚里士多德。由于两个**托钵僧教派**(多米尼克教派和弗兰西斯教派)的功劳,才打破了这种联系,才使教会当权者转而承认逍遥学派体系。通过长期的、此起彼伏的斗争,他们终于取得成功,在巴黎大学设置两个亚里士多德哲学讲座,最后设置为院系(参阅考夫曼《大学史》〔*Gesch. d. Univ.*〕I. 275 年起)。从 1254 年这次胜利之后,对亚里士多德的崇敬迅速上升,直到成为最高的哲学权威。在自然事物方面,他被誉为基督的前身,正如在恩赐方面施洗约翰被誉为基督的前身一样。从此以后,基督教科学(像阿维罗依)崇奉他为科学真理的化身,并崇奉到如此程度,以至在后来的文献中引证他时常常只说"哲学家"。

多米尼克教派的理论直到现在一直是天主教的官方理论,它是由阿尔伯特和托马斯创立的。

博尔什帖特的阿尔伯特(圣亚伯特·马格鲁),1193 年生于斯瓦比亚地区的洛因根,在帕多瓦和波洛尼亚学习,在科隆和巴黎任教,曾任雷根斯堡的主教,1280 年死于科隆。他的著作大部分是对亚里士多德著作的释义和评注;除《纲要》一书外,他的植物学特别有独立的价值(《论植物》,七卷,梅尔和耶生编订,1867 年,柏林拉丁文版)。参阅:J. 西格哈尔《圣亚伯特·马格鲁的生平和科学》(*Al. Mag. sein Leben und seine Wissenschaft*,雷根斯堡,1857 年,德文版);V. 赫尔特林《圣亚伯特·马格鲁与其同时代的科学》(*Al. Mag. und die Wissenschft seiner Zeit*,载于 1874 年《历史-政治周刊》);J. 巴哈《圣亚伯特·马格鲁》(*Al. Mag.*,维也纳,1888 年,德文版)。

阿奎那的托马斯,纪元 1225 年或 1227 年生于意大利南部的洛卡西卡,开始在自古以研究自然科学驰名的蒙特卡西诺修道院,后来在那不勒斯、科隆和巴黎等大学学习。此后,他轮流在这些大学讲课,也在罗马和波隆尼亚大学讲课;于纪元 1274 年死在特拉契纳附近的一个寺院里。除短篇论文外,他的著作包括对亚里士多德著作的注释,对彼得·隆巴德《箴言四书》的注释,除这些外,主要的还有《神学大全》和论文《异教徒驳议辑要》(《反异教大全》)。论文《治国论》只有一部分是他写的。关于他的文献非常丰富,可以指名的有:Ch. 乔丹《圣托马斯哲学》(*La Philosophie de St. Th.*,巴黎,1858 年,法文版);Z. 冈萨雷斯《阿奎那的托马斯的哲学研究》(*Studien über die Philos. des. hl. Th. v. A.*,由诺尔蒂从西班牙文译成德文,1885 年,雷根斯堡);

R. 奥伊肯《阿奎那的托马斯的哲学与新时代文化》(*Die Philos. d. Th. v. A. und die Kultur der Neuzeit*，哈雷，1886 年，德文版)；A. 弗罗沙玛《阿奎那的托马斯的哲学》(莱比锡，1889 年，德文版)。

但丁·阿里格里在哲学上的重要性，在他的著作的编辑人中菲拉勒塞斯在对于《神曲》的译文的评注中认识得最清楚。除了他的世界闻名的伟大诗作外，从哲学上来考虑，论文《论君主制》不应为人忘却。参阅 A. F. 奥赞那姆《但丁与十三世纪天主教哲学》(*D. et la Philosophie Catholique au 13me Siècle*，巴黎，1845 年，法文版)；G. 鲍尔《鲍依修斯与但丁》(*Boëthius und Dante*，莱比锡；1873 年，德文版)。

271 对于其他托马斯主义者(他们的人数很多)的兴趣只是文学-历史学科方面的。

属于多米尼克教派的还有**德国神秘主义**之父**艾克哈特**长老，托马斯的一位更年轻的同代人。他出生于十三世纪中叶，很可能在萨克森；大约在纪元 1300 年，他是巴黎的哲学教授，然后成为多米尼克教派萨克森教团管区长，在科隆和斯特拉斯堡住过一段时期；纪元 1329 年在对于他的学说的正统性进行令人烦恼的争论中，他死去了。现存著作(由 F. 法伊弗编纂，II，莱比锡，1857 年)主要是讲道、宗教论文和格言警语。参阅：乌尔曼《宗教改革前的宗教改革者》(*Reformatoren vor der Reformation*，卷二，汉堡，1842 年，德文版)；W. 普雷格《中世纪德国神秘主义史》(*Gesch.，d. deutschen Mystik，im Mittelalter*，莱比锡，1825 年，1881 年，德文版)；还有 S. 丹尼非的各种不同版本的著作和论文。专门评论艾克哈特的有：J. 巴赫《德国思辨哲学之父**艾克哈特长老**》(*M. E. der Vater der deutschen Speculation*，维也纳，1864 年，德文版)；A. 拉森《神秘主义者艾克哈特长老》(*M. E. der Mystiker*，柏林，1868 年，德文版)。

德国神秘主义进一步发展，分成两个异教宗派——宣教团①和巴塞尔的"神友"(Friends of God)教派。关于前者，德国神秘主义导致与阿维罗依主义泛神论的最根本的联系。在斯特拉斯堡的约翰·**陶勒**(纪元 1300—1361

① 宣教团(Beghards)：从十二世纪以来，此派成员在德国、荷兰等地身着灰色粗衣在市中读圣经以劝世。——译者

年)那里,德国神秘主义采取了通俗的说教形式;在康士坦斯的海因里希・**苏索**(纪元 1300—1365 年)那里,它又采取了诗歌的形式。当异端邪说减弱的时候德国神秘主义的理论学说仍保持在《德国神学》(“*Deutschen Theologie*”)一书中(纪元 1516 年首先由路德编辑)。

奥古斯丁-柏拉图主义与阿拉伯人的值得怀疑的亚里士多德主义相对立,其主要拥护者有:——

来自奥里亚克的**奥弗涅的威廉**,巴黎的教师和主教。纪元 1249 年他死于巴黎,是《论共相》一书的作者。K. 沃纳整理过他的作品,《奥弗涅的威廉的哲学》(*Die Philosophie des W. v. A.*,1873 年,维也纳,德文版)。

根特的亨利(亨利古斯・冈达芬希斯,1218—1293 年)是反对托马斯主义的意志第一论的英勇捍卫者;除了一部神学简明手册外,他还写了《普通问题纲要》,主要的是《神学论题》。参阅 K. 沃纳《十三世纪基督教柏拉图主义代表人物根特的亨利》(*H. v. G. als Repräsentant des christlichen Platonismus im 13 Jahrhundert*,1878 年,维也纳,德文版)。米德尔顿的理查(理查・得・米底阿非亚,死于 1300 年)和辛辣作品《纠正托马斯兄弟》的作者马雷的威廉也可在此提一提。在以后几世纪,正统的**奥古斯丁神学**与托马斯主义和司各脱主义并存。科隆纳的艾吉迪厄斯被公认为是此派领袖(艾吉迪厄斯・罗曼诺,1247—1316 年)。参阅 K. 沃纳《中世纪后期经院哲学》(*Schol. d. spät. M.-A.*,卷三)。

对托马斯主义最激烈的反对产生于弗兰西斯教派。**罗吉尔・培根**的思想在各方面都是果实累累,鼓舞人心,但无论哪一方面,都无定形。纪元 1214 年他出生于伊尔捷斯特附近,在牛津、巴黎受教育,由于他顽强地从事自然研究活动和坚持自己的理论曾多次受到迫害。他曾一度受到教皇克里门四世的保护,于纪元 1292 年后不久去世。他的理论体现在《大著作》(布利奇斯编辑,1897 年,伦敦版)一书中,而他的《小著作》(布鲁尔编辑,1859 年,伦敦版)则采取摘要的形式。参阅:E. 查理士《罗吉尔・培根的生平、著作和思想》(*R. B., sa vie, ses ouvrages, ses doctrines*,1861 年,巴黎,法文版);还有 K. 沃纳论他的心理学、认识论和物理学的两篇论文(1879 年,维也纳版)。

基督教中世纪最重要的思想家是**约翰・邓斯・司各脱**。他的家乡(爱尔兰或诺森伯兰）和生年（大约纪元 1270 年）尚不能准确知道。开始他是牛津的学生和老师，后来在巴黎获得崇高声誉，纪元 1304 年后他在巴黎很活跃。纪元 1308 年他迁到科隆，在他到达该地后不久便去世了——去世得太早了。
272 他自己的教派给他编纂的作品的版本（十二卷集，1639 年，里昂版）除他真正的著作外，还包括许多不真实的或者被人篡改过的作品，特别是还有他的辩论和演讲的抄本。属于后者的就是所谓的《巴黎论著》，它构成对隆巴德的《箴言》的评注。《问题论丛》的来源与此相同。最早对隆巴德的评注《牛津论著》是出自他本人的手笔。除此之外，还有他对亚里士多德著作的评注和一些更短的论文。沃纳和施提克对他的学说有所阐述。但没有一篇与他的重要性相适应的详尽的专论。

在他的信徒中最著名的是**梅罗的弗兰西斯**，死于纪元 1325 年。在第十四世纪初期，托马斯主义者与司各脱主义者之间的争论非常激烈，并因此带来不少中间理论。但是很快两派又不得不联合起来抵抗唯名论的攻击。

在后期经院哲学的逻辑课本中，最有影响的是**彼得·伊斯帕努斯**写的教科书。他在纪元 1277 年去世时是教皇约翰二十一世。他的《逻辑简述》是迈克尔·塞罗士（十一世纪）写的一本拜占庭-希腊教科书 Σύνοψις εἰς τὴν Ἀριστοτέλους λογικὴν ἐπιστήμην〔《亚里士多德逻辑知识概述》〕的译本。仿照后篇论文的程式（γράμματα ἔγραψε γραφίδι τεχνικός），他在拉丁文译本中介绍了著名的、能帮助记忆的表示三段论式的名称（*Barbara*，*celarent*，等等①）。按照唯名论的方向从修词-语法逻辑发展而来的名称论作为“现代逻辑”与唯实论的“古代逻辑”相对立；在后者的名称下既包括司各脱主义者也包括托马斯主义者。

在**唯名论**复活中，我们发现圣波尔采因的**威廉·杜兰德**（纪元 1332 年去世时是莫城的主教）和**彼得·奥勒欧利**（纪元 1321 年死于巴黎），前者来自托马斯主义，后者出自司各脱主义。比他们重要得多的是**奥卡姆的威廉**，——第二段时期的阿伯拉尔。由于他对现实的广阔、锐敏的眼光，由于他追求改革的大胆的、不屈不挠的热忱，他将新科学赖以从经院哲学中产生的一切因

① 以拉丁文术语中三个元音字母代表三段论式中的命题名称，如 Barbara 代表第一格第一式 AAA，Celarent 代表第一格第二式 EAE。——译者

素溶化于自身。他出生于萨里地区的一个村庄里，在邓斯·司各脱门下受教育，曾任巴黎大学教授，积极参加当时教皇与王权的斗争，联合菲利普四世①和巴伐利亚的刘易斯反对教皇统治《关于神职界和部队之间对于教权与王权之争论》和《防御所》旨在反对教皇约翰二十二世，纪元1347年死于慕尼黑。他没有全集版本，但最重要的有：《逻辑大全》，《古代艺术敷陈》，《辩论集七篇》，《神学百谈》，还有一篇对彼得·隆巴德的评论。参阅：W. A. 施赖伯《巴伐利亚的刘易斯统治下的政治宗教理论》(1858年，兰茨胡特，德文版)；C. 普朗特《十三、十四世纪共相争论》(1874年，慕尼黑学院会议报告)。迄今仍没有一个有才能的传记作家为他写传记。

在十四世纪拥护名称主义的*唯名论*者中通常提到的有约翰·**布里当**，他是巴黎大学校长，也是维也纳大学奠基人之一；还有**因汉的马西利乌斯**，他是海德尔堡大学最早的教师之一。**皮埃尔·德·阿伊**(彼得鲁·德·阿伊阿科，1350—1425年)和约翰·**格尔逊**(沙里埃，1363—1429年)两人身上可以找到神秘主义理论与唯名论对于形而上学的否定的融合。

加泰罗尼亚的雷蒙德·卢路斯(1235—1315年)站在辩护教义、传播教 273
义的立场，企图纯理性地阐述基督教教义。他之所以闻名主要是由于他很不寻常地发现了"伟大技艺"，即发现了一种机械装置，这种机械装置通过基本概念的组合就可将一切可能的知识表达出来。此理论的摘录可在 J. E. 厄尔德曼《哲学史》(由霍夫译成英文)I. §206中找到。十五世纪西班牙医生**萨崩德的雷蒙德**，又重复了雷蒙德·卢路斯的事业，他在图卢兹教书，他的名望来自他的著作《自然神学(或创成论)》，关于他的评论，参阅：马茨克(布雷斯劳，1846年)；M. 赫特勒(奥格斯堡，1851年)。

库萨的尼古拉(尼古拉·克里普弗斯，1401年出生于特里尔附近库耶斯〔库萨〕地方，1464年去世时是布里克森的红衣主教兼主教)的哲学提供了对于中世纪理性活动有趣的全面的认识。他的主要论文的题目是《论有学问的无知》(连同他的其他最主要的著作由 F. A. 沙尔普弗用德文编辑成册，弗赖堡因布赖斯高，1862年)。参阅：R. 福尔肯伯克《库萨的尼古拉的哲学提要》

① 菲利普四世(1268—1314年)世称 Philip the Fair，法国国王，在位期间1285年至1314年。——译者

(*Grundzüge der Philos. des N. v. C.*, 1880 年,布雷斯劳,德文版)。

第二十五节　自然域和神域

我们或多或少清楚地发觉在中世纪后期所有哲学家中始终存在着一种强烈的双重传统的感觉,这种感觉形成他们的思想的前提。在早期,所有知识和思想好像在宗教形而上学体系内主动地自己安排调整;而现在,在这种体系旁边还出现一种强有力的、组织精细的、前后一贯的思想体系;当时的时代厌于空洞的辩证法,渴望有真实的内容,自然就很容易接受这种思想体系。在这两种互相控制、互相渗透的体系之间的多种关系决定了中世纪最后几个世纪的科学性质。总的发展过程是:这些敌对体系,从突然出现矛盾开始,力图走向协调和和解,但在似乎达到目的之后,终于变本加厉,分道扬镳。这种事物发展过程是必然的;从不同科学相互关系的观点看来是如此,从事物最终关系的观点看来也同样是如此。在两条路线中,企图综合的话,随之而来的则是更加深刻的分离。

过去西方宗教思想最高的问题是如何理解神的恩赐活动,现在西方宗教思想面对着东方哲学,——其中,旧的希腊哲学对于自然知识的倾向终于取得形而上学的最高权力:在这里,吸收和继承的过程又一次从结论开始,又逐步回复到前提。

1. 因此,最初接受阿拉伯科学的形式是**阿维罗依主义**。但是,在这里,科学以极其明确的方式与传统宗教划清界限。此事之发生不仅表现在对于东方哲学运动所遭受的打击进行抵抗,而且更加表现在**十字军**东征时期通过三个一神论宗教的频繁接触而经历的伟大的思想革命的结果。这些宗教在历史现实中斗争得愈激烈，从理论观点看来，它们对立的锋芒也就愈被磨光。那些经历过这场宗教斗争的有思想的观察者不可能拒绝这种欲望——要在那 274
些分歧后面寻求共同因素，要在战场上面建立世界宗教[①]的概念。要想达到这个目的，必须抛弃所有特殊的历史启示的形式，必须走普遍有效的科学知识的道路。因此，凭借新柏拉图主义者的"回忆"，便回复到基于科学之上的世界宗教的思想上来，而道德律则形成这种共同信念的基本内容。正如阿伯拉尔以他自己的方式得到这种结论一样，后来罗吉尔·培根在阿拉伯人的影响下，也认定道德是世界宗教的内容。

然而这种科学的自然宗教却被阿拉伯人愈来愈多地打上**神秘教**教义独有的品格的烙印。宗教文件中言语-历史意义与精神上永恒意义[②]之间的区别，起源于斐洛，在整个基督教教父思想中很流行(参阅第十八节，2)，这种区别在这里变成这样的理论：正统宗教是人民大众必不可少的需要，而科学家却在宗教背后寻求真理，只有在那里才能找到真理，——关于这个理论，阿维罗依和迈蒙尼

① 有高度文化修养的德国霍亨斯陶芬王朝腓特烈二世(Hohenstaufen Friedrich II，1215—1250 年为德国国王，1220—1250 年为神圣罗马帝国皇帝，1197—1250 年为西西里王。——译者)在西西里的宫廷是这种思想方式的主要场所，总的说来，是东西方思想交流的总汇之枢。

② 弗洛里斯的乔基姆的"**永恒福音**"代表这种意见，它在阿维罗依主义的阿玛尔里教派中广泛传播，在整个基督教教义范围内完成了一切事物由外向内的转化，把一切历史的东西都转化为永恒有效的东西；欧利根的"圣灵福音"(参阅第十八节，2)被确认为在此已获得实现。"精神"时代已经开始了。参阅施奈德(迪林根，1874 年)。

德的意见完全一致，这个理论完全与阿拉伯科学的社会关系一致。阿拉伯科学总是在狭窄而封闭的圈子里活动，外在世界的发展从来得不到人民大众真正的反应或同情；然而阿维罗依公开地奉亚里士多德为这种人类最崇高、最普遍的世界宗教的奠基人。

与这种思想一致的是，阿布巴塞尔让他的“**自然人**”（在与世隔绝的情况下终于在哲学上认识了上帝）最后又与真实的人类接触，从而让他发现他曾用抽象思维清清楚楚认识到的东西在这里却让人看见披上了形象化的外衣，他发现他认为是理性要求显而易见的东西在这里却用大量的报酬和惩罚硬逼出来。对此，“自然人”最后得出经验：即使在具有高度文明的民族中[①]，自然宗教的纯粹教义在大多数场合遭遇到的只是误解和不利。这位自然人便和他的一位故友回到与世隔绝的世界中去。

如果现在承认，**自然宗教**和**天启宗教**从根本上说，具有同样内容，那么仍然得出结论：它们至少在表现共同真理的方式上必须是不同的——表现哲学宗教的概念不为信教者所理解，而信教者形
275 象化的观念又不被哲学家认为是完全的真理。因此，如果所谓神学我们理解为按照科学的形式规律，即按照亚里士多德逻辑处理和捍卫的对于正统宗教理论的阐述（宗教和神学的关系所采取的这种形式西方与东方相同），那么，结论是：有些东西从神学上看来可能是真实的，但从哲学上看来却不是真实的，反过来也是一样。这样，就解释了神学上和哲学上的**双重真理论**[②]，此论贯穿于整个

---

① 参阅波科克的版本第 192 页起。

② 参阅 M. Maywald，*Die Lehre von der zweifachen Wahrheit*〔麦瓦尔德《双重真理论》〕（柏林，1871 年）。

中世纪后期，虽然我们还不可能准确地确定这个公式出自何人之手[①]。此论恰如其分地表现了中世纪两种权威（希腊化科学和宗教传统）的对抗所必然引起的精神状态。在后来一段时期，此论往往用以保护科学理论不受宗教的迫害；即使在这些情况下，它也一般地忠实地表现了当代最重要人物身陷其中的内部分裂。

2. 信奉基督教各民族的科学接受了这种对立。这种双重真理论被大胆的辩证学家如图尔内的西蒙或布雷西亚的约翰公开地宣扬，并因此而更加严厉地被教会当局所谴责；与此同时，头等思想家们不可能逃避这样一个事实：哲学，既然是在亚里士多德和阿拉伯人影响下发展起来的，过去是，现在也必定仍然是在本性上不同于特定的、与众不同的基督教教义。阿尔伯特带着充分意识到这种对立的心情进行他伟大的工作。他认识到，他发现客观存在的**自然宗教与天启宗教之间的分歧**不可能再置之不顾，哲学与宗教不可能等同，但是他希望用尽全力使这种分歧不致形成矛盾。一方面他放弃了使神学“奥秘”、圣三位一体理论和耶稣降世理论合理化的工作，另一方面他站在基督教教义的立场上纠正了“哲学家”在这样一些重大问题（如宇宙的永恒性或短暂性等问题）上的学说。他力图证明：在哲学中用“自然之光”（*lumine naturali*）认识到的所有东西在神学中也是有效的，但是人类灵魂能够完全认识的只有它自己本身内部具有的原则；因此，在这样一些问题上，例如哲学知识不能得到最后有效的结论而老伫留在各种可能性的

① 同样不可能准确地确定下述流传广阔的公式的来源，这个公式把三大正统宗教的创始人叫作人类的三个“骗子”。正如所有启蒙运动违反历史潮流一样，当时的哲学反对派，只凭经验的兴趣来解释那些在比较批判面前站不住脚的神话虚构的东西。

矛盾面前，在此时天启就提出决断，——这个观点主要的是阿尔伯特仿效迈蒙尼德的结论。正因为信仰是不可能用任何天赋洞见来证明或树立的，所以它才值得称赞。启示高于理性但不与理性矛盾。

276　这种调和自然神学与天启神学之间的矛盾的观点从根本上说是**托马斯**所采取的观点，虽然他力图尽可能更多地限制取自哲学归入信仰的知识范围。并且，按照他的体系的基本观点，他将这种关系理解为发展过程中不同阶段之间的关系，并与此相对应在哲学知识中认识到人类具有天赋才能的可能性，这种可能性只有通过在天启中对神的积极皈依才能充分地完全地实现。

因此注意到下述事实是很重要的：恰恰在这一最重要的问题上，经院哲学绝不认为哲学和神学是同一的东西，或者绝不认为哲学的任务像以往常常被人表述的那样是对教义永无休止的理解。这种概念属于中世纪科学的初期，比如属于安瑟伦；这种概念在经院哲学进入衰败时期偶尔也可发现。例如，雷蒙德·卢路斯设计他的“伟大技艺”①时他的基本意思是：这种技艺使系统地阐述一切真理成为可能，因而适合于说服所有对于基督教真理的“怀疑论者”。因此，后来萨崩德的雷蒙德要想借助卢路斯的技艺证明：如果上帝用《圣经》(*liber scriptus*)和**大自然**(*liber vivus*)双重方式

①　这个与众不同的，但在许多方面有趣因而往往被人利用的发现，基于一系列同心圆，每一个圆圈带上一组概念，分成一些圆形区域。通过这些圆圈的转换，就产生了概念的各种组合，问题出来了，答案也出来了。这样，有一系统 A(Dei)包括整个神学，还有一系统 Animæ(气，灵魂)包括心理学等等。记忆术的尝试，如发明世界语，或者发明表示哲学概念的一套符号，都往往附属于这个 *ars combinatoria*(组合术)。在代数上用字母运算也与这些成就有关。

显示自己，那么，一个是神学的基础，另一个是哲学的基础，这两种启示的内容显然必定是相同的东西。但是在经院哲学的正统时期，这种自然宗教与天启宗教之间的区别总是铭刻在人们心中，只要界限越划得清楚，教会便越有必要防范自己的理论与“自然神学”混在一起。

3．因此出现了教会的非常忠实的儿子，他们又扩大了哲学与神学之间的裂痕，裂痕最终扩大到如此之大，以至不可跨越。他们的领头人就是**邓斯·司各脱**。他教导说，神学只应被认为、只应被当作实践学科，而哲学是纯理论的学科。因此，对他和他的理论的继承人说来，这两者之间的关系不是相互补充的关系，而是相互分离的关系。在天启与理论知识这两种对立的领域之间，自然神学缩进极端贫瘠的领地里。自然界知识不可能接近的神学的神秘范 277
围日益扩大。在邓斯·司各脱那里，被创造世界在时间上的开端以及灵魂不朽都属于这个范围。奥卡姆甚至否认理性神学证明上帝存在时惯常使用的论据的说服力。

这种批评基本上出于这样的目的：想保证信仰的正当权利；这种态度是完全真诚的。理性知识，虽然与感官知觉紧紧联结在一起，但与重新变得明显而尖锐的形而上学二元论（见下面本章本节，5）联系起来，似乎无力探索超自然界的奥妙。这样，格尔逊之流就将他们神秘的理论准确地建立在唯名论上。哲学与神学的区分是必要的；知识与信仰之间的矛盾是不可避免的。天启的根源在于恩赐，并以神的恩赐领域为其内容；理性知识是认知的理智与知觉对象之间的相互作用的自然过程。因此，虽然唯名论费劲地避免了经院哲学的方法，但却很迟才达到目的，它必然的终结是，视自然界为科学的唯一对象。总之，哲学自视为**世俗科学**，与作为**神性科学**的神学相对立。

所以，邓斯·司各脱和奥卡姆利用了表面与“双重真理”完全协调的语言。他们所下的界限的定义旨在表明：有关信仰的事物，辩证法无权干预。但不可避免的结局是：在别人看来，这种分离会导致相反的结果，并回复到“双重真理”这种论断的原始含义。它变成了“世俗哲学”的自由通行证。人们研究辩证法可以作出最大胆的论断，只要加上一句，那是根据理性(*secundum rationem*)，便可避免触怒(教会)，但是如果根据信仰(*secundum fidem*)便必然得出相反的结论。此事发生得如此频繁，以至托马斯主义者和卢路斯主义者起劲攻击之。的确，对于许多人说来，他们利用这个原则，我们不能怀疑这是他们真正的原意；但是同样确实可靠的是，对于另外一些人说来，他们完全明白自己的手法，他们发现，在这种限制的掩盖下要想发表内在精神与信仰违背的哲学理论，那是唯一的方便的借口。无论如何，这符合于十五世纪末在帕多瓦很活跃的阿维罗依主义学派的情况。

4. 与神学和哲学之间的关系的这种变化过程相平行，并与之最紧密相联的是，**形而上学心理学**的类似的发展。两者对于超感世界与感性世界之间的基本关系都是相同的。在这里也是一样，以二元论开始，后来又以二元论告终。这种二元论在第一段时期之末，由圣维克多学派发展到特别尖锐的程度。在这种神秘主义里，肉体与灵魂之间的最后联系割断了，协调不可能了。精神世界和物质世界分裂成宇宙现实的各自独立的领域。

然而，亚里士多德主义完成了克服体现在奥古斯丁身上的(正如从前体现在柏拉图身上的）两个世界的理论的历史使命；在**托马斯主义的心理学**中，**发展**的概念和现象分段结构的概念是用以克服这种分离的。如果说过去圣维克多的雨果通过人的本性在被创 278
造的世界里画了一条分界线，强调合在一起的两种实体之间绝不可能作任何比较，那么现在人类灵魂必须理解为两个世界之间的纽带，这两个世界通过此纽带的媒介，在万物发展的过程中有机地相互作用。

托马斯通过极端细致地改变亚里士多德的形式论以及形式与质料的关系，而获得这种成就。物质世界和精神世界被描绘为：在精神世界里，纯形式（*formæ Separatæ*；或称存在的形式）作为主动的理智是现实的或实际的，与物质无任何关系；而在物质世界里，形式只有与物质（内在的形式）结合才能自我实现。人类灵魂，作为最低的纯理智，是一种纯形式（灵魂不朽即基于此）；同时作为肉体的"隐德来希"（entelechy），人类灵魂又是在物质中自我实现的最高形式。人类灵魂本性的这两个方面在自身中结合起来成为实体的统一，这种实体的统一既是存在的唯一形式，又是内在的唯一形式①。以这种方式，个别事物的系列从物质存在的最低形式开始，经过植物、动物，**通过人类灵魂**，毫不间断地继续前进，进入纯理智的世界——天使的世界②，最后达到绝对形式——神。在托马斯主义里两个世界之间的裂缝就用这种形而上学心理学的中

① 在这里，在概念上集中了**人类中心主义**的世界观，这一点甚至托马斯主义也没有克服。

② 托马斯在物质世界里仿照亚里士多德构造他的形式等级；在精神世界里则仿照法官狄奥尼修构造他的形式等级。

心地位来弥合。

5．但是对于下一段时期说来，这个裂缝好像只用橡皮膏粘贴起来的；本质如此不同的性质如肉体的“隐德来希”和纯理智的存在物结合在一起，这个负担超过了单一实体可能承受的重量。因此，**邓斯·司各脱**（他的形而上学很自然地在亚里士多德术语圈子里活动）在理智灵魂（他又把此灵魂叫作肉体的“本质形式”）与肉体之间引荐一种（内在的）*forma corporeitatis*〔有形体的形式〕；这样一来，奥古斯丁学派和维克多学派在自觉的本质与生理的生命力之间造成的分离又重新树立起来了。

奥卡姆不仅将这种区分变为自己的，而且被迫插入另一种分级，将自觉的灵魂分解为理智的部分和感性的部分，并赋予这种区别以现实的意义。他似乎认为，意识的感性活动与理性本性不可能有什么联系，理性的天职是静观精神世界，正如身体的外形和运动与理性本性没有多少联系一样。这样一来，对他说来，灵魂被分解为许多个别的官能，要决定它们之间的关系便碰到巨大困难，特别关于它们在空间的内部关系。

279　6．这件事的实质在于：意识世界和有形体世界又完全分离了。这一点特别表现在奥卡姆的认识论中，他的认识论从这些前提出发，一直发展到具有非常重大意义的创新。

在托马斯和邓斯·司各脱这两位“唯实论者”的“可理解的种”（“*species intelligibiles*”）的理论中，他们虽有差异，但都同样追随旧的希腊观点，认为在认识过程中，凭借灵魂与外在对象之间的合作，外在对象的摹本便产生了，此摹本便被灵魂看见和认识了。奥卡姆将这些“可理解的种”当作外部现实的无用的重复①而抹掉了；这种外部现实只要它是认识的对象便又一次被放进（心理的现实之中）了。但是，这样一来，**对他说来感性知识就失去了作为**（与对象相对比的）**摹本的特性**。一个概念（*conceptus*，*intellectio rei*）就其本身来说是灵魂的一种状态或行为（*passio—intentio animœ*），并在灵魂里形成与外物相对应的符号（*signum*）。但是这种内部结构是与外部现实性质不同的东西，对外部现实说来，内部结构只是符号。只在下述这种情况下我们才能谈到“相似”，即：内部现实性（**客观存在**＝**意识内容**）和外部现实性（**主观存在**＝现在意义上的“客观的”②现实）必然互相关联，也可说，在这两种庞杂的领域里形成对应点。

这样，在名称主义者中，心理学和认识论的**唯心主义**开始从心灵与身体的二元性中发展起来：意识世界不同于事物世界。在意识世界里发现的东西不是摹本，而是与之对应的外界某物的符号。事物不同于我们关于该事物的观念。

7. 最后，奥古斯丁的二元性赤裸裸地出现在他的**历史**概念中。神域与鬼域，教会与世俗政权，在这里，顽固地相互对立。自奥古斯丁时代以来，这个理论所反映的历史条件已经完全变了。截至此时为止，中世纪不仅缺乏可用以改正这种理论的历史概念，而且以如此片面的神学和辩证方法去利用科学思想，以至伦理问

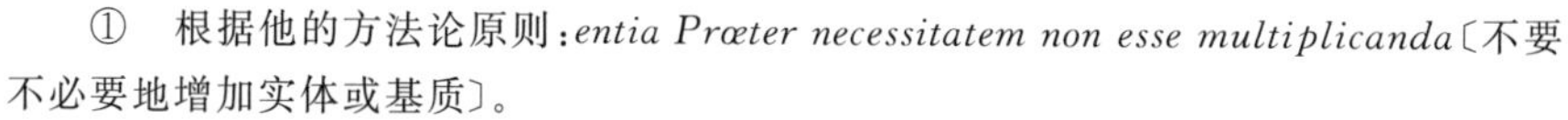

① 根据他的方法论原则：*entia Prœter necessitatem non esse multiplicanda*〔不要不必要地增加实体或基质〕。

② 因此，“客观”和“主观”这两个术语在中世纪具有的意义与现在这两个术语的用法刚好相反。

题和社会问题比物理问题更远地离开了哲学家们的视野。然而与此同时，历史上出现规模如此巨大的运动，科学也必然要占据相应的位置。如果说，在第二段时期科学以完全无愧于其对象的伟大
280 的方式做到了这一步，那么它之所以取得这种力量又应归功于亚里士多德体系；亚里士多德体系将这些方法交到科学的手中——即在思想中掌握政治生活和历史生活之间的广泛关联，在科学的形而上学中调整发展系列的形式，从而将科学所体验到的重大内容放入概念之中。的确，在这条阿拉伯评注家尚未走过的道路上存在着中世纪哲学[①]最光辉的成就。由于阿尔伯特更多的兴趣放在物理学上，因此主要的荣誉应归于**托马斯**。

托马斯不像奥古斯丁将世俗政权当作犯罪下凡[②]的结果，而将世俗政权当作世俗生活不可缺少的组成部分。因此，按照他的观点，法律或权利也出自神性，而且一定要按照这种观点来考虑。在人类种种机构之上存在着自然律(*lex naturalis*)，道德和社会生活即基于此自然律。但是，正如语言、个人对帮助的需要，以及社交本能所证明的，人就其本性来说是注定要过政治生活的。按照亚里士多德的教导，国家的目的是实现德行，从此目的出发，应发挥国家的一切特征(按哲学规律——**天然权利或自然律**)。然而(在此新思想开始了)，国家应培育的那种国民道德并未尽够人类的使命。在这里，人只作为尘世的动物实现了自己

① 参阅 W. Dilthey，*Einleitung in die Geisteswissenschaften*〔狄尔泰《精神科学概论》〕，I. 第 418 至 419 页。

② 德文原文是 Sündenfall，指亚当与夏娃受引诱犯罪下凡的故事。——译者

的目的；他还有更高的使命，那就是灵魂的拯救，在基督教会社里**恩赐**给予人灵魂的拯救。但是由于高级总是通过低级实现自己，低级为高级而存在，所以政治社团必须是上帝天国这个高级社团的预备。因此，国家从属于教会，如同手段从属于目的，预备从属于整体一样。尘世生活的社团是为天国生活的社团而培训的学校——PRÆAMBULA GRATIÆ。

除了希腊哲学创造出的**自然目的论**以外，教父学提出了**历史目的论**（参阅第二十一节，6），但是这两者一直没有联系。托马斯提出的国家论在一个思想体系中将这一个附属于另一个之下，从而完成了从未尝试过的古代世界观和基督教世界观最深刻、最广泛的结合。

因此，托马斯主义形而上学的建筑物上就盖上了这块压顶石。通过从自然社会到恩赐社会的过渡，人完成了他在宇宙中的地位所指派给他的使命，但是他不是作为个人而只是在种族中完成这一使命的。古代的国家思想在基督教中复活了。但是这个国家本身不再是目的，它是实现神的宇宙计划最好的手段。*Gratia naturam non tollit sed perficit*〔恩赐不夺走人性而完成人性〕.

8. 但是即使这最高级的综合也不能维持多久。既在政治生活中，又在理论中，教会与国家的关系呈现出非常不协调的形式。
在**但丁**那里，从属关系已被换成合作关系。这位诗人同这位形而 281
上学家（托马斯）有着共同的思想——因为人注定的目的只有在种族中才能达到，因此这就使政治组织的完全统一成为必要的了。两人都需求**世界国家**，**“君主政体”**，并在**帝国**中看见此原理之实现。但是这位伟大的保皇党人①不能像这位多米尼克教派的修道士②那样能作理论性的思考；后者将**世俗王权**的位置摆在**教权**之下，而前者将两者当作同等权力彼此对立。上帝给人安排**同量的**人间幸福和天国幸福：国家通过自然的哲学知识将人引向人间幸福，教会通过启示将人引向天国幸福。通过这种同等并列的关系，文艺复兴所特有的人间欢乐与世俗国家所感觉到的强大力量一样胜利地爆发出来了。

沿着这条路线继续发展下去。当托马斯设计的、分阶段的现实次序在人性中被割断时，精神权力与世俗政权也就分离了，正如精神世界与物质世界分离了一样；这个理论提供了一种将**教权**驱逐到超世的内在性质中去，而将**王权**置于感官世界唯一的控制中的便利的手段。这正是奥卡姆的观点，他在他的《辩论篇》中关于教皇权力与世俗政权之争这个问题上，站在后者的立场上。然而按照他的假说，也不再有可能将国家的理论建筑在整个人类为了实现一个目标而团结在一起的现实主义的思想上。这位唯名论者只将有意志的个人当作社会生活和历史生活的实质的背景。他将国家和社会当作利害关系（*bonum commune*〔公共福利〕）的产物。在理论中，正如在生活中，**个人主义**占上风③。

① 原文Ghibelline，或译吉柏林党人，中古时代意大利的一个贵族政治党派的成员，忠于德国皇帝，反抗教皇党人。此处指但丁。——译者

② 此处指托马斯。——译者

③ 奥卡姆关于世俗政权和法律的这种理论被他的朋友**帕多瓦的马西利乌斯**推导出国家万能的极端结论；马西利乌斯的论文《和平的保卫者》(1346年)用严厉的笔锋贯彻了这种企图：将国家的理论建筑在利用伊壁鸠鲁的国家契约说(参阅第十四节，6)的功利主义和唯名主义的基础上。

第二十六节　意志优先或理智优先

W.卡尔《奥古斯丁、邓斯·司各脱和笛卡儿的关于意志优先的理论》(*Die Lehre vom Primat des Willens bei Augustinus, Duns Scotus und Descartes*，斯特拉斯堡，1886年，德文版)。

与这些一般问题联系得最紧密的是一个特殊的心理学问题。
在这整段时期内都在热烈地讨论这个问题，在当时各个派别之间
对此问题的分歧点我们可以在一个更小的范围内来认识，但聚集
的光度也就更大了。这个问题就是：在灵魂的种种能力中，更崇高
的地位属于意志还是属于理智(*utra potentia nobilior*)。在这段
时期的文献里这个问题占据了非常广阔的范围，其目的是力图将
围绕此问题而发展的心理学矛盾当作这整段时期的主导动力。但
是这个发展过程非常清楚地表明了：真正推动力隐藏在宗教的形 282
而上学中；这段时期的哲学理论的特色是系统化概念的严密性，此
严密性足以说明：对于各个不同思想家说来个人问题的立场可能
表现为各自的独特性。无论如何，仍然具有典型意义的是，这个问
题是发自内部世界的疑问。

在这个问题上，传统的两个主要体系，奥古斯丁主义和亚里士多德主义，意见不同；但是它们之间的关系在这里绝不是公开的对立。一般说来，对于奥古斯丁主义来说，对这个问题的提法不当。因为在这个体系中，人格的独特性被强调得如此强烈，人格活动各方面的相互关系被突出得如此频繁，以至在它们各部分之间确实

不可能严格地分出等级关系。但是在另一方面，特别在奥古斯丁的认识论里，他将意志当作推动力（甚至在形成观念的过程中），他指派意志占有这样中心的地位，以至就它对于经验事实的重要性而言，这种中心地位也毫不动摇，即使坚持把新柏拉图主义对神的静观当作发展的最后目标，这种中心地位也毫不动摇。相反，亚里士多德体系的唯理智论是完全不可怀疑的，如果说它还能有所提高，那就是通过阿拉伯哲学，特别是通过阿维罗依主义。矛盾就这样出现了，这些矛盾很快爆发出来，发展为公开的争论。

托马斯主义在这一点上，无条件地追随亚里士多德。在它这一边有关系非常密切的德国神秘主义；对方有奥古斯丁主义者，司各脱主义者和奥卡姆主义者；其结果，多米尼克教派和弗兰西斯科教派之间的对立便普遍地显示出来了。

1. 关于意志优先还是理智优先的问题最初作为心理学问题而开展争论并要求在这一点上作出决定：在心灵生活中，哪一个更重大——意志判断依赖于观念呢，还是观念活动依赖于意志。因此，这个问题适合于促进与心灵发展过程有特别关系的心理学讨论的开展（参阅第二十四节）。如果这个问题没有经常被人带入辩证法的领域或者带入形而上学的领域，它就会有可能比实际情况更大程度上做到这一点。这个问题经常被带入形而上学的领域，主要发生于这样的事实——经常涉及伦理问题和宗教问题的“**自由**”的概念被认为是争论中的关键。事实上，两派为了责任心都希望坚持和捍卫人的“自由”；但是只有当他们赋予这词以不同的含义时，这件事才有可能做到。

现在，在各别情况下，托马斯承认意志不仅对于运动有影响，而且对于观念的肯定或否定也有影响。特别是,他绝对地承认在信仰中有这样一种影响。但是一般说来,他完全仿效古代,认为意志被决定于对善的认识。理智不仅一般地认识善的观念,而且在每一个具体情况下,辨认出善是什么,从而决定意志。意志必然追求被认为是善的东西;因此意志依赖于理智。理智是心灵生活的 283
最高动力。**艾克哈特**也这样说,“合理性”是灵魂之首,甚至浪漫的爱情(“*Minne*”)也只附着于知识。因此,按照托马斯的意见,自由(作为道德的理想)是基于知识而存在的那种必然性;但是,另一方面,(心理学上的)选择自由(*facultas electiva*)之所以有可能只是因为理智向意志提供了作为意志达到目的的手段的各种可能性,意志据此决定何者被认为是最好的,——这种意见也是阿尔伯特所主张的。联系到这种**唯理智主义的决定论**,托马斯自己总坚持主张,意志的决定只依赖于纯粹的内部的认识活动;这种唯理智主义的决定论被他的同时代人**枫丹的哥特弗里德**扩大到这样一个地步:甚至使感官的表象(*phantasma*)成为意志活动的动力因。

然而恰恰在“必然的规定”这个概念上,对手们发动了他们的攻击。**根特的亨利**早已这样教导过(在他之后有**邓斯·司各脱**,以后有**奥卡姆**):观念的产生是一种自然过程,如果意志必须完全依赖于观念,那么意志就不可避免地要同观念的产生纠缠在一起。司各脱说,因此偶然性(即相反情况或“相反的力量”的可能性)与意志的功能是不相容的:因为自然过程之被决定总是单一而明确的;在自然过程支配的地方没有选择。但是,有了偶然性,责任感便落空了。因此,责任感只有承认理智对意志没有约束力的条件下才能维持。的确,对于意志的每一种活动,想象力的协助是不可少的。这种协助给意志提供种种对象和选择的种种可能性。但是这种协助只作为仆人去完成,抉择仍是主人的事。观念绝不超过个人意志的偶因(*causa per accidens*);托马斯的理论把实践思考和纯理智混淆了。如果理智提供对象,抉择权仍然只是意志的事;意志是 *movens per se*〔自身运动〕,它拥有绝对的自决。

因此,按照司各脱和奥卡姆所教导的,**非决定论**[1]在意志中认识到灵魂的基本力量,并从反面主张:意志就它自身而言决定理智活动的发展。根特的亨利[2]力图证明:理论功能越精神化,也就越活跃;邓斯·司各脱以非常有趣的方式证明了这个论断。他说,自然变化过程产生了作为意识的最初内容(*cogitatio prima*)的大量观念,这些观念或多或少有些模糊(*confusæ—indistinctæ*)和不完整。其中,只有(在这过程中不受任何限制的)意志所注视的观念

284 才变得清晰(*distincta*)而完整。同时司各脱又教导说,意志**着重**加强那些它从模糊的状态中提高到清晰的状态中的观念;并说,那些没有被意志所使用的观念由于自身的缺陷最后就不存在了。

除了这些心理学的辩论外,我们还发现:在争论中一方诉诸安瑟伦和亚里士多德的权威,另一方诉诸奥古斯丁的权威,从而引起一系列其他的辩论。这当中有一部分是属于纯辩证法性质的。下面就是这种情况:托马斯主张,理智追求的**真**(*verum*)比意志所追求的善(*bonum*)等级更高;而司各脱则怀疑这种分级法的根据。又如,托马斯发表一种意见:理智认识纯粹的、单一的概念,意志只

---

① Indeterminismus:或译意志自由论。——译者

② 在这方面,他的意见也完全被米德尔顿的理查所采纳。

与善所表现的特殊经验形式有关；而根特的亨利和司各脱则恰恰反对这种论述，他们发挥了这样一种思想：意志总是以善本身为目标，而理智必须证明在特殊情况下善的本质是什么。由于这些分歧，这个问题到后来被弄得非常摇摆不定。约翰·**布里当**就是站在决定论与非决定论之间迟疑不决的范例之一。后者谈论责任感，而前者谈论关于每一事件必然受条件支配的原则。

与此争论纠缠在一起的其他辩论涉及人生观和世界观更广泛的范围。

2. 属于这一情况的，首先是意志和理智的等级关系问题转移到**上帝**身上。阿拉伯人中的极端唯理智主义按照亚里士多德的**基调**——每一意志行为意味着一种需要，一种缺陷和依赖性，在阿维罗依身上排除了最高存在的意志能力。另一方面，对邓斯·司各脱有过强烈影响的阿维塞布朗捍卫过关于神的意志创造了世界的原理；在这同一思想路线上，**奥弗涅的威廉**主张过：在上帝本质中和上帝的创造性活动中意志的创造性与理智并肩共存。这些矛盾现在又在托马斯主义与司各脱主义之间的争论中延续下去。

事实上托马斯理所当然认识神的意志的现实性，但是他把神的意志当作神的理智的必然结果，当作在内容上被神的理智所决定的东西。上帝只创造以他的智慧所认识到的善的东西；构成他的意志对象的必然是他本身，即他的理智的精神内容；只由他自己决定的自由即基于此，他又以此自由要求于各别事物。因此，神的意志与高于自己的神的智慧紧密相联。

然而正在这里，阿奎那的敌手们看出了与**最现实的存在**的概念不相吻合的“万能”的局限性。据他们看来，对意志说来，只有在没有规定或限制的条件下意志才是至高无上的。邓斯·司各脱教导说，上帝只依据绝对的、武断的意志创造世界；如果上帝愿意，他很可能用另外的形式、关系和环境，创造世界；超过他的这种完全
285 不受限制的意志，便不存在什么起因了。上帝的意志连同它不受限制的独创性的决断是一切现实的原初事实，当然不可进一步再追问这一切现实的原初事实的本原又是什么，——正如一个有限物在已有的种种可能性面前作出漠不关心自由选择，而这个有限物的意志所决定的抉择每一次都会创造出不可认为是必然的新的事实。

3. 在**伦理学**最基本的形而上学原则中，这种矛盾最尖锐地暴露出来了。两方都认为道德律当然是上帝的戒律。但是托马斯教导说，上帝要求善行，因为善行是善，而且以他的智慧认出它是善；司各脱坚持主张，它之所以是善只是因为上帝希望它、要求它；奥卡姆还说，上帝还可能将另外的东西，甚至将反面的东西指定为道德律的内容。因此，对于托马斯说来，善行是神的智慧的必然结果和表现；艾克哈特也说，“在善行的罩衣下”，上帝的本性被掩盖了；唯理智主义宣讲**善的合理性**。对于唯理智主义说来，道德学是一门哲学学科，它的原则得用“自然之光”来认识。“良心”（*synteresis*[①]）是在**善的理性支配下**对上帝的一种认识。相反，在司各脱和奥卡姆那里，善不可能是自然知识的对象，因为善过去可能与现在不同；

---

① 从博尔什帖特的阿尔伯特开始，此词（又可写成 *sinderesis*, *scinderesis*）在词源上使人们绞尽脑汁。但是，因为在古代后期的医生（如塞克斯都·恩披里珂）中，τήρησις作为“观察”的技术名词出现，所以 συντήρησις可能（在第四世纪已得到证实）在原意上意味着“自我观察”，这与新柏拉图主义对 συναίσθησις或 συνείδησις〔良知〕的用法类似（参阅第十九节，4），因而具有“良心”（con *scienita*）这词的伦理宗教意义。参阅西伯克文章，载于《哲学史文库》第十卷，第 510 页起；并参阅雨伯威格和鲍姆加特所撰文献第十九节，IV。

善不决定于理性，而决定于无根据的意志。皮埃尔·德·阿伊以极端的严密性教导说，没有一种事物本身（*per se*）就是罪恶；使之成为罪恶的只是神的指令和禁令，——当我们考虑到按照这些人的意见上帝的指令只有通过教会之口才为人所认识的时候，这种理论的效果有多大就为人所理解了。

与此紧密相关的还有那样一种神学——对托马斯说来，那是一种"思辨"科学，但对他的敌手说来，正如上面所指出的（第二十五节，3），变成了"实践"学科。阿尔伯特早已提示过这类学科，米德尔顿的理查和波纳文都拉曾经强调过神学的"感情"特性（"affektiver" Charakter）；罗吉尔·培根曾经教导说，所有其他的科学以理性或经验为基础，而只有神学以神的意志权威为基础；邓斯·司各脱完成并加强了神学与哲学之间的分离，他使这种分离成为他的意志形而上学的必然结果。

4. 这同一矛盾同样清晰地显露在人的最后命运的理论中，显露在人的永福的状态中。在奥古斯丁的学说中，古代的 θεωρία，即 286
对于神的庄严的没有意志没有需求的静观，构成了获得赦罪、获得荣光者的理想境界，早期神秘主义者的理论也几乎未动摇过此理想。现在此理想又从亚里士多德的唯理智主义中获得新的营养，据此**阿尔伯特**认为：人，只要他真正是人，便是理智。分享（人用知识达到的）神的本质是人可能达到的人生的最高阶段。据此，托马斯也将理智的德行置于实践的德行之上；因此，在他看来，对上帝直观的、超越一切尘世的、永恒的静观是整个人类奋斗的目标。紧随静观而来的就是对上帝的爱，正如意志所有的明确性（Bestimmtheit）必然附着于理智相对应的明确性。正是这种托马斯倾向，

被这个体系的诗人但丁非常美妙地刻画出来了。这种理想超越时代地、富有诗意地体现在碧雅特丽奇[①]身上。

同时就在这一点上，一股逆流也表现出自己的力量。圣维克多的雨果通过爱来描绘最高级的天使唱诗班的特征，通过智慧描绘第二等唱诗班的特征。当波纳文都拉认为静观是效法基督的最高阶段的时候，他公开强调这种静观与“爱”同一。但是邓斯·司各脱以一种坚定的、好争论的意向教导说，“受福的极乐[②]”是一种意志状态，而且是注意力集中于上帝的意志状态。他不是在静观中而是在爱中看见人的最后神化；爱高于静观，他援引使徒的话，“万物中最伟大者是爱”。

因此，如同托马斯认为理智是人性的决定性因素，邓斯·司各脱认为意志是人性的决定性因素一样，托马斯也能紧紧抓住奥古斯丁关于“不可抗拒的恩宠”的理论，根据这个理论，启示不可抗拒地决定理智，从而决定人的意志，而邓斯·司各脱被迫采取“神人合作论的”观点，认为接受神恩在某种程度上受个人自由意志的限制。因此，奥古斯丁的这位伟大继承人以严密的逻辑一贯性坚决地反对奥古斯丁的宿命论。

5. 另一方面，托马斯的唯理智主义在**德国神秘主义**中发展了它的极端的结论。德国神秘主义的创始人艾克哈特的理论概念要点[③]完全依赖于他所属教派的导师。艾克哈特只在这一点上超过

---

① Beatrice：但丁青年时代的恋人，也是《神曲》中的女主人公。——译者

② Seligkeit：此处指受到恩宠时的极大欢乐。——译者

③ 参阅 S. 邓尼芬《中世纪文学-文化史文集》(*Archiv für Litterat.-u. Kult.-Gesch. d. M.-A.*，II. 第 417 页起)。因此，只要艾克哈特确实是“德国思辨哲学之父”，此思辨哲学的根源就在阿奎那的托马斯和他的导师阿尔伯特身上。

了他的导师——艾克哈特作为具有更多创造力的人物，孜孜不倦地将他深刻有力的虔诚转化为知识，从而受内心的鞭策冲破阻挡托马斯前进的种种法定限制。因为他确信在宗教中已有的世界观一定能被转化为最高知识的内容，所以他将自己的虔诚的信仰升华为思辨的知识；而且与此思辨知识的纯精神性相对照，他将教会教条只当作外部的、世俗的象征。但是，如果其他许多思想体系也 287
都有这种倾向性，那么他个人的特点是：他并不希望让这些最内在的、最真实的真理只作为排他性圈子里的特权而保存着，他却愿意将它传给全体人民。他确信，对宗教理论的这种最深刻的本质的正确理解恰恰在这朴素的虔诚中可以找到[①]。所以他以非凡的语言能力将最细微的科学概念结构用德语表达出来，他为他的民族开创了决定未来的表现哲学的民族形式。

然而在他的学说中，新柏拉图主义的理念论（大概是通过司各脱·厄里根纳）加强了托马斯主义的神秘主义因素和唯理智主义因素，从而得到最后的逻辑结论：**存在与认识同一**，在世界中发生的一切事物就其最深刻的本质而言，是一种认识过程。从上帝产生世界的过程是一种认识的过程，自我启示的过程，——万物回归上帝是一种认识过程，是一种越来越高的直观的过程。所以后来，库萨的尼古拉将艾克哈特的理论变为自己的理论，他说，一切现实事物在思想中的存在比在时空中的存在更真实。

① 这样，德国神秘主义与更一般的现象联系起来了，这更一般的现象是：在十三、十四世纪占据教会生活的、迅速增长的客观化〔或具体化〕到处把虔诚赶上教会之外的道路。

因此，万物本原，神性，一定存在于存在和认识之外①；它高于理性，高于存在，它没有规定或性质，它是“无”。但是这种（消极神学的）“神性”在三位一体的上帝②身上显示自己。无处不在、无物不知的上帝从无中创造万物，他在自身中认识万物的理念，因为这种认识行为就是他的创造行为。这种自我显示的过程就是神性的本质；因此这种过程是永恒的必然性；按照意志这词的本来含义，上帝创造世界并不需要真正的意志行为。神性作为创造力或生产力的本质，作为“无性质的自然”〔或尚未具有性质的自然〕，只有通过在上帝身上，在作为被创造的实在，作为具有性质的自然③的世界里认识自己或发展自己，才能变成为客观现实。库萨的尼古拉说，上帝创造一切，也就是说，上帝就是一切。在另一方面，根据艾克哈特的意见，只有万物本身是上帝，万物才具有本质或实体；其他呈现于万物之中者都是现象；万物在时空中的规定，万物的“这儿”和“现在”（托马斯所说的“*Hie*”和“*Nu*”，*hic* 和 *nunc*）都是空的④。

因此人类灵魂也寓于神性的最核心的性质中。只作为时间中的现象，神性才具有“力量”或“能力”，神性以此能力作为“被推动

---

①　显然，这与普罗提诺体系中 ἕν〔一〕与 νοῦς〔理性〕之间的关系一样，这种关系是：思维与存在被认为是同一的。

②　神性与上帝（*divinitas* 与 *deus*）之间的区别，吉伯特·得·拉·坡瑞辩证地使之与共相争论和三位一体论联结在一起。

③　*natura naturans*〔能动的自然〕和 *natura naturata*〔被动的自然〕这两个术语也许是阿维罗依主义使用的（参阅第二十七节，1），关于这两个术语，请参阅 H. 西伯克《哲学史文集》（*Archiv f. Gesch. d. Philos.*，III. 第 370 页起）。

④　据此，艾克哈特不接受辩证法公式，他完全用司各脱·厄里根纳严格的唯实论的含义来处理托马斯的理念论。他轻蔑地称他那时的唯名论者为“小小的教师爷”。

的世界”的成分而活跃着。那种最核心的本质艾克哈特称之为“火花”①，在此他认出宇宙过程有生命的转折点。 288

与“生成”相对应，相反的过程是“反生成”（“Entwerden”），即消逝。反生成也是认识行为，凭借此认识行为，弃绝于神性的事物又回归本原。感官世界由于被人认识又找到自己真正的精神本性。因此，人类认识从感官知觉上升到理性洞见②就在于“消灭”（“*Abscheiden*”）繁多与复合；把精神本质从外壳中解放出来。这就是人类在尘世生活中最高尚的任务，因为知识是人类力量中最宝贵者。人当然应在此尘世中积极活动，以便使自己的理智本性发挥作用并取得统治地位。但是在一切外部行为之上，在属于感官范围的活动的公正之上，首先屹立着“内功”，思想的纯正，心肠的纯洁；在此之上又存在着灵魂的隐遁或“与世隔绝”（*Abgeschiedenheit*）和灵魂的“贫乏”，灵魂从外部世界完全回归自己最核心的本质，回归神性。在认识行为中灵魂达到行为的无目的性，达到自身内部的自由；灵魂之美即寓于此自由中。

然而只要认识过程没有达到尽善尽美，此事就没有完成。整个人生的目的就是认识上帝，但是认识就是存在，认识就是人生和存在与认识对象的结合。如果灵魂认识上帝，灵魂必然就是上帝，灵魂必然不再是它本身了。灵魂不仅否定尘世罪恶，而且否定它自身。灵魂必然要扬弃自己获得的一切知识，一切对于现象的认知活动。因为神性是“无”，因此神性只有在对此“无知”的认识（后

①　也称为“感情”或良心＝良心的火花（*scintilla conscientiæ*）。

②　艾克哈特按照托马斯-奥古斯丁模式发展这种过程的各个阶段。

来尼古拉称之为 *docta ignorantia*〔有学问的无知〕)中才可被理解。又因“无”是一切现实的本原,因此这种“无知”(Nichtwissen)是最高的、最神圣的静观。这种静观不再是个人的行为,而是上帝体现在人身上的行为。上帝在灵魂里产生自己的本质,在上帝纯洁无瑕的永恒的本质中“火花”清除了在时间中起作用的一切力量,并抹掉了这些力量之间的区别。这就是超理性的认知活动的境界,人的生命归结于上帝的境界,——这种境界库萨的尼古拉称之为永恒的爱(*charitas*),它为爱所认识,为认识所爱。

第二十七节 个性问题

德国神秘主义起源于最深刻的个人的虔诚,起源于个人真诚的、由衷的、对宗教生活的迫切需要,德国神秘主义理论发展至崇高的理想,自我牺牲的理想,遁世的理想;在此境界面前,与古代东方思想一样,一切特殊的东西,一切具体现实都表现为罪恶,表现为缺陷。在这思想中,奥古斯丁体系最深处所固有的矛盾(参阅第
289 二十二节,5)得到充分发展并直接显露出来了。就这样,变得非常明显的是,新柏拉图主义的唯理智主义从奥古斯丁时代到艾克哈特时代不论表现出的形式如何,只就其自身而言总是必然地倾向于否定个人的形而上学的独立自主;而另一派别则坚持这种独立自主是意志论的先决条件。据此,当随着唯理智主义的增长,宇宙神教[①]倾向也随之增长时,必然更加有力地激起逆流的冲击,过去

① Universalismus(或译普救论):相信人类终将得救。——译者

导致共相之争的（参阅第二十三节）思想因素中的这同一矛盾，现在在个体存在根源这个问题上呈现出一种非常现实的、形而上学的形态。

1. 在阿拉伯人中，宇宙神教和唯理智主义所曾得到的影响深远的结论提供了此事的促进因素。因为阿拉伯人在解释亚里士多德体系时曾经沿着斯特拉脱在古代所提出的路线前进（参阅第十五节，1），此路线在后来的评注家中主要由阿弗洛底斯亚的亚历山大坚决地主张过。这条路线是自然主义的路线，自然主义乐于从这位斯塔吉拉人（指亚里士多德。——译者）身上清除理念和感官之间的分歧的最后痕迹。这种企图主要集中在两点上：集中在上帝与宇宙的关系上，集中在理性与其他认识能力的关系上。在这两条路线上，阿拉伯逍遥学派的理论的特性发展了，而此事的发生是通过亚里士多德的形式概念和质料概念复杂的变形而实现的。

一般说来，在这一方面，在安达卢西亚哲学中呈现出一种使物质具有形而上学的独立自主的倾向。物质不被认为仅仅是抽象的可能，而被认为在它自身内部就带有生命幼芽的独特形式并在运动中实现这些形式。与此同时，关于具体的宇宙变化过程，**阿维罗依**坚持亚里士多德的原则——每一质料赖以实现低级形式的运动，必定由高级形式所引起；形式的等级系列升至上帝而终止，上帝是最高的第一推动者。正如**阿维塞布朗**的理论所证明的，只有将物质本身看作是由神的意志创造的，上帝的这种超越性才能与这个观点结合起来。但是在另一方面，这同一位犹太哲学家，由同一前提出发坚持说，除神性外，没有一件事物可以被认为与物质无关；又说，据此，精神形式为了自身的现实性也需要一种自己本质所依存的物质；最后又说，宇宙的生活共同体需要一种单一的物质作为整个形式领域的基础。然而，在阿维罗依体系中，质料越被认为永恒地在自身中运动，越被认为由生活的统一所激励，此推动万物的形式就越不可能与质料**真正地**分开；这样一来，同一的神的全有（Allwesen）一方面表现为形式和推动力（*natura naturans*〔能动的自然〕），另方面表现为被推动的世界（*natura naturata*〔被动的自然〕）。

这种有关物质的理论（**物质在性质上统一，内部有知，永恒地处于独立运动中**）在阿维罗依主义那里被推广为对亚里士多德哲学作极端自然主义的解释。现在这种理论又被辩证唯实论的结论

290 加强了，那些结论强行得出这种意见——上帝作为**最普遍的存在**（*ens generalissimum*）是唯一的实体，而个别事物只不过是实现此单一实体的或多或少短暂的形式（参阅第二十三节）。因此，**阿玛尔里教派**教导说，上帝是万物单一的本质（*essentia*），宇宙万物只不过是这种神的本质的自我造型，只不过是包含于此单一物质中的一切可能性完成于永恒运动中的一种实现。迪南的**大卫**①借助于阿维塞布朗的概念，建立起这种同样的**泛神论**。他教导说，正如"hyle"（即有形物质）是一切物体的实体，同样，精神（*ratio—mens*〔心智〕）是一切灵魂的实体；因为上帝作为最普遍的本质是万物的实体，所以上帝、物质和精神〔心智〕归根结底是同一的，宇宙不过是它们在具体形式中的自我实现而已。

---

① 根据《论原因书》和伪鲍依修斯论文《一神论和论神的独一性》；参阅：B. 奥雷奥《学园铭文回忆录》（*Mémoires de l'Acad. des Inscript.*，XXIX. 1877 年），和杨提《中世纪民间泛神论史》（*Histoire du Panthéisme Populaire au M.-A.*，1875 年，巴黎法文版）。

2. 然而另一条思想路线却对个人心智(geistige Individualität〔精神个性〕)的形而上学独立自主产生怀疑。亚里士多德曾使 νοῦς(作为各处相同的理性活动)“从外部”与动物灵魂相通,并避免了这个理论的困难,因为(只与斯多葛的 ἡγεμονικόν 概念一起出现的)**人格问题**并未在他思想所及的范围内。但是发挥他的体系的希腊和阿拉伯评注家们却没有被此体系所得出的有关精神个性的形而上学价值所吓倒。

在**阿弗洛底西亚的亚历山大**的思想中,在“被动理智”(参阅第十三节,10)的名称下我们见到个别灵魂按照自己整个肉体的和经验的倾向接受积极理性的作用的能力;这种 *intellectus agens*〔主动理智〕(按照整个体系的自然主义概念)在这里与神的精神同一,神的精神仍被认为是“分离的形式”(*intellectus separatus*〔分离的理智〕)。但是在西姆普里西斯那里,按照新柏拉图主义形而上学,这种在人的理性知识中自我实现的**主动理智**已成为统治人间世界[①]的最低神灵(智力)。此理论在**阿维罗依**[②]思想中有创造性的发展。按照他的意见,**被动理智**(*intellectus passivus*)要在个人的认识**能力**中去寻找,这种能力像个人自己一样,作为个人肉体的形式而产生、而消灭。因此,这种能力只对个人、只对具体的东西才有效用。相反,**主动理智**(*intellectus agens*)作为脱离经验的个体,独立于经验的个体的形式,是**人类永恒的普遍理性**[③],既不产

① 这个所谓的“亚里士多德神学”将这种 νοῦς与 λόγος合而为一了。细节见 E. 雷南《阿维罗依和阿维罗依主义》(*Av. et l'Av.*,II. 第 7 节起)。

② 主要参阅他的论文《论灵魂之真福》(*De Animæ Beatitudine*)。

③ Gattungsvernunft:或译作“种属理性”。——译者

生，也不消灭，并包含对一切有效的种种普遍真理，此普遍理性是
291 真正理智生活的实体，而个人的认识**活动**只不过是它的特殊表现。这种（现实的）认识活动（作为 *intellectus acquisitus*〔获得理智〕）只要它本身是积极理性，在内容上、在本质上就是永恒的；相反，作为个人认识过程的经验功能，它和个体灵魂一样是短暂的。根据阿维罗依，在亚里士多德①身上积极理性已经得到了最完全的体现。于是，人的理性认识活动是非个人的或超个人的功能。它是个人对于永恒的普遍理性的临时分享。永恒的普遍理性是统一的本质，在人格最有价值的活动中自我实现。

在早期西方文学中，紧随新柏拉图主义的神秘主义之后，有时出现上述**泛心论**的迹象。大约在纪元 1200 年，这种泛心论以一种公开的、广泛的理论出现在阿维罗依身旁。当第一次阿拉伯逍遥学派错误的理论被谴责时，这两者的名字处处都联在一起。保卫亚里士多德本人使之不与这种理论混淆是多米尼克教派的主要目的。阿尔伯特和托马斯两个人都写了一本《论理智的统一性》（*De Unitate Intellectus*）以反对阿维罗依主义者。

3. 泛心论遭到基督教思想家们的反对，他们认为起决定因素的是奥古斯丁所培养的、**人格**的形而上学价值的感情。这就是像奥弗涅的威廉和根特的亨利之类的那些人据以反对阿维罗依的观点。这也是为什么经院哲学的主要体系（直接与艾克哈特神秘主义对立）不允许基于它们的形而上学唯理智主义的唯实论得到充分发展的真正原因。**托马斯主义**在这里处于更困难的地位，因为

① 因此阿维罗依从理论上证明了无条件地承认这位斯塔吉拉人的权威是对的。

它追随阿维森纳的公式(参阅第二十三节,6),主张:共相(因而"灵魂"类也一样)只"个体化"地存在着,即存在于作为共相的普遍本质(*quidditas*)的个别经验样本中,但托马斯主义在神的精神中赋予共相以形而上学的优先权。因此,托马斯主义不得不解释关于这一本质作为普遍物质呈现在如此多样的形式中一事是如何发生的。也就是说,托马斯主义探索**个体化的原则**(PRINCIPIUM INDIVIDUATIONIS),并发现此原则存于:物质在时空中受到**量的规定**(*materia signata*)。就在此物质呈现量的区别的能力中存在着个体化的可能性,即存在着同一形式(如人性)实现在作为个别实体的不同样本里的可能性,因此,根据托马斯的观点,纯形式(*separatæ sive subsistentes*〔分离的或固有的〕)只有通过自身才能个体化,那就是,只有一个样本与之符合。每一个天使是一个类,同时又是一个个体。相反,人类灵魂虽有其实体性,但也属于内在形式(参阅第二十五节,4),此内在形式依照物质所呈现的在时空中的量的区别在许多样本中实现。

这个观点被**弗兰西斯教派**所反对,他们的宗教-形而上学的心 292
理学的发展与奥古斯丁学说有最密切的关系。在他们的思想里,开始个别灵魂被认为是独立自主的实体,后来随着一般形而上学范围不断扩大,一般的个别事物也被认为是独立自主的实体;他们否定分离的形式与内在的形式之间的区别。波纳文都拉、根特的亨利,更起劲的是邓斯·司各脱,他们追随阿维塞布朗,坚决主张:甚至理智形式也有自己的物质。司各脱教导说:"灵魂"并不像托马斯教导的那样只有借助于与某一特定肉体的关系才个体化和实体化,而是在它本身中就已经个体化和实体化了。在这一点上,司

各脱主义显露出显然不为其创始人所觉察的不一致性。它一方面最强烈地强调共相的现实性，完全坚持阿拉伯含义的物质的统一(*materia primo-prima*)；另一方面，它教导说，此共相只有实现了从一般到特殊的一系列形式，而且最后只有凭借一定的个别形式(*hæcceitas*)，才能成为现实。因为对邓斯·司各脱说来，个别形式就是原始事实，进一步的寻根问底就不容许了。他把个性(既在个别实体这个意义上又在个别事件这个意义上的个性)描述为偶然事件(*contingens*)，即描述为不可能从普遍根据中推断出来而只能是被证实为客观事实的东西。因此，对于他正如对于他的先辈罗吉尔·培根一样，追寻个体化的原则是毫无意义的——个体是一切现实的"最后"形式，只有凭借它，一般物质才能存在；因此这问题更确切地说是这样：由形式所决定的个别存在是唯一的现实，在这个事实面前，我们怎么还能谈到一般"性质"的现实性呢[①]？

司各脱理论的这种值得注意的局限性清楚地说明了：当这理论的有些信徒，比如梅罗的弗兰西斯，从司各脱理论走向极端的唯实论的时候，在**奥卡姆**那里，这理论突然又变成了**唯名论论点的复活**；并说明了：只有个别是真实的，共相只不过是比较思维的产物。

4．唯名论在中世纪第二段时期所经历的胜利的发展依赖于种种不同思想因素的极端独特的组合。在这发展的激流深处占优势的是奥古斯丁主义的感情**契机**，它力图保证个人人格得到它〔应有的〕形而上学价值。在哲学的主流中，亚里士多德认识论中刚刚被人认识到的反柏拉图主义的倾向表现出不可抗拒的力量，影响

① 这种解决共相问题的方法是邓斯·司各脱所独有的，通常称之为**形式主义**。

所及，只承认经验个体有“第一实体”的价值。从表面上看，起作用的是一种逻辑语法模式，它来源于古代思想的拜占庭传统的首创成果[1]。所有这些影响集中体现在奥卡姆的威廉的热情洋溢、感 293
人肺腑的人格中。

如像彼得·伊斯帕努斯所能提供的那种类型的“现代”逻辑教科书，在阐述概念论和将概念应用于判断和三段论时，着重强调“**假说**”的理论，其所用的方式在古代并不是没有先例的[2]。根据这种理论，类概念或名称(*terminus*)可以代表它那一类的总体，既可用语言表示，也可按照当时所假定的，用逻辑来表示，而种概念代表那一种所有具体范例的总体(**人＝所有人**)，因此在思维活动中，名称被用作表示它的含义的符号。奥卡姆以这种**名称论**的形式发展了唯名论[3](参阅第二十五节，6)。奥卡姆仿效司各脱，把原始形式的现实性给予个别事物，在我们的思维中我们**直观地**表现(描述)个别事物而不需要 *species intelligibiles*〔可理解的种〕的媒介。但是这些观念(或思想上的表象)，只不过是所表现的事物的“天然的”符号。这些符号与事物只有一种必然的关联，它们之间很少有真正的相似点，正如任何符号必然很少与它所代表的对

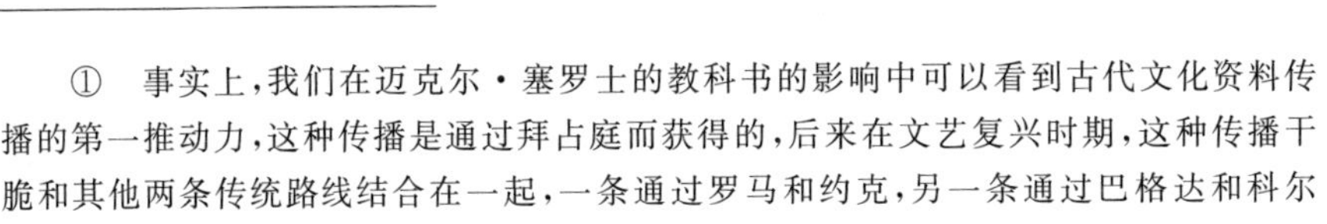

① 事实上，我们在迈克尔·塞罗士的教科书的影响中可以看到古代文化资料传播的第一推动力，这种传播是通过拜占庭而获得的，后来在文艺复兴时期，这种传播干脆和其他两条传统路线结合在一起，一条通过罗马和约克，另一条通过巴格达和科尔多瓦。

② 读者只需回想一下斐洛德姆斯对于符号和符号所代表的事物的研究(参阅第十三节和第十七节)。

③ 参阅 K. Prantl in the *Sitz.-Ber. der Münch. Acad.*〔《慕尼黑学院会议记录》中普朗特的发言〕1864，II. a，第 58 页起。

象相似一样。这种关系就是“第一意向”的关系。但是现在，正如个别观念代表(*supponunt*)个别事物一样，在思想、语言和文字中关于抽象知识的“未确定的”一般观念，或者说，表达这些一般观念的口头语或笔头语，也可以代表个别观念。在这“第二意向”中，一般观念由于借助于词语就不再直接与事物本身发生关系，基本上只与事物的观念发生关系；这种“第二意向”不再是天然的了，而是任意的、随心所欲的(*ad placitum instituta*)①。就在这一区别的基础上，奥卡姆设计他的**现实**科学和**理性**科学的区别：现实科学直接地或直观地与事物发生关系，而理性科学抽象地与观念之间的内在关联发生关系。

据此，很清楚，理性科学也以“现实”科学为条件并与现实科学用观念形式表现出的经验材料联结在一起；但同样清楚的是，即使“现实”知识本身，也只领悟观念的内部世界，而这些观念实际上可以用作事物的“符号”，但不同于事物本身。心灵只认识它内部的东西，——阿尔伯特曾偶尔这样说过，后来库萨的尼古拉贯彻了这种思想。名称主义的唯名论者断定：心灵的世界知识涉及心灵与现实世界的接触所处的内部状态。**库萨的尼古拉**绝对拥护这种**唯心主义的唯名论**；他教导说，与事物的真正本质相对立，人类思想
294 只具有“**推测**”的能力，即只具有符合于自身性质的表述方式；而对所有正面判断(Aussagen)的这种相对性的认识，对这种无知的认识，作为 *docta ignorantia*〔有学问的无知〕的第一阶段，是超越理

① 这点与表现在古代语言哲学中的 θέσις〔法律，人为法规〕和 φύσις〔自然〕之间的对比相一致(柏拉图《克拉底洛斯篇》)，这种一致是显而易见的。

性科学达到不可言传、不带符号直接认识真正存在(神性)的唯一道路。

5. 尽管有这种影响深远的认识论上的局限,唯名论仍倾注其真正生命力于自然科学的发展上。如果说它在十四、十五世纪取得的成就仍然非常有限,其根本原因在于:现已趋于完备的经院哲学方法以及其咬文嚼字地对权威人物的讨论在尔前尔后均绝对地钳制住科学研究的彻底进行,受此形式束缚的新的观念不能自由发展——并且这种现象一直延续下去,深深卷进文艺复兴时代的哲学中。虽然如此,邓斯·司各脱和奥卡姆提供了哲学运动发展主要的推动力;形而上学兴趣至那时为止基本上都是宗教性质的,哲学在此形而上学之旁逐步发展,使自己又成为**具体的客观现实的世俗科学**,并将自己越来越明确的意识建筑在**经验主义**的基础上。当邓斯·司各脱命名原初个别形式(*hæcceitas*)为偶然性时,这意味着,个别形式之被认识不是通过逻辑推论,而是通过客观事实的证实。当奥卡姆宣称个别存在是唯一的真正现实时,他是借此指出"现实科学"是通向直接认识客观世界的道路。但是在这问题上,这两位弗兰西斯教派信徒受到罗吉尔·培根的影响。罗吉尔·培根以他全副精力唤醒他的时代的科学,从权威到万物,从意见到根源,从辩证法到经验,从书本到自然界;他完全摆脱形而上学的观点,把内外经验描述为知识的两个源泉,从而促进了心理学的发展。在这运动中,在他旁边还有**阿尔伯特**;在多米尼克教派中阿尔伯特支持这同一条思想路线并知道如何估价有创见的观察和实验,在他的植物学研究中他提出了自己独立钻研的辉煌证据。但是,虽然罗吉尔·培根仿效阿拉伯人的范例,有力地促进了观察

中量的测定，促进了数学教育，但自然科学研究的时代还未成熟。亚历山大·勒康（大约1200年）的努力，后来（大约1350年）尼古拉·得奥特里古里亚的努力，都毫无成效地消逝了。

在这段时期内，经验主义有成果的发展只是在**心理学**方面。在阿拉伯人的影响下，特别是在阿维森纳和阿尔哈森的生理光学的影响下，关于心理生活的研究开始出现一种倾向，目标更多地指
295 向建立和调整经验材料。这件事的创始人是哈利斯的亚历山大、他的学生罗歇尔的约翰、博韦的文森特，特别是阿尔伯特。在英国人艾尔弗雷德（艾尔弗雷德·得·塞雷歇尔，十三世纪上半叶）的体系中，我们发现带有彻底结论的纯粹的生理心理学。但是这些生理学的经验主义的活动，如果没有得到奥古斯丁思潮的支持，就会被托马斯主义的形而上学心理学压制下去；奥古斯丁思潮坚决主张**人格自我经验**是最高原则。特别是，**根特的亨利**坚持这种态度，与托马斯主义对立。他机敏地阐述内在经验的观点，而且特别是在研究感情状态中赋予此观点以决定性的价值。正是在这个问题上，在对感情生活的经验主义理解上（此理论既是从意志论解放出来又是从理智论解放出来），他在**罗吉尔·培根**那里得到支持；培根认识清澈，毫不掺杂形而上学观点，清楚地理解内部经验和外部经验之间在原则上的区别。

这样，随之而来的是卓越的成就——纯理论科学在反对唯理智主义的托马斯主义中，在与人格自决的奥古斯丁主义紧紧相联中向前发展。这种对于自身的认识，即使出现在如皮埃尔·德·阿伊那类唯名主义神秘论者中，也被认为是“现实科学”最确实的事实。因此中世纪晚期的现实科学更多地致力于研究活跃的人

生，更少地研究自然界。有关人类社会内部关系的“世俗”科学的萌芽不仅出现于奥卡姆和帕多瓦的马西利乌斯的理论中（参阅第二十五节，8），不仅出现于一种更丰富、更生动、更“内向”的历史著作的蓬勃兴起中，而且出现于对社会关系作经验主义的思考中；其中，一个名叫**尼可拉斯·得奥雷斯梅**[①]的人（死于1382年）开辟了道路。

6. 中世纪晚期处于它思想的原始臆测与这种新颖的、朝气蓬勃地从事经验研究的萌芽之间，中世纪共有的气氛没有一处比**库萨的尼古拉**的哲学得到更生动的表现；对库萨的尼古拉的哲学的解释可能有多种。虽然他全身都被时代的朝气和冲力所震撼，但他不能放弃这样一种愿望：将自己的新思想装入旧世界观的体系里。

这种尝试从他用以调整他的思想的概念形式中获得高度兴趣。主要问题是证明个别（即使用他的形而上学分析）与最普遍的东西（神性）合一。尼古拉为了达到这个目的第一次以彻底的最有系统的方法，运用了**无限**与**有限**的相对概念。整个古代曾主张（参阅第二十节，2）完美者是在它本身内部受限的东西，并曾认为只有无限制的可能性才是无限的。相反，在亚历山大里亚哲学中，最高存在被剥夺了一切有限属性。在普罗提诺那里，作为构成一切的力量的“一”，由于它自己显露于其中的物质无限性，具有不受限制的存在强度；在基督教思想中，上帝的威力以及意志和认识越来越

① 参阅W.罗雪尔对他的评论，《政治学杂志》（*Zeitschr. f. Staatswissenschaft*），1863年，第305页起。

被认为是无限的。在这里，还有一个主要动机是，甚至个人的意志
296 也被认为是不停的、从不休止的奋力，这种**内在经验的无限性**被提高到形而上学原则。但是尼古拉是第一个赋予这消极神学方法以积极的表现，他将**无限当作上帝的基本特性**，以此与宇宙对立。因此为神秘的世界观所需要也为自然主义的世界观所需要的上帝与宇宙的同一性接受这样的公式：以有限形式自我表现于宇宙中的绝对存在无限地包含于上帝之中。

在此产生出**一与多的**进一步**对立**。无限是在有限中表现为广泛的繁多的东西的统一体(尼古拉相信可以用数学为例证阐明这一点)。但是这种繁多(库萨特别重视这点)也是对立面的繁多。在有限世界中分为许多不同因素的东西(只有通过分离这个方法才有可能表现为事物与事物之间在空间彼此毗邻)在神性的无限中必须调整、协调。上帝是一切对立面的统一(*coincidentia oppositorum*①)。因此，上帝是绝对的现实，一切可能性自行(*eo ipso*)实现于其中(*possest*，can-is〔可能性变为现实性〕)；而众多的有限实体中的每一个，本身只有可能性，只有通过上帝才能变为现实性②。

统一于上帝的诸对立中，上帝与宇宙之间的那些对立(即，无

① 尼古拉与他敌对体系对立，将他自己的学说命名为 *coincidentia oppositorum*〔对立面的统一〕，其目的在于公正地对待早期哲学的所有因素。参阅福尔肯伯格《对立面的统一》一书中的一些段落(第 60 页起)。

② 托马斯阐述这一思想如下：上帝是唯一的必然的存在，也就是，凭借自身的性质而存在(这种思想被认为是安瑟伦本体论论证的一种体现，参阅第二十三节，2)；至于宇宙万物，本质(或 *quidditas*—Washeit〔物之为物，物的本质〕)实际上与存在相分离，本质本身只有可能性，而存在则是在实现时附加在本质上。这个理论与亚里士多德的基本概念 *actus*〔行为，现实性〕和 *potentia*〔潜在性，可能性〕的关系是显而易见的。

限与有限之间的对立，统一与繁多之间的对立）表现为最重要的对立。由于这种统一的缘故，无限同时又是有限。上帝体现于现象，在他的每一个体现中，统一的 *deus implicitus*〔不显露的神〕同时又是注入繁多之中的 *deus explicitus*〔显露的神〕（参阅第二十三节，1）。上帝是最伟大的（*maximum*），同时又是最渺小的（*minimum*）。但是在另一方面，由于这种统一，又得出结论：这种最渺小的有限的东西以自己独有的方式渗入无限之中，与整体一样在它自身内部表现出“多”的谐和的统一。

据此，宇宙也是无限的，但当然与“上帝是无限的”含义不同，而是具有它自己的方式。那就是说，宇宙在时空中是不受限制的（*interminatum*，或消极地无限）。但是每一个个别事物的本质特性在其内部也带有其他所有个别事物的特性，——在这种意义上，某种无限同样属于每一个个别事物。一切在一切之中：*omnia ubique*〔万物无所不在〕。这样一来，每个个体内部包含整个宇宙，虽然该个体呈现在该个体特有的、不同于其他所有个体的有限形式中。*In omnibus partibus relucet totum*〔在一切部分中反映整体〕。如果正确地、完全地认识一个个体，每一个个体事物就是**宇宙的一面明镜**，——这种思想阿拉伯哲学家阿尔肯底曾经偶然提到过。

当然，对于人来说，尤其如此。尼古拉在他把人当作微观世界的概念中，机智地紧紧依靠名称主义的理论。在人身上包含其他
事物，其包含的特殊方式是在人内心形成反映外部世界的符号的 297
观念。人通过他的“臆测”，通过他所独具的心理的表述方式反映宇宙（参阅本节，4）。

这样，有限也以无限来表现，并表现在无限中；个别也以普遍来表现，并表现在普遍中。而且，无限本身是必然的，而有限（按照邓斯·司各脱的观点）则是绝对偶然的，即纯粹的事实。在无限与有限之间没有比例，连有限的无穷系列与真正的无限之间也仍无共同尺度。由上帝派生宇宙是不可理解的。关于有限的知识无路通向无限。作为个别现实的东西只能在经验上被认识，其中主要关系和对立可以用理智来领悟、来区别；但是无限的统一超越所有这些对立面，包罗所有这些对立面，要直观（或感知）这无限的统一只有剥去所有一切有限知识才有可能，只有通过 *docta ignorantia*〔有学问的无知〕的神秘升华才有可能。这样，库萨想结合起来的因素，甚至在结合的过程中，又分离了。要想完成中世纪哲学，使之在各方面完整的这种企图，导致了中世纪哲学的内部崩溃。